ISBN 978-0-266-96441-4
PIBN 10916456

LA

LIBERTÉ

PAR

JULES SIMON

DEUXIÈME ÉDITION

TOME SECOND

PARIS

LIBRAIRIE DE L. HACHETTE ET Cⁱᵉ

RUE PIERRE-SARRAZIN, Nº 14

1859

Droit de traduction réservé

DEUXIÈME PARTIE

(SUITE)

LA SOCIÉTÉ DOMESTIQUE

OU

LA FAMILLE

CHAPITRE III.

1. Le travail sous l'ancien régime.

Voici une très-bonne définition de la propriété : « La propriété est le droit de travailler, de capitaliser, de donner, d'échanger[1]. » De travailler, retenons le mot. Le droit de travailler est en effet une propriété et le principe de toute propriété. Il repose lui-même sur la liberté individuelle; il est doublement sacré, dans son principe et dans sa conséquence. La liberté consiste dans la possession de soi-même, dans le droit de développer à son gré sa propre activité, et de jouir sans restriction ni réserve du fruit de son travail. L'homme libre tra-

---

1. *Manuel d'économie politique*, par M. H. Baudrillart. Ire partie, chap. VII.

vaille, puis il possède. La liberté personnelle, la liberté
du travail, la liberté de la propriété ne sont en réalité
que les trois formes différentes d'un droit unique. Nul
ne doit se flatter de connaître la liberté, s'il ne comprend
l'indissolubilité de cette union. Toute restriction à la
propriété est une entrave pour le travail, un attentat à la
liberté, et réciproquement, tout attentat contre la liberté
ou le travail mine la propriété dans son essence et dans
son développement.

L'histoire des doctrines communistes en est la preuve.
Toute doctrine communiste, quelle qu'en soit la source,
a un triple but : restreindre ou détruire la propriété,
organiser le travail, c'est-à-dire l'asservir, et gouverner
les volontés.

Sous l'ancien régime, nous étions des sujets : sujets
des rois et des seigneurs; nos propriétés, gênées par les
mouvances, les substitutions, les majorats, le retrait li-
gnager, les confiscations, la perpétuité des revendica-
tions royales, les rentes foncières, les servitudes person-
nelles et réelles, les droits de chasse et de banalité,
n'étaient guère plus libres que nos personnes; le travail
était un droit régalien : on nous vendait le droit de travailler (jurandes); on nous forçait à travailler pour autrui (corvées) : voilà le privilége. Aujourd'hui nous nous
appartenons; donc nous travaillons pour nous-mêmes,
en vertu d'un droit naturel, et nous disposons librement du produit de notre travail : voilà la conquête
de 1789. Ainsi le privilége a deux signes : les jurandes
et la corvée; et la liberté en a deux aussi : choisir librement sa profession (affranchissement du travail);
ne travailler que pour soi (affranchissement de la propriété).

Il importe assez peu de savoir que les corporations
d'arts et métiers, abolies en 1791, et dont on attribue
ordinairement la fondation à saint Louis, remontent
beaucoup plus haut, et qu'on leur trouve des analogues

jusque dans la société romaine. Le premier document d'une véritable importance pour l'histoire de l'industrie française, est le *Livre des métiers* d'Étienne Boyleau, prévôt de Paris, publié en 1264. La première partie de ce livre contient les statuts d'un très-grand nombre de corporations, recueillis ou remaniés par Boyleau lui-même, qui, loin de relâcher la sévérité des anciens règlements, songea plutôt à les compléter. On croyait généralement alors que l'intérêt de la fabrication et l'intérêt particulier des ouvriers exigeaient cette réglementation minutieuse. Ce fut là l'excuse des bons rois. Les autres ne cédaient, en se mêlant des métiers, qu'à des préoccupations fiscales.

En effet, aussitôt qu'une corporation était constituée, il suffisait d'élever le prix d'acquisition des nouvelles maîtrises, et de confier aux anciens titulaires le droit exclusif de les conférer, pour transformer ces associations ou communautés en véritables monopoles. L'Etat intervenait de son côté pour vendre sa protection à ces compagnies privilégiées, et non-seulement pendant le moyen âge, mais jusqu'à la Révolution, il ne cessa de leur imposer de nouvelles taxes sous différents noms, tantôt en augmentant le prix des brevets, tantôt en concédant aux corporations de nouveaux priviléges qu'elles achetaient fort cher, ou en créant pour le contrôle et la surveillance un nombre presque infini d'offices. De là l'édit de Henri III [1], qui, pour généraliser ces moyens de fisc, étendit à tout le royaume l'institution des communautés. Henri IV fit un pas de plus, en englobant l'industrie de vente sous le même régime que l'industrie de fabrication [2]; et l'édit de Colbert [3] ne fit que régulariser l'exécution des édits précédents, et ajouter de nouvelles communautés aux corporations déjà existantes.

1. Décembre 1581. — 2. Avril 1597. — 3. Mars 1673.

L'institution des corporations était fondée sur cet
étrange principe, que le travail est un droit régalien et
domanial. Henri III le déclarait ouvertement dans son
édit de 1581, et Turgot rappelle cette doctrine, pour la
repousser avec énergie, dans le préambule de son édit
de 1776[1]. En conséquence de cette prétention, le roi vendait à ses sujets, sous certaines conditions fort dures, le
droit de travailler pour ne pas mourir de faim. C'est une
preuve entre beaucoup d'autres, que la civilisation ne
consiste pas à passer des idées simples aux idées com-
plexes. Puisque la nature nous a donné des besoins et
les moyens d'y satisfaire par notre travail, il est aussi
clair que la lumière du jour, que personne ne peut sans
folie et sans impiété nous contester le droit de vivre en
travaillant. On nous l'a pourtant contesté pendant des
siècles; on nous a vendu le droit de travailler, ce qui est
précisément la même chose que si on nous avait vendu
le droit de vivre; et il a fallu tous les progrès de la raison pour qu'on s'aperçût enfin que cela n'avait pas le
sens commun.

Le droit de travailler étant la source du droit de propriété et se confondant même avec lui, on peut se demander pourquoi les rois traitaient différemment le travail
et la propriété, car il semble que, puisqu'ils donnaient
un brevet pour être ouvriers, ils auraient dû en donner

1. « Nous devons à tous nos sujets de leur assurer la jouissance
pleine et entière de leurs droits; nous devons surtout notre protection à cette classe d'hommes qui, n'ayant de propriété que leur travail et leur industrie, ont d'autant plus le besoin et le droit d'employer dans toute leur étendue les seules ressources qu'ils aient pour
subsister. Nous avons vu avec peine les atteintes multipliées qu'ont
données à ce droit naturel et commun des institutions anciennes à la
vérité, mais que ni le temps, ni l'opinion, ni les actes même émanés
de l'autorité qui semblent les avoir consacrées, n'ont pu légitimer....
L'illusion a été portée chez quelques personnes jusqu'au point d'a-
vancer que le droit de travailler était un droit royal que le prince
pouvait vendre et que les sujets devaient acheter. »

aussi pour être propriétaires, et qu'à ce compte, les sujets ne devaient avoir rien à eux, si ce n'est par concession de l'autorité royale. Je crois fermement, quant à
moi, que tous les partisans du pouvoir absolu ont dû
admettre cette théorie sur la nature de la propriété privée; je la trouve très-explicitement dans Hobbes, qui est
le plus sincère des théoriciens de l'absolutisme[1]; je !a
trouve dans la bouche de Louis XIV lorsqu'il se console
de ses exactions en disant, qu'après tout, il ne fait que
reprendre à ses sujets des biens qui naturellement et
primitivement sont à lui[2]; j'en trouve de nombreuses
traces dans les attributions de bénéfices, de fiefs, d'apa-
nages, dans le droit de confiscation et d'imposition
arbitraire; et j'avoue que je considère tout cela comme
parfaitement logique, étant donné le principe de l'absolutisme. Il est absurde que le roi ait sur moi un pouvoir arbitraire; mais une fois qu'on a subi cette ab-
surdité, il n'y a pas de raison au monde qui puisse
expliquer pourquoi celui qui peut me tuer, ne peut pas
confisquer mon champ. Le pouvoir absolu n'est pas absolu, si la propriété a un droit absolu contre lui. Le roi

1. « D'autant que, comme il a été prouvé ci-dessus, avant l'établissement de la société civile, toutes choses appartiennent à tous,
et que personne ne peut dire qu'une chose est sienne si affirmative-
ment, qu'un autre ne se la puisse attribuer avec le même droit (car
là où tout est commun, il n'y a rien de propre), il s'ensuit que la
propriété des choses a commencé lorsque les sociétés civiles ont été
établies; et que ce qu'on nomme propre est ce que chaque particulier peut retenir à soi sans contrevenir aux lois et avec la permission
de l'État, c'est-à-dire de celui à qui on a commis la puissance souveraine. » (Hobbes, *Fondements de la politique*; section 2, l'Empire,
chap. vi, § 15.)

2. On lit aussi dans les *Mémoires de Louis XIV*, ces paroles adressées à son fils : « Vous devez être persuadé que les rois ont naturellement la disposition pleine et libre de tous les biens qui sont possédés aussi bien par les gens d'église que par les séculiers, pour en
user en tout temps comme de sages économes, c'est-à-dire suivant
le besoin général de leur État. »

peut me tuer, m'exiler, m'emprisonner, me battre même ;
et je pourrai malgré lui conserver mon champ et ma
maison ? Je défie bien les plus habiles publicistes de
trouver l'apparence d'une raison pour justifier cette différence. Si les rois absolus n'ont avoué que rarement la
maxime de leur droit sur la propriété privée, c'est qu'il
faut bien, après tout, dissimuler une doctrine quand elle
est trop dure. Ils n'ont presque jamais été assez forts
pour revendiquer cette conséquence extrême du principe
en vertu duquel ils régnaient. En France, ils pouvaient
prendre des libertés avec le travail, qui est la source de
la propriété, et n'en pouvaient pas prendre avec la propriété, qui est le fruit du travail ; et la raison de cette anomalie, c'est que les propriétaires étaient de force à se défendre contre le roi, et que les travailleurs ne l'étaient
point. Le droit était le même contre le travail et contre
la propriété ; mais non le pouvoir. On brutalisait le droit
du travail, qui est un manant, et on rusait avec le droit
de propriété, qui est gentilhomme.

Il faut dire aussi qu'il n'en est pas d'une société comme
d'une théorie, où tout est régulier et simple. Poser
en principe le roi absolu, et en conclure qu'il fait la loi
et le droit, cela va tout seul ; mais, dans la réalité, le
pouvoir du roi de France était, pour ainsi dire, fait de
pièces et de morceaux ; il avait fallu arracher aux seigneurs et au peuple, ce droit et cet autre ; l'argument
universel était la tradition, et il s'en fallait que la tradition fût claire, fût unique. La noblesse avait sa tradition,
et le parlement, et les états, et le menu peuple lui-
même : autant de difficultés et d'ennemis pour les théoriciens. Le roi disait bien qu'il ne devait son royaume
qu'à Dieu et à son épée, et tout le monde autour de lui,
seigneurs, peuples et parlements, criait bien haut qu'il
était l'unique et souverain maître : cependant, on chica-
nait de toutes ses forces cette souveraineté dans la pratique, et tout fier qu'il fût de son droit, le roi reculait à

chaque instant, il rusait, il temporisait, il mendiait même.
Car Henri III, par exemple, n'a fait que mendier tout le
temps de son règne, mendier des impôts, mendier des
emprunts.

Si le droit de propriété avait été connu pour ce qu'il
est, c'est-à-dire pour un droit naturel fondé sur le travail, nul doute que l'émancipation du travail en eût été
au moins facilitée ; mais, je le demande, était-ce là la
croyance commune ? Pas du tout ; la loi naturelle et la loi
française étaient en désaccord sur le principe du droit,
en opposition complète. Comme le roi se vantait de devoir son royaume à son épée, le noble voulait tenir aussi
son domaine de son épée, ou d'une concession royale, ce
qui revenait au même par une voie indirecte. Or, la conquête, l'occupation violente, dont la féodalité faisait la
source du droit, est, aux yeux de la nature et de la raison, le contraire du droit, son ennemi. Il est donc assez
intelligible que, dans une société ainsi conçue, toute solidarité fût détruite entre la propriété et le travail. C'est
avec la véritable propriété, et non pas avec la propriété
féodale, que le droit de travailler se confond.

C'est encore de la même manière qu'il faut expliquer
cette autre apparente anomalie d'une société qui fait du
travail un droit régalien, qui le vend au sujet d'une
main avare, et à titre de privilége, et qui, d'autre part,
impose la corvée aux serfs, et tient le travail pour dégra-
dant. Tout cela ressemble, avec les différences intro-
duites par la pensée chrétienne et par la force des coutumes, à ces anciennes législations qui divisaient le
peuple en citoyens à qui tout appartenait, et dont l'unique
occupation était de gouverner, et en esclaves, chargés de
labourer la terre et de travailler comme artisans, sans
jamais posséder autre chose que leur pécule. Le roi et
les nobles gouvernaient, guerroyaient, rendaient la justice : « Le noble juge et combat. » Le menu peuple tra-
vaillait pour l'autre race, pour la race victorieuse : c'était

la corvée; et on daignait lui accorder un pécule, c'est-à-dire le droit de travailler pour lui-même, et comme conséquence indispensable de cette première concession, le droit de posséder, sous la mouvance et le haut domaine des fiefs.

Certes, il s'en fallait beaucoup que la théorie de la conquête fût conforme aux faits; il s'en fallait du tout qu'elle fût conciliable avec le droit; mais elle était invoquée, admise par ceux qui faisaient la loi, elle était le principe du droit féodal; et voilà comment la propriété s'alliait avec l'oisiveté, et comment le roi vendait à ses sujets le droit de travailler à leur profit.

Du moment que le droit de travailler était vendu, il devenait un objet de fiscalité et de réglementation. La réglementation est dans le génie de toutes les fiscalités, et dans le génie particulier du moyen âge. De là la division des travailleurs par corps d'état. Chacun put, dans l'origine, y voir son profit : les travailleurs qui, en s'associant, se fortifiaient contre le roi, le seigneur, le magistrat; le roi, qui par ce moyen obtenait une police, dont les magistrats, nécessairement étrangers à l'industrie, et qui n'avaient que des attributions et une hiérarchie confuses, auraient été incapables. Ces confréries ou corporations se multiplièrent étrangement, surtout si l'on songe que l'industrie était alors dans l'enfance, et que les progrès inouïs de la civilisation nous ont créé depuis une foule de besoins et de ressources. Rien n'est plus instructif que l'énumération donnée par Étienne Boyleau des diverses corporations. Ce qui frappe d'abord, c'est l'analogie de quelques-unes d'entre elles : grande source de procédure, grand obstacle pour le progrès. Ainsi il y avait deux corporations de batteurs d'or : ceux qui le mettaient en fil, et ceux qui le mettaient en feuille. Il y avait trois corporations chargées de faire des ceintures : les baudroiers, les ceinturiers corroyeurs et les ceinturiers d'étain. Je ne trouve pas moins de six corporations chargées des objets de sellerie : les chapuisiers, qui faisaient le fond de la selle ; les bourreliers, qui faisaient les bourrelets ou troussequins ; les peintres-selliers, qui peignaient les ornements ; les blasonniers, à qui revenait le soin de peindre le blason des gentilshommes ; les lormiers, pour le mors, les gourmettes et les étriers, et enfin les éperonniers. On pourrait rapprocher de ces industries déjà si multiples, les fourbisseurs, ou armuriers pour épées et lances, les haubergiers, fabricants de hauberts, et les haumiers, fabricants de casques. L'industrie du vêtement fournissait les braaliers pour les hauts de chausses en fil, les braiers pour les hauts de chausses en cuir, les pourpointiers, les tailleurs, les gantiers et les fripiers. On distinguait, pour la chaussure, les çavetiers, chargés des réparations, les çavetonniers, qui faisaient exclusivement les chaussures légères en basane, et les cordonniers, qui prenaient ce nom du cuir de Cordouan, avec lequel on faisait de fortes chaussures. On comptait quatre espèces de chaudronniers : les chaudronniers grossiers, les chaudronniers planeurs, les chaudronniers fabricants d'instruments de musique, et les chaudronniers à sifflets, ou chaudronniers ambulants ; deux sortes de couteliers, les couteliers-fèvres, pour les lames, et les couteliers faiseurs de manches ; trois corporations de patenôtriers (fabricants de chapelets), les patenôtriers d'os, de corail et d'ambre ; un grand nombre de corporations pour l'industrie de l'alimentation : vinaigriers, huiliers, ciriers, chandeliers, épiciers, distillateurs, limonadiers, oyers ou marchands d'oies, apothicaires : les apothicaires vendaient en même temps le sucre, et furent quelque temps confondus avec les épiciers. On est étonné de trouver au milieu de ces corporations la confrérie de la Passion (des comédiens); celle des ménétriers; celle des jongleurs (des saltimbanques). Tout ce que l'homme s'ingéniait de faire pour gagner sa vie donnait naissance à une corporation.

Pourquoi cette multiplicité? C'est le fisc. Indépendamment du droit payé par les apprentis, les ouvriers et les
maîtres, il y avait dans chaque confrérie des dignitaires
qui payaient une redevance. Tous les brevets s'achetaient.
On inventait un certain nombre de charges nouvelles,
dont on donnait la finance à un créancier, ou à un usurier, quelquefois à un prince, à un favori. Louis XI avait
montré ce funeste exemple qui pesait du même poids sur
le trésor, sur l'industrie et sur l'autorité en général.
Louis XIV, un jour qu'il avait besoin d'argent, créa dans
les corporations, quarante mille offices, tous inutiles¹.

Les statuts des corporations réglaient le nombre des
apprentis, leur âge, les conditions et la durée de l'apprentissage, les sommes à payer, les examens à subir, ou
les chefs-d'œuvre à exécuter pour devenir ouvrier et
maître; le prix de la journée, le prix des achats et de la
revente; le nombre et l'emploi des matières premières,
le lieu de la vente et celui de la fabrication; la manière
de travailler, la juridiction spéciale pour chaque corps
d'état. Ces statuts différaient profondément entre eux, et
quelquefois d'une ville à l'autre pour le même métier.
En voici quelques exemples : les çavetiers de Paris dépendaient des écuyers du roi, les çavetonniers du chambellan, les boulangers du grand panetier; les charpentiers, jusqu'en 1313, eurent pour chef le maître charpen-
tier du roi; les parcheminiers, le recteur de l'Université.
Les prud'hommes des fourbisseurs étaient nommés par
le prévôt des marchands; ceux des peigniers par le prévôt de Paris; ceux des poissonniers, par le maître-queux
ou cuisinier du roi. Plusieurs confréries, tels que les
drapiers, les merciers, les peintres-selliers, nommaient
elles-mêmes leurs dignitaires, prud'hommes, syndics,
ou gardes-jurés (d'où vient aux corporations le nom de
jurandes). Les ménétriers, organisés en corps d'état par

1. Édit de mars 1673.

int Louis, avaient un roi[1]. Le roi des merciers, dont l'autorité était fort étendue et fort oppressive, fut supprimé par François Ier, rétabli sous Henri III, et supprimé définitivement par Henri IV en 1597. Outre la redevance ordinaire, il y avait des charges spéciales à telle ou telle compagnie : chaque maître cordonnier payait dix sous au grand chambellan, six au chancelier, et trentedeux pour les bottes du roi; les orfévres versaient pour chaque vente un denier dans la caisse de saint Éloi, et le produit de cet impôt servait à donner, le jour de Pâques, un dîner aux prisonniers et aux pauvres de l'Hôtel-Dieu; les chapuisiers payaient une redevance au maître cordonnier du roi pour avoir le droit d'employer du cuir à la confection de leurs selles. Il y avait aussi des priviléges : où le privilége ne se trouvait-il pas sous l'ancien régime? Le plus singulier était peut-être celui des *hanouards* ou *jurés-porteurs de sel et de poisson de mer*, qui avaient le droit exclusif de porter le corps du roi de France à ses funérailles. La corporation des jongleurs payait le passage du Petit-Pont en chantant un couplet. Les *crieurs de vin*, réorganisés sous Henri IV, furent dans la suite transformés en entrepreneurs de funérailles, et portèrent le titre de *jurés-crieurs de corps et de vin*. En vertu d'une permission de la reine Blanche, les tisserands drapiers, qu'il ne faut pas confondre avec les tisserands de toile, avaient le droit d'exercer le métier de teinturiers, mais seulement dans deux maisons de Paris. Les statuts poussaient quelquefois la manie de la réglementation jusqu'à la puérilité. Ainsi, les brodeurs ne pouvaient employer que de l'or à huit sous et ensuite à dix sous le bâton, les chandeliers ne pouvaient mélanger que dans une proportion déterminée le suif de bœuf et le suif de

1. Un édit de mars 1773 supprima « l'office de roi et maître des ménétriers joueurs d'instruments tant hauts que bas dans le royaume.» Le dernier roi des ménétriers fut Guignon, célèbre violon de la musique du roi, mort le 30 janvier 1774.

mouton; les serruriers ne pouvaient mettre une vieille
serrure à un meuble neuf, ni une pièce neuve à une
vieille serrure; les brasseurs ne pouvaient modifier ni la
quantité ni l'espèce des ingrédients dont se composait la
bière ou cervoise; les cuisiniers-oyers ne pouvaient s'ap-
provisionner que dans un marché situé tout près du Louvre. Ils vendaient des saucisses, mais ils ne pouvaient
vendre de boudins. Il était défendu aux charcutiers de
vendre des saucisses depuis le premier jour de carême
jusqu'au 15 septembre. Les huchers (fabricants de coffres) ne pouvaient employer l'aubier, ni mettre en couleur
les armoires et vieux coffres avant de les avoir vendus.
Pareilles inhibitions étaient faites aux charpentiers. Les
statuts des drapiers réglaient la dimension des métiers,
la nature des laines, le nombre des fils et la largeur des
lisières pour chaque espèce de drap, le mode de teinture,
le mélange des couleurs, le poids de chaque pièce. Dans le
règlement donné aux pourpointiers en 1467, il leur était
défendu de doubler les pourpoints avec de vieille bourre,
et en général de mélanger le vieux et le neuf. Les taverniers et les cabaretiers vendaient du vin, mais ils ne
pouvaient le vendre en bouteille. Les taverniers n'obtinrent qu'assez tard (en 1680) de servir des viandes cuites
aux consommateurs, et, dans ce cas, ils furent astreints à
les acheter toutes préparées chez un rôtisseur. Une ordonnance de 1670 voulait que toute marchandise fabriquée contre les règles fût clouée au poteau, et que tout
industriel récidiviste y fût attaché lui-même[1]. Les statuts
des cuisiniers traiteurs publics, en 1663, consacraient,
au profit des bas officiers des cuisines royales, un privilége tout particulier. L'article 31 de ces statuts s'exprime
ainsi : « Il y a toujours eu tant de respect pour les
écuyers de cuisine, potagers, hâteurs et enfants de cuisine du roi, des reines, princes et princesses, que lors-

---

1. Chaptal, *De l'industrie française*, t. II, p. 250 à 280.

qu'ils se présenteront pour être admis en ladite communauté, ils y seront admis en faisant apparoir de leurs
lettres et certificats de leur emploi, sans qu'il soit besoin
de formalités plus expresses. »

On voit par cette disposition que les employés directs
de la maison du roi n'étaient pas obligés de faire partie
des corporations. La même exemption était accordée à .
tous les artisans et merciers suivant la cour[1]. Un usage
qui s'est conservé jusqu'à la Révolution transformait les
escaliers et les corridors du palais habité par le roi en un
véritable bazar, où des marchands vendaient des bijoux,
des parfums, des éventails : ces étalagistes privilégiés ne
faisaient pas partie des corporations.

Il y avait aussi dans le royaume un grand nombre de
villes et bourgs où les ouvriers n'étaient pas enrégimentés : plusieurs édits eurent pour but de faire cesser cette
irrégularité préjudiciable au fisc, et notamment l'édit
d'Henri IV en 1597 et celui de Louis XIV en 1673. Mais
le régime du privilége est aussi celui des exceptions, et il
y a eu, jusqu'à la fin, des corps d'état non jurés. Quelquefois dans la même ville, il y avait des ouvriers enrégimentés et des ouvriers libres, ou chambrelans; ainsi
certains faubourgs de Paris échappaient à la loi sur les
maîtrises. Et, ce qui aurait bien dû ouvrir les yeux aux
rois et aux parlements, l'ouvrage y était mieux fait et
vendu à meilleur marché.

Les femmes étaient exclues du plus grand nombre des
corporations; il y avait des brodeurs et des brodeuses,
des chapeliers et des chapelières, mais les brodeuses
n'étaient qu'ouvrières et ne pouvaient pas travailler à leur
compte[2]. Voici en revanche quelques corporations uni-

1. Sous Henri IV, les marchands de l'hôtel et ceux de l'hôtel de la
Trinité étaient dispensés de faire partie des corporations. Il y ajouta,
par lettres patentes du 22 décembre 1608, les marchands qu'il avait
lui-même installés dans la galerie du Louvre.

2. Préambule de l'édit de 1776. « L'esprit de monopole, qui a pré-

quement composées de femmes : les tisserandes de cou-
vre-chefs (modistes), les chapelières de fleurs (fleuristes),
les chapelières de paon (plumassières), les aumônières
(fabricantes de bourses sarracinoises), les fileresses de
soie à grands fuseaux et les fileresses de soie à petits
fuseaux. Ces diverses corporations étaient administrées
et surveillées par des prud'hommes gardes du métier ;
quelquefois, mais plus rarement, par des prudes femmes.
Les ouvriers de tissus de soie avaient trois maîtres et
trois maîtresses.

Comme tout était corporation, même en dehors des
corps de métiers, il y avait aussi des corporations dans
le peuple. Les deux premières étaient celle des charbonniers et celle des poissardes. Les premières places leur
appartenaient dans les spectacles gratuits ; le balcon du
roi était réservé aux charbonniers, et le balcon de la reine
aux poissardes, qui affectaient de n'arriver qu'au dernier
moment, pour jouir de leur privilége. On sait que les
dames de la halle étaient reçues par le roi dans quelques
occasions solennelles, et qu'elles faisaient leur compli-
ment comme les cours souveraines.

La plupart des corporations remontaient bien au delà
de saint Louis ; quelques autres sont de dates plus ré-
centes. On peut citer les horlogers, associés sous Louis XI,
les sauciers, sous Louis XII, les parcheminiers, sous
François Ier, les écrivains jurés, sous Charles IX en 1570 ;
les faienciers, les hongrieurs, sous Henri IV ; les limonadiers, les emballeurs, sous Louis XIV, etc. Par une
déclaration royale du 18 août 1777, six cents coiffeurs de
femmes furent agrégés à la communauté des maîtres
barbiers, en payant six cents livres [1]. En 1778, on enré-

sidé à la confection de ces statuts, a été poussé jusqu'à exclure les
femmes des métiers les plus convenables à leur sexe, tels que la bro
derie, qu'elles ne peuvent exercer pour leur propre compte. »
1. Les coiffeurs de dames obtinrent l'établissement de nouvelles
maîtrises, et se multiplièrent si rapidement qu'il fallut, par un arrêt

gimenta les ramoneurs. Les statuts des maîtres écrivains furent revisés par lettres-patentes du 23 janvier 1779, etc.

Je ne parle pas des professions savantes : des procureurs et des avocats, qui avaient le privilége de vivre aux dépens des plaideurs ; des médecins, qui avaient le privilége de guérir ; des apothicaires, qui avaient des priviléges secrets dont Molière a tiré un si grand parti ; de l'Université, qui lutta si souvent et si malheureusement pour défendre son privilége contre les corporations enseignantes.

Quant aux théâtres, ils étaient, depuis les confrères de la Passion, le lieu de prédilection du privilége, son centre, son triomphe. Puisque le public était nourri, habillé, instruit, médicamenté, soigné par privilége, il était bien simple qu'il fût aussi amusé par privilége. Sous Louis XIV, le Théâtre-Français avait seul le privilége de parler français sur les planches. Les comédiens italiens ayant hasardé d'intercaler quelque lambeau de dialogue français entre deux ariettes, les comédiens ordinaires de Sa Majesté leur firent signifier un exploit. Le roi voulut juger l'affaire en personne, et fit venir Baron et Dominique. Baron parla le premier. Quand ce fut le tour de Dominique : « Sire, dit-il, comment parlerai-je ? — Parle comme tu voudras, répondit le roi. — Il ne m'en faut pas davantage, ajouta Dominique : j'ai gagné ma cause. » Il ne l'aurait pas gagnée si aisément au Châtelet. Quand le Théâtre-Italien fut fermé, en 1697, pour avoir annoncé *la fausse Prude* sous le règne de Mme de Maintenon, les théâtres de la foire Saint-Germain se mirent à jouer son répertoire. Plainte des comédiens français ; arrêt qui interdit aux forains de jouer des *comédies par dialogue*. Les forains renoncèrent aux *comédies*, et ne jouèrent plus que des *scènes*. Nouvelle plainte, nouvel arrêt. Celui-ci est de

du 24 janvier 1780, les ramener au nombre de six cents. L'arrêt leur défendit de faire plus d'un apprenti tous les trois ans, et de mettre sur leurs enseignes : *académie de coiffure.*

1707. On ne pouvait plus jouer de dialogues : on se re-
trancha dans les monologues. Seulement l'acteur parlant
était entouré d'acteurs muets qui lui donnaient la réplique
en pantomime. Ce bizarre spectacle offusqua encore les
successeurs de Molière, qui firent intervenir le parlement.
Un des directeurs du théâtre forain eut alors une idée de
génie : le Théâtre-Français avait seul le droit de parler
et il ne le cédait à personne; mais le théâtre de l'Opéra,
qui avait seul le droit de chanter, pouvait vendre la permission de fredonner une pauvre ariette. Voilà, par cet
expédient, la foire ressuscitée. Les procès revinrent en
même temps. Le parlement, poussé par le Théâtre-Français, ordonna qu'on ne chanterait plus. Le grand conseil,
saisi du recours des forains, ordonna qu'on chanterait,
en dépit du parlement. Il y eut conflit entre les deux cours
souveraines. Le parlement, dont on connaît l'énergie,
envoya des archers, des huissiers, et le menuisier du
Théâtre-Français, pour abattre le théâtre forain, auteur
ou prétexte du scandale. Abattu le matin, il était recon-
struit le soir, et ouvrait ses portes à la foule. Seulement,
il n'y eut plus ni prose, ni chanson : tout se réduisit à
des pantomimes. Le parlement dut être content : le privilége était sauvé ! Rien de plus bouffon que les efforts
tentés par ces comédiens muets pour se faire comprendre
du public. Ils finirent par bourrer leurs poches d'écri-
teaux, qu'ils exhibaient de temps en temps pour les situations embarrassantes. Les procès allaient leur train
malgré cela, parce que le public, prenant le parti de la
liberté, désertait le théâtre privilégié, et s'amusait de
tout ce qu'on voulait au théâtre de la foire. Il finit par se
faire acteur lui-même. L'acteur muet était sur le théâtre,
faisant des gestes. L'orchestre jouait les premières mesures de l'air; et le public, muni de livrets qu'on lui
distribuait à la porte, chantait les paroles à plein gosier.

Examinons rapidement quelle pouvait être l'influence
des corporations sur la situation matérielle des ouvriers,

sur les progrès de l'industrie, du commerce et du bien-être général. Un des meilleurs moyens de connaître et de comprendre la liberté, ce serait sans doute d'étudier à fond le privilége.

La première observation à faire, c'est qu'il fallait payer pour être ouvrier, et non pas seulement pour être maître. Quand on ne donnait pas d'argent on donnait son temps; et c'est bien pour le pauvre qu'il est vrai de dire que le temps est de l'argent. L'apprentissage, dont la durée et les conditions étaient fixées par les statuts, était rarement gratuit, et lorsqu'il l'était, on le prolongeait assez pour que les services d'un ouvrier consommé sous le nom d'apprenti devinssent une source d'importants bénéfices pour le maître. L'apprentissage de l'ouvrier tréfileur d'archal ne durait pas moins de douze ans [1]. Il était donc très-difficile à la plupart des familles de payer pour faire un apprenti, ou de se priver pendant cinq ou huit ans, des services du fils de la maison. En outre, le nombre des apprentis était limité ; dans la plupart des métiers, chaque maître ne pouvait en avoir qu'un seul. L'ouvrier une fois reçu dépendait absolument des maîtres ; car on n'était reçu que pour une profession et pour une ville ; on n'avait ni la ressource de s'expatrier, ni celle de changer d'occupation dans les moments de chômage. Quand le prix de la journée n'était pas fixé par les statuts ou les ordonnances [2], il l'était arbitrairement par les maîtres, qui formaient à eux seuls la corporation, et de qui dépendait, sans aucune intervention possible des ouvriers, le peu de règlements qui restaient à faire. Cet état peut se résumer

---

1. Turgot (Préambule de l'édit sur les maîtrises) condamne sévèrement « la cherté et la longueur des apprentissages, et la servitude prolongée du compagnonnage : institutions qui ont encore pour objet de faire jouir les maîtres gratuitement, pendant plusieurs années, du travail des aspirants. »

2. Ordonnance du roi Jean, février 1351, fixant le taux de tous les salaires. *Ord.* II, 350 sq.

en deux mots : l'esclavage et la famine. Il y avait sans
doute de bons maîtres, paternels pour leurs ouvriers,
et qui partageaient généreusement avec eux leur fortune.
La religion ne cessait de prêcher l'humanité aux seigneurs
et aux patrons : cela n'empêchait pas apparemment qu'il
y eût des serfs de la glèbe, et dans un sens presque littéral, des serfs de l'atelier [1]. Certains ouvriers pouvaient
à la rigueur espérer de devenir maîtres; mais il fallait
beaucoup de choses pour cela : d'abord de l'argent. Il y
avait un droit à payer à la communauté, quelquefois un
droit à la ville, toujours un droit au Trésor; sans compter
les redevances particulières à certaines corporations,
fondées Dieu sait sur quels motifs. Ainsi les chapuisiers
payaient une redevance au maître cordonnier du roi,
parce qu'ils employaient du cuir à la fabrication des
selles. Les fripiers étaient tributaires du chambrier du
roi, parce que les officiers de la chambre avaient le droit,
qu'ils conservèrent jusqu'à la Révolution, de vendre les
vieux habits de leur maître. Outre les taxes en argent et
les frais de l'apprentissage, le nouveau maître devait
encore une guilde, ou repas à la communauté : c'était
une dépense très-considérable qui absorbait souvent le
revenu de plus d'une année. Les statuts entraient dans
le détail du dîner : un demi-poulet et quatre livres de
bœuf au syndic ; un demi-poulet et deux livres de bœuf à
la femme du syndic ; quatre pièces à prendre dans chaque plat à M. l'échevin ou à M. le prévôt; prodigalités
inutiles, désastreuses, minutieusement prescrites au né-
gociant à l'entrée de sa carrière, comme pour le condamner par avance à la ruine. L'argent ne suffisait pas pour
entrer dans la maîtrise, il y avait une sorte d'examen de
capacité; mais quel examen ! Un examen passé devant le
roi des merciers, ou devant les gardes-jurés du métier,
qui la plupart du temps décidaient à leur guise et quel-

---

1. « La servitude du compagnonnage, » dit Turgot, *édit de* 1776.

quefois, comme on le voit notamment par un édit de
Henri IV, se faisaient payer leur décision. Dans tous les
cas, on était jugé par ses futurs rivaux, par ceux à qui on
voulait faire concurrence. Il fallait, pour être admis, faire
un chef-d'œuvre, c'est-à-dire quelque pièce extraordinaire, inutile, fabriquée selon toutes les règles, et conséquemment avec le plus aveugle respect de la routine :
nouvel obstacle pour les pauvres gens; car où trouver la
matière de ce travail, et le temps pour l'exécuter? Non,
l'ouvrier si habile qu'il fût, si laborieux, ne pouvait guère
rêver une maîtrise. Tout semblait combiné pour que l'ouvrier restât ouvrier : c'était l'esprit général du temps;
des classifications mal faites, mais inflexibles. Quelques
corporations se transformaient ouvertement en monopoles
par l'exclusion de tous ceux qui n'étaient pas fils de
maîtres, ou mariés à la veuve d'un maître. D'autres
excluaient sévèrement les gens mariés de l'apprentissage.
D'autres repoussaient les étrangers, c'est-à-dire les aspirants qui n'étaient pas nés dans la ville.

La position des maîtres, quoique protégés jusqu'à un
certain point contre la concurrence par la facilité des
exclusions, n'était pas, tant s'en faut, merveilleusement
établie. Ils commençaient presque tous par s'endetter
pour payer les frais de leur maîtrise. L'ordonnance de 1581,
rendue expressément pour diminuer l'énormité de cette
charge, exigeait néanmoins une finance, qui, selon l'appréciation d'un historien très-judicieux[1], ne s'élevait pas
pour quelques-uns d'entre eux à moins de trois cents
journées de travail. Les dettes couraient d'autant plus
vite, qu'il n'y avait pas de crédit, et que le prêt simple à
intérêt étant prohibé par respect pour les canons de
l'Eglise, on était obligé de ruser pour se procurer de
l'argent, et de recourir à des fondations perpétuelles
ou à des moyens usuraires. Il ne fallait pas songer

1. Levasseur, *Histoire des classes laborieuses*, t. II, p. 124.

à un perfectionnement, puisque le respect de la routine était de principe : de sorte que l'intelligence, le premier et le plus important des capitaux, devenait à peu près inutile. La division du commerce en un grand nombre de corporations gênait nécessairement la vente : ainsi le sucre se vendait chez les apothicaires, le sel chez les épiciers; les huiliers et les vinaigriers, les chandeliers et les ciriers faisaient un commerce distinct. Quand Louis XIV institua la corporation des limonadiers, il mit dans les statuts les différents breuvages, rossolis, aigres de citron, chocolats mousseux, etc., qu'il leur était permis de vendre ; ils ne pouvaient sortir de cette liste sans s'exposer à de grosses amendes envers le roi et envers une communauté rivale. Il y avait à cet égard une surveillance continuelle d'une corporation sur l'autre : les lormiers, par exemple, firent un long procès, un procès d'un demi-siècle, aux bourreliers, pour les empêcher d'exposer en vente des mors, des chanfreins et des gourmettes. En 1769, la corporation des perruquiers plaida en vain pour faire supprimer des industriels qui empiétaient sur ses droits sous le nom de coiffeurs de dames [1]. La Faculté ayant admis à ses cours les barbiers chirurgiens, ou chirurgiens de robe courte, les chirurgiens de robe longue prétendirent que c'était leur privilége exclusif, et plaidèrent pendant soixante ans pour empêcher leurs confrères d'apprendre leur métier. Les fripiers et les tailleurs étaient en procès continuels, parce qu'il était difficile d'établir avec précision ce qui était un vieil habit ou un habit neuf. C'était une grande corporation que ces fripiers; ils faisaient un important commerce, dans un temps où même les gens riches s'accommodaient volon-

---

1. C'était une corporation importante que celle des perruquiers. Il en coûta à la Constituante 22 millions pour racheter leurs offices; et pour tous les autres offices de création récente, 16 millions seulement.

rs d'une vieille défroque, et où le même habit pou-
it servir à deux ou trois générations. Nos pères avaient
elquefois de l'or, du velours et du brocart, mais ils
rtaient plus souvent des jaquettes de cuir; et ce fut un
xe effréné à Isabeau, la femme de Charles VI, d'avoir
deux chemises de toile. Plus près de nous il y eut un
nps où Henri IV n'avait que trois mouchoirs. Louis XIV
anquait de chemises dans sa jeunesse : sa mère, Anne
Autriche, s'accusait, à son lit de mort, d'avoir eu des
aps de lit en batiste.
Un des plus curieux procès fut celui que s'attirèrent les
vetiers, pour avoir voulu s'arroger de faire leurs propres
uliers, et ceux de leurs enfants et de leurs femmes. Les
rdonniers et les çavetonniers coalisés leur firent bien
ir qu'ils n'avaient d'autre droit que celui de raccom-
oder les vieilles chaussures. Ainsi, ce que la loi défen-
iit, ce n'était pas seulement de vendre, c'était de faire
i objet dont le monopole appartenait à quelque ju-
nde. On ne sait pas en vérité, si une femme pouvait,
ins sa maison, raccommoder le pourpoint de son mari,
ns s'attirer quelque affaire avec les maîtres fripiers.
:s procès de communauté à communauté, dans un
mps où la population de Paris atteignait à peine le
:rs de son chiffre actuel, engloutissaient annuellement,
frais de procédure, une somme de huit cent mille
incs.
Le chômage, qui est en tout temps la plaie des ouvriers,
aie aggravée alors par les classifications qui parquaient
ut le monde dans une profession déterminée, n'était pas
oins terrible pour les maîtres que pour les compagnons.
iut le monde sait qu'il y a certains états qui n'ont qu'une
ison ; cette saison passée, les ouvriers intelligents se
ocurent, pour ainsi dire, un état de rechange ; il ne
uvait en être ainsi sous le régime des maîtrises. Les
vetonniers avaient le privilége de faire les chaussures
ères en basane ; l'hiver venu, ils se croisaient les bras,

et mouraient de faim et de misère, pendant que les cor_
donniers, chargés des grosses chaussures, manquaient la
vente, faute de bras, et ne pouvaient demander de secours
à leurs confrères les ouvriers de la basane. Ainsi cette
admirable institution organisait ici le chômage, là l'impuissance de la fabrique. Quand les bras manquaient
dans une industrie et le travail dans une autre, on mourait de faim, chacun de son côté. Le privilége se glissait
encore dans ces attributions de travail. Les bourreliers,
en temps de chômage, pouvaient faire des souliers; les
cordonniers ne pouvaient faire de selles. Pourquoi cela?
Il n'y avait nulle raison; c'était la coutume ou le caprice.
Et la plupart de ces règlements homicides étaient signés
par saint Louis, François Iᵉʳ, Henri IV et Louis XIV; de
grands rois, et qui, presque tous, ont rendu de vrais services au commerce et à l'industrie.

Oppressive pour les individus, oppressive n'est pas
assez, c'est homicide qu'il faut dire, voyons si l'institution
des jurandes était bonne pour les progrès de l'industrie.
On dit qu'il y avait une police, que les maîtrises empêchaient les excès de la concurrence, que tout était solidement et honnêtement fabriqué. Je vois en effet qu'on
interdisait l'aubier aux charpentiers, et la vieille bourre
aux tailleurs; mais une surveillance exercée par un corps
d'état sur lui-même me rassure peu pour le bon état de
la fabrication; et si la concurrence pousse à exagérer le
bon marché au détriment des matériaux et de la façon,
le monopole, de son côté, peut très-bien pousser à l'exagération des prix sans garantir pour cela le moins du
monde l'excellence des produits [1]. Ce qu'on ne peut nier,

1. « Nous ne serons point arrêtés dans cet acte de justice par la
crainte qu'une foule d'artisans n'usent de la liberté rendue à tous
pour exercer des métiers qu'ils ignorent, et que le public ne soit
inondé d'ouvrages mal fabriqués; la liberté n'a point produit ces
effets fâcheux dans les lieux où elle est établie depuis longtemps....
Tout le monde sait d'ailleurs combien la police des jurandes, quant

c'est que la routine était érigée en principe, et que l'immobilité était la loi de toutes les industries. De quelque côté qu'on regarde la vieille société française, on la voit partout et toujours gouvernée par la tradition; une innovation était presque aussi coupable en industrie qu'en théologie. Un homme de génie sortait de la foule : s'il ne pouvait donner trois, cinq, huit ans de sa vie pour l'apprentissage, faire à ses frais, au prix de longs travaux, et en s'emprisonnant dans les règles de la routine, un prétendu chef-d'œuvre; s'il ne savait pas endurer l'ineptie et les mauvais traitements d'un patron, flatter les gardes-jurés du métier, se plier en apparence à leurs préjugés; s'il n'avait pas la somme d'argent, souvent considérable, exigée par les statuts, la société le refoulait dans l'obscurité et l'impuissance, ou le condamnait à des peines afflictives pour avoir violé les priviléges de maîtrise. Était-il au contraire assez riche pour payer, assez patient pour attendre, assez souple pour désarmer ses juges? Pour peu que sa découverte lui assurât de meilleurs produits ou une fabrication économique, il avait aussitôt sa propre confrérie sur les bras : car à quoi bon le privilége qu'on avait acheté, s'il ne servait à étouffer la concurrence? C'est tant pis pour le génie, et pour l'humanité, qui aurait profité de la découverte.

Il va sans dire que le commerce était fait à l'image de l'industrie. Il y avait des corporations d'artisans et des corporations de vendeurs. Quand les meilleurs rois et les plus grands ministres voulaient favoriser une branche de commerce, ils créaient une compagnie privilégiée, un monopole. C'est ainsi que furent successivement formées,

à ce qui concerne la perfection des ouvrages, est illusoire, et que tous les membres des communautés étant portés par l'esprit de corps à se soutenir les uns les autres, un particulier qui se plaint se voit toujours condamné, et se lasse de poursuivre de tribunaux en tribunaux une justice plus dispendieuse que l'objet de sa plainte. » (Turgot, *édit de* 1776.)

sous Henri IV, les diverses sociétés Canadiennes[1] et la première compagnie des Indes[2]; sous Louis XIII, les deux compagnies des Indes orientales (compagnie du Morbihan) et des Indes occidentales[3]; sous Louis XIV, et pendant l'administration de Fouquet, la compagnie du Nord, pour l'exploitation des huiles de baleine. On comptait, sous l'administration de Colbert, cinq grandes compagnies privilégiées : les deux compagnies des Indes, celles du Levant, du Nord et de la Sénégambie[4]. A l'intérieur, la plupart des grandes fabrications étaient données en régie. Telles furent les manufactures de cristallerie, de glaces, de bas de soie, la Savonnerie, les Gobelins, etc.

Le privilége était si sûr de lui qu'il comptait le reste pour rien. Il avait ses droits ou, comme il disait, ses libertés qu'il s'agissait avant tout de maintenir. Quand il fut question d'introduire en France l'industrie des toiles peintes, toutes les manufactures du royaume poussèrent des cris de détresse. La ville d'Amiens se distingua entre toutes les autres par son indignation et son éloquence. Les trois corps réunis adoptèrent une adresse qui se terminait par ces paroles : « Au reste, il suffit pour proscrire à jamais l'usage des toiles peintes, que tout le royaume frémit d'horreur quand il entend annoncer qu'elles vont être permises. *Vox populi, vox Dei*[5]. » Voilà quelle était l'intelligence d'une population abrutie par l'excès de la réglementation. C'est miracle qu'on ait pu faire encore sous un pareil régime quelques améliorations de détail; et il est à noter qu'elles sont presque toutes venues de l'impulsion d'un ministre, de Sully ou

1. 1599-1608. — 2. 1er juin 1704. — 3. En 1611. — 4. En 1664.

5. Lorsqu'on permit aux juifs en 1767 d'entrer dans le commerce, il parut une *Requête des marchands et négociants de Paris contre l'admission des juifs.* Il est triste de dire qu'en 1857, le même scandale s'est reproduit à Hambourg. Voyez *La liberté de conscience*, 2ᵉ édit., p. 233.

de Colbert. Il fallait que le hasard portât un homme de génie à ces grandes places pour que la fabrique française, enchaînée dans ses mille liens, sortît un instant de sa torpeur.

Le commerce des blés particulièrement passa par une suite d'alternatives funestes à l'agriculture. Les rois s'attribuaient le droit de permettre ou de défendre la transportation des blés : c'était un privilége de leur couronne. Un édit de Charles IX[1] dit expressément que « cette faculté et puissance d'octroyer des congés et permissions pour le transport des grains hors le royaume est de droit royal et du domaine de la couronne, incommunicable à quelques personnes que ce soit. » Un arrêt du parlement de Paris, du 21 août 1661, commença la guerre aux *monopoleurs*, c'est-à-dire, car on pourrait s'y méprendre, aux commerçants en gros non privilégiés; guerre irréfléchie qui, dans un but louable, rendit tout approvisionnement impossible. Deux arrêts du conseil, en 1763 et 1764, rétablirent la libre circulation et la libre exportation des grains; mais le contrôleur général Laverdy, auteur de ces deux arrêts, créa une ferme particulière des blés pour l'approvisionnement de Paris, tournant ainsi la liberté au profit du monopole, ou plutôt détruisant la liberté dans le lieu même où elle était le plus nécessaire. Ce fut l'origine du fameux pacte de famine. Le roi même n'eut pas honte de partager ces bénéfices abominables[2].

1. Juin 1571.
2. Dans l'*Almanach royal* de 1774, on trouve la mention de « Mirlavaud, trésorier des grains au compte du roi. » On fit à ce sujet les vers suivants :

> Ce qu'on disait tout bas est aujourd'hui public :
> Des présents de Cérès le maître fait trafic,
>   Et le bon roi, bien qu'il s'en cache,
>   Pour que tout le monde le sache,
> Par son grand Almanach sans façon nous apprend
> Et l'adresse et le nom de son heureux agent.

La Cour punit Lebreton, éditeur de l'*Almanach*, de trois mois d'interdiction, mais pour indiscrétion plutôt que pour inexactitude.

A partir de ce moment, la liberté du commerce des grains fut de plus en plus impopulaire ; et malgré Turgot, qui l'établit pendant son court ministère [1], malgré les efforts persévérants des économistes, les parlements, le peuple, et même trop souvent les philosophes [2], ne songèrent qu'à exagérer les mesures de réglementation, et à faire la guerre au commerce en gros. Ils confondaient, par une erreur assez naturelle dans les conditions où ils se trouvaient, le commerce en gros, qui n'est que la suite naturelle de la concurrence, avec ce qu'ils avaient devant eux, c'est-à-dire la ferme locale organisée par Laverdy, et qui était en réalité un privilége d'autant plus exorbitant qu'en dehors de la ferme pour l'approvisionnement de Paris, le commerce était légalement et théoriquement libre. On s'en prenait à la liberté de maux occasionnés par le privilége qui la détruisait. Necker favorisa plus que personne cette disposition funeste [3]. Robespierre épousa, fomenta les aveugles colères de la multitude [4]. Sur ce point comme

1. 2 nov. 1774 et 5 février 1776. Turgot faisait dire au roi dans le préambule de l'édit : « Le débit avantageux ne peut naître que de la plus entière liberté des ventes et des achats. »

2. *Dialogues sur le commerce des blés*, par l'abbé Galiani. Grimm fait un éloge enthousiaste de cet écrit prohibitioniste. « Depuis l'*Esprit des Lois*, il n'a pas paru en France un plus grand livre, ni qui ait autant fait penser que celui-ci. » (*Corresp.*, t. VI, p. 326 sqq. et cf. *ib.* t. VII, p. 13 sqq.)

3. Par son livre *Sur la législation et le commerce des grains*, publié en 1775 sous le ministère de Turgot. On lit dans le *Compte rendu :* « Il faut autoriser et protéger la plus grande liberté dans l'intérieur, mais l'exportation ne peut jamais être permise en tout temps et sans limites. » (Cf. l'arrêté du 7 septembre 1788.)

4. « Comment a-t-on pu prétendre que toute espèce de gêne, ou plutôt que toute règle sur la vente du blé est une atteinte à la propriété, et déguiser ce système barbare sous le nom spécieux de la liberté commune ?... Je veux qu'on laisse la liberté au commerce, je veux qu'on anéantisse les monopoles et les accaparements contre-révolutionnaires. Le fléau du peuple, la source de la disette sont les obstacles mis à la circulation sous le prétexte de la rendre illimitée. Favorisez la libre circulation des grains en empêchant tous les engorgements funestes. Quel est le moyen de remplir cet objet ? Oter

sur tant d'autres, il combattit la liberté sans la comprendre. Le 27 juillet 1793, un décret de la Convention
porta peine de mort contre les accapareurs. Aujourd'hui
même, pour le dire ici en passant, la loi n'accorde
qu'une demi-liberté, et la haine contre le commerce des
grains subsiste, triste héritage des passions soulevées par
le pacte de famine [1].

Ainsi la liberté n'était ni connue, ni aimée [2]. On com-
battait un privilége par un autre. Si le gouvernement se
dessaisissait d'un droit, c'était au profit d'une compagnie ou d'une corporation. Il y avait à Rouen cent douze
marchands privilégiés qui avaient seuls la faculté de
vendre et d'emmagasiner du grain [3]. A Lyon, les bou-

à la cupidité et l'intérêt et la facilité de les opérer : or, trois causes
les favorisent, le secret, la liberté sans frein et la certitude de l'impunité. Deux moyens simples sont proposés : le premier est de prendre les précautions nécessaires pour constater la quantité de grains
qu'a produite chaque contrée et celle que chaque propriétaire ou
cultivateur a récoltée ; le second consiste à forcer les marchands de
grains à les vendre au marché, et à défendre tout transport des
achats pendant la nuit. Ou bien le crime du monopole est impossible,
ou il est réel. Si c'est une chimère, comment est-il arrivé que de
tout temps on ait cru à cette chimère ? S'il est réel, par quel étrange
privilége obtient-il seul le droit d'être protégé ? Quelles bornes les
vampires impitoyables qui spéculent sur la misère publique mettront-
ils à leurs attentats, si aux réclamations du peuple affamé on oppose
sans cesse des baïonnettes ? La liberté indéfinie n'est autre chose que
l'excuse, la sauvegarde et la cause de ces abus. Comment pourrait-
elle en être le remède ? Je vous dénonce les assassins du peuple, et
vous répondez : laissez-les faire ! » (Séance de la Convention, 2 décembre 1792.)

1. La liberté fut rétablie le 21 prairial an v, et restreinte de nouveau en 1812.

2. Les cahiers du tiers état de Paris demandent « que l'exportation du grain soit sévèrement prohibée, ainsi que sa circulation
d'une province à une autre. » Douze cahiers faisaient des demandes
analogues. Quinze réclamaient la formation de greniers d'abondance.

3. Dupont de Nemours expose ainsi les priviléges de cette corporation. « Ce commerce y était exclusivement confié à une compagnie
de cent douze marchands privilégiés et créés en titre d'office, qui

langers réunis en corporation avaient obtenu ou usurpé
le droit de fixer eux-mêmes la taxe du pain. Les contrôleurs généraux, le conseil d'État, les parlements réglaient
le prix du pain, du suif, de la laine. Les intendants, de
leur côté, rendaient des ordonnances, prescrivaient ou
interdisaient un mode de fabrication, un genre de culture. Il y eut, en 1688, un arrêt du parlement pour proscrire les petits pains à la levûre de bière. Une des plus
grosses affaires du parlement de Paris a été de savoir
s'il permettrait l'inoculation. Elle a été permise en effet
en 1774, après plusieurs arrêts contraires, et une inter-
minable enquête dans le sein de la Faculté[1]. La police
prenait le soin de fixer le prix des places dans les théâtres
forains ou chez les danseurs de corde. « C'est le délasse-

non-seulement jouissaient du droit de vendre du grain et d'en tenir
magasin dans la ville, mais qui avaient seuls la permission d'acheter
celui qu'apportaient les laboureurs et les marchands étrangers, et de
le vendre ensuite aux boulangers et aux habitants qui ne pouvaient
en aucun cas acheter de la première main. Le monopole des marchands
privilégiés de Rouen ne se bornait même pas là; il s'étendait jusque
sur les marchés d'Andelys, d'Elbeuf, de Duclair et de Caudebec. Une
autre compagnie de quatre-vingt-dix officiers porteurs, chargeurs et
déchargeurs de grains pouvaient seuls se mêler du transport de cette
denrée. Ce n'était pas tout : la ville de Rouen possède cinq moulins
qui jouissaient du droit de banalité sur tous les grains destinés à la
consommation de la ville, et comme ces moulins étaient insuffisants,
ils se faisaient payer par les boulangers de la ville qu'ils ne pouvaient servir, la permission de faire moudre ailleurs. »

1. L'inoculation avait été provisoirement interdite le 8 juin 1763
sur le réquisitoire d'Omer Fleury. L'arrêt chargea la Faculté de médecine de procéder à une enquête. Cette enquête dura plus de cinq
ans. Les douze commissions nommées par la Faculté se partageaient
par moitié. Les inoculateurs et les anti-inoculateurs en vinrent à un
procès en règle, qui fut déféré au parlement. Pendant ce temps-là,
l'affaire principale ne marchait pas. Le duc d'Orléans, le premier
président d'Aligre, et enfin, en 1774, le roi et ses frères appelèrent
les inoculateurs, ce qui réduisit la Faculté et le parlement à opiner
du bonnet. Le premier arrêté de *tolérance* avait été rendu dans la
Faculté le 5 septembre 1764 par cinquante-deux voix contre vingt-
cinq. Il fut rapporté. Le 16 janvier 1768, la tolérance ne passa que
par trente voix contre vingt-trois.

ment du peuple, » disait l'ordonnance[1]. En 1692 et 1693,
il fut ordonné à tous propriétaires ou fermiers d'ensemencer immédiatement leurs terres, faute de quoi il serait permis au premier venu· de les ensemencer et de
jouir de la récolte sans payer aucun fermage. En 1709, le
blé ayant été gelé dans les sillons, on crut qu'il repousserait, et l'on défendit de remuer les terres. Ce ne fut
qu'au mois d'avril que, toute espérance des précédentes
semailles étant perdue, on permit de semer de menus
grains[2]. Une ordonnance du 18 juin 1723 contraignit
les fabricants de Rouen à fermer leurs ateliers pendant
le temps de la récolte, du 1er juillet au 15 septembre.
Une autre fois, il s'agissait d'élever la colonnade du
Louvre : Louis XIV défendit aux patrons d'engager des
ouvriers sans sa permission, sous peine de dix mille
livres d'amende, et aux ouvriers de travailler pour les
patrons, sous peine de la prison pour la première fois,
et pour la seconde des galères[3]. L'État se faisait le précepteur de toutes les industries. Il tenait les maîtres en
tutelle; et les maîtres menaient les ouvriers et les apprentis, quelquefois avec le bâton. Et quand la France

1. « Tandis que le parlement fait des remontrances sur la cherté
des grains, et sur la nécessité de mettre tant de malheureux en état
de manger du pain, on veille aussi aux plaisirs de la populace. Dans
cette ordonnance concernant les bateleurs, farceurs, danseurs de
corde, et autres spectacles de foire et des boulevards, il est dit que
ces divertissements étant faits pour le peuple, pour le délasser de
ses travaux, il est défendu à tous les directeurs de troupes de mettre
les premières plus chères que trois livres, et les secondes vingt-
quatre sous, les troisièmes, douze sous, et les quatrièmes six sous.»
(23 avril 1768. *Mémoires secrets*, t. IV, p. 15.)
2. « On crut d'abord que le blé repousserait, et on défendit de
retourner les terres semées en blé pour y mettre de l'orge; mais
enfin le printemps étant venu, on connut qu'il n'y avait aucune ressource pour le blé.... Quand on vit la stérilité, on permit, au mois
d'avril et de mars, de semer de menus grains. Quelques précautions que l'on prît, l'orge fut vendue jusqu'à soixante francs le se-
tier. » (Note de l'avocat général Joly de Fleury.)
3. Dulaure, *Histoire de Paris*, t. IV, p. 443.

n'avait à sa tête ni un Sully, ni un Colbert, toute cette dure et forte organisation était au service de la routine.

Au reste, cette domination de la routine n'était pas la seule entrave que le régime des corporations et de la réglementation apportât aux progrès de l'industrie. Toutes les fabrications qui exigent le concours de plusieurs métiers étaient pour ainsi dire impossibles. Autant la division du travail sous une direction unique rend la main-d'œuvre plus économique et plus parfaite, autant la division, l'indépendance et la rivalité des corporations augmentaient les difficultés d'exécution et les difficultés pécuniaires des entreprises mixtes. Si vous vouliez, par exemple, faire une lampe, il vous fallait, pour les tuyaux, des serruriers de fer ou des serruriers de laiton, pour le corps de lampe des chaudronniers grossiers et des chaudronniers planeurs, un verrier pour la cheminée, un cloutier pour les vis, un chandelier pour la mèche, et pour l'huile, un huilier. Chacun prélevait son bénéfice, non-seulement le bénéfice de sa fourniture, mais celui de son monopole; car il faut bien que le monopole serve à quelque chose, et il servait à tout marchand à enfler son mémoire de frais. Ces bénéfices morts, qui diminuent la production, tandis que le bon marché, en activant la production, crée des débouchés, double, triple, centuple la fabrique, rendaient les capitaux improductifs, les maîtrises onéreuses aux titulaires, le commerce languissant, le progrès impossible, et les produits grossiers ou médiocres. Ainsi se vérifiait une fois de plus la justesse de cet axiome, que le plus grand auxiliaire de la production, c'est la liberté du travailleur.

Voici où en était arrivé ce peuple si bien gouverné, administré avec tant de sollicitude. Sous Louis XIV, Vauban écrivait dans la préface de la *Dîme royale*, ces douloureuses paroles : « Sur dix Français, il y en a un qui manque positivement de pain, cinq qui n'en ont pas

suffisamment, et trois dont la position est fort gênée. »
Le marquis d'Argenson, qui fut ministre de Louis XV,
écrit à la date de 1740 : « Au moment où j'écris, en
pleine paix, avec les apparences d'une récolte sinon
abondante du moins passable, les hommes meurent autour de nous, dru comme mouches, de pauvreté, en
broutant l'herbe [1].... Le duc d'Orléans porta dernière-
ment au conseil un morceau de pain de fougère. A l'ouverture de la séance, il le posa sur la table du roi, disant : « Sire, voilà de quoi vos sujets se nourrissent [2].... »
Dimanche dernier, le roi allant à Choisy par Issy, tra-
versa le faubourg Saint-Victor. Cela fut su ; le peuple
s'amassa et cria, non plus *Vive le roi!* mais *Misère, famine, du pain!* Le roi en fut mortifié [3].... Le nombre des
pauvres dépassera bientôt celui des gens qui peuvent
vivre sans mendier. Dans la ville de Châtellerault on a
obligé chaque bourgeois à entretenir à ses frais un pauvre. La population est de quatre mille âmes, et sur ce
nombre, il s'est trouvé dix-huit cents pauvres enrôlés à
la charge des bourgeois [4].... Sa Majesté a dit au duc de
La Rochefoucauld que le royaume avait diminué d'un
sixième depuis un an. Il est positif qu'il est mort plus de
Français de misère depuis deux ans que n'en ont tué
toutes les guerres de Louis XIV [5].... C'est aujourd'hui à
faire pitié, même aux bourreaux [6]. »

Cependant les bourreaux ne se relâchaient pas! La
corvée était devenue impossible, parce que les travailleurs se mouraient. On en parlait au conseiller d'État
Fagon : « Monsieur, dit-il, tout ceci est la faute du chancelier d'Aguesseau. Depuis qu'il a si fort restreint la
compétence des prévôts de maréchaussée, il est devenu
impossible de faire arrêter ces mendiants. » Et le marquis d'Argenson, après avoir rapporté ces funèbres pa-

1. *Mémoires* d'Argenson, t. II, p. 24. — 2. *Ibid.*, p. 27. — 3. *Ibid.*.
p. 29. — 4. *Ibid.*, p. 33. — 5. *Ibid.*, p. 34. — 6. *Ibid.*, p. 33.

rolés, ajoute : « Tels sont ceux qui ont part à la direction des affaires : durs, tyranniques, heureux de leur
sort, jugeant celui des autres par le leur propre : *juges de
Tournelle*, habitués à voir de sang-froid disloquer les
membres des suppliciés [1]. »

L'Europe marchait à grands pas dans la voie des per-
fectionnements et du bon marché, que la France en était
encore aux vieilles coutumes et aux prix excessifs. Quand
le maître avait payé ses frais d'apprentissage, de chef-
d'œuvre et de ghilde; son droit de maîtrise à la corporation et au Trésor, sa redevance au chambellan, au
cuisinier ou au chancelier, suivant la règle particulière,
son black-mail aux industries voisines qui avaient le
droit de lui refuser ou des clous, ou des tubes de cui-
vre, ou tout autre élément indispensable de sa production, il était obligé de se rattraper en surfaisant les prix
de sa marchandise, ce qui éloignait les acheteurs, condamnait les ouvriers au chômage, et privait les citoyens d'un produit utile. L'œuvre manufacturée avait
déjà payé toutes ces patentes et tous ces monopoles avant
de sortir de l'atelier; hors de là, elle tombait sous de
nouvelles lois financières, les lois de commerce. Il fallait
qu'elle acquittât un droit de transport, un droit de ma-
gasinage, un droit de vente; des péages sur tout. Il n'y
avait pas moins de huit barrières d'Angers à Marseille.
De la somme énorme payée par le consommateur de
Marseille pour le blé recueilli dans le Maine ou en Bretagne, il entrait à peine un vingtième dans la poche du
producteur. Il résultait de là, entre autres conséquences
funestes, que presque tous les produits se consommaient
sur place, au double et immense détriment du producteur et du consommateur; que la matière première en-
combrait un marché, et manquait dans l'autre; que l'in-

1. *Mémoires* d'Argenson, t. II, p. 29 et 30.

dustrie voiturière était à peu près nulle ; qu'il n'y avait pas de routes et de moyens de locomotion, que l'admi_ nistration et la banque étaient presque impossibles, et que la marine restait stationnaire, malgré l'étendue de nos côtes.

Si la France voulait conquérir une place sur le mar_ ché européen, obtenir pour elle-même les produits les plus nécessaires, émanciper, rendre à la vie toute la mé_ ritante et misérable armée des travailleurs, elle devait briser, anéantir ces gothiques règlements qui assujet_ tissaient les contemporains de Newton aux routines du xiiie siècle, qui empêchaient les bras de travailler, l'ima- gination de trouver, l'inventeur d'exécuter, et qui tenaient captif et impuissant le génie de l'humanité comme ces princesses des légendes du moyen âge endormies et charmées dans le fond d'une caverne. Ce fut Turgot qui rompit le charme. Pour avoir compris cela, pour l'avoir voulu, il a droit à plus de respect que les plus grands hommes dont nos places portent les statues.

2. Émancipation du travail par Turgot et l'Assemblée constituante.

Voici les termes à jamais mémorables de l'édit de février 1776, portant abolition des jurandes et maî- trises :

« Dieu, en donnant à l'homme des besoins, en lui rendant nécessaire la ressource du travail, a fait du droit de travailler la propriété de tout homme, et cette propriété est la première, la plus sacrée et la plus imprescriptible de toutes.

« Nous regardons comme un des premiers devoirs de notre justice et comme un des actes les plus dignes de notre bienfaisance, d'affranchir nos sujets de toutes les atteintes portées à ce droit inaliénable de l'humanité.

Nous voulons, en conséquence, abroger ces institut.
arbitraires qui ne permettent pas à l'indigent de vivr
son travail, qui repoussent un sexe à qui sa faibles
donné plus de besoins et moins de ressources, et
semblent, en le condamnant à une misère inévitable,
conder la séduction et la débauche ; qui éteignent l'é
lation et l'industrie, et rendent inutiles les talent
ceux que les circonstances éloignent de l'entrée d'
communauté ; qui privent l'État et les arts de toutes
lumières que les étrangers y apporteraient ; qui re
dent les progrès de ces arts... ; qui enfin, par la fac
qu'elles donnent aux membres des communautés d
liguer entre eux, de forcer les membres les plus pau
à subir la loi .des riches, deviennent un instrumen
monopole, et favorisent des manœuvres dont l'effet es
hausser au-dessus de leur proportion naturelle les c
rées les plus nécessaires à la subsistance du peuple.

« M. Turgot est le ministre le plus éclairé et le
intègre que la France ait jamais eu, s'écriait Voltai
c'est le père du peuple[2] ! le successeur immédiat de Sul
il nous rend l'âge d'or[4] ! nous sommes dans l'ivress
bonheur[5]. »

Mais, comme il arrive toujours, les priviléges attac
se défendaient avec vigueur ; ils se mettaient sous
gide du principe de la propriété, dont ils étaien
violation, et trouvaient des auxiliaires empressés c
tous ceux qui regardaient un changement dans l
comme la suppression de toutes les lois ; conse
teurs plus dangereux que les plus dangereux novate
et que l'on voit, à toutes les époques, profaner et c
promettre le droit, en défendant sous son nom les

1. Voltaire, lettre à Mme de Saint-Julien, 11 janvier 1776.
2. Lettre à Turgot, 15 janvier 1776.
3. Lettre à M. de Fargès, 26 janvier 1776.
4. Lettre à M. Vasselier, 15 mars 1776.
5. Lettre au chevalier Delisle, 14 mars 1776.

ѳlérables abus. Parmi les innombrables brochures que
ı publia contre l'édit, une des plus remarquables,
ce qu'elle peint bien cette situation, fut un écrit ano-
ne intitulé : *Mémoire à consulter sur l'existence ac-
lle des six corps, et la conservation de leurs priviléges.*
s six corps étaient six corporations privilégiées entre
les, qui avaient la haute main sur les affaires gé-
ales de la place, à Paris : c'étaient les drapiers, les
ѕiers, les merciers, les bonnetiers, les pelletiers et les
ѵres[1].)

e but de l'auteur est « de dissiper les idées fausses
léshonorantes que des écrivains, séduits par l'en-
ısiasme du bien général, éblouis par la chimère
ıe liberté illimitée, ont répandues sur les commer-
.s ; de prouver aux magistrats conservateurs des pri-
ᶻes et des propriétés, que l'on ne peut pas porter
ınte à l'existence actuelle des six corps, et adopter le
ème de destruction dont on les épouvante, sans que
ublic soit livré à la mauvaise foi, et les arts dégradés
l'ignorance, sans que la fortune des plus honnêtes
illes de la capitale ne soit ébranlée, sans que des
ѕ consolidés depuis des siècles par des édits, par
lettres patentes enregistrées dans les cours souve-
es, ne deviennent tout à coup incertains et pré-
ᶻs. »

ıilà dans cet exposé la propriété ouvertement iden-
ᶏ avec le privilége, et le privilége légitimé par la du-
par la possession d'état *consolidée depuis des siècles
des lettres patentes enregistrées.* Rien ne montre mieux
.ractère des édits de Turgot, qui opposaient le droit
rel à ce prétendu droit de la tradition et du privi-

Au commencement de 1674, Louis XIV fit demander un em-
, à la corporation des merciers, leur offrant le premier rang
les six corps. Les merciers donnèrent l'argent, mais refusèrent
éminence qui leur était offerte. (*Mémoires secrets*, t. V, p. 52.)

lége, sur lequel reposait tout le régime de la société
française. On peut dire hardiment que l'abolition des
maîtrises n'était que la préface de l'abolition des droits
féodaux, et que la tradition, vaincue sur un point si important, n'aurait pas tardé à céder partout la place à la
raison et à la justice. Le droit du travail aurait remplacé le droit de l'épée comme base de l'ordre social. Le
parlement résista avec opiniâtreté. Des cinq édits que
Turgot avait fait signer à Louis XVI, un seul, celui qui
supprimait la caisse de Poissy, obtint l'enregistrement.
Mais la suppression des maîtrises et jurandes, celle de
la corvée, celle des droits existant à Paris sur les grains,
la farine et autres denrées de première nécessité, celle
des offices onéreux pour le Trésor et vexatoires pour le
peuple qui entravaient le commerce et la navigation de
la Seine, ne purent être homologuées. Le parlement eut
le triste courage de se mettre du côté des privilégiés contre le droit et le peuple, et de signaler comme une atteinte au bon ordre, ces tardives et incomplètes réparations. Il déclara que toutes les lois seraient compromises,
et que l'État serait bouleversé, si le roi ne mettait un
terme aux *débordements économiques*. Il fallut que Turgot amenât Louis XVI à Paris, et fît enregistrer ses édits
dans un lit de justice. Même en présence du roi et du
ministre, l'avocat général Séguier, au lieu de requérir
l'enregistrement comme il y était obligé par sa charge,
se livra à des critiques amères, pour qu'il fût bien évident que la magistrature obéissait malgré elle [1]. Le pre-

1. Voici les paroles de ce même Séguier dans un procès intenté à
Boncerf, commis et confident de Turgot, à propos d'un écrit écono
mique où les idées du contrôleur général étaient défendues. « On
est tenté de croire qu'il existe dans l'État un parti secret qui, par
des secousses intérieures, cherche à en ébranler les fondements....
Chaque peuple a ses mœurs, ses lois, ses coutumes, ses usages. Les
institutions politiques forment l'ordre public. Intervertir cet ordre,
c'est toucher à la constitution même du gouvernement que les nations ont adopté.... Par quelle fatalité arrive-t-il aujourd'hui que les

mier président alla jusqu'à parler de la consternation du peuple : « Au moment où il peignait le peuple de Paris consterné, disent les *Mémoires secrets*, les guinguettes regorgeaient d'ouvriers qui avaient quitté leurs maîtres, avaient pris des carrosses de remise et offraient partout le spectacle d'un vrai délire [1]. » Cette joie fut de courte durée. La noblesse, les parlements, les maîtres, réunis contre Turgot, réussirent à le faire chasser du ministère [2]. « Je ne vois plus que la mort devant moi, depuis que M. Turgot est hors de place, disait Voltaire. Je ne comprends pas comment on a pu le renvoyer. Ce coup de foudre m'est tombé sur la cervelle et sur le cœur [3]. »

Les édits de Turgot furent rapportés peu de temps après sa retraite, par un simple arrêt du conseil [4]. On dit que ce grand homme, qui avait supporté sa disgrâce avec égalité d'âme, ne put apprendre sans pleurer ce renversement de ses espérances [5]. Dès le lendemain, les fermiers de la caisse de Poissy attaquèrent en calomnie l'économiste Baudeau, qui se défendit lui-même au Châtelet pendant deux audiences, et prouva que les fermiers prêtaient de l'argent aux bouchers à raison de quatre-vingt-douze pour cent; que la caisse ne payait au Trésor que huit cent mille livres par an, tandis que les bouchers et les consommateurs supportaient au moins le double de cette somme [6]. Il fut acquitté devant le tribunal; mais

---

écrivains se font une étude de tout combattre, de tout détruire, de tout renverser? Cet édifice de nos ordonnances, ouvrage de tant de siècles, le fruit de la prudence des souverains, le résultat des veilles des ministres les plus éclairés, des magistrats les plus consommés, est traité par les nouveaux précepteurs du genre humain avec le mépris insultant dont les rêveries de leur imagination exaltée par l'enthousiasme d'un faux système sont seules susceptibles. »

1. *Mémoires secrets*, t. IX, p. 70.
2. Le 12 mai 1776.
3. Lettre à La Harpe, 10 juin 1776.
4. 11 août 1776.
5. Droz, *Histoire du règne de Louis XVI*, t. I, p. 213.
6. *Correspondance* de Grimm, t. IX, p. 159 sqq.

la cour l'exila en Auvergne. C'est seulement dans la séance de l'Assemblée nationale du 15 février 1791, que les corporations furent définitivement et pour jamais abolies[1]. En même temps, pour couvrir en partie la perte que le Trésor allait supporter, on établit un droit de patente.

Quelques mois après[2], sur le rapport de Chapelier, l'Assemblée rendit un décret pour empêcher les ouvriers ou les patrons de rétablir, au moyen de coalitions, quelques-uns des plus graves inconvénients des corporations abolies. Il importe toutefois de ne pas oublier que même sous le régime des jurandes, les coalitions n'étaient pas rares parmi les ouvriers. Je ne citerai que la coalition des compagnons maçons, en 1785, et celle des garçons maréchaux, en 1786. Le parlement fut obligé de renouveler les ordonnances contre les attroupements[3]. Quoi qu'il en soit, la loi présentée par Chapelier est mémorable. En voici les dispositions principales :

« Art. 1. L'anéantissement de toute espèce de corpo-

1. Le rapporteur Dallarde résuma en ces termes le régime des corporations : « Dans presque toutes les villes du royaume, l'exercice des arts et métiers se concentrait dans les mains d'un petit nombre de maîtres réunis en communautés. Ces maîtres pouvaient seuls fabriquer ou vendre les objets de commerce particulier dont ils avaient le privilége. La longueur de l'apprentissage, la servitude du compagnonnage, les frais de réception épuisaient une partie de la vie du citoyen laborieux et des fonds dont il avait besoin pour monter son commerce ; un repas de communauté absorbait les produits d'une année. En voyant se combiner avec ces exactions les franchises accordées aux fils de maîtres, l'exclusion donnée aux étrangers, c'est-à-dire aux habitants d'une autre ville, enfin la facilité avec laquelle ces corporations pouvaient se liguer pour hausser le prix des marchandises et même des denrées, on parvient à croire que tous leurs efforts tendaient à établir dans l'État une caste exclusivement commerçante. » (Séance du 15 février 1791.)

2. 14 juin 1791.

3. Quelques jours après parut une ordonnance du roi prononçant l'emprisonnement et des peines corporelles contre les ouvriers coupables « d'avoir quitté leurs maîtres de concert. »

rations de citoyens de même état et profession étant l'une des bases fondamentales de la Constitution française, il est défendu de les rétablir de fait sous quelque prétexte et sous quelque forme que ce soit.

« Art. 2. Les citoyens de même état ou profession, entrepreneurs, ceux qui ont boutique ouverte, les ouvriers et compagnons d'un art quelconque, ne pourront, lorsqu'ils se trouveront ensemble, se nommer de président ni secrétaire ou syndic, tenir des registres, prendre des arrêtés ou délibérations, former des règlements sur leurs prétendus intérêts communs. »

L'article 3 déclare nulles toutes les conventions prises de concert pour fixer le prix du travail, et condamne les auteurs de ces résolutions à 500 francs d'amende, et à la suspension pendant un an de l'exercice de tous les droits de citoyens actifs, et de l'entrée dans les assemblées. Si les résolutions contiennent une menace contre les contrevenants (art. 6), la peine est une amende de mille livres, et trois mois d'emprisonnement. Il est interdit à tous corps administratifs ou municipaux, d'employer aux travaux publics les ouvriers ou patrons coalisés (art. 5).

Enfin, l'Assemblée achevant son œuvre, comprit expressément, dans le préambule de la Constitution promulguée le 14 septembre 1791, les jurandes et maîtrises parmi « les institutions qui blessent la liberté et l'égalité des droits. » Après avoir proclamé l'abolition de la noblesse, de la pairie, de la vénalité et de l'hérédité des offices, elle continue en ces termes : « Il n'y a plus, pour aucune partie de la nation ni pour aucun individu, aucun privilège ni exception au droit commun de tous les Français. Il n'y a plus ni jurandes, ni corporations de professions, arts et métiers. »

Ce décret, rapproché de l'histoire des corporations, donne une définition très-complète de la liberté du travail.

La liberté du travail est le droit qui appartient à tout citoyen de choisir lui-même sa profession ;

D'en exercer, à son gré, une seule ou plusieurs ;

De régler, comme il l'entend, le prix de ses produits ou de ses services ;

Et d'échanger les résultats de son travail, à l'intérieur ou à l'extérieur, sans aucune entrave, au mieux de ses intérêts.

Quand on vient de parcourir, même imparfaitement, l'histoire des corporations, et qu'on a vu, pendant des siècles, la volonté de l'homme et sa puissance de production asservie à des lois minutieuses et rétrogrades, on ne peut s'empêcher de saluer cette complète émancipation du travail avec un profond sentiment de reconnaissance pour l'Assemblée qui l'a décrétée. Voilà enfin des légis- lateurs qui comptent sur l'homme pour faire le bonheur de l'homme, et qui ne traitent leurs administrés ni en bétail humain, qui n'existe que pour le plaisir et le bé- néfice de ses maîtres, ni en mineurs imbéciles, dont l'in- telligence a besoin d'être guidée et garantie contre ses propres écarts. Il semble que la force expansive de la na- tion, jusque-là comprimée, entre pour la première fois en possession d'elle-même, et que l'humanité, endormie sous saint Louis, se réveille sous Turgot, après une lé- thargie de quatre siècles. Le travail imposé et le travail réglementé sentent l'esclave ; le travail libre, au con- traire, est le sceau du citoyen [1]. En rendant au travail sa liberté, on lui restitue sa dignité, l'ouvrier se sent un

---

1. « Plus la civilisation s'élève, plus le travail est honoré ; les peuples primitifs le méprisent comme le lot des esclaves. » (Roscher, *Principes d'écon. polit.* traduits par M. Wolowski, t. I, p. 89.) C'est un des grands traits du christianisme d'avoir compris dès le pre- mier jour la grandeur du travail. Virgile disait encore :

Tu regere imperio populos, Romane, memento.

Ce vers est une glorification de la force ; il contient par anticipa- tion toute la théorie de la noblesse féodale. Écoutez au contraire l'apôtre : « Je vous exhorte à vous appliquer chacun à ce que vous

homme. Investi du droit d'utiliser à son gré, et dans son propre intérêt, ses forces et son aptitude, il sent s'accroître sa responsabilité et ses chances ; il prend l'habitude de délibérer et de chercher ; il a plus d'autorité dans sa famille, parce qu'il est dans l'atelier l'égal de ses compagnons. La propriété ne lui paraît plus oppressive depuis qu'il a dans son travail une propriété qui peut lui ouvrir un droit à toutes les autres. Il devient partie intégrante de la république, dont il n'était jusque-là que le sujet. Il s'accoutume à comprendre le rôle de la richesse en voyant de près comment elle se produit et comment elle circule, et de plus saines idées de l'association civile et de la fraternité humaine entrent dans son esprit. Ce dut être un beau spectacle pour le monde que cette nation libre, s'avançant avec confiance vers l'avenir, après avoir brisé toutes les entraves qui contrastaient si péniblement avec la générosité de ses instincts, la pénétration naturelle et le degré de culture de son intelligence ; et le philosophe doit se rappeler ici avec consolation, que, dans la nuit du 4 août, ce furent surtout les privilégiés qui livrèrent bataille aux priviléges, et qui proclamèrent le règne de l'égalité, c'est-à-dire l'avénement de l'homme sur la scène du monde.

---

avez à faire, à travailler de vos mains, ainsi que nous l'avons ordonné, afin que vous vous mettiez en état de n'avoir besoin de personne. « (*Ire aux Thessa.*, IV, 11 et 12.) » Et nous n'avons mangé gratuitement le pain de personne, mais nous avons travaillé jour et nuit avec peine et avec fatigue, pour n'être à charge à aucun de vous. Ce n'est pas que nous n'en eussions le pouvoir; mais c'est que nous avons voulu nous donner nous-même pour modèle, afin que vous nous imitassiez. « (*IIe aux Thess.*, III, 8 et 9.) » Que celui qui dérobait ne dérobe plus, mais qu'il s'occupe en travaillant des mains à quelque travail utile, pour avoir de quoi donner à ceux qui sont dans l'indigence. » (*Aux Éphésiens*, IV, 28.)

**3. Entraves à la liberté du travail encore subsistantes
dans les lois.**

On voudrait pouvoir dire qu'une prospérité croissante
marqua les premières années de la liberté ; mais nous
l'avons vu partout : la révolution faite pour la liberté
tourna promptement à la compression. Des deux ennemis
de la liberté, l'un, le communisme traditionnel, ou se relâchait de ses préventions, ou se déclarait convaincu par
les maximes bienfaisantes de la philosophie. L'autre, le
communisme révolutionnaire, ne songeant qu'au but, et
se trompant sur l'utilité et sur la moralité des moyens,
au lieu d'attendre de la liberté une répartition équitable
des jouissances sociales, voulait la demander à une organisation tout aussi sévère que celle à laquelle on échap-
pait, quoique fondée sur des bases tout opposées et en
apparence plus équitables. Le régime de la liberté n'avait
pas eu le temps de s'établir, les émancipés le comprenaient à peine, quand la guerre étrangère, les troubles
civils, et les efforts d'une double réaction vinrent embar-
rasser et arrêter ses progrès. De là, depuis soixante ans,
une liberté réelle, mais incomplète, menacée tantôt par le
triomphe des absolutistes, tantôt par celui des communistes révolutionnaires. On peut presque dire que Turgot
et la Constituante avaient fondé la liberté, et qu'après
eux, tout le monde lui a fait échec. La Terreur est venue
avec ses lois de maximum, avec sa malveillance pour le
grand commerce, avec ses idées fausses sur le rôle du
talent et du capital dans la production, avec ses tentatives financières qui ne faisaient qu'organiser la ruine,
avec sa manie de réglementation, trop ancienne dans
notre pays, et trop fidèlement imitée par les gouvernements ultérieurs. On sait que la paix revint après elle,
mais non la liberté ; et les gouvernements même qui,

sous différents drapeaux, avaient des aspirations libérales, se laissèrent souvent emporter par le désir de se
fortifier eux-mêmes, et sous prétexte de police, char-
gèrent les citoyens d'entraves inutiles et par conséquent
injustes.

Nous venons de voir que la Constituante avait établi
l'impôt des patentes, dans la loi même, dans le premier
article de la loi qui rendait la liberté au travail. Le rapporteur disait avec raison que cette nouvelle taxe était en
réalité un amoindrissement d'impôt; mais quoique ce
fût un impôt comparativement rationnel et léger, substitué à une charge écrasante et mal répartie, ce n'en était
pas moins un impôt sur le travail. Il était bien dur pour
un ouvrier qui payait quatre cents livres de loyer pour lui
et sa famille, de payer encore par année une patente de
quarante livres[1]; et c'était presque une contradiction de
la part du législateur de vendre ainsi le droit de travailler, après avoir déclaré dans le préambule de la loi,
que ce droit est le premier de tous, et le plus imprescriptible. Quand je travaille, je me fais d'abord du bien à
moi-même sans doute ; mais j'en fais aussi à l'État; j'accrois sa richesse : pourquoi me frapperait-il d'une peine ?
Est-ce celui qui part pour l'armée, qui doit payer un capital, ou celui qui demande à être exempté? C'est l'oisif,
le riche. Ne donnant pas sa peine, il est juste qu'il donne
son argent, voilà le vrai. L'État lui dit : « Tu ne fais rien
pour moi, puisque tu n'accrois pas le capital commun ;
cependant je te donne la protection de mes lois et de mes
soldats. Pour ce double service, abandonne une part de

---

1. Art. 12. Le prix des patentes annuelles pour tous les commerces,
arts, métiers et professions, est fixé sous les exceptions ci après, à
raison du prix du loyer ou de la valeur locative de la maison de ceux
qui les demanderont, et dans les proportions suivantes :

« 2 sous pour livre du prix de loyer jusqu'à 400 livres; 2 sous
6 deniers pour livre depuis 400 livres jusqu'à 800 livres, et 3 sous
pour livre au-dessus de 800 livres. » (Loi du 15-16 février 1791.)

ton bien. » Il n'y a d'association possible entre les oisifs
et les travailleurs, que si les oisifs donnent en argent
l'équivalent du travail des autres. Mais la loi des patentes
renverse tout cela. C'est l'oisif qui ne paye rien, et le
travailleur paye pour avoir le droit de travailler. Lorsque
le rapporteur descendit de la tribune, un député obscur,
M. Begouen, voulut protester au nom de ces principes.
« On pensait autrefois, dit-il, que le droit de travailler
était un droit régalien ; nous pensons maintenant, et le
comité paraît penser avec nous que c'est un droit national.
Cependant le projet de loi qu'il nous présente tend à faire
renaître les jours où l'on s'enorgueillissait de vivre sans
rien faire : on appelait cela vivre noblement. Au lieu
d'exiger des patentes pour travailler, il faut plutôt soumettre à en prendre ceux qui resteront oisifs. » M. Dandré qui lui répondit, se borna à soutenir que, si la patente était un impôt sur le travail des artisans, la
contribution foncière est un impôt sur le travail des
laboureurs. Cette réponse n'est pas absolument juste : la
contribution foncière est établie sur le fruit du travail, et
ne pèse pas directement, comme la patente, sur le travail lui-même. Il y a d'ailleurs bien d'autres inégalités
dans le régime de l'impôt, et il suffit de citer la différence
qui existe à cet égard entre la propriété immobilière et
la propriété mobilière. Au reste, M. Dandré avait raison
de dire, en commençant son discours, qu'il fallait se défier des idées philosophiques, ou renoncer aux impôts[1] ;
car malgré les prodigieux efforts de la Constituante, et
les grands résultats qu'elle a obtenus, il s'en faut bien
que l'assiette de l'impôt soit raisonnable et équitable.
L'impôt des patentes, en particulier, me paraît un contre-
sens social ; et puisque l'impôt est nécessaire, il n'y a, si
je ne me trompe, qu'un seul moyen de le rendre juste et

---

1. « Défiez-vous des idées philosophiques ou renoncez aux impôts,
car aucun n'est exempt d'immoralité. »

logique, c'est d'abord de l'asseoir sur une base unique, sur la base du revenu, en prenant soin de ne donner de prime ni à l'oisiveté, ni à cette espèce de luxe qui est improductive (unité de l'assiette), et ensuite de le diviser seulement en impôt communal et en impôt national (régularité, simplification de la perception et de la dépense). Voilà en trois mots un grand programme, plein de toutes sortes de difficultés et d'orages. L'impôt sur le revenu ne serait pas une nouveauté en France, où il a longtemps existé sous le nom de dixième[1]. Les financiers du XVIII° siècle n'ont rien laissé à inventer aux nôtres en matière d'impôts et d'emprunts. L'impôt du dixième (l'impôt sur le revenu), proportionnel à la fortune de l'imposable et non aux besoins de l'État, coexistait avec la capitation, la taille, les gabelles, de sorte que le pouvoir en avait l'odieux et le peuple n'en avait pas les bénéfices. Je ne puis m'empêcher de croire qu'il sera rétabli un jour sur de meilleures bases, et qu'il héritera de tous nos autres impôts ; et quand on en sera venu là, nos impôts indirects, nos douanes, nos lois de timbre et d'enregistrement, nos lois de patentes, notre armée d'employés de toutes sortes, paraîtront aussi barbares à nos successeurs, que peuvent l'être à nos yeux, les douanes intérieures, les péages et les fermiers généraux. Une réforme si urgente et si radicale passera pour impossible tant que Dieu n'aura pas donné un nouveau Turgot à la terre. Mais je ne veux ni ne puis insister : il fallait seulement risquer cette déclaration en parlant de l'impôt sur les

---

1. 8 août 1741. « M. Orry a dit à deux intendants que je connais qu'on établirait un nouveau dixième le 8 octobre prochain. Il espère en tirer davantage que lorsqu'on établit ce nouvel impôt en 1733. (Le premier avait été établi en 1709 par Desmarest). La circulaire de M. Orry aux intendants n'est qu'un tissu de duretés inouïes. Ce sera une espèce de taxe des gens aisés; on présumera ce que vous avez ou devez avoir de revenu. » (*Mémoires du marquis d'Argenson*, t. II, p. 231 sq.)

patentes : je suis heureux que mon sujet n'exige pas de moi davantage.

> Non ideo debet pelago se credere, si qua
> Audet in exiguo ludere cymba lacu[1].

Si l'impôt des patentes rappelait, quoique de bien loin, les taxes imposées aux anciennes corporations, diverses tentatives, émanées soit des ouvriers, soit de l'État, parurent rendre un semblant de vie aux corporations elles-mêmes. Ce furent d'abord les ouvriers qui se coalisèrent pour obtenir un meilleur prix de journée. Tel est le jeu naturel des intérêts. Au moyen âge, les maîtres s'étaient coalisés pour exploiter l'ouvrier et le consommateur : ils avaient fondé des corporations où tous les avantages étaient de leur côté, et cela avait duré pendant des siècles, grâce au principe d'immobilité et de tradition qui gouvernait la société. Quand le charme fut rompu, et la liberté proclamée, les ouvriers se trouvant en nombre et par conséquent en force, voulurent se servir de la liberté pour fonder un régime aussi oppressif que l'ancien, mais dans lequel ils se feraient la bonne part au détriment des maîtres. C'est dans un coin de la société l'image fidèle de la société entière; et la liberté se trouve là, comme ailleurs, côtoyée par le communisme venant du haut en bas, et par le communisme venant du bas en haut. Au fond l'oppression des maîtres par les ouvriers n'est ni plus juste ni plus favorable aux progrès de l'industrie, que l'oppression des ouvriers par les maîtres. Tout ce qui nuit à la liberté, nuit au travail, et blesse à la fois l'intérêt social et la justice. Il faut que les maîtres fassent un bénéfice, sans quoi ils cesseraient de travailler et de fournir leurs capitaux; et il faut que ce bénéfice ne soit pas trop démesurément enflé au détriment des ouvriers, sans quoi le travail n'aurait pas sa légitime ré-

---

1. Ovide, *Les Tristes*, liv. II, v. 329, 330.

compense; la société se trouverait mal organisée, puisque le travail serait d'un côté et la jouissance de l'autre ;
elle manquerait de stabilité, car la justice peut seule
dompter le nombre, et quand le nombre ne voit devant
lui que le privilége, il l'écrase tôt ou tard. Mais qui déter-
minera la part du maître, c'est-à-dire la part du capital, et celle de l'ouvrier, c'est-à-dire de la main-d'œuvre ?
Si c'est le maître, il exploitera l'ouvrier ; si c'est l'ouvrier,
il ruinera le capital. Le maître sera communiste comme
Lycurgue, qui remplissait les champs et les ateliers d'ilo-
tes : et l'ouvrier le sera comme Babeuf, qui, par sa république des égaux, ôtait sa place au talent et sa récompense au travail. Il ne reste qu'une issue, la vraie, la
juste, celle qui laisse l'offre et la demande s'équilibrer
l'une par l'autre, et qui par conséquent n'ajoute pas la
difficulté des institutions à celle des choses. Chapelier
avait donc bien raison de dire que les coalitions d'ouvriers étaient une restauration des corporations en sens
inverse, et qu'elles remplaçaient le despotisme des patrons par celui des ouvriers. Il était d'autant plus urgent
de pourvoir à ce danger en 1791, que les travailleurs,
émancipés de la veille, étaient pressés de jouir, et peut-
être de se venger ; qu'ils ne pouvaient se faire une idée
juste des conditions et des nécessités de l'industrie ; que
dans cette revendication universelle des droits de l'individu, ils devaient être excités contre toutes les inégalités
sociales, contre les inégalités justifiables aussi bien que
contre les inégalités factices, et qu'il était peut-être difficile à des citoyens qui, le soir, régnaient dans les clubs,
d'obéir tout le jour dans les ateliers. Les coalitions
avaient d'ailleurs pour effet d'enchaîner les minorités, de
sorte qu'elles ne nuisaient pas moins à la liberté des ouvriers qu'à celle des maîtres [1].

1. « Le but de ces assemblées qui se propagent dans le royaume
et qui ont déjà établi entre elles des correspondances, est de forcer

Il est très-vrai, même en mettant la justice à part, que les luttes entre patrons et ouvriers doivent être proscrites. Ils n'ont les uns et les autres qu'un seul intérêt, s'ils savaient le comprendre. Le bien-être des ouvriers concourt à la prospérité des chefs d'industrie, et cette prospérité, à son tour, est l'unique source de la prospérité des ouvriers. Il n'y a pas de vérité mieux établie ; mais, comme elle choque l'intérêt particulier, l'intérêt momentané, il n'y en a pas de plus souvent méconnue. La société est-elle en droit, pour éviter ces crises toujours désastreuses, d'interdire absolument toute association d'ouvriers, ou doit-elle sévir uniquement contre les coalitions [1]?

Il faut d'abord reconnaître que la lutte, quand il y a lutte entre ouvriers et patrons, se fait à armes inégales : les ouvriers ont le nombre, et par conséquent la force ; les patrons ont le capital, la clientèle, et le plus souvent l'habileté de direction. Dans cet état, si la loi n'intervient pas, il est plus que probable que les ouvriers seront les maîtres. Si la loi intervient pour interdire absolument les associations, tout change, car les ouvriers perdent la seule arme qu'ils avaient, le nombre, et ils se trouvent à la merci du capital. Il ne faut pas dire qu'on égalisera

---

les entrepreneurs de travaux, les ci-devant maîtres, à augmenter le prix de la journée de travail ; d'empêcher les ouvriers et les particuliers qui les occupent dans leurs ateliers de faire entre eux des conventions à l'amiable ; de leur faire signer sur des registres l'obligation de se soumettre aux taux de la journée de travail fixés par ces assemblées et aux autres règlements qu'elles se permettent de faire. On emploie même la violence pour faire exécuter ces règlements ; on force les ouvriers de quitter les boutiques, etc. » (Séance du 14 juin 1791. Discours de Chapelier.)

1. Les articles 291, 292 et 294 du Code pénal ainsi que la loi de 1834, abolis par la révolution de 1848, ont été rétablis en 1851, de sorte que le droit d'association n'existe plus, ou ne peut être exercé qu'en vertu d'une autorisation préalable. Pour éviter les associations déguisées, un décret du 25 mai 1852 a également soumis à la nécessité d'une autorisation préalable tous les bureaux de placement.

les chances en punissant les coalitions de patrons comme celles d'ouvriers, car la plupart du temps, et pour des raisons évidentes, cela n'est pas praticable en fait ; et il ne faut pas dire non plus que les ouvriers auront pour eux, à défaut de la force des coalitions, la force de la nécessité : car les patrons, s'adressant à des ouvriers isolés, et profitant de leurs besoins, ou trouveront des bras au rabais, ou enchaîneront l'avenir par des contrats.

Ce problème difficile le deviendrait peut-être moins, si l'on distinguait plus nettement l'association volontaire où chacun est libre d'entrer et libre de sortir, de la coalition qui, en enchaînant la volonté des minorités, constitue à la fois une spoliation et une violence. Personne n'est obligé de travailler ni de faire travailler ; c'est un principe qu'à coup sûr aucun parti ne conteste. Donc, à ne considérer que la raison et les rapports naturels des choses, si les patrons se réunissent pour dire : « Nous voulons bien faire travailler, mais à condition que le prix de main-d'œuvre ne dépasse pas telle somme, sinon, non ; » ils sont dans leur droit ; et si les ouvriers se réunissent de leur côté pour dire : « Nous voulons bien travailler, mais à condition que le prix de main-d'œuvre ne descende pas au-dessous de telle somme, sinon, non ; » ils sont aussi dans leur droit. Ce droit réciproque consacre le droit de propriété en faveur des patrons, le droit de travailler en faveur des ouvriers : l'association n'est coupable que si elle a pour fin l'interdiction du travail. On ne peut, sans une nécessité absolue, m'empêcher d'employer mon capital comme bon me semble, de faire de mon talent et de mes bras l'usage qui me convient, et de m'associer librement avec mes pairs pour agir en commun au mieux de nos intérêts.

Chapelier considérait comme un cas de nécessité absolue l'obligation de prévenir les crises ; mais c'est ici précisément que la distinction entre l'association et la coalition est d'une importance capitale. C'est en empêchant

les coalitions, qui sont un attentat contre la liberté, et
non en gênant les associations qu'on parvient, sinon à
empêcher les crises, du moins à en diminuer le nom_
bre et la gravité. Il y aura toujours des crises, avec ou
sans la liberté, parce que la prudence humaine ne peut
pas calculer tout ce qui est calculable, et parce qu'il surgit
des causes de trouble qu'aucune prudence humaine ne
saurait prévoir, tantôt un sinistre, tantôt une heureuse
découverte. Ce qui importe, c'est de ne pas exagérer la
crise par des lois préventives qui engendrent la haine, et
de ne pas rendre l'État responsable, en lui confiant une
autorité également odieuse et insuffisante. La liberté est
encore ce qui produira le moins de crises, et ce qui rendra les crises moins redoutables et plus faciles à terminer. Je crois donc qu'une plus grande liberté d'association est un progrès nécessaire, légitime, et je me réjouis
de voir notre législation se prononcer de plus en plus
en ce sens. Ce progrès est d'autant plus souhaitable
qu'en donnant aux ouvriers, aux individus, une plus
grande force, de plus grands moyens d'action, il leur inspire le sentiment de la dignité personnelle, un sentiment plus vif et plus équitable de leur droit et de celui
d'autrui.

Quant à la coalition, c'est tout autre chose. Lorsque,
dans l'intérieur d'une association, la majorité veut imposer sa volonté à la minorité, et lorsque au dehors l'association veut employer des moyens de compression, et ne
se borne pas à l'exercice du droit de ne pas faire, qui est
une des formes du droit de faire; aussitôt, la société est
armée dans l'intérêt de la liberté et de la justice contre
ces factieux qui veulent attenter au droit d'autrui, soit
par la force du capital, soit par la force du nombre. Elle
a un devoir très-rigoureux à remplir contre ces ennemis
du droit et de la liberté. Plus leur force est considérable,
plus la société doit déployer de sévérité contre eux. Il
s'agit pour elle de la première de toutes les questions, du

règne de la justice, de la soumission de la force à la justice. Toute menace, toute compression exercée par l'association sur des citoyens étrangers à l'association ou sur ses propres membres, doit être punie comme un crime contre la liberté, c'est-à-dire contre la société.

Pendant que les citoyens, égarés par les suggestions de l'intérêt particulier mal entendu, commençaient à opprimer la liberté le lendemain du jour où elle avait été établie, l'État de son côté, embarrassé de cette liberté nouvelle, et effrayé, pour ainsi dire, de son œuvre, se mit à restaurer çà et là quelques lambeaux du système aboli. Peu à peu, de véritables corporations se formèrent, mais sans maîtrise, sans oppression de l'ouvrier, sans tout cet arsenal de redevances et de routines que l'esprit moderne ne comportait plus. Du moment qu'on n'osait pas compter sur la liberté, les raisons ne manquaient pas pour mettre un grand nombre de professions sous la tutelle du gouvernement. Il fut permis aux communes de limiter le nombre des boulangers, de leur imposer une réserve, de les obliger à avertir l'autorité six mois d'avance lorsqu'ils voulaient cesser leur commerce, de les soumettre à la taxe du pain. Les mêmes droits ou des droits analogues furent donnés aux communes sur les bouchers. La ville de Paris entreprit, il y a quelques années, de taxer la viande comme le pain, et cette entreprise fut, comme on sait, malheureuse. On obtenait des résultats bien plus favorables de la vente à la criée, qui n'était pas autre chose que la liberté du commerce de la boucherie, installée dans un coin de la ville, en face de la redoutable concurrence du privilége [1]. Enfin on a renoncé à faire de la profession de boucher une sorte d'office concédé par l'au-

---

1. Avant la Révolution, il y avait aussi à Paris des *mercandiers*, sorte de bouchers libres, sans cesse poursuivis par la corporation. Il est à remarquer que la corporation fit supprimer les mercandiers par le bureau de la commune de Paris, en septembre 1789.

torité et transmis à titre onéreux comme une charge d'a-
voué. On a reconnu que ces bouchers en nombre limité
se servaient de leur privilége pour faire la loi aux éleveurs
et aux consommateurs, qu'il y avait là une difficulté
factice ajoutée sans nul avantage aux difficultés naturelles
des transactions, et que ce privilége, qui n'avait pour
effet que d'enrichir les titulaires, était dans le commerce
de la boucherie quelque chose de fort analogue aux anciens
droits de péage qui entravaient l'industrie voiturière. On
a remis les choses dans leur état naturel, livré les commerçants à leur propre activité, sans tutelle ni privilége,
et cette liberté contribuera sans doute, quand l'équilibre
se sera fait, quand bouchers et éleveurs auront pris de
nouvelles habitudes, à abaisser le prix de la viande. En
tout cas, elle donnera le prix vrai, celui qui résulte du
rapport de l'offre et de la demande; il n'y a que le prix
ainsi produit, sans intervention de privilégiés, qui fasse
un commerce équitable pour le vendeur et pour l'acquéreur. Les débats qui ont précédé cette excellente mesure
ont eu cet intérêt particulier pour les philosophes, de bien
faire voir que tous les monopoles se ressemblent, et se
servent des mêmes armes. Le privilége moribond a soutenu que lui seul produisait de bonne viande par la certitude qu'il donnait aux éleveurs d'écouler leurs produits;
que la limitation du nombre des étaux rendait la surveillance de l'autorité plus facile ; que l'existence d'un
syndicat et l'importance du privilége pour les privilégiés
garantissaient la probité du commerce; et qu'enfin, il y
avait possession d'état, reconnue, consacrée par les lois
et règlements, comme si le droit de vendre une marchandise plus cher qu'elle ne vaut pouvait jamais devenir
une propriété pour le marchand. Les corporations ne se
défendaient pas par d'autres arguments en 1776 : éternelles fluctuations de l'esprit humain, quand il ne s'en
tient pas à ce qui est simple, naturel, équitable. Il semble
qu'on devrait toujours débuter par le bon sens, et le bon

sens est au contraire la plus précieuse et la plus difficile
de toutes les conquêtes. Sous le ministère de M. Lanjuinais, on avait étudié la question de la boulangerie dans
l'espérance d'arriver à la liberté du commerce du pain.
Où est l'obstacle ? Tant qu'il y aura du grain en France,
il y aura du pain. Ce n'est pas le four qui importe, c'est
le sillon. Laissez la boulangerie à elle-même, et tournez
toute la bienveillance du gouvernement, toute l'activité
des citoyens vers l'agriculture. Si malgré tout survient la
disette, ce n'est pas d'une réserve de quelques sacs que
vous aurez besoin, c'est de consuls intelligents et d'une
bonne marine.

Les limonadiers et les cabaretiers ne forment pas une
corporation ; ils n'ont pas de syndicat, pas de taxe ; ils
ne sont soumis qu'à des règlements de police dont la nécessité est évidente ; cependant leur commerce n'est pas
libre. En vertu d'une loi récente [1], ils ne peuvent exercer
qu'après avoir obtenu une autorisation toujours révocable.
Ce droit conféré à l'administration d'empêcher l'ouverture
d'un débit de vin ou de liqueur, et de le faire fermer
arbitrairement, sans enquête, sans procédure, sans responsabilité du magistrat signataire de l'arrêté, met à la
merci des fonctionnaires de l'ordre administratif la propriété d'un grand nombre de citoyens, et souvent des
propriétés très-importantes. Une telle loi est contraire
non-seulement à la liberté du commerce, ce qui est évident, mais au principe de la propriété. L'État a besoin de
ce principe ; il faut donc qu'il le respecte, et qu'il entoure
la dépossession des formalités les plus tutélaires. N'est-il
pas étrange que, pour prononcer une amende de six francs
contre un cabaretier, il faille un procès-verbal, et une
sentence contradictoire, avec recours en appel ; et que le
préfet, par un simple arrêté, puisse fermer une maison

1. Décret du 29 déc. 1851. (Cf. Vivien, *Études administratives*,
2ᵉ édit., t. II, p. 118).

importante, ôter à une famille son héritage, le fruit d'un long travail et de longues privations? Cette contradiction entre deux lois, et de la loi nouvelle avec nos mœurs et les principes libéraux de 1789, ne peut être expliquée que par la nécessité la plus absolue, s'il y a jamais des nécessités assez fortes pour soumettre la propriété et la liberté des citoyens à des décisions administratives. Toutes les nations civilisées font consister la liberté civile en ceci : ne dépendre que de la loi, et de la loi appliquée par un tribunal, avec libre défense, publicité et recours. Même avec toutes ces formalités, la confiscation est une chose grave, parce qu'elle infirme le droit de propriété, et qu'elle punit sur toute une famille la faute d'un seul coupable. Je veux croire que de pareils arrêtés ne sont jamais pris sans les raisons les plus légitimes ; mais je suis persuadé aussi que, si on supprimait les tribunaux criminels en chargeant les préfets de condamner les voleurs aux galères et les assassins à la peine de mort par un simple arrêté, il n'y aurait pas de proconsul assez inhumain pour signer légèrement de pareilles sentences ; et pourtant je ne pense pas qu'aucun gouvernement soit tenté d'introduire cette simplification dans le budget et dans l'administration de la justice. Je reconnais aussi qu'il y a beaucoup d'abus dans la vente des liqueurs au détail, dans les estaminets où des pères de famille perdent leur temps et s'endettent, où des jeunes gens viennent prendre l'habitude de l'oisiveté et du vice ; j'avoue que je comprendrais, que j'invoquerais même une surveillance active et des pénalités sévères ; mais je ne comprendrai jamais les suppressions administratives dans un pays qui protége même les repris de justice et les assassins contre les plus invraisemblables erreurs des tribunaux judiciaires.

La profession de pharmacien est soumise à des règlements d'une autre nature. Le nombre des officines n'est pas limité, le commerce est libre : mais, pour exercer, il faut être muni d'un grade. Il est certain qu'il s'agit ici d'un de nos intérêts les plus pressants, et que la crédulité est telle dans la population ignorante, que, si l'on permettait au premier venu de vendre des remèdes, on les verrait bientôt vendre au rabais, ce qui ne se ferait pas sans de nombreuses fraudes. Entre la pharmacie à diplôme et la pharmacie libre, il y a tout juste la différence qui sépare un gradué de l'École de médecine d'un charlatan. Même ici il faut pourtant reconnaître que nos lois préventives ont à certains égards des effets déplorables. D'abord le moindre remède est vendu à un prix exorbitant, parce que nous payons, pour chaque formule, notre petite part du diplôme obtenu par le praticien. C'est un impôt sur la santé, et d'autant plus dur qu'il rend les médicaments inaccessibles à la classe pauvre. Ensuite, beaucoup de communes rurales se trouvent privées de pharmaciens, parce qu'il est presque impossible à un jeune homme qui a fait de longues et dispendieuses études de se résigner à une vie chétive dans un village. Nous avons des règlements difficiles pour l'admission dans le corps des pharmaciens, et nous laissons vendre des remèdes sur les places publiques par des charlatans : n'est-ce pas une contradiction flagrante? Une autre contradiction, dont je ne me plains pas, pour ma part, c'est que les sœurs de charité ont chez elles, dans les villages, de petites pharmacies. Il ne faut pas croire d'ailleurs que l'exigence d'un diplôme soit exclusivement motivée sur le besoin de sauvegarder la santé publique; car un médecin, dont les études sont plus profondes que celles d'un pharmacien, n'a pas le droit de préparer et de vendre les remèdes qu'il a le droit de prescrire. Cela sent furieusement le moyen âge. C'est un reste de régime protecteur, de régime de privilége. Les médecins homœopathes, dont toute la pharmacie peut tenir dans une petite boîte, et qui n'ont pas toujours sous la main une officine spéciale, ont été plusieurs fois condamnés pour avoir vendu,

même à prix coûtant, des remèdes qu'ils avaient pré-
parés. Privilége, tu m'es toujours suspect, même quand
tu mets en avant le prétexte de la santé publique. Un
diplôme est bon à mettre sur une enseigne ; mais je
regrette qu'on ait le droit de l'exiger avant de délivrer
la patente. Notre système d'examens serait excellent, s'il
n'excluait pas la liberté. Les drogues des Anglais ne sont
pas inférieures aux nôtres, quoique la plupart de leurs
praticiens n'aient pris leurs degrés que dans la pharmacie voisine. On dirait, à voir l'empressement de nos
gouvernements pour les mesures préventives, que nous
les chicanons sur la surveillance et la répression. Et Dieu
sait qu'il n'en est rien.

Je ne voudrais pas être accusé de défendre les vendeurs
d'orviétan. Loin de là, je ne comprends pas pourquoi on
les tolère, puisqu'on fait tant que d'interdire l'exercice
de la médecine à quiconque n'est pas pourvu d'un diplôme
de docteur ou d'un brevet d'officier de santé[1]. Si diplôme
ou brevet sont nécessaires, ils le sont tout à fait et pour
tout le monde, pour les malades qui ne peuvent payer
que cinq centimes et pour ceux qui payeront cinq, dix ou
vingt francs. Je serai d'ailleurs le premier à reconnaître
que, si l'État peut intervenir quelque part pour protéger
l'ignorance contre elle-même, c'est en matière de médecine. Ayons donc, puisqu'il le faut, une médecine d'État;
des docteurs pour les villes, des officiers de santé pour
les villages, des élèves pour les vaisseaux. Ce qui ne
m'empêche pas de penser que la santé publique ne cour-
rait aucun danger, et que l'École de médecine ne perdrait
aucun de ses élèves, ni l'Académie de médecine aucun de
ses grands hommes, si nous étions aussi coulants que
les États-Unis d'Amérique sur la question des parche-
mins. Il n'est pas même permis en France d'apprendre
la médecine plus rapidement que les autres. Il faut l'avoir

1. Loi du 18 mars 1803, art. 15, 26 et 29.

étudiée quatre ans, si c'est à Paris ou à Montpellier, et
six ans, si c'est dans une école secondaire. On aurait
beau savoir, et au delà, toute la matière des examens, il
faut aller jusqu'à la sixième année avant d'être admis à
faire ses preuves.

Rien n'est plus utile que les grades ; rien n'est plus
nécessaire. Il faut rendre les examens très-sérieux, les
jurys très-impartiaux, augmenter la valeur des diplômes,
faire en sorte que dans toute l'Europe, dans le monde
entier, ce soit un très-grand honneur, une très-grande
preuve de science et d'habileté, que de posséder un diplôme français. Après cela, on n'aura que faire d'exiger
la possession de ce diplôme. Tout le monde voudra l'avoir,
et tout le monde voudra recourir à un médecin qui en
sera muni. Si dans quelque village où le médecin serait
aussi pauvre que ses malades, une bonne âme cueille et
vend des simples, se sert de la lancette, donne des soins
et de bons conseils aux malades et aux infirmes, est-ce
que cela fera tort à la Faculté ? Est-ce que l'autorité municipale, est-ce que les juges n'auront pas l'œil ouvert
sur les abus ? Un surcroît de surveillance de la part des
magistrats et du public me rassure plus qu'un brevet
d'officier de santé obtenu il y a quarante ans, et qui a
eu le triple effet d'endormir l'autorité, les malades et le
titulaire.

Nous avons pris le contre-pied de ces principes. Nous
avons exigé impérieusement des grades, pour une foule
de carrières, et nous les avons dépréciés par la facilité
avec laquelle nous les conférons. Quand il fallait être
bachelier ès lettres pour entrer à l'École polytechnique,
à l'École de pharmacie, dans l'enregistrement, ou pour
devenir surnuméraire dans quelque bureau, il était assez
naturel que les juges fissent des bacheliers à la douzaine.
Et qu'en résultait-il ? Que l'examen devenait de plus en
plus arbitraire, et qu'il équivalait de plus en plus à une
permission que l'autorité accordait aux candidats de

gagner leur vie comme médecins, comme avocats
comme expéditionnaires. C'était une sorte bénigne
communisme, qui, sous prétexte de nous obliger à n
instruire, mettait à la discrétion du pouvoir central mê
les carrières civiles. On ne fait pas mieux en Chine a
le système du mandarinat. Le bon sens est d'éle
les grades, de les rendre souhaitables, et de ne pas
exiger.

Pour le dire ici en passant, ces diplômes sévèreme
imposés à toutes les professions libérales ne sont. p
autre chose que le principe de l'éducation obligatoire a
pliqué à l'enseignement supérieur. C'est encore une d
nos contradictions. Quand on parle de rendre l'ense
gnement primaire obligatoire, on fait frémir beaucou
de gens qui ne se doutent pas le moins du monde de c
que c'est, au fond, que le baccalauréat. Ils croient que
l'enseignement primaire obligatoire va établir une inquisition sur les familles, et contraindre les parents à
conduire leurs enfants à des *écoles de pestilence*, comme
on appelait naguère les écoles de l'État : pas du tout, il
ne s'agit que d'examens comme moyen de surveillance,
et comme pénalité, que de la privation de quelques
avantages que la société ne doit pas en stricte justice,
et pour lesquels, par conséquent, elle est maîtresse de
faire ses conditions[1]. Cette intervention de l'État est à
coup sûr plus défendable en bas qu'en haut; d'abord,
parce que les familles pauvres et ignorantes ont plus
besoin d'être stimulées; et ensuite, parce que, si la connaissance du grec et du latin est une affaire de luxe, la
lecture et l'écriture sont une affaire de nécessité. Je pense
avoir évidemment la logique de mon côté, en priant ceux
qui regardent l'enseignement obligatoire comme une at-

---

1. Voy. le rapport sur *La loi organique de l'enseignement*, présenté à l'Assemblée constituante le 5 février 1849, par M. Jules
Simon, p. 57 sqq.

:e à la. liberté, d'étendre leurs scrupules jusqu'aux
ômes obligatoires : et ceux qui tiennent énergique-
t aux diplômes, de vouloir bien appliquer leur prin-
là où il est nécessaire, puisqu'ils le maintiennent
tant d'ardeur là où il est peut-être superflu. Mais
'ai voulu qu'indiquer ici une analogie, sans entrer
; le fond de la question, dont tout le monde, dans
les camps, doit comprendre la gravité.

ieu me garde de médire des avocats ! Il y a, parmi
un esprit vraiment libéral, une habitude de ne
pter que sur soi, qui est une des plus grandes forces
es plus grandes vertus du citoyen, beaucoup de dé-
ment aux malheureux et aux éternels principes de la
ice. Quand un de nos derniers gouvernements, dans un
nent d'erreur à jamais regrettable, et qui contraste,
ut le dire, avec l'allure ordinaire de sa politique,
ut obliger les médecins à désigner à l'autorité les
sés qui réclamaient leurs soins, tout le corps médical
esta noblement ; et je suis persuadé que les avocats
esteraient de même, si les garanties protectrices de
iberté individuelle et le droit de libre défense des
.sés étaient en péril. Ce. serait leur plus impérieux
)ir ; et ils n'y failliraient pas plus que leurs devan-
; les avocats au parlement, qui, à l'époque où la ma-
·ature fut exilée et remplacée par une sorte de com-
sion, par une chambre provisoire, sans pousser à
eute, sans prendre le rôle de factieux, et bornant
protestation à un refus de concours, aimèrent mieux
lre leur position et leur fortune que de conserver le
i et la fonction d'avocats, quand les accusés étaient
raits de leurs juges naturels. Cependant, tout libé-
; qu'ils sont, les avocats sont une corporation abso-
ent comme sous l'ancien régime. Ils ne sont plus
me autrefois divisés en dix colonnes, parce que leur
bre plus restreint a permis de simplifier et de dimi-
r le conseil de l'ordre. Mais, sauf quelques détails de

II   4

forme, les règlements et la discipline de leur profession
sont restés les mêmes. Ils sont obligés de suivre pendant
trois ans les cours d'une école de droit, de subir trois
ou quatre examens, d'obtenir le diplôme de licenciés,
de faire trois ans de stage, de prêter serment à l'entrée
de la carrière, de se conformer à divers règlements qui
vont jusqu'à les obliger de ne pas demeurer plus haut
qu'un troisième étage. Ils sont inscrits sur un tableau
dont ils peuvent être rayés en vertu d'un jugement; ils
ont à leur tête un bâtonnier et des syndics, sous le nom
de membres du conseil. Le parlement n'est plus là, le
Code a changé; mais l'ordre des avocats est aujourd'hui
ce qu'il était avant 1789. Pitout, Gerbier, Linguet ne se
trouveraient pas dépaysés dans notre salle des Pas-
Perdus.

Les mêmes observations peuvent s'appliquer aux avoués,
aux agréés, aux notaires, aux huissiers, aux greffiers,
aux commissaires-priseurs, aux agents de change, aux
courtiers de commerce, aux facteurs des halles, etc.,
avec cette différence, et c'est une aggravation, que ces
professions constituent des charges, et sont transmissibles moyennant finance. Une charge d'avoué, une charge
d'huissier, de courtier, se vend plus ou moins cher selon
l'importance de la clientèle. C'est un reste de la vénalité
des offices, heureusement disparue de la magistrature.
Sous la Restauration, certaines places de finances, par
exemple les places de percepteurs, se vendaient encore.
Les notaires, quoique achetant leurs charges, sont nommés par le garde des sceaux, et peuvent être destitués
par lui sans aucune forme de procès, ce qui ne les empêche pas d'être soumis à leur propre chambre, aux parquets et aux tribunaux du ressort.

Nous pourrions encore citer les professeurs de divers
degrés; non pas ceux de l'État, qui sont des fonctionnaires. Pour ceux-là, on ne fera jamais assez d'examens
et de concours. Mais, en dehors des professeurs fonction-

naires, il y a des professeurs libres; c'est du moins le
nom qu'on leur donne, et il vaudrait mieux les appeler
des professeurs non fonctionnaires, car, pour libres, ils
ne le sont pas. Il leur faut d'abord un diplôme; il faut
ensuite qu'ils fassent une déclaration au maire, au préfet,
au procureur impérial. Le préfet a le droit de faire opposition. Le mérite de cette opposition est jugé, sans recours, par le conseil départemental. Pour l'enseignement
supérieur, c'est autre chose : il faut une autorisation spéciale du ministre; cette autorisation, qui peut être arbitrairement refusée, est toujours révocable. Je ne parle
pas de la surveillance ni de la répression pénale, parce
qu'à mes yeux la surveillance et la répression, même
sévère, sont très-conciliables avec la liberté, et nécessaires surtout en matière d'instruction publique. Il est
certain qu'en France, un homme de bien, retiré de la
vie active, et qui voudrait, comme autrefois Gerson, utiliser ses loisirs en enseignant la jeunesse, serait obligé
de prendre un brevet de maître d'école; et si Descartes
renaissait, et qu'il voulût enseigner la philosophie, sans
sortir de l'École normale ou d'un séminaire, il en ob-
tiendrait peut-être la permission, pourvu que ses opinions politiques ne le rendissent pas suspect au gouvernement.

Ce n'est pas seulement l'enseignement oral, c'est l'enseignement écrit, qui est soumis chez nous à des mesures
préventives. Depuis quelques années, la presse quotidienne ou périodique, lorsqu'elle traite exclusivement
des sujets scientifiques ou littéraires, est affranchie de
l'autorisation préalable, du timbre et du cautionnement.
C'est une excellente et libérale mesure, quoique nous
ayons à regretter amèrement que cette triple entrave pèse
de tout son poids sur la presse religieuse, philosophique
et politique. Il y a deux sortes de mesures préventives
contre la presse : l'une, qui soumet tout article à l'examen
de la censure avant la publication ; nous en sommes heu-

reusement affranchis ; l'autre, qui permet à l'écrivain de
publier ses articles sans aucune censure, mais qui exerce
sur l'existence même du journal la pression dont elle
dispense les publications quotidiennes de ses rédacteurs,
en le soumettant à l'impôt du timbre, au cautionnement,
à l'obtention d'une autorisation qui peut être arbitrairement refusée, et arbitrairement retirée. Si j'avais le choix
entre ces deux situations contraires à la liberté de la
presse, je choisirais sans hésiter la censure, parce qu'elle
ne crée aucune équivoque, et ne compromet aucune propriété. Elle empêche certaines opinions de se produire,
et n'en oblige aucune à se déguiser. En tout, il faut
aimer ce qui est franc, simple, naturel. Dans les mesures
ambiguës, mal comprises, qui laissent un lambeau de
liberté, tout le monde est dupe, le public qui se croit
plus libre qu'il ne l'est, et souvent l'État, qui se trompe
de bonne foi sur la nature et l'étendue de ses concessions.
Ce serait certainement aller bien loin que de dire que le
cautionnement et le timbre sont des atteintes à la liberté
de la presse. Je sais qu'on oppose, non sans quelque
autorité, à nos doléances sur ces mesures fiscales, qu'il
faut qu'un journal puisse répondre des condamnations
civiles, et qu'une opinion sérieuse n'est jamais arrêtée
par la difficulté de verser un cautionnement. Ces réponses
cependant n'ont qu'une fausse sagesse ; elles sont la négation, ou tout au moins le dédain des principes. Ces
deux impôts créent un privilége aux journaux existants,
et une difficulté aux opinions nouvelles. Il ne faut pas
dire qu'on trouve toujours de l'argent, ce sont de mauvaises paroles ; elles ne sont pas vraies, elles ressemblent
à un défi. Je conviens que l'impôt du timbre, si mal
accueilli à son origine, a subsisté depuis sous les gouvernements les plus libéraux. Il blesse très-peu de personnes, et des personnes dont on se soucie très-peu.
Moi-même, je ne sens pas un très-vif désir d'augmenter
le nombre des journaux. Mais ce qui est grave à mes

yeux, ce qui est capital, c'est que Turgot, s'il avait été pauvre et abandonné, et si les journaux existants avaient repoussé ses théories, n'aurait pas pu défendre publiquement la théorie de la liberté du travail. Il faut aujourd'hui, pour devenir apôtre, une idée et du talent d'abord ; et ensuite, un cautionnement de trente mille francs. Les trente mille francs sont de trop[1].

Il est vrai qu'il nous reste « la liberté de l'in-octavo. » Ce que les journaux ne veulent pas ou ne peuvent pas publier, nous pouvons le mettre dans des livres. Ici, au premier abord, il semble que nous ayons toute liberté, sauf, bien entendu, les lois répressives, mais les lois répressives sont de toute justice : elles sont un ingrédient de la liberté qui, sans elles, tomberait dans l'anarchie. Cependant la censure, que le gouvernement n'exerce pas, existe ; elle est déférée par nos lois à l'éditeur et à l'imprimeur[2]. En effet, la loi établit une solidarité complète entre l'auteur, l'éditeur et l'imprimeur ; elle les punit des mêmes peines ; ou plutôt, elle punit l'éditeur et l'imprimeur plus sévèrement que l'auteur, puisqu'elle permet à l'administration de leur enlever leur brevet, et par conséquent de ruiner leur commerce. Dans cette condition, l'éditeur d'abord, l'imprimeur ensuite, ont évidemment le droit, ils ont même l'obligation comme bons commerçants, de lire attentivement les ouvrages qu'ils se proposent de publier, et d'en écarter toute proposition qui, à leurs yeux, est susceptible de donner naissance à un procès. C'est là évidemment une censure préalable, dont le poids est d'autant plus lourd que le nombre des imprimeurs est plus limité. Or, c'est la censure de l'imprimeur qui est surtout oppressive ; et cela pour deux raisons : d'abord parce qu'on peut à la rigueur se pas-

---

1. Voy. ci-après le chapitre II de la IIIᵉ partie.
2. Décret du 5 février 1810. Loi du 21 oct. 1814. Loi du 9 septembre 1835. Décret du 28 février 1852, art. 24.

ser d'un éditeur, et publier soi-même son livre; ensuite parce qu'un éditeur peut se laisser entraîner par l'espérance de beaux bénéfices, tandis que, pour l'imprimeur, l'impression d'un volume est une affaire d'une importance médiocre, et dont les bénéfices très-limités ne compensent aucunement les chances qu'il aurait à courir.

Or, cette censure, en quelque sorte domestique, est très-dure à subir pour les écrivains. Un auteur, qui a travaillé une matière pendant de longues années, est plus fort sur cette matière qu'un lecteur souvent inattentif, et dont la spécialité est toute différente. L'intérêt d'ailleurs n'est pas le même : l'un fait du commerce, il ne songe qu'au profit; l'autre sert une idée, il ne songe qu'à l'apostolat. Dans certains cas l'auteur s'honore en allant au-devant d'une persécution ; l'éditeur et l'imprimeur ne sont poussés ni par la conviction ni par l'ambition. Si l'auteur s'est adressé à un éditeur infime, à un simple spéculateur en papier imprimé, il aura à compter avec l'ignorance. Si l'éditeur est un de ces hommes actifs et intelligents qui non-seulement propagent les idées, mais encore les suscitent; qui font par leurs livres une propagande éclairée, et qui sont, comme les éditeurs des grands journaux et des grandes revues, les collaborateurs, et souvent les guides des écrivains dont ils publient les ouvrages, peut-on espérer que ces chefs d'industrie, qui comptent des correspondants dans les deux mondes, qui font vivre une armée de commis, qui mettent en mouvement vingt ou trente presses, qui jettent chaque jour plusieurs volumes sur le marché, qui éditent à la fois des livres de classe et de liturgie, des romans, des poésies, des ouvrages scientifiques, peut-on espérer qu'ils trouveront le temps de lire eux-mêmes les manuscrits qu'on leur présente? qu'ils seront également compétents pour l'histoire, pour les langues, pour les mathématiques, qu'ils feront les études nécessaires pour

suivre un auteur à travers les mille objets d'un ouvrage
compliqué, dont chaque phrase résume une année de ,
travail? qu'ils auront l'esprit assez ferme et le caractère
assez résolu pour ne pas se livrer à de vaines alarmes,
et pour ne pas désespérer de l'intelligence et de la justice des magistrats? Toutes ces conditions remplies, il
restera encore à savoir si l'auteur et l'éditeur appartiennent à la même croyance. Et pourquoi irais-je risquer
ma fortune sans aucun devoir à remplir, sans aucune
espérance de gloire, pour publier des idées contraires
aux miennes? Il n'y a pas de réponse à cela; et il en
résulte que la responsabilité des éditeurs et des imprimeurs met les auteurs à leur merci.

Et quel fardeau pour le chef d'une grande maison! On
parlait des notaires, obligés autrefois de signer des actes
qu'ils ne pouvaient pas lire, ou que tout au moins ils ne
pouvaient pas contrôler. Voilà une imprimerie où quinze
correcteurs, travaillant dix heures par jour, suffisent à
peine à la lecture des épreuves; et il faudra que le chef de
la maison ait lu à lui seul tous les manuscrits, et qu'il
surveille, en outre, les bons à tirer, de peur que l'auteur
ait glissé du venin dans une correction? Il faudra qu'il
puisse lire toutes ces écritures, comprendre toutes ces
langues, et qu'il soit au courant de toutes ces matières?
et, avec cela, il veillera sur deux ou trois machines à
vapeur; sur une vingtaine de presses, sur quatre cents
ouvriers, sur un matériel immense et sur ses livres de
commerce? et il sera exposé tous les jours pour un oubli, pour une phrase, pour un mot, à la prison et à la
ruine?

Au fond, quel est l'intérêt social? Que quelqu'un ré-
ponde pour le délit commis par la voie de la presse. Il
n'y a rien de plus. L'auteur est là; c'est le vrai, le seul
coupable. Ne dites pas qu'il peut être insolvable, et qu'il
y a souvent lieu à des réparations civiles. Le tribunal
fixera la durée de la contrainte par corps; il n'y a pas de

méfait contre lequel une telle garantie ne soit suffisante.
La saisie d'un livre peut avoir pour conséquence une
perte matérielle pour l'imprimeur et pour l'éditeur : c'est
assez pour les rendre circonspects. On objecte que le livre peut être anonyme? Rien n'empêche d'admettre,
pour ce cas exceptionnel, la solidarité de l'imprimeur.
Enfin, si l'éditeur a commandé l'ouvrage, il rentre dans
les termes du droit commun ; et sa complicité résulte,
non de sa qualité d'éditeur, mais de la part intellectuelle
qu'il a prise à la reproduction de l'ouvrage incriminé.

Je voudrais voir ces principes prévaloir, et la liberté
rendue à ces deux belles professions, qui sont comme les
deux puissantes artères de la civilisation. La profession
d'imprimeur n'est pas déjà si lucrative : elle tentera peu
de personnes. Aujourd'hui, il faut, pour être imprimeur,
obtenir un brevet qui n'a de valeur que pour un lieu déterminé, et dont on peut être privé administrativement.
Ce droit de suppression de la propriété par voie administrative revient trop souvent dans nos lois françaises.
La part du communisme est trop grande chez nous ; la
propriété n'y est pas assez inviolable. Si l'on veut à toute
force traiter le papier imprimé comme la poudre, qu'on
exige des déclarations, des dépôts, des signatures ; tout
ce qui n'est que surveillance est acceptable. Nous ne demandons pas de presses clandestines. Rien de clandes-
tin, tout au grand jour. C'est la condition, c'est l'essence
même de la liberté.

Mentionnons encore, pendant que nous y sommes, les
colporteurs, dont l'industrie est soumise à mille entraves. Il est clair par le peu que nous avons dit, que le
régime des corporations n'est pas entièrement aboli, que
nous nous sommes arrêtés à moitié chemin dans notre
ascension vers la liberté, ou plutôt qu'après avoir été
assez loin, nous sommes promptement revenus sur nos
pas. Et ce qui prouve que nous n'avons pas un sentiment
bien vif et bien profond de la liberté, c'est que nous nous

accommodons à tous ces règlements; nous les croyons volontiers nécessaires, nous en supportons gaiement la gêne, et nous réservons toutes nos passions et toutes nos déclamations pour la liberté politique. La liberté politique a son prix; mais elle n'est jamais qu'une fiction, quand elle n'est pas accompagnée de la liberté civile.

Rien n'est plus inconnu, en France, que la liberté du théâtre. Le théâtre n'a pas la liberté de la pensée, puisqu'il est soumis à la censure; il n'a pas la liberté de l'industrie, puisqu'il est sous le régime du privilège. Parlons d'abord de la censure.

Elle n'existe, au moins sous son véritable nom, que pour le théâtre et pour le colportage. La presse, quoique soumise au régime des avertissements administratifs, échappe à la censure proprement dite. Cette différence entre le régime de la presse et celui des théâtres, était plus frappante sous le dernier règne. Quoique l'abolition de la censure fût considérée avec raison comme une des conditions les plus essentielles de la liberté et comme une des applications les plus nécessaires des principes de 1789, on n'avait cru ni violer la lettre de la Constitution, ni méconnaître l'esprit de la Révolution, en établissant la censure dramatique. Les raisons qui déterminèrent le législateur, quoique insuffisantes à mon avis pour légitimer la censure, ne sont pas sans force. Il y a sans doute une grande différence entre le droit d'exprimer sa pensée par la presse, et celui d'exprimer sa passion par une action théâtrale. La presse a un double but : constater les faits, discuter la loi. Elle est une arme contre la tyrannie, et un instrument de progrès. Si la presse est détruite ou opprimée, le peuple n'a plus de voix pour se plaindre, il n'a plus de source d'informations, il n'a plus d'école politique. Le théâtre n'est pas nécessaire à la constatation des faits; il appartient à la poésie, et non à l'histoire. Il peut partager avec la presse la mission d'éclairer la foule, de la passionner, de la corriger; mais ce n'est pas son

but unique, et surtout, il faut bien le dire, ce n'est pas
son but ordinaire. Ce n'est qu'en oubliant les faits, tous
les faits, et en forçant étrangement la théorie, que quelques nobles esprits arrivent à ériger le théâtre en école
et en institution politique. Il est clair qu'un peuple peut
vivre et vivre libre sous la censure dramatique; au contraire, avec une presse censurée, un peuple n'a plus
de liberté, il n'a plus d'âme. Il peut végéter, il ne pense
plus.

D'un autre côté, quels que soient les périls que la
mauvaise presse traîne à sa suite, elle fait moins de mal
que le théâtre. Elle met en raisonnements ce que le
théâtre met en action. Elle n'a qu'un moyen de répandre
une idée fausse ou dangereuse, c'est de l'exprimer, tandis que le théâtre la cache, la déguise, et l'insinue traî-
treusement dans nos esprits à la suite de la passion. On
peut réfuter un article, on ne réfute pas une pièce. Un
délit de presse est quelque chose de palpable, de matériel, tandis qu'à la scène il faut interpréter un mot, une
action, un geste, le son de la voix. Le délit échappe presque à la répression, ce qui, disent les partisans de la
censure, légitime ou excuse l'intervention préalable de
l'autorité. S'il n'y a pas de censure, on ne pourra arrêter
une pièce qu'après une représentation, quand mille spectateurs l'ont vue, quand le mal est fait. Ce commencement de publicité suivi d'une interdiction donne à cette
pièce une importance, et peut-être une puissance qu'elle
n'aurait pas eue, si on l'avait laissée à elle-même. A la
rigueur, la société peut lutter contre un morceau de
papier, quand même le journal jetterait, en un seul jour,
trente mille exemplaires dans les boîtes de la poste; mais
ces trois ou quatre mille spectateurs qu'on attache pendant cinq heures, à un homme, à une passion; qu'on
enivre de spectacle, d'éloquence et de musique; qui ne
sont pas en garde contre les sentiments qu'on leur inspire, parce qu'ils ne songent qu'au plaisir, qui se mettent

a place du héros, s'irritent avec lui, pleurent et s'exal-
lt avec lui, dont la puissance de sentir se double par
.te communication électrique qui parcourt les foules,
ax-là jettent sur la place publique ou rapportent dans
irs maisons, des souvenirs bien autrement puissants,
s impressions bien autrement profondes, des armes
is acérées contre l'ordre établi, contre la société, con-
ı la loi. Il ne faut donc pas comparer le théâtre à la
esse : il est plus puissant, donc il peut être plus dange-
ux. Il n'est pas protégé comme la presse par les exi-
nces les plus légitimes de la civilisation et de la li-
rté.
Cependant, malgré ces raisons, qui ne sont pas de
ıs-mauvaises raisons, je ne saurais admettre la censure
amatique. Cette restriction au droit naturel est con-
ıire aux intérêts de l'art, et inutile à la morale. Ce mot
ı droit naturel, que j'emploie à dessein, aurait de quoi
.rprendre, s'il s'agissait d'égaler le droit de faire des
ıgédies ou des vaudevilles, à quelqu'un de ces droits
sentiels dont il n'est pas permis d'exiger ou de faire le
crifice. Je veux dire seulement ici, que nous avons na-
rellement le droit de faire tout ce qui n'est pas défendu
.r la loi, et que la loi n'a le droit de défendre que ce
ıi est contraire à la morale et aux plus chers intérêts
ı la société. Or, si la loi est obligée de se contenir dans
ı étroites limites, lorsqu'il s'agit seulement de l'indus-
.e, des besoins et des satisfactions du corps, ne som-
ıs-nous pas en droit de revendiquer la liberté avec
core plus de force, lorsqu'il s'agit des besoins de l'es-
it? L'art dramatique n'est pas toujours une école, il
ıt même rarement, et l'on peut soutenir que la morale
passerait bien de son concours; mais il est un art, et
ıs les mains d'un homme de génie, un grand art,
ıt être le premier des arts, celui qui remue le plus
ofondément les hommes, et qui élève le mieux, même
ı esprits vulgaires, à la conception de l'idéal. A ce titre,

on ne doit y toucher qu'avec respect, car l'art est bienfaisant par lui-même, et lors même qu'il se contente d'être beau. Il y a une sainte, une divine contagion entre le beau et le bien. Je sais gré à Corneille d'exalter la clémence, la foi, le courage, le sacrifice ; mais je lui sais gré aussi, je dis comme moraliste, de faire de beaux vers, de penser et de sentir grandement. Croit-on que le génie puisse garder toute sa force, sous un maître? et qu'il n'ait pas besoin de la liberté pour s'épanouir? Autant vaudrait dire que la prose de Pascal a gagné quelque chose à être châtiée par le duc de Roannez, ou que Racine n'aurait pas mêlé plus de vigueur à toutes ses grâces, s'il n'avait pas vécu entre Dangeau et Benserade, à la cour de Louis XIV. C'est toujours une chose pitoyable qu'une férule ; et l'humanité devient en vérité trop risible quand elle charge quelque ministre ou quelque lieutenant de police de régenter un Corneille, un Racine, un Molière !

On regarde toujours les choses par le petit côté. « Molière ? dit-on : il ne s'agit pas même de Beaumarchais ! » La liberté n'a pas de ces dédains. Quand elle traite avec la comédie, son homme, c'est Molière, ou avec la tragédie, c'est Corneille. Il est possible, par le malheur des temps, et par l'absence du grand art, que la censure ne fasse pas de mal. Il suffit qu'elle pourrait en faire.

Je reconnais que l'intérêt de l'art doit céder à celui de la morale, et si la censure est nécessaire à la morale, il faudra la subir coûte que coûte. Mais la censure est inutile à la morale pour trois raisons : la première, c'est qu'après tout, une représentation unique ne suffit pas pour corrompre une génération. Il est rare, on me l'accordera, que l'assemblée soit assez nombreuse et le venin assez corrosif ; pour que la société soit mise en péril par quelques scènes de comédie. La seconde raison, c'est qu'auteurs et directeurs ont un grand intérêt à ne pas se mettre en lutte avec la loi : on ne s'expose pas de gaieté

œur à une ruine presque certaine. Et la troisième
n, c'est qu'il n'est pas facile de trouver un censeur
se préoccupe autant de la morale que de la politique,
ui soit bon juge en fait de morale.

n juge en fait de morale ! L'Église ne donne ce titre
ux évêques; la société laïque ose à peine le donner
s premiers magistrats. Je m'imagine un censeur,
l qu'il soit, obligé de corriger le *Tartuffe !* Et je m'ima-
un homme de talent et de caractère réduit à lire tous
ours une ou deux farces, à discuter sur des calem-
rgs et des coq-à-l'âne, et à se creuser la tête pour
uvrir une allusion politique dans la queue d'un cou-
. J'aime mieux, je l'avoue, pour la société, pour la
ale, la sévérité des tribunaux, celle du public, qui
éveillerait, s'il ne se sentait pas désarmé par la cen-
-préalable. Les gouvernements se donnent bien du
pour n'arriver à aucun résultat utile, et pour endos-
la responsabilité de toutes sortes d'ordures. Ils de-
nent complices, pour avoir voulu être juges mal à
os [1].

ais supposons la censure dramatique possible; sup-
ns-la sans inconvénient pour l'art, utile pour la mo-
, et même nécessaire (car elle ne sera légitime qu'à
lition d'être nécessaire); est-il possible qu'elle ne
ise pas, et que les gouvernements ne se sentent pas
isamment rassurés contre les entreprises des drama-
es et des vaudevillistes, par la possession de ce pou-
préventif qui est l'ennemi même de la liberté, et que
les efforts de la philosophie doivent tendre à bande nos lois et presque de notre langue? N'est-ce pas
der évidemment, quand on est en possession de la
ure, d'imposer encore aux théâtres le régime de l'au-
sation préalable? de transformer les entrepreneurs

Opinion de M. Victor Hugo, *Enquête sur les théâtres*, séance
commission du conseil d'État, du 30 septembre 1849.

dramatiques en fonctionnaires? de leur accorder par privilége l'exploitation d'un théâtre ou d'un arrondissement
théâtral? de limiter soigneusement l'étendue de ce privilége pour éviter tout empiétement d'un théâtre sur le
domaine d'une scène rivale? et d'ajouter à la censure
du ministère de l'intérieur, la censure de chaque municipalité, de sorte qu'une pièce représentée à Paris peut
être défendue à Carpentras au gré d'un adjoint et sur
le rapport d'un commissaire de police? Les priviléges,
en l'an de grâce 1858, rappellent l'heureux temps où
les théâtres forains ne pouvaient représenter que des
monologues. Tel théâtre ne peut jouer que des pièces en
trois actes, tel autre est réduit aux vaudevilles, il y en
a qui ne peuvent pas chanter, et il y en a qui seraient
fermés s'ils ne chantaient pas. Surtout, on veille avec
sollicitude à ce qu'un directeur factieux ne remplace
pas un vaudeville ordurier, une farce grotesque par
Cinna ou *Polyeucte*. Les chefs-d'œuvre de notre langue
et de l'esprit humain ne doivent être représentés que sur
le Théâtre-Français, et c'est une faute grave contre la
discipline, que de les offrir au public des boulevards.
Pourquoi ces entraves? Tout cet arsenal de précautions
est inutile au gouvernement, aux mœurs, aux lettres:
a-t-il pour but de restreindre le nombre des théâtres,
ou simplement d'encourager les théâtres privilégiés? Il
n'y a que ces deux raisons, et ni l'une ni l'autre ne vaut
rien. Tel qui lutte pour ne pas renoncer à un privilége
qu'il a obtenu comme une grande faveur, et qu'il espère
vendre, ne s'obstinerait pas contre l'insuccès si le théâtre
était libre, et se sauverait de la faillite, en nous épar-
gnant à nous-mêmes le triste spectacle d'un répertoire
grossier, d'une troupe sans talent et d'une salle déserte.
Il y a dans Paris jusqu'à trois théâtres qui ont fait insérer dans leur privilége le droit de ne pas jouer pendant
trois mois de l'année; ce droit équivaut pour eux à une
subvention. Est-ce que la liberté ne vaut pas mieux que

s priviléges qui aboutissent à de tels résultats? Il faut
emander la liberté en tout et partout; mais ici, c'est
our l'honneur de l'État qu'elle est nécessaire, c'est pour
ie les gravelures, les danses obscènes, les apologies du
ce et quelquefois du crime ne s'étalent pas devant la
opulation avec approbation et privilége. C'est déjà, à
us les points de vue possibles, une assez lourde respon-
ibilité que la censure.

Non-seulement nous avons créé des priviléges, main-
nu ou restauré certaines corporations, mais nous avons
irdé dans nos lois une foule de règlements, dont les
ns sont nécessaires, et par conséquent légitimes, dont
s autres entravent inutilement la liberté de l'industrie.
uand le progrès des mœurs ou celui des arts rend une
odification nécessaire dans les habitudes de l'industrie
i du commerce, au lieu de la réaliser par nous-mêmes,
us la demandons à l'administration et à un nouveau
glement : c'est ainsi que le progrès même nous devient
ie occasion d'asservissement.

Nous avons un certain nombre de commerces surveil-
s : celui des armes et de la poudre, pour des raisons
olitiques. Nul ne peut fabriquer ni importer, sans au-
risation, des fusils de calibre, ni vendre une arme, sans
rire le nom et le domicile de l'acquéreur sur un registre
sé chaque mois par le maire de la commune, ni fabri-
er de la poudre ou toute autre substance fulminante;
tte interdiction est absolue : ni en vendre, si ce n'est
ir commission et à titre de simple entrepositaire. La dé-
ntion d'armes de guerre, ou de certaines armes qua-
fiées d'armes secrètes, est un délit puni de peines assez
goureuses.

La vente des drogues, celle des denrées est libre, sous
ne surveillance qui ne saurait être trop minutieuse,
uisqu'elle intéresse la santé publique, et que surveiller
'est pas entraver. Dans certaines communes, on inter-
it aux revendeurs, aux marchands en gros, aux pour-

voyeurs étrangers de paraître sur le **marché avant une**
certaine heure. Ces mesures, dont la justice et l'utilité
sont au moins discutables ont pour but de favoriser l'approvisionnement local, au détriment des vendeurs. A
Paris, c'est depuis quelques mois seulement que les frui-
tiers en gros peuvent vendre des fruits et des légumes
qu'ils tirent directement des pays producteurs, et qui
n'ont pas été présentés au public des halles. Quand la
réglementation est générale et faite par l'État lui-même,
elle a, entre autres inconvénients, celui de ne pas tenir
compte des différences locales; quand elle est remise aux
communes, elle part souvent d'un point de vue étroit, et
au lieu d'appeler les étrangers, qui apporteraient de l'argent, activeraient et récompenseraient la production,
elle les gêne, les écarte, par une économie mal entendue
et ruineuse. Les denrées ne haussent pas, mais le travail n'est pas payé, et la misère est permanente. Ce qui
rend un pays riche, ce n'est pas la fertilité du sol,
c'est l'habileté de l'ouvrier; et ce qui fait l'ouvrier habile,
ce n'est pas le bon règlement, c'est la liberté et la concurrence.

Je ne compterai pas au nombre des mesures restrictives de la liberté, les lois sur les poids et mesures, sur la
garantie des ouvrages d'or et d'argent, sur le tissage et le
bobinage[1], sur la non-falsification des produits exportés[2],
ni même une loi qui garantirait réellement la propriété des
marques de fabrique. Il ne s'agit pas dans tout cela d'exploiter le commerce, mais de constater la valeur des produits, la teneur des contrats, la loyauté des transactions.
Ce n'est pas de la prévention, c'est de la surveillance.
Que voulons-nous? remplacer partout la prévention par
la répression; pour cela, il y a deux conditions à remplir : la surveillance de l'État d'une part, la responsabilité des producteurs et des vendeurs, de l'autre. Le ré-

1. 7 mars 1850. — 2. 22 mars 1841.

ne de la liberté et celui de la publicité vont ensemble,
se prêtent un mutuel appui ; et ce n'est pas par un
ir hasard que notre langue exprime par le même
ot la qualité d'être indépendant, et celle d'être sin-
re.

J'hésiterais beaucoup, je l'avoue humblement, à re-
ncer à l'heure qu'il est à la loi sur le travail des en-
nts dans les manufactures [1], à la loi sur le contrat
apprentissage, à la loi qui ne permet l'établissement
un pensionnat que quand l'instituteur a prouvé que sa
aison remplit les conditions de salubrité voulue [2], à la
i qui prescrit la destruction ou l'assainissement des lo-
ments insalubres [3].

Il est évident qu'il est contraire à l'humanité et à la
stice de surcharger les enfants de travail, de les tenir
ns des lieux malsains, de les empêcher d'acquérir les
nnaissances élémentaires, de les rendre, par cette ex-
oitation prématurée de leurs forces, infirmes et inca-
bles pour tout le reste de leur vie ; il n'est pas moins
portant d'arrêter le développement des épidémies en
truisant ces bouges infects, privés d'air et de lumière,
ns lesquels vit, ou plutôt dans lesquels meurt lente-
ent toute une famille laborieuse [4]. Une loi préventive,

1. 22 février 1851.
2. Loi du 15 mars 1850, art. 60, § 3.
3. 13 avril 1850.
4. Une objection contre les lois qui limitent le travail des enfants
des femmes, c'est qu'elles remplacent le fléau du travail excessi
ir le fléau non moins redoutable de la misère. Il y a toujours une
fficulté aux meilleures choses. En tout cas, les enfants et les
mmes ont des protecteurs naturels ; et il ne s'agit pas de les em-
cher de travailler, mais de travailler à l'excès. La loi est faite de
anière à laisser au patron assez de bénéfice pour qu'il ne se prive
s du service des enfants ainsi limité. Il est sans doute inutile de
marquer que la même objection ne peut être faite à la loi sur les
gements insalubres. La conséquence de cette loi n'est pas que les
uvres n'auront pas de logement, mais qu'ils en auront de moins
uellement malsains.

et toutes ces lois sont préventives, devient légitime quand
elle est indispensablement nécessaire; c'est le même
principe que celui de l'expropriation pour cause de nécessité publique. Ici, l'intérêt général est évident, immense : va-t-il jusqu'à la nécessité? J'oserais presque le
dire; et ne pourrait-on pas ajouter aussi que l'âge des
enfants et la misère de certains adultes autorise le patronage et la tutelle bienveillante de l'État? Plût à Dieu
cependant qu'on pût se passer des lois préventives! qu'au
lieu d'abattre un maison insalubre, l'État fût assez riche
pour la rendre inutile, improductive, onéreuse, en per-
çant de nouvelles rues, en encourageant la construction de
maisons bien chauffées, bien ventilées, bien pourvues de
tout ce qu'exigent la propreté et l'hygiène; et qu'au lieu
d'imposer des règlements aux manufactures, il pût élever les mœurs des patrons et des familles, procéder par
voie de récompense et d'encouragement, et au besoin par
des établissements de crédit! Plût à Dieu que les citoyens
aisés prissent une obole sur leur superflu pour dispenser l'État, même de cette intervention bienveillante! que
l'on vît de nobles associés mettre leur gloire, leur bonheur à créer pour les ouvriers des logements commodes
et salubres! que les sociétés de patronage pour les enfants acquissent assez de développement, accrussent assez
leurs ressources, pour pouvoir remédier par leurs sacrifices aux nécessités souvent implacables de la concurrence! qu'il y eût une émulation entre ceux à qui la vie
a été meilleure pour venir en aide à l'infirme, à l'ouvrier, au commerçant trahi par les circonstances, à l'enfant orphelin ou misérable! Il ne faut accepter la loi
préventive qu'à la dernière extrémité, et en la subissant,
il faut travailler de toutes ses forces à la rendre inutile.
L'État peut faire beaucoup, ce qui le dispenserait de
défendre, et les citoyens peuvent faire encore plus, ce
qui dispenserait l'État d'intervenir. Quand le mal est
trop grand pour les forces individuelles, qu'elles se

multiplient par l'association volontaire! Non-seulement cela vaut mieux pour la liberté que l'action du pouvoir public; mais cela vaut mieux pour celui qui est protégé et pour celui qui protége. On ne sait pas dans ce pays ce que peut l'association, parce qu'on sait mal ce que c'est que la liberté. On n'en connaît ni la douceur, ni la force.

Je serais obligé de m'élever énergiquement contre les décrets qui limitent les heures de travail dans les manufactures, si ces décrets n'étaient pas illusoires. En 1848, lorsque les ouvriers étaient tout-puissants, ils exigèrent en quelque sorte du gouvernement provisoire un décret qui leur défendît de travailler plus de dix heures par jour à Paris et plus de onze heures dans les départements[1]. La loi du 9 septembre 1848 fit disparaître cette anomalie, et fixa le travail à onze heures par jour dans toute la république. Mais cette règle était inapplicable. Dans certains cas, elle ruinait les patrons par la concurrence étrangère; dans d'autres, elle privait les ouvriers d'un surcroît de paye dont ils ne pouvaient se passer: quelquefois elle ne pouvait se concilier avec la nature même du travail. Un règlement d'administration publique en date du 17 mai 1851, tout en conservant le principe de la loi, a introduit des exceptions si nombreuses que la loi est devenue insignifiante. Nous la jugerons au reste d'un seul mot; c'est porter une égale atteinte à la liberté du travailleur que de fixer un maximum au prix de la journée, ou un maximum à la durée du travail.

Quelquefois nous transformons en abus une loi d'ailleurs excellente. Ainsi la loi d'expropriation s'est glissée d'abord dans le Code à titre d'exception, et seulement pour les cas de nécessité absolue; puis on a reconnu qu'il fallait aller un peu plus loin, et qu'une utilité gé-

---

1. Décret du 7 mars 1848.

nérale bien constatée devait l'emporter sur l'obstination d'un propriétaire. Trop souvent ce n'est plus même un intérêt général qu'on invoque, c'est une amélioration douteuse, un système d'embellissement qui flatte la vanité ou le mauvais goût d'une administration. On se croit quitte envers la propriété, parce qu'on donne un sac d'écus en échange du patrimoine envahi. On laisse même à des autorités secondaires le soin de fixer les limites de l'expropriation : indifférence dédaigneuse, qui assimile la propriété à une valeur abstraite, et ne tient aucun compte des souvenirs de famille et des traditions domestiques qui peuvent y être attachées. Les ordonnances de voirie ont souvent le même caractère. Elles bouleversent un héritage, ou le mettent dans une sorte d'interdit pour un alignement à peine préférable à celui qu'on veut remplacer; elles imposent des charges inutiles à la propriété, de véritables servitudes. Il est trèsbon d'embellir les villes, et surtout d'en rendre le séjour sain et commode; mais il ne faut pas qu'on se laisse emporter par un entraînement irréfléchi à ne connaître d'autre obstacle que les difficultés du budget et à transformer la propriété par ordonnance avec la rapidité d'un changement à vue.

Rien de plus arbitraire, et au fond, rien de plus inutile [1] que la législation sur les établissements incommodes et insalubres. La nomenclature en est mal faite, sans précision; les formalités qui précèdent l'autorisation laissent une trop large part au pouvoir discrétionnaire

---

1. « Sur six cent cinquante demandes d'autorisation pour des établissements insalubres de première classe, qui ont été adressées au gouvernement de 1835 à 1839, et qui ont dû être communiquées au conseil d'État, il est arrivé soixante-cinq fois seulement que le conseil ait dû donner des avis de rejet. Il se trouve donc qu'on avait rempli inutilement cinq cent quatre-vingt-neuf fois sur six cent cinquante-quatre les longues formalités relatives à ces sortes d'autorisations. » (M. Dunoyer, *La liberté du travail*, t. I, p. 297.)

des préfets et du conseil d'État [1]; elles sont évidemment trop compliquées; en effet, s'il s'agit d'établissement de la première catégorie, il faut une requête au préfet, la transmission de la demande à toutes les municipalités dans un rayon de cinq kilomètres autour de l'établissement à fonder; l'affiche; une enquête *de commodo et incommodo* dans chacune de ces municipalités; l'avis des ingénieurs, du conseil de salubrité, des agents voyers; celui du conseil de préfecture, celui du préfet, celui du ministre, celui du comité des travaux publics; par-dessus tout cela une délibération du conseil d'État aboutissant à une ordonnance arbitraire [2]. Et quand l'autorisation est obtenue, quel en est l'effet? Elle ne protége ni les voisins contre les inconvénients de la fabrique, ni la fabrique contre les réclamations judiciaires des voisins. C'est une procédure de surcroît qui laisse la porte ouverte à toutes les autres contestations, et qui, malgré son luxe de formalités, ne donne de garanties sérieuses à personne [3]. D'autres lois préventives donnent naissance à une administration tracassière, ne produisent qu'un service médiocre, et rendent les réclamations du public presque impossibles, en transportant la responsabilité des entrepreneurs à la police : telles sont par exemple les

1. « L'administration de la police préventive est devenue aussi compliquée que celle de la justice; si bien qu'on a instruit les autorisations comme des procès; qu'on a fait passer les justiciables de l'administration comme ceux des tribunaux par toute une filière d'autorités et de procédures, et que pour leur donner l'autorisation de faire l'acte le plus inoffensif et même le plus utile, on ne leur a demandé ni moins de temps ni moins de formes que pour arriver devant la justice à la solution des procès les plus litigieux. Rien ne serait si aisé que de citer des preuves. Il peut y avoir jusqu'à dix-sept formalités à remplir pour l'établissement d'une machine à vapeur. On a compté qu'il en fallait vingt-huit pour obtenir l'autorisation d'établir un batelet sur une rivière. » (M. Dunoyer, *La liberté du travail*, t. I, p. 301 sq.)

2. Décret du 15 octobre 1810.

3. Cf. Vivien, *Études administratives*, t. II, p. 136 sq.

immixtions de l'administration dans la surveillance et l'acceptation du matériel roulant et du matériel de traction des entreprises voiturières[1].

Nous avions autrefois des douanes intérieures : pour porter un chariot de blé d'Angers à Marseille, il fallait acquitter huit péages. Cette absurde organisation, vexatoire pour le commerce, source de lenteur et de procès, qui augmentait le prix des denrées sans profit pour le vendeur, qui retenait les marchandises dans les lieux où elles regorgeaient en prolongeant ailleurs la disette, a été abolie par Turgot et la Révolution. Est-il quelqu'un qui ose rêver de la rétablir ? Et pourtant, quelle est la différence entre les douanes intérieures et les douanes internationales ? La frontière était entre la Bretagne et l'Anjou, elle est entre la France et la Belgique. Le mal est moins grand, mais c'est le même mal.

On dit : Si vous supprimez les douanes, les États vont se faire concurrence et se haïr. C'est absurde. Ils se haïssent bien plus, quand il y a sur chaque frontière deux armées de douaniers en permanence, chargés d'arrêter, de fouiller et de rançonner les voyageurs, de bouleverser les colis, de les ouvrir, de les sonder, de les estimer, de les peser, de les emmagasiner, de les marquer, semblables aux nobles du moyen âge qui s'embusquaient sur les routes la dague au poing pour vendre aux marchands la permission de circuler. La concurrence entre États n'est ni meilleure ni pire que la concurrence entre particuliers. A la longue, c'est la véritable habileté

1. « N'arrive-t-il pas sans cesse, malgré les entraves gênantes dont le régime préventif enveloppe tous les travaux, que des mineurs sont ensevelis dans les mines, que des poudrières font explosion, que des machines à vapeur éclatent ? Ne voit-on pas fréquemment ces machines, parées, gréées, armées de toutes leurs défenses, sauter, sans respect pour les règlements, et quelquefois sous les yeux de la science même et à la barbe de leurs tuteurs les plus éminents ? » (M. Dunoyer, *La liberté du travail*, t. I, p. 326.)

qui l'emporte, et c'est tant mieux pour les consommateurs qui ont meilleure marchandise à meilleur prix, et pour les industriels qui s'obstinaient à fabriquer des produits inférieurs, et qui donneront à leurs capitaux et à leur activité un plus fructueux emploi. Si l'Angleterre, par exemple, est en état de fournir à la France des outils excellents à un prix minime, et que nous soyons réduits, par l'infériorité de nos fers et de notre main-d'œuvre, à défendre notre fabrique en prohibant les outils étrangers ou en les chargeant de droits énormes, n'en résulte-t-il pas que, pour défendre une seule classe d'industriels, nous condamnons tous les autres corps d'états à acheter très-cher de mauvais outils, et par conséquent à travailler dans de mauvaises conditions? Cette hypothèse, une pure hypothèse, car nos fabricants d'outils gagnent du terrain de jour en jour, montre assez clairement qu'en établissant des taxes pour protéger une industrie qu'il vaudrait quelquefois mieux décourager, on ne fait que sacrifier les intérêts généraux à des intérêts particuliers et diminuer la richesse nationale. Ainsi quand vous protégez les draps, vous opprimez les tailleurs; quand vous défendez l'huile de colza, l'huile de sésame souffre; quand vous forcez, par la prohibition des lins étrangers, la vente des filateurs français, c'est aux dépens de ceux qui fabriquent la toile et de ceux qui en font usage. Les chemins de fer français ont coûté un prix exorbitant à établir, parce que les maîtres de forges, protégés par le tarif de la douane, ont imposé aux compagnies des prix désastreux. Il en est résulté qu'en faisant de grands sacrifices, nous avons un nombre inférieur de kilomètres de voies ferrées; et qui en souffre? c'est le commerce, c'est la politique, ce sont toutes les relations de la vie. Quand même les maîtres de forge favorisés auraient réalisé un bénéfice colossal, grâce au système restrictif des douanes, ce serait là, on en conviendra, une maigre compensation pour l'infériorité où a été tenue en France

la plus nécessaire des industries modernes. Je pourrais
multiplier les exemples à l'infini. L'introduction en franchise des machines anglaises pèserait peut-être sur nos
mécaniciens ; mais elle serait un soulagement, un dégrè-
vement pour toutes les industries qui emploient des machines. Et qui sait si nos mécaniciens, cessant d'être
protégés, n'arriveraient pas à produire mieux et moins
cher? Où l'activité humaine fait des merveilles, c'est dans
la lutte. Combien de fois n'a-t-on pas entendu les chefs
d'industrie déclarer que, si on abaissait les tarifs, la fabrique ne marcherait plus? On abaissait les tarifs, et la
fabrique produisait vingt fois plus et deux fois mieux. En
1823, les négociants lyonnais prenaient Dieu à témoin
qu'ils ne pourraient abaisser leurs prix sans se ruiner :
l'industrie anglaise commença à jeter sur le marché de
beaux produits livrés à meilleur compte que les nôtres ;
aussitôt l'impossible devint possible, et en très-peu de
temps Lyon réalisa une épargne de cinquante pour cent
rien que sur les frais de tissage. C'est aussi l'histoire,
encore récente et très-connue, de la presse à quarante
francs. La même combinaison qui répandit le goût des
journaux, créa l'annonce.

Les douanes n'ont pour résultat que d'entretenir les
haines de peuple à peuple, d'irriter les sujets contre les
gouvernements, de produire des corps de marchands
privilégiés, de provoquer à la désobéissance aux lois, de
troubler la conscience publique en créant des délits purement légaux, de diminuer l'horreur du vol par le spectacle de la contrebande, de fausser la situation de la
place en produisant facticement ici l'encombrement, là la
disette, d'épuiser les travailleurs en luttes stériles contre
la nature, quand la nature a placé ailleurs des ressources
qu'il serait facile et commode de s'approprier, de jeter
l'interdit sur des contrées entières, comme par exemple
sur la Baltique et la mer Noire fermées jusqu'à ces derniers temps par le Sund et le Bosphore, d'accoutumer

l'esprit humain à l'inaction et à la routine par la protection, au lieu de le pousser par le besoin et par l'émulation à l'énergie et au progrès.

Les douanes internationales, qui rappellent à s'y méprendre les douanes intérieures, ne diffèrent pas sensiblement des maîtrises. Les industries privilégiées se défendent par les mêmes arguments qui ont servi si longtemps à soutenir le monopole des corporations. Quand nos mécaniciens veulent écarter les machines anglaises par un droit d'entrée, faute de pouvoir les écarter par la supériorité de leurs produits, ils ressemblent aux fabricants de bas à l'aiguille qui voulaient faire briser par l'autorité les premiers métiers à faire des bas [1], ou aux propriétaires de martinets, qui demandaient à grands cris la suppression et la destruction des laminoirs [2]. En effet : « Vous feriez mieux et plus vite que moi ! » tout le système de prohibition est dans ce mot.

C'est un système jugé. Il ne vit que de mensonges et d'intérêts coalisés ; d'intérêts mal compris, en outre, car ceux qui crient le plus haut sont souvent les premières

1. Ils réussirent à demi. L'ordonnance du 30 mars 1700 ne permit l'établissement de métiers à bas que dans dix-huit villes.
2. Afin que rien ne manque à notre système prohibitif, nous avons aussi des lois de surveillance et de réglementation pour les produits français destinés à l'exportation. Loi du 22 germinal an XI, art. 4 : « Il pourra être fait, sur l'avis des chambres consultatives des manufactures, des règlements d'administration publique relativement aux produits des manufactures françaises qui s'exportent à l'étranger. Ces règlements seront présentés au Corps législatif en forme de projets de loi dans les trois ans de leur promulgation. » — L'article 10 du décret du 18 mars 1806 portant institution des prud'hommes, charge ces magistrats de constater les contraventions aux règlements de fabrication nouveaux ou remis en usage. Voyez aussi l'article 413 du Code pénal, relatif aux règlements « ayant pour objet de garantir la bonne qualité, les dimensions et la nature de la fabrication des produits français exportés. » Il est évident que l'exemple de Sheffield et de Châtellerault sera un meilleur avertissement pour la coutellerie française que toutes les lois de ce genre que l'on pourrait faire.

dupes. Pendant que nous protégeons nos draps contre la concurrence belge, les Belges protégent leurs draps contre la concurrence française. Nous élevons une muraille de la Chine en avant de Valenciennes ; et ils en élèvent une en toute hâte sur la ligne de Tournay. Nous nous barricadons à grands frais chacun de notre côté contre un péril évidemment imaginaire, puisqu'il est double. Le Zollwerein, qui atteste que la cause du bon sens fait de rapides progrès en Allemagne, a réalisé beaucoup de bien en renversant un grand nombre de barrières ; sa propagande sera bonne. Elle gagnera de proche en proche jusqu'à ce que le dernier douanier ait disparu. Nous semblerons bien gothiques dans ce temps-là ; les raisonnements de nos protectionistes sembleront bien faibles ; on s'étonnera bien qu'il ait fallu tant de temps pour ouvrir le monde à l'industrie et pour cesser de contrarier par des lois maladroites les rapports mutuels du besoin et du travail. On fera avec ébahissement l'histoire de nos douanes, de nos impôts directs et indirects, de nos préposés sédentaires et ambulants, de nos fouilleuses, de notre service actif, de nos gardes-côtes, de nos receveurs et de nos contrôleurs. On déposera dans quelque musée, comme un engin extraordinaire, les *lances* qui servent aujourd'hui aux employés de l'octroi pour perforer les ballots. On pensera peut-être alors que la simplification de l'impôt et des divers rouages financiers est un aussi grand progrès pour l'industrie que l'invention des chemins de fer, des bateaux à hélice et du télégraphe électrique.

Le Code civil autorise le prêt à intérêt, et la loi du 3 septembre 1807 fixe pour extrême limite à l'intérêt conventionnel, en matière civile, 5 pour 100, et en matière de commerce, 6 pour 100, le tout sans retenue. Cette loi était un grand progrès sur l'ancien régime, qui, par respect pour les canons de l'Église [1], prohibait entièrement

1. Voyez le *Traité de l'usure* de Bossuet. Après avoir montré que,.

rêts à intérêt [1]. Tout le monde comprend que le prêt
uit est de la part du prêteur un véritable sacrifice,
il résulte que la loi qui défend de prêter à intérêt,
le crédit tout à fait impossible. On avait recours à
rentes ruses, comme il arrive pour toutes les lois dé-
onnables et impraticables. Le moyen le plus ordi-
e était de constituer des rentes foncières et des rentes
étuelles, parce que dans le contrat de constitution de
es, l'emprunteur prenait le caractère d'un acheteur
se libère par annuités, au lieu de s'acquitter par un
ment intégral et immédiat [2]. Ce subterfuge avait l'in-
énient d'éterniser les dettes, et par conséquent d'en-
ner l'avenir, et celui non moins grave de former des
rats aléatoires à cause de l'incertitude et des fluctua-
s de la valeur des monnaies. Le nouveau régime, qui
t depuis la Révolution, est plus sincère : l'est-il as-
voilà la question. Il a donné au crédit une existence

nt l'Écriture, l'usure n'est autre chose que le prêt à intérêt, il
it qu'elle est défendue par l'ancienne loi et par la nouvelle ; que
défense est article de foi ; qu'elle est absolue, et que « la police
siastique et civile, pour empêcher l'effet de l'usure, ne doit pas
ment empêcher ce qui est usure dans la rigueur, mais tout ce
· mène. »
La prohibition du prêt à intérêt tombait en désuétude à la fin
vIIe siècle. Cependant Turgot nous apprend qu'elle était encore
quée dans un grand nombre de ressorts en 1769. Lorsqu'il était
ême intendant à Limoges, dans une cause d'usure qui lui fut
te, il prit parti pour la liberté du commerce de l'argent. Les
ers n'en furent pas moins inquiétés. En 1776, ils s'adressèrent
nseil par voie de requête, et le conseil leur fut favorable, parce
Turgot était alors contrôleur général. Cette affaire fit beaucoup
ruit, non-seulement dans le monde de la finance, mais dans
des théologiens. Il y eut, en avril 1776, plusieurs assemblées
octeurs de Sorbonne pour condamner, non-seulement *l'usure
ante*, c'est-à-dire celle qui excède le taux du prince (5 pour
et le taux du commerce (6 pour 100), mais l'usure simple,
à-dire ce que nous appelons aujourd'hui le prêt à intérêt.
L'Église avait fini par accepter le prêt à intérêt sous cette
. Voir la Bulle de Martin V en 1423, celle de Calixte III en
et celle de Pie V en 1569.

légale ; mais en le constituant, il l'a étroitement limité.
Cette loi restrictive du commerce de l'argent est-elle juste?
Est-elle utile ? En d'autres termes, l'État avait-il le droit
de la faire? Et la société a-t-elle intérêt à la maintenir!

Ni l'un ni l'autre. Qu'est-ce que l'argent? une marchandise. Il ne faut pas objecter qu'il n'est que le signe
des valeurs, sans valeur propre, la forme abstraite et en
quelque sorte algébrique de la propriété. D'abord, cela
n'est pas vrai de la monnaie métallique; et cela n'est pas
vrai non plus de la monnaie fiduciaire, à moins qu'on
ne soutienne qu'une force n'est pas une valeur, ce qui est
absurde. Il n'importe pas que j'achète la maison, ou que
j'achète dans un portefeuille ou dans un sac la capacité
d'acheter et de payer la maison. L'argent est donc une
marchandise, puisqu'il est le moyen d'acheter telle marchandise, ou telle autre de valeur égale; et dès qu'il est
une marchandise, on se demande pourquoi l'État, sous
l'ancien régime, défendait de la louer, et pourquoi, sous
le régime actuel, il fixe un maximum au prix du louage.
S'il fixait un maximum à la vente ou au louage d'une
autre marchandise, on crierait à la spoliation, à la ruine.
On ne crie pas pour celle-ci; et l'unique raison, c'est qu'il
y a cinquante-quatre ans que cela dure.

On objecte que les autres objets prêtés s'usent entre
les mains de l'acheteur, et que l'argent ne s'use pas. C'est
une équivoque très-grossière. L'emprunteur qui a dépensé l'argent reçu l'a très-réellement usé; et, par le fait
de cette dépense, l'argent qu'il peut avoir en main le jour
de la restitution est une valeur égale, mais différente.
Pour que l'argent ne s'use pas, il faut que l'emprunteur
le garde sans en faire usage, et alors il n'emprunterait
pas. Un prêt est autre chose qu'un dépôt.

Cette fixation d'un maximum, soit qu'on l'impose au
commerce de l'argent ou à tout autre commerce, viole
doublement la propriété. Elle empêche le capitaliste de
vendre; elle empêche le consommateur d'acheter. Pour

exercer une telle pression sur le marché de l'argent, l'État n'a ni droit ni prétexte.

Si l'emprunteur, en plaçant dans une affaire sûre l'argent que je lui cède, doit en retirer 20 pour 100, il est injuste que je ne puisse pas prendre au moins la moitié de son bénéfice; et si je refuse mon argent pour ne pas me prêter à cette injustice, il est absurde que la loi, sous prétexte de protéger l'emprunteur, l'empêche de réaliser un bénéfice de 20 pour 100.

On objecte qu'il n'y a pas d'affaire sûre. Soit. Le risque est une affaire d'appréciation à débattre entre l'emprunteur et le prêteur, et qui ne peut être présumée par une loi générale.

Je vends de l'argent, c'est-à-dire un outil. Il est très-naturel et très-équitable que je vende ou que je loue cet outil proportionnellement à l'utilité qu'en retirera l'acquéreur.

J'ai une entreprise qui serait excellente, si je pouvais l'accroître ou l'entretenir au moyen d'un capital qui me manque. Il est d'une bonne administration de payer ce capital suivant ce qu'il vaut, c'est-à-dire suivant ce qu'il doit me rapporter.

Qu'arrive-t-il sous le régime du maximum? C'est que l'argent se retire à l'agriculture ou à la fabrique, et va chercher de gros intérêts dans la spéculation. Ou si l'argent se prête, il se prête à taux usuraire, en violant la loi, au mépris de la morale et au commun détriment de l'acquéreur et du vendeur. L'agiotage, qui fait affluer l'argent à la Bourse et plonge l'agriculture dans le dénûment, est au régime du maximum ce qu'était la constitution de rente au régime du prêt gratuit. C'est un monstre créé, ou tout au moins nourri, cultivé, agrandi par une mauvaise loi.

N'est-il pas au moins singulier de défendre le prêt à sept pour cent, et d'autoriser la Banque de France, comme on l'a fait en 1857, à élever son escompte à dix pour cent[1]? Ou de transformer le prêt sur gage en délit, tandis qu'il y a une administration des hypothèques, et que l'on fonde et que l'on patronne, avec pleine raison, des monts-de-piété?

En voulant préserver le prodigue, on opprime le travailleur intelligent, dont le capital périt faute d'un accroissement nécessaire. On opprime le prodigue lui-même, qui doit avoir le droit de se ruiner. On le défend contre le marchand d'argent, et on ne le défend ni contre le joaillier, ni contre le marchand de chevaux? On l'opprime sans le sauver, car ce qu'il ne peut faire au grand jour chez le banquier, il le fait furtivement dans l'arrière-boutique de Shylock. « C'est un grand défaut dans un gouvernement que de vouloir être trop père : à force de sollicitude, il ruine à la fois la liberté et la propriété[2]. »

En un mot, l'argent est une marchandise dont le trafic doit être aussi libre que tout autre commerce. L'argent doit avoir son marché, pour que les entreprises soient faites, non par le détenteur du capital, mais par le capable, en désintéressant le détenteur.

Qu'on punisse sévèrement, très-sévèrement, ceux qui trompent sur la marchandise vendue, ou qui abusent de l'incapacité d'un mineur, ou qui excitent les prodigues à la débauche. La répression sera aussi juste et aussi utile que la prévention est injuste et inefficace. Qu'on punisse l'usure ; qu'on respecte le commerce.

L'usure n'est pas seulement un crime contre les personnes (selon le mot de Caton : *Quid usuram facere? Quid hominem occidere?*) elle est un crime contre l'État et

1. Le tribunal de commerce de Nancy, audience du 26 mai 1858, considérant que la Banque de France, en vertu de la loi du 10 juin 1857, a élevé momentanément son escompte jusqu'à 10 pour 100, a autorisé un banquier à faire supporter cette perte par ses clients, malgré les dispositions de la loi du 3 septembre 1807.

2. Napoléon Ier. Discours prononcé au conseil d'État. Locré, *Législation sur les mines*, p. 295.

contre la société. Si elle va au-devant des demandes
d'argent en provoquant de la part des débiteurs des dépenses excessives, elle est une excitation au vice et à la
débauche; si elle se contente de profiter de la détresse
d'un misérable pour exiger des bénéfices exorbitants et
qui doivent aboutir à la ruine du débiteur, elle participe
de la nature du vol accompagné de violence : voilà ce
qu'elle est à l'égard des particuliers. Son crime à l'égard
de l'État est de rendre la propriété odieuse, en la faisant
tyrannique; de jeter une défaveur méritée sur le capital,
et de provoquer ainsi soit à une insurrection, soit à une
mesure légale qui supprime les créances, comme celles
qui furent prises à l'égard des juifs d'Alsace sous l'Empire, ou à l'égard des propriétaires fonciers, exclus par
les colons ou tenanciers sous la Convention. Au point de
vue moral, tout capitaliste qui exige du talent ou de la
main-d'œuvre une contribution supérieure à la quote-
part afférente, dans le revenu commun, au capital qu'il
a fourni, commet une véritable exaction ; au point de vue
légal, on ne saurait le punir trop sévèrement dès qu'il y a
provocation à la débauche, tromperie sur la marchandise vendue, captation ; on peut aussi appliquer, en les
étendant et en les modifiant, les lois relatives à la resci-
sion, ou à la lésion de plus de sept douzièmes. Mais
aller jusqu'aux mesures préventives, et fixer un maximum
au trafic de l'argent, cela est désastreux en économie,
excessif en droit, souvent injuste en morale.

Beaucoup de bons esprits se défient des associations,
parce qu'à une époque récente l'association a été regardée
mal à propos comme une panacée universelle. Il ne faut
pas qu'une exagération nous jette dans une autre. L'association est très-nécessaire à toute société, principalement à une société démocratique ; et l'association industrielle ou commerciale, la seule dont il s'agisse en ce
moment, n'est pas libéralement constituée par notre Code
de commerce.

L'ancienne société française ne connaissait pas le crédit. Une seule fois, Law avait essayé de l'initier aux grandes opérations des finances; mais, par malheur, cette expérience s'était faite par des mains corrompues et sous un pouvoir despotique; et cette tentative d'action en commun sans liberté, sans publicité, et par conséquent sans responsabilité, avait abouti à une liquidation désastreuse. On crut faire beaucoup, en 1804, en organisant les associations commerciales; on crut donner une nouvelle force au commerce et à l'industrie; et en effet, ils commencèrent à pouvoir, ils commencèrent à vivre, quand ils ne furent plus réduits à opter entre les efforts individuels et le monopole.

Le Code de commerce reconnut trois types de l'association commerciale : la société en nom collectif, la société en commandite, et la société anonyme. La société par participation, qui joue un grand rôle dans le commerce, ne fut guère qu'une société en nom collectif restreinte dans son objet et dans sa durée.

La société en nom collectif a lieu entre deux ou plusieurs associés qui deviennent solidairement responsables de toutes les opérations sociales, jusqu'à concurrence de la totalité de leurs biens. La société en commandite est constituée par l'apport fait à un commerçant ou à une société commerciale en nom collectif, par un ou plusieurs bailleurs de fonds, appelés commanditaires, qui ne prennent pas part à la direction de l'entreprise, et n'en subissent les pertes que jusqu'à concurrence de leur mise. Enfin, la société anonyme diffère de la société en commandite : 1° en ce qu'elle est désignée par l'objet de l'association au lieu de l'être par le nom de l'un ou de plusieurs des associés; 2° en ce qu'elle est dirigée et administrée, non par un commerçant, mais par des administrateurs irresponsables, nommés et révocables par l'assemblée des actionnaires; 3° en ce qu'elle est soumise à la surveillance immédiate du gouvernement, qui délègue un commissaire spécial à cet effet. C'est une commandite où personne n'est commandité, et tout le monde est commanditaire. Il est loisible à tout commerçant de fonder une société en nom collectif ou une société en commandite, mais une société anonyme ne peut exister qu'en vertu de l'autorisation du gouvernement, qui reste libre de la refuser ou de la retirer.

On comprend que la société en nom collectif ne peut exister qu'entre commerçants, et entre un petit nombre d'associés ; la commandite était donc nécessaire pour que les hommes à qui leur position interdisait de faire du commerce, ou qui n'avaient pas la capacité requise pour le faire, pussent cependant augmenter leur fortune par des opérations commerciales, et fournir à l'industrie des capitaux indispensables, dont elle n'aurait pu sans cela disposer que par la voie très-onéreuse de l'emprunt. Enfin l'établissement des sociétés anonymes avait pour but d'appeler les petits capitaux, de rendre les entreprises durables en les rendant indépendantes du nom et de la personne des fondateurs, et d'émanciper de plus en plus le talent, parce que, quel que soit le pouvoir d'une assemblée d'actionnaires, on dépend toujours moins de souscripteurs anonymes que d'associés commanditaires ou en nom collectif.

De ces trois formes de société commerciales ou industrielles, les deux premières sont libres, et la troisième ne l'est pas du tout. Plus elle donne de puissance à une compagnie, et de liberté administrative aux gérants, plus elle est redoutable pour les intérêts étrangers et pour l'État lui-même, s'il n'en surveille avec soin les statuts et la direction. Sans parler des illustres compagnies des Indes, dont plusieurs ont été de véritables empires, telle compagnie de crédit ou d'exploitation de voies ferrées peut acquérir de si grandes ressources, disposer d'un mécanisme si nécessaire, employer un personnel si nombreux, qu'elle arrive à tenir le pouvoir public en échec.

Il est donc juste, parce qu'il est nécessaire, que le pouvoir public prenne à l'avance ses précautions dans l'intérêt des actionnaires vis-à-vis de la gérance, dans son propre intérêt et dans l'intérêt des tiers vis-à-vis de la compagnie. Mais, en même temps, les compagnies anonymes ne pouvant être fondées qu'en vertu d'une autorisation difficile à obtenir, et ne pouvant fonctionner que sous la surveillance et le contrôle de l'État, il est clair que la très-grande masse des entreprises n'a d'autre ressource que la société en commandite, c'est-à-dire l'association libre des capitaux, sous le nom et la responsabilité d'un commerçant.

Or, jusqu'au moment où l'industrie et le commerce prirent cet essor inouï dont nous voyons les premiers et splendides résultats, on put se contenter de la forme légale des sociétés en commandite. On ne songeait pas alors à se mettre dans les affaires, si on ne pouvait apporter un capital relativement considérable et faire de cette participation le principal intérêt et la principale occupation de sa vie. Les associés commanditaires, qui ne pouvaient s'immiscer dans l'administration, sans perdre leur qualité de commanditaires pour prendre celle d'associés en nom collectif, avaient néanmoins le droit, et ils avaient généralement le pouvoir de surveiller les directeurs de l'entreprise commune. Mais quand ils eurent vendu, légué, morcelé leur part, et qu'un commanditaire unique et intelligent se trouva, par la force des choses, remplacé par un nombre indéterminé d'actionnaires sans capacité et sans ressources, il devint difficile à ces commanditaires de nouvelle espèce de surveiller les entrepreneurs, et impossible aux entrepreneurs de subir ce contrôle multiple, divergent, incompétent. Les actionnaires n'exercèrent plus en personne les droits conférés par le Code aux commanditaires; ils eurent des délégués qui les représentèrent auprès des gérants, et prirent ainsi toutes les allures des sociétés anonymes, dont ils ne différèrent plus que par la responsabilité des gérants ou directeurs, et par l'absence de tout commissaire du gouvernement.

Au fond, quoiqu'on eût soin d'insérer dans les statuts de chaque société une clause qui écartait les simples actionnaires de la surveillance, et transférait tous leurs droits à ceux d'entre eux qui seraient désignés soit par le gérant, soit par les actionnaires eux-mêmes, soit seulement par les plus forts actionnaires, la loi ne faisait aucune différence entre l'actionnaire et le commanditaire proprement dit, de sorte qu'à la suivre rigoureusement, tout actionnaire avait les droits d'un commanditaire. On sent qu'à de telles conditions, aucune entreprise, aucune association n'était possible. Tous les associés, inconnus les uns aux autres, étaient à la merci les uns des autres ; à la merci de l'ignorance, de l'incapacité, de la mauvaise foi.

Quelle ressource pour les entrepreneurs? Se transformer en société anonyme? Il fallait le consentement, très-difficile à obtenir, du gouvernement. Violer la loi, et compter sur l'indulgence des tribunaux et sur l'incurie des actionnaires? C'est ce qu'ils firent. Mais il n'en est pas moins vrai que la loi et la pratique se trouvant en désaccord complet, tout tribunal, saisi par la plainte d'un actionnaire, se voyait dans l'alternative de commettre une injustice en se conformant à la loi ou de violer la loi pour rester juste.

Pour apprécier cette situation nouvelle et en bien saisir les conséquences, il est nécessaire de remonter à l'origine du développement industriel dont nous sommes les témoins. Plusieurs causes ont contribué à le produire.

La production de la richesse résulte, comme on sait, du concours de ces trois éléments : le travail, la matière et le capital. Ce fut d'abord le travail qui reçut un accroissement de force productive par une meilleure organisation de la société, par la suppression des classes oisives, par l'anéantissement des barrières qui bornaient l'ambition, par la diffusion de jour en jour plus grande de l'instruction, par une direction plus pratique des études, par la fondation de chaires publiques, de collections, de musées, par les encouragements donnés aux découvertes, enfin et surtout, par le progrès de l'esprit philosophique et l'application de méthodes plus parfaites. Le travail augmenté, augmenta à son tour la matière ; car il y a deux courants du travail de l'humanité le courant industriel et le courant scientifique : quand la science eut créé ou rectifié les méthodes, centuplant ainsi sa propre force, elle découvrit de nouveaux agents et de nouvelles substances ; elle agrandit très-réellement la matière utilisable et les forces naturelles dont on se sert pour dompter et transformer la matière. Restait le troisième élément de la production, le capital, élément non moins indispensable, puisque sans lui une entreprise ne saurait avoir ni son matériel d'exploitation, ni le temps nécessaire pour attendre que ses produits, devenus échangeables, lui permettent d'alimenter son activité par ses bénéfices. Le capital qui avait suffi à l'ancienne humanité et à l'ancien monde ne pouvait plus suffire à l'humanité rendue plus puissante, au monde agrandi. La science économique intervint, et fit pour le capital ce que la chimie, la physique et la mécanique avaient fait pour la force humaine et pour la matière. Elle le fit, en allant saisir jusque dans l'épargne du pauvre des capitaux que leur exiguïté rendait stériles, et qui, réunis, surpassèrent la puissance des plus fortes banques et armèrent directement la capacité. Or, pour que ce service de la science économique fût complet et rendît tout le bénéfice qu'il était appelé à produire, il fallait que les plus petits capitaux fussent appelés, et, par conséquent que la commandite fût fractionnée en très-petites coupures et en coupures transmissibles par la simple tradition manuelle, comme le billet de banque ; car le pau-

vre n'a jamais assez de sécurité pour disposer à long
terme. C'est ainsi que le commanditaire primitif, banquier ou capitaliste, homme d'affaires en tout cas,
bon juge de la valeur de l'entreprise, et surveillant capable de la gérance, se trouva remplacé par les actionnaires.

Il résulta de cette transformation deux conséquences
excellentes : la première, c'est l'accroissement du capital
commun par la mise en valeur de tous les capitaux ; la
seconde, c'est la participation des petites bourses aux bénéfices de l'industrie.

Et deux conséquences fâcheuses ; l'une, c'est que les
commanditaires de nouvelle espèce, ne pouvant ni juger
ni surveiller efficacement, il devint facile de les tromper
sur la nature de l'entreprise, sur la gestion de l'entreprise et sur les bénéfices de l'entreprise; l'autre, c'est
que l'ardeur de gagner par de simples spéculations, et
par des spéculations dont on n'avait pas la clef, s'in-
troduisit dans des classes où elle était jusque-là inconnue, apportant avec elle des aspirations malsaines
vers un accroissement de bien-être et de luxe, et un certain dégoût pour les bénéfices lents, mais réguliers du
travail.

Il n'est que trop connu de tout le monde que les deux
conséquences fâcheuses du nouvel esprit d'entreprise
s'exaltèrent à un tel point, qu'elles devinrent un scandale public. Des entreprises folles trouvèrent des pontes ;
de bonnes entreprises furent pillées, ruinées par les malversations des gérants ; d'autres furent tuées avant de
naître, parce que l'agiotage escompta les bénéfices futurs au delà de leur valeur, et légua aux travailleurs des
capitaux insuffisants, et aux bailleurs de fonds définitifs,
la ruine. L'agiotage est aux compagnies ce qu'est à l'État
le système des emprunts appliqué sans discernement. A
côté de ces désastres financiers directs vint le contre-
coup : l'argent se retira de la terre, qui s'appauvrit, d'où

une diminution de la richesse réelle, car la richesse
agricole est aussi nécessaire au pays, que la réserve métallique à la Banque. Enfin, le désordre moral fut manifeste parmi les dupes, qui ne le cédèrent pas toujours
aux habiles en âpreté au gain, et en indifférence sur la
moralité des moyens.

Le pouvoir public se vit forcé d'intervenir. Son intervention eut un triple objet : faire cesser la contradiction
entre le droit et le fait, en consacrant la transformation
de l'associé commanditaire en actionnaire anonyme; écarter les actionnaires besogneux et incapables, en limi-
tant, dans certains cas, le chiffre diviseur du capital;
empêcher les fraudes et la négligence des gérants, en les
rendant solidairement responsables, ce qui équivalait à
leur ôter le caractère d'associés commanditaires, pour
leur donner celui d'associés en nom collectif.

Cette réforme a été bien accueillie en dehors du monde
des affaires; il est possible qu'elle atténue le mal : elle
rendra, à coup sûr, les gérants plus circonspects; mais
il reste à savoir si les sociétés en commandite trouveront
à l'avenir des gérants sérieux. Pendant que nous sommes amenés en France à augmenter la responsabilité des
gérants et des surveillants, l'Angleterre adopte notre
théorie des capitaux passifs, qui disparaissent par suite
de la mauvaise administration des gérants, sans entraîner le reste des biens de l'actionnaire. Nous avons
peut-être eu le tort de songer trop exclusivement aux
conséquences fâcheuses des sociétés par actions, et de
trop oublier leurs conséquences heureuses. Quand l'esprit public se révolta contre l'administration des chemins de fer à la suite de quelques grands désastres,
l'administration imposa un maximum de vitesse : c'était
un remède contre les catastrophes, sans doute; en le
poussant un peu loin, on aurait tellement ralenti la
vitesse des chemins de fer, et tellement diminué
leurs avantages, que les énormes frais de création,

d'entretien et d'exploitation, n'auraient plus été compensés. Le législateur côtoie toujours deux abîmes. En matière de sociétés en commandite, ce serait un triste remède contre leurs excès que celui qui aboutirait à les rendre inutiles, et à ne laisser d'autre ressource à la grande industrie que l'anonymat. Les communistes seuls applaudiraient à un état de choses qui aurait pour conséquence infaillible d'exclure la liberté de toutes les grandes affaires.

Il ne faut pas perdre de vue en effet que la condition des sociétés anonymes est d'être complétement soumises au pouvoir central, puisqu'il peut refuser, suspendre ou révoquer l'autorisation, approuver, et conséquemment dicter les statuts, accepter et conséquemment choisir le gérant; puisque les surveillants sont irresponsables vis-à-vis des actionnaires et vis-à-vis des tiers, et puisque enfin le gouvernement, pour sauvegarder les intérêts de la loi et ceux des actionnaires, fait surveiller les surveillants et les directeurs par un agent à lui. Le pouvoir central, en substituant les compagnies anonymes aux anciennes commandites, en viendrait donc très-rapidement à absorber les forces qu'il avait laissées naître en dehors de sa sphère, et à substituer, ici comme partout ailleurs, son action à la liberté.

Dans quel but? Dans le but honnête d'empêcher les fraudes; car c'est presque toujours au nom de la morale qu'on restreint la liberté. Il n'en est pas moins vrai que les sociétés anonymes arbitrairement concédées ou refusées, peuvent devenir de véritables monopoles; et qu'un banquier peut se voir investi, par la confiance du gouvernement, du droit de disposer, presque sans responsabilité, d'une fortune immense composée de l'apport d'actionnaires inconnus les uns aux autres et à lui-même. Sans doute, le gouvernement n'accorde pas la création d'une société anonyme sans examiner les statuts; il y a toute une procédure; le conseil d'État délibère; quand

l'autorisation est donnée, c'est qu'il s'agit d'une idée sé
rieuse, praticable. Le pouvoir ne se contente pas d'obli
ger les gérants à rendre des comptes aux actionnair
dans des assemblées régulières ; il leur impose la su
veillance d'un de ses agents, étranger à l'entrepris
Il agit, en un mot, à l'égard des sociétés anonymes
comme un tuteur. Il se charge, en quelque sorte, d'empê
cher les capitalistes de faire un mauvais usage de leur
capitaux.

Est-ce sa mission ? Est-ce bien là le caractère que doi
vent avoir ses rapports avec la propriété privée ? Est-i
institué pour me diriger dans l'emploi de mes fonds, ou
seulement pour punir ceux qui attentent à ma propriété
Si le gouvernement n'est que juge, il garantit ma liberté ;
s'il est tuteur, il la gêne.

Réussit-il dans cette tutelle dont il se charge ? Se
commissaires administratifs valent-ils pour ma sécurité
le surcroît d'attention que je donnerais à mes affaires s
je me savais livré à moi-même, et la sévérité que déploie
raient les tribunaux, s'ils n'étaient rassurés et désarmé
par tant de mesures préventives ? Il est permis d'en douter. Le gouvernement prend à sa charge la responsabilit
morale de tous les désastres financiers ; et comme il es
sans doute honnête, c'est tout ce qu'il gagne à cette intervention intempestive dans les intérêts et les actes de
citoyens.

Ce n'est pas seulement par des lois spéciales que nou
entravons l'industrie et le commerce. Plusieurs de no
lois générales demandent une révision sévère ou tout a
moins d'importantes modifications. Telles sont les loi
sur les loyers, les cheptels, les lois sur les hypothèques
sur les conventions matrimoniales, sur le partage de
successions. La société n'étant pas stationnaire, la loi n
saurait être immuable. Il n'y a que le principe de la lo
qui ne change pas.

Malgré les progrès gigantesques de l'industrie, or

commence de toutes parts à se préoccuper de l'agriculture; et ce mouvement des esprits est excellent, il est
rassurant. Il faut ramener à l'agriculture une partie des
forces qui s'en étaient éloignées. Elle est plus saine pour
le corps; elle fait vivre l'ouvrier au grand air, loin de
l'air vicié, des étroits logements et des aliments sophisti-
qués de la ville; elle est plus saine aussi pour l'âme,
parce que ce travail est plus varié, demande plus de
liberté, met l'homme en rapport avec la terre et les animaux, bonne école, fortifiante. Le chômage du dimanche
n'a pas, tant s'en faut, les inconvénients du lundi des
villes manufacturières. Dans la famille du laboureur, le
mari et la femme ont leur travail séparé, et pourtant
analogue et concourant au même but. Il y a loin de cet
état à l'entassement des femmes, soit seules, soit avec
des hommes dans un atelier, ou à la femme travaillant
tout le jour dans sa chambre pendant que le mari est à
la fabrique.

Il y a encore un autre bénéfice de l'agriculture; c'est
qu'elle produit la seule richesse échangeable dont la
mode ne passe point. Toute amélioration du sol et des
procédés de culture est un moyen sûr et durable de
richesse. L'agriculture bien entendue n'épuise pas le sol;
elle le féconde. Dût le pays agricole manier moins de
millions, il sera toujours plus vraiment riche et plus
vraiment heureux qu'un pays manufacturier. Un pays
comme la France doit imiter le bon père de famille,
qui préfère le solide au brillant, et place sa fortune en
terres.

Si l'agriculture en général est préférable à l'industrie,
elle l'est surtout pour la France. Notre pays est admirable
de fécondité. Il a de tout : des céréales, des vins, des
fruits, de la laine, de la soie, et tout cela en abondance.
Il ne manque pas de bras non plus. Il est parfaitement
situé pour l'exploitation, à égale distance du midi et du
nord, avec des côtes sur les deux mers et d'excellents

ports. Quatre grands fleuves facilitent ses transits. Il a
de bons engrais, de bonnes races de bestiaux. Il y a des
produits plus brillants ailleurs, mais nulle part tant de
solidité.

Au contraire, pour l'industrie, nous avons des supérieurs. Nous n'avons ni autant de capitaux, ni autant de
vaisseaux pour l'exportation, ni autant de colonies, ni
autant de houilles que l'Angleterre. Elle nous battra toujours sur terrain. Nous devons aspirer au second rang
dans l'industrie et la marine, au premier dans l'agriculture. Avec cela, et le rang éminent de nos écrivains et de
nos artistes, nous pouvons être fiers de la situation de
notre pays. Mais il ne faut pas que notre agriculture
recule.

Il va sans dire qu'on a souvent essayé d'améliorer
l'agriculture par voie de réglementation. Rien n'échappe
chez nous à la bureaucratie et à la réglementation ; et ce
serait une merveille si quelqu'un de nos hommes d'État
n'avait entrepris de diriger nos laboureurs dans l'exploitation de leurs fermes. L'administration forestière, celle
des haras, nous fournissent des surveillants et des directeurs en abondance. Les lois sur les irrigations, sur le
parcours et la vaine pâture, prodiguent au pouvoir central
les moyens d'intervenir dans nos affaires. Un décret,
non abrogé, du 8 mars 1811, interdit de châtrer un bélier
mérinos sans autorisation. En 1813 (15 janvier), un autre
décret prescrivit d'ensemencer immédiatement, suivant
répartition, cent mille hectares de betteraves. Il est vrai
que, cette fois-là, il s'agissait plutôt de politique que
d'agriculture. On est revenu aujourd'hui à des idées plus
humaines. On veut pousser l'agriculture en l'aidant, non
en la réglementant.

On fait beaucoup pour elle. Les comices sont une bonne
institution, ainsi que les concours privés et publics. Le
crédit foncier aura, sans aucun doute, d'excellents effets.
Les chemins de fer et les canaux, et les facilités nouvelles

données à la vente des marchandises, donneront l'essor
à la fabrication agricole. Nous avons enfin des écoles dans
tous les villages, grand point pour l'agriculture. Notre
paysan était trop ignorant, trop rustre. Plus instruit, il
échappera à la routine, il sera plus considéré, il songera
moins à la ville pour ses enfants. Cependant il reste
beaucoup à faire.

D'abord à perfectionner ce qu'on a déjà fait de bien.
S'il n'y a pas partout des écoles, il faut en ajouter. Il y
a en Suède, et depuis quelques années dans le fond de
quelques provinces françaises, une institution de maîtres
ambulants que je recommande aux zélés. Ce sont de
pauvres maîtres, qui n'enseignent qu'à lire et à écrire,
mais c'est toujours cela. Dans certains pays de France, les
fermes sont à une lieue, à deux lieues du bourg ; les
petits enfants sont trop loin de l'école ; c'est là précisément que le maître ambulant est bon. Il part de chez lui
le matin en tressant un chapeau de paille, ou même au
besoin en tricotant des bas, pourquoi non ? A chaque
ferme il s'arrête, on réunit le plus de marmots possible.
Il trouve sa nourriture chez ses élèves ; avec quelques
sous de plus, il a le couvert et les vêtements. Voilà le dernier degré de l'école. Je pense d'abord à cela, parce que
le plus grand besoin, c'est le besoin des humbles. Quant
à améliorer l'enseignement des écoles proprement dites,
il va de soi que je le veux bien, mais il ne faut songer à
élever l'instruction qu'après l'avoir généralisée. A la rigueur, je me passerai d'avoir des paysans qui sachent
l'histoire de France, pourvu qu'il n'y en ait pas un qui
ne sache lire.

On a été pendant longtemps bien préoccupé de faire du
maître d'école un maître de labourage. Je ne suis pas
pour ma part très-charmé de cette invention. Jamais le
maître ne sera bon laboureur. Alors, qu'arrivera-t-il ? il
enseignera plus mal que le premier fermier venu ; et cela
ne servira qu'à le déconsidérer. Non, le maître doit en-

seigner à lire, à écrire, à faire quelques calculs très-simples ; mon ambition ne va guère au delà, pourvu qu'il y ait une école d'un degré plus élevé dans les centres plus populeux.

Je fais plus de cas des écoles spéciales d'agriculture. Il est très-bon qu'il y en ait pour former des hommes tout à fait capables et les mettre en état de servir de moniteurs aux autres. Les écoles ne doivent pas avoir d'autre but. La vraie école, pour le commun des laboureurs, c'est la ferme, et le vrai maître de labour, c'est le fermier, c'est le père.

Pour lui, qu'il ait été ou non à l'école spéciale, il sait infailliblement son métier, et il n'est pas dupe des théories ni d'une demi-science. S'il est mêlé par quelque côté aux affaires générales, s'il s'occupe des élections, des intérêts de la commune, s'il va aux comices, si en un mot il sent son importance et sa liberté, ce sera un très-bon guide en toutes choses. Le séjour et le travail des champs dans ces conditions font des hommes sensés, entendus à leur besogne et à l'économie de la ferme.

Ce qu'il y a surtout de bon dans les comices, c'est que le savant y coudoie le praticien. Pour peu qu'il se rencontre, dans ce petit congrès local et professionnel, un professeur de chimie, un médecin ou un vétérinaire, un grand propriétaire foncier, avec un certain nombre de petits métayers ou même de valets de charrue, les bonnes découvertes s'infiltreront peu à peu sans expériences ruineuses, sans espérances folles. On n'y cherchera pas à briller par la production de quelque produit merveilleux, animal ou végétal ; mais on y étudiera bien les engrais, les moyens de transport ; on y connaîtra les nouveaux outils, on y sera au courant des marchés ; on y instituera des fêtes modestes, qui relèveront la dignité de la profession, et mêleront un peu de joie à la rude vie des champs. Quelquefois, quand il faudra faire un effort pour aller chercher un engrais un peu loin, ou pour acheter une charrue un peu cher, ou pour ouvrir un chemin, ou pour porter des produits à distance, ou pour conjurer une inondation par des endiguements, l'association naîtra des comices, et la puissance du travail naîtra de l'association. Il y a tout à gagner dans tout ce qui rapproche les hommes.

Un des fléaux de l'agriculture, après la routine, qui finira par céder, c'est l'usure. Le laboureur aime la terre; il s'endette pour en acheter. Il est vite obéré, parce qu'il n'a pas de réserves et qu'une mauvaise année l'écrase. S'il perd une bête, il ne peut pas la remplacer; si sa terre demande de l'eau, il ne peut faire une buse ou une passerelle; si son toit s'effondre, il n'a pas de quoi le réparer. Le crédit foncier sera un grand bien, s'il se substitue à l'usurier; mais le crédit, pour un laboureur déjà arriéré, n'est qu'un palliatif. Le point capital, parce que tout en dérive, c'est la division de la terre.

Vaut-il mieux que la terre soit grande ou petite, et cultivée par le propriétaire ou par le fermier? Je dirai d'abord ce que je crois souhaitable : c'est qu'on tende à la grande culture. Certes il ne faut pas exagérer les avantages de la grande culture, ni entendre par là des terres immenses et par conséquent difficiles à surveiller. C'est surtout en agriculture que l'œil du maître est important. Une terre ne doit jamais être assez grande pour que celui qui la cultive ne la connaisse pas, mètre par mètre, et ne se rende pas compte de la situation de toutes les parcelles à chaque moment de l'année; mais, dans cette mesure, il est clair qu'il vaut mieux que la terre, par son peu d'étendue, ne fasse pas défaut à son activité. Le prix de tous les transports et de tous les achats diminué, tous les frais généraux et les menus frais répartis sur des masses plus considérables, de meilleurs aménagements pour les animaux, les denrées et les hommes, plus de capitaux, et par conséquent plus d'outils, plus de semences, plus de variété, plus de moyens de choisir son moment et de ne pas vendre ou acheter à perte, des vues nécessairement plus grandes, moins asservies à la routine; voilà quelques-uns des avantages de la grande culture, pourvu, je le répète, qu'on n'excède pas les limites de l'activité du maître; car il ne faut pas que le maître soit un maître nominal. S'il n'est pas lui-même le laboureur, tout est perdu.

Ce qui répand des préjugés contre les grandes terres, c'est d'abord qu'il y a des propriétés de plaisance, perte sèche pour le pays. Un parc, une avenue, de grandes cours, des étangs inutiles pour l'arrosement et créés seulement pour le plaisir des yeux, autant de superfluités qu'il faut souffrir par respect pour la liberté, mais qui sont essentiellement un luxe improductif, le pire de tous les luxes. L'absentéisme, conséquence nécessaire de l'existence de ces grands domaines, est encore un autre malheur. Enfin, quand le riche propriétaire a la fantaisie de faire, selon l'expression consacrée, de l'agriculture avec de l'argent au lieu de faire de l'argent avec de l'agriculture, je l'avoue, il m'est suspect. Sa liberté ne s'exerce pas dans les conditions qui la rendent toute-puissante, puisqu'elle n'est pas stimulée par l'intérêt. Il voudra trop risquer, il sera l'homme des théories, il courra les aventures; mauvais exemple, décourageant pour ses voisins. Peut-être aussi ce grand propriétaire est-il un savant, un économiste; mais je voudrais, même alors, qu'il prît un fermier. Il faut à la terre un homme du métier, comme il faut un bon cavalier à un cheval. Parlez-moi d'un agriculteur aisé, éclairé, capable de tenir sa place dans un salon, mais travaillant lui-même sur sa terre, mettant habit bas avec ses ouvriers sans rougir, aimant ses foins, ses blés, ses bœufs, faisant, en un mot, son métier en conscience.

Rura paterna bobus exercet suis[1].

A cette condition, c'est le premier homme du pays; je

---

[1]. Horace, *Épod.*, od. II, 3.

ne veux pas d'autre maire, et je le nommerai député
quand on voudra. S'il n'est pas propriétaire, au moins
qu'il ait un assez long bail pour améliorer le fonds, pour
ne pas l'épuiser, pour y faire les aménagements nécessaires, pour s'y attacher, pour l'aimer; il n'y a pas de
bon laboureur sans cela. Disons donc que ce qu'il faut
souhaiter, c'est un laboureur éclairé, mais ouvrier; propriétaire, ou au moins fermier à long bail; ayant autant de terre à cultiver que le comporte son activité
personnelle, n'en ayant pas plus, car il ne serait qu'un
patron; n'en ayant pas moins, car tous ses frais s'aug-
menteraient et toutes les améliorations lui deviendraient
impossibles. Et, après avoir dit que cette condition
moyenne est l'idéal dans l'agriculture, remarquons en
passant que nous la trouvons partout, qu'elle est la meilleure pour le bonheur privé, pour la prospérité de l'État,
et pour les bonnes conditions du travail.

Voyons maintenant si nous sommes loin de cet idéal;
si nos lois nous aident à y parvenir, ou si elles nous en
éloignent. Nulle part le nombre des propriétaires ruraux
n'est plus grand qu'en France; mais ce sont des propriétaires meurt-de-faim. Ils n'osent pas lâcher le lopin de
terre qui leur assure un minimum d'existence, quoique
ce minimum soit insuffisant. Il faut de deux choses l'une,
ou qu'ils puissent, grâce à un capital prêté sans usure,
joindre une ferme à leur champ héréditaire et cultiver
dans des conditions sortables, ou qu'ils se résignent à
vendre avec un légitime espoir de trouver à côté d'eux,
dans une grande ferme bien organisée, un emploi avantageux de leurs bras et de leurs aptitudes. On peut vivre comme fermier ou comme valet de ferme; mais les
trois quarts de nos petits propriétaires ruraux ne vivent
pas.

Il y a donc lieu de réclamer plus de liberté dans le
crédit et dans la vente, plus de liberté dans le contrat de
louage et de fermage, plus de liberté dans les associa-

tions industrielles, dans la transmission et l'échange des propriétés, et dans le partage des successions.

Plus de liberté dans le crédit, pour que l'argent s'offre et que l'usure cesse; l'extrême pénurie de nos cultivateurs est la cause principale du peu de progrès fait par l'agriculture : en Angleterre, nul ne se charge d'une ferme s'il ne peut disposer d'un capital égal à huit fois le revenu qù'elle donne au propriétaire. Plus de liberté dans la vente; la vente est aujourd'hui soumise à des lois générales, à des règlements municipaux, à des difficultés de douane; l'exportation peut être arbitrairement défendue; elle est frappée de droits écrasants; il n'existe ni entrepôts, ni docks; les renseignements sur l'état général du marché ne parviennent pas jusqu'au laboureur, qui se trouve ainsi à la merci des marchands de grains. Plus de liberté dans le contrat de louage et de fermage; la loi a beau déclarer que la convention est la loi des tiers : elle réglemente encore les conventions, ce qui a, entre autres inconvénients, celui de ne pas prévoir les nécessités locales. C'est, par exemple, un sujet de dispute entre les jurisconsultes, de savoir si le bail emphytéotique existe, et entre les économistes, de savoir s'il est utile. Il est certain qu'un bail de quatre-vingt-dix ans a l'inconvénient de supprimer les droits de toute une génération[1], et de mettre les droits du tenancier en opposition trop complète avec ceux du propriétaire foncier; cependant nous voyons fréquemment les tribunaux reconnaître le bail emphytéotique quoiqu'il ait disparu de la loi, et même le colonat et le bail à covenant dans une grande partie de l'ouest, parce que la culture à long terme est la seule bonne culture. Quand on voit subsis-

1. Il en est de même pour les rentes constituées qui ne portent pas sur plus de trois têtes, et n'excèdent pas la durée de quatre-vingt-dix-neuf ans. Cependant, elles ne sont pas considérées comme rentes perpétuelles, et ne tombent pas sous le coup de l'article 530. Loi du 18-29 déc. 1790, art. 1.

ter, soixante après la Révolution, des exceptions au droit commun aussi monstrueuses que le bail à covenant, n'est-ce pas l'indice d'un malaise profond et de la nécessité urgente d'une réforme? Plus de liberté dans les associations industrielles : la réunion des capitaux et l'usage de la commandite pourraient faciliter l'extension des tenues, et diminuer le nombre des propriétaires ruraux, ce qui est souhaitable. Nous avons déjà des associations d'outillage, particulièrement pour le desséchement des marais. Il pourrait s'en produire d'autres pour les irrigations, pour le drainage, pour le forage, et pour un grand nombre d'autres fonctions trop lourdes au laboureur, et trop locales pour motiver l'intervention de l'État. Plus de liberté dans l'échange et la transmission des propriétés. C'est aujourd'hui une grosse affaire que de vendre ou acheter une terre. Il y faut des notaires, souvent des avoués et des juges, des délais, de la publicité; tandis que la transmission d'une action s'opère avec une facilité extrême. On dirait que l'État, qui morcelle incessamment la propriété par l'application de l'article 745, veut river les petits propriétaires à leur maigre héritage. Cela est contradictoire [1]. Il est bien de diviser la propriété, mais il est bien aussi d'en faciliter l'échange, pour qu'il se forme de meilleurs lots de terre, et que la richesse soit plus utilement répartie. Plus de facilité dans le partage des successions. Le partage se fait sans doute à l'amiable entre les héritiers, toutes les fois qu'ils peuvent s'entendre; et les ascendants peuvent le régler eux-mêmes, sauf le recours aux tribunaux pour lésion de plus d'un quart. Ce sont de bonnes, mais incomplètes mesures. Non pas que je demande le droit absolu de tester, comme en Angleterre. Je crois que la Constituante a eu de soli-

---

1. Les progrès de l'industrie et du commerce ont pour résultat nécessaire la création indéfinie de la monnaie fiduciaire; et l'institution de la monnaie fiduciaire a pour conséquence probable la transformation de la propriété immobilière en propriété mobilière.

des raisons pour ne pas laisser au père la disposition
entière de tous ses biens. Puisqu'on voulait fonder une
démocratie sur l'égalité des droits, la première chose à
faire était d'établir l'égalité dans les familles, de supprimer les constitutions de majorats qui donnaient à certains membres de la noblesse l'importance nécessairement attachée aux grands héritages territoriaux, et de
procurer par des voies légales la division des fortunes.
Aujord'hui même cette loi est encore nécessaire à beaucoup d'égards, sous le point de vue politique; et quel
que soit mon respect pour le principe de la propriété, la
disposition qui assure au fils une retenue sur la fortune
de la famille, me paraît conciliable avec les droits du
propriétaire et la puissance du père. Mais autre chose
est la division des fortunes, qui est nécessaire, autre
chose l'extrême division du sol, qui peut nuire à l'agriculture. A mesure que certains héritages se divisent, il
faut que d'autres se reconstituent. La prévoyance paternelle est un des moyens les plus efficaces auxquels la société puisse avoir recours : pourquoi ne pas lui laisser
plus de latitude? Les restrictions imposées au droit de
tester, sont certainement des restrictions imposées à la
propriété et à la liberté. Il doit être permis au père de
prendre plus librement les mesures indiquées par les besoins de sa propriété ou de sa fabrique, par les besoins,
par les mérites et par les aptitudes de ses enfants. Encore un coup, c'est en établissant franchement la liberté
qu'on coupera court aux prétentions commmunistes, qui
profitent du malaise produit par nos lois équivoques et
incomplétement libérales pour battre en brèche la liberté.

Une autre sorte d'institutions qui constituent l'empiétement le plus grave sur la liberté individuelle, ce sont
les monopoles. Dieu sait que nous n'en sommes pas
avares. Les monopoles sont de deux sortes : ceux que
l'Etat se réserve, et ceux qu'il concède. Je n'aime guère

ni les uns ni les autres ; mais il va sans dire que je préfère hautement les monopoles accordés à des compagnies, parce qu'ils n'ont pas pour résultat d'accroître l'action publique au préjudice de l'initiative privée. Il est certain que, dans bien des cas, l'établissement d'un monopole est légitime et nécessaire, de même que l'emprunt, pour des motifs analogues. Ce n'est pas, certes, quand il n'a d'autre cause qu'un intérêt fiscal, comme le monopole du tabac ou celui des cartes à jouer; ou quand il n'a pour but qu'une prétendue amélioration d'un service public par la concession d'un privilége, comme il arrive pour les lignes d'omnibus, ou pour les entreprises de voitures de place. Il ne m'est pas démontré non plus que le monopole du transport des lettres soit nécessaire. Je reconnais toutes les importantes améliorations opérées par cette administration; mais enfin, chez les Anglais, où il n'y a pas de monopole, les dépêches sont transportées aussi sûrement et aussi promptement que chez nous. On ne voit pas qu'il soit nécessaire de transformer en fonctionnaires publics les employés et facteurs des postes pour sauvegarder l'inviolabilité du secret des lettres. Les lignes télégraphiques qui, à la vérité, ne peuvent être établies sans autorisation préalable, sont abandonnées à l'industrie privée[1], et l'on n'entend pas parler de délits de violation de correspondance[2]. Je n'ajoute pas que les gouvernements peuvent être quelquefois tentés d'abuser des dépôts remis en leurs mains; cependant il y en a des exemples. On se rappelle la proposition faite à l'Assemblée constituante, et que Mirabeau appela une honteuse inquisition, une violation de la probité nationale. « Qu'apprendrons-nous par la honteuse inquisition des lettres, s'écria-t-il? Croit-on que les complots circulent par les courriers? C'est sans au-

1. Décret du 27 décembre 1851.
2. Délit prévu et puni par l'article 187 du Code pénal.

cune utilité qu'on violerait les secrets des familles, le
commerce des absents, les confidences de l'amitié, la
confiance entre les hommes. Un procédé si coupable n'aurait pas même une excuse, et l'on dirait de nous dans
l'Europe : en France, sous le prétexte de la sûreté publique, on prive les citoyens de tout droit de propriété
sur les lettres, qui sont les productions du cœur, le trésor de la confiance. Le dernier asile de la liberté a été
impunément violé par ceux mêmes que la nation avait
délégués pour assurer tous ses droits. Ils ont décidé, par
le fait, que les plus secrètes aspirations de l'âme, les
conjectures les plus hasardées de l'esprit, les émotions
d'une colère souvent mal fondée, les erreurs souvent re-
dressées le moment d'après, pouvaient être transformées
en dépositions contre des tiers; que le citoyen, l'ami, le
fils, le père deviendraient ainsi les juges les uns des autres sans le savoir; qu'ils pourraient périr un jour l'un
par l'autre : car l'Assemblée nationale a déclaré qu'elle
ferait servir de base à ses jugements des communications équivoques et surprises, qu'elle n'a pu se procurer
que par un crime[1]. »

Ennemis en principe de tout monopole, nous devons
cependant reconnaître que beaucoup de grands travaux
indispensables et d'une utilité tout à fait générale ne
s'exécuteraient jamais, si l'État n'avait recours à un emprunt, ou ce qui vaut mieux, et ce qui n'est qu'une autre
application du même principe, à une compagnie payée
par une concession temporaire. Telles sont les lignes de
chemins de fer, dont on peut dire que l'exploitation appartient aussi légitimement aux compagnies qui ont exécuté les travaux, que l'exploitation d'une nouvelle découverte appartient au propriétaire du brevet d'invention.
Il serait bien désirable que l'esprit du public s'accoutu-
mât à préférer le monopole temporaire et légitime d'une

_____

1. Cf. Vivien, *Études administratives*, p. 119 sqq.

mpagnie à celui de l'État. Que la propriété fasse retour à l'État dans un temps donné, il le faut bien ; et c'est une raison de plus pour que toutes les nouvelles lignes soient créées par des compagnies. Qu'est-ce qu'une compagnie, sinon l'initiative individuelle, fécondée, devenue puissante par l'association ? Quand il n'y a dans un pays que l'État d'expérimenté et d'agissant, c'est un grand malheur pour l'État et pour le pays. Il est étrange que l'espoir d'une amélioration problématique ou d'un bénéfice incertain suffise à beaucoup de bons esprits pour leur faire souhaiter que l'État s'empare de tous les chemins de fer, des compagnies d'assurance, des banques, de toutes les grandes fabrications. Il a déjà l'Imprimerie nationale, les Gobelins, Sèvres, Beauvais, Saint-Gobain. Ces exploitations restreintes peuvent se justifier par l'utilité de fournir des modèles à l'industrie privée. Mais qu'il fasse un pas de plus dans cette voie, et il va devenir l'entrepreneur unique. On ne s'effraye pas trop de ce danger. On laisserait volontiers les industriels se transformer peu à peu en fonctionnaires. Le communisme ne nous fait pas peur, quand il se présente sous un faux pavillon [1].

4. Entraves à la liberté du travail réclamées par les sectaires.

C'est que nous y sommes accoutumés. Nous sommes élevés en quelque sorte sous la main de l'État. Nous le trouvons partout, dans la constitution de la famille, dans la rue, dans l'école, dans l'atelier, dans le comptoir. La liberté n'a eu qu'une heure. Depuis que nos pères l'ont proclamée pour la France et pour le monde, nous ne sommes plus occupés qu'à la restreindre. Et pourtant,

1. Voyez ci-après, III⁰ partie, chapitre I, § 4, la question de l'exécution des travaux publics par l'État ou par les compagnies.

ô aveuglement, ô bizarrerie d'un peuple qui met la liberté dans tous ses discours, et qui lui fait dans la pratique une guerre acharnée! on voit des esprits éclairés, des cœurs généreux demander dans l'intérêt du progrès, dans l'intérêt du peuple, que ces restrictions excessives soient aggravées, que l'État envahisse tout ce qui reste encore en dehors de lui à l'individu, et que la France n'ait parcouru le sentier sanglant des révolutions que pour aller péniblement d'un absolutisme à un autre.

Cette doctrine, qui aboutit à la négation de la liberté, prend son point de départ dans l'exagération de la liberté. Ne nous en étonnons pas, c'est la règle commune. En toutes choses, l'homme ne fait que soupirer après la liberté, l'atteindre, la dépasser, et retomber dans l'excès de la réglementation.

La Constituante, disent les partisans les plus exaltés de cette doctrine, a proclamé la liberté du travail. Mais qu'est-ce que cette liberté? une lettre morte; la liberté de travailler, et pas de travail; plutôt la liberté pour les patrons d'exploiter les ouvriers, que la liberté pour les ouvriers de vivre en travaillant. C'est parce qu'il faut vivre qu'il faut travailler : faites donc que le travail nourrisse l'ouvrier, ou ne vous vantez pas d'avoir affranchi le travail. Depuis que les maîtrises sont abolies, les gros capitaux ont pris la place et le rôle des priviléges; et comme il faut leur faire suer de gros bénéfices, on entasse tous les matériaux dans le même magasin, tous les bras dans le même atelier, et on mesure les salaires, non sur les exigences de la nature qui veut que l'homme soit nourri, mais sur celles de la concurrence qui veut l'abaissement du prix de revient. Il s'ensuit que nous travaillons trop et que nous ne mangeons pas assez : voilà la vérité en langage brutal, il n'y a pas de théorie si profonde qui puisse se soutenir contre une vérité de cet ordre. L'activité croissante du commerce diminue le prix des denrées manufacturées, parce qu'elle en jette une plus grande quantité sur le même point; et elle augmente le prix des denrées alimentaires, surtout pour nous, parce qu'elle réunit un plus grand nombre de travailleurs sur le même point. Notre salaire va en diminuant, et nos dépenses en augmentant : contradiction terrible, qui est une question de vie ou de mort pour nous et pour la société. L'épargne nous est interdite, dans notre dénûment; donc si, à toute force et à toute peine, nous vivons encore pendant la période de travail, nous sommes sûrs de mourir de faim aux approches de la vieillesse. Nous n'aurons pas d'enfants pour nous soutenir, car nous sommes trop pauvres pour élever des enfants. Pendant ce temps-là, et c'est ce qui console les philosophes, les patrons sont devenus de grands seigneurs. Ils ont conquis, comme ils disent, l'égalité; c'est-à-dire qu'ils se sont rapprochés de l'aristocratie et confondus avec elle, augmentant encore l'abîme qui nous séparait de nos anciens maîtres. Leurs ateliers, où ils règnent, ne les déshonorent plus comme autrefois. On peut indifféremment avoir une ferme ou une fabrique, du bétail ou des ouvriers; la considération ne se mesure plus qu'aux sacs d'écus. Ce nouveau régime est la liberté pour eux, et pour nous c'est la servitude. Nous ne pouvons pas même passer d'un atelier dans un autre, enchaînés que nous sommes par le livret. Si un contre-maître nous injurie, il faut dévorer l'affront, ou courir d'atelier en atelier, et subir peut-être un chômage de quinze jours. : quinze jours de vie[1]. Si on diminue arbitrairement nos salaires, nous mourons de faim, grâce à la loi sur les coalitions; et si on augmente les heures de travail, nous mourons de fatigue. Voilà le sort qu'on nous a fait et qu'on appelle l'émancipation du travail.

1. Voir la loi du 24 mai 1851.

Il est vrai que si on nous exploite par trop dans l'atelier d'autrui, nous pouvons en ouvrir un. S'il n'y a plus de pain, mangez des brioches. Il est permis à présent de travailler à son compte; ce n'est plus un délit, depuis qu'on a rasé la Bastille. Grand bénéfice pour de pauvres gens qui ne savent pas lire parce qu'ils travaillaient déjà à dix ans, qui n'ont pas un sou devant eux pour acheter du bois ou du cuir, qui manquent d'outils et d'achalandage, et qui ne pourraient impunément ni attendre la pratique ni subir une perte.

Si vous voulez nous rendre effectivement libres, donnez-nous, non le droit abstrait de travailler, mais le moyen de travailler; c'est-à-dire, choisissez entre ces trois partis, ou de forcer les patrons, par une bonne organisation du travail, à nous employer, à nous payer, à ne pas nous écraser; ou de nous fournir, à chacun individuellement, l'outil et le crédit, ou de créer, au moins pour les temps de chômage, des ateliers nationaux.

Aujourd'hui, tout est possédé. Donc l'ouvrier n'a rien à attendre, que le salaire. Donc il est esclave.

On nous répond d'aller chercher au fond de l'Amérique des terres que la propriété n'a pas encore marquées de son sceau; c'est-à-dire qu'on nous donnera accès à la propriété, si nous renonçons à la patrie[1]. Mais en supposant que nous accomplissions ce sacrifice, et que nous trouvions là-bas autre chose que le désespoir, votre réponse est celle que les stoïciens faisaient à la douleur. Dans l'excès de nos maux, vous nous offrez pour toute consolation le suicide.

---

1. Renoncer à la patrie, ce n'est pas seulement renoncer à toutes ses habitudes, à ses liaisons d'amitié et de famille, aux mœurs, aux lois, etc., c'est abandonner une propriété importante; car dans toute société, l'État a des propriétés qui demeurent indivises entre les citoyens. L'État lui-même est un capital d'autant plus considérable qu'il donne plus de liberté au travail et plus de sécurité à la propr.été.

Ainsi parlent les défenseurs de la réglementation absolue. Leur raisonnement peut se résumer ainsi : Prémisses, la liberté sans limites; conséquences, point de liberté.

C'est le paralogisme éternel des communistes, qui mettent la liberté dans leurs discours, et la servitude dans leurs lois.

En fait, il n'est pas vrai que le livre de la propriété soit fermé.

Celui qui dépense et ne produit pas, laisse toujours échapper quelque chose de la propriété; et celui qui produit et économise en recueille toujours quelque chose.

En droit, aucun abîme ne peut se creuser entre le travail et le capital.

Le capital a autant besoin du talent et de la main-d'œuvre, que le talent et la main-d'œuvre, du capital. Donc le marché s'établit par la force des choses, sans lois préventives.

C'est vous qui, en détruisant la propriété, ôtez sa récompense au travail; vous qui, en réglementant le travail, lui ôtez sa puissance et sa douceur. Votre doctrine a pour conséquence de détruire tout ce qu'elle réclame. Vous détruisez la liberté et la propriété, que vous voulez conquérir.

Négation de la liberté et de la propriété, réglementation absolue du travail ou droit au travail, ce sont les conséquences d'un même principe, analogues entre elles, et le plus souvent réunies dans un même corps de doctrine.

Le premier caractère de cette doctrine est de supprimer entièrement la liberté, comme toute doctrine communiste, et non-seulement pour les maîtres, mais pour les ouvriers : cela nous suffit, et nous n'avons pas besoin de chercher plus loin. Du même coup, elle viole la justice; car elle prend au laborieux le légitime salaire du travail, et le distribue à l'oisif. En outre, elle va direc-

tement contre son objet en rendant le travail impossible
en organisant la misère. C'est ce qu'il est facile de
prouver.

D'abord, il est clair que si l'État fixe les heures de
travail et le salaire des ouvriers, il ôte toute liberté aux
fabricants. Mille entreprises, qui étaient faciles et avantageuses, deviennent, avec ces restrictions, ruineuses e
impossibles. L'ouvrier, de son côté, est obligé de se croi-
ser les bras s'il ne trouve pas exactement le salaire imposé par les règlements. L'État organise en grand la
grève. C'est un délit de travailler à prix réduit. Ce règlement est tout juste aussi raisonnable et aussi avantageux
que si l'on disait au laboureur : « Quand vous ne trouverez pas quinze francs de l'hectolitre de blé, vous le jet-
terez à l'eau. Si vous le laissez à douze francs, l'acquéreur ira en prison. » Qu'arrivera-t-il? c'est que le chef
d'industrie, obligé, par le cours naturel des choses, de
vendre son produit à bas prix, et, dans tous les cas, à
aussi bas prix que les fabricants étrangers qui alimen-
tent le même marché; et obligé d'autre part, par la loi
qui tarife les salaires, à payer à la main-d'œuvre un
prix que la vente ne lui rend pas, retire ses capitaux,
ferme ses ateliers, et met les ouvriers sur le pavé. Tout
est enveloppé dans la même ruine, le fabricant, l'ouvrier
et le commerce national.

On arrive plus sûrement encore aux mêmes conséquences, si on force l'État à donner un fonds de roule-
ment, des outils et la matière première à tout travailleur.
Cette utopie est la plus folle de toutes. D'abord, qui sera
juge de l'opportunité, de la quantité de la subvention,
du genre de travail, des aptitudes? Si c'est l'ouvrier,
chaque individu, la société n'a pas trois semaines à
vivre; si c'est l'État, il en résulte pour les citoyens la
servitude la plus dure et la plus inintelligente. Repré-
sentez-vous l'État comme un immense magasin, et donnez au premier venu le droit d'y entrer, et de prendre

sans payer toutes les marchandises à sa convenance : voilà la première hypothèse. Donnez au contraire au garde de ce magasin le droit de forcer tous les passants à y entrer, de leur mettre dans la main une de ses marchandises, et de les contraindre à en user, voilà la seconde hypothèse, qui ressemble au rêve d'un cerveau malade.

Où prendra-t-on l'argent de cette dépense ? dans l'impôt ; c'est-à-dire que les pauvres qui travaillent seront ruinés au profit des pauvres qui ne travaillent pas. A qui fournira-t-on argent et outils ? A tout le monde ? A ceux seulement qui en manquent ? A ceux qui en manquent par le malheur de leur naissance ou par la faute des circonstances, ou bien à ceux qui en manquent par leur propre faute ? Qui décidera si vous êtes victime d'un malheur ou de votre inconduite ? Quand l'État aura prélevé cette taxe écrasante sur le salaire légitimement acquis, est-ce lui qui décidera du genre et de l'étendue de votre fabrication ? Est-ce vous ? Si c'est lui, vous voilà esclave ; si c'est vous, le voilà ruiné. L'État, que vous chargez de vous fournir des capitaux sera-t-il chargé par la même occasion de vous fournir des chalands ? Quelle différence y a-t-il entre le secours distribué gratuitement et le secours distribué en travail inutile ? Aucune, si ce n'est que l'encombrement des marchandises de même nature doit infailliblement déprécier et ruiner la production libre. Il me semble voir mon domicile envahi par une bande d'ouvriers inoccupés : « Mes amis, voici mon pain : partageons-le ensemble. Voici de la toile : prenez-en une part pour vous faire des habits. — Non pas, c'est de l'ouvrage qu'il nous faut. Nous sommes des ouvriers, et non pas des mendiants. — Je n'ai pas d'ouvrage à faire faire ; ma récolte est serrée, mon pain est cuit ; mes murs sont en bon état. — Faites-les abattre, pour que nous puissions travailler à les refaire ; car nous sommes tous maçons, et ce qu'il nous faut ce sont des murs à abattre et à reconstruire. Si vous aviez besoin de laboureurs, nous laisserions vos moissons périr sur pied. »

Vous rejetez-vous sur les ateliers nationaux ? Toutes les mêmes objections reparaissent avec la même force. C'est toujours une opération en deux parties : 1° ôter aux uns une portion d'un salaire bien gagné ; 2° occuper les autres à un travail dont personne n'a besoin. On transforme les premiers en victimes, et les seconds en esclaves[1]. Notez que, l'humanité étant considérée comme une fabrique, tous les bras sont nécessaires à la production commune ; de sorte que les bras occupés à un travail inutile, pouvant être en réalité comptés comme des bras inoccupés, la fabrique ne donne plus tous les produits qu'elle peut donner. Or, la fabrique totale ne donne que le nécessaire à la consommation totale. Qu'est-ce donc que vous fabriquez dans vos ateliers nationaux? La famine. Vous dites que le travail moralise et honore, et vous avez raison ; mais c'est le travail productif, et lui seul. Un danseur de corde se fatigue ; il travaille ; il ne produit pas ; sa profession n'est pas honorable. De même dans l'atelier de l'humanité. J'estimerai l'ouvrier, d'abord par le degré de force intellectuelle ou physique qu'il dé-

1. Dès la première création des ateliers nationaux, l'Assemblée nationale parut frappée de leurs inconvénients. Voici le préambule du décret rendu le 16 décembre 1790 sur la proposition de M. de La Rochefoucauld-Liancourt. « L'Assemblée nationale considérant que le ralentissement momentané du travail qui pèse aujourd'hui sur la classe la plus indigente n'étant occasionné que par des circonstances qui ne peuvent se reproduire, il peut y être pourvu par des moyens extraordinaires sans aucune conséquence dangereuse pour l'avenir, empressée de faire jouir dès à présent cette classe intéressante des avantages que la Constitution assure à tous les citoyens, et convaincue que le travail est le seul secours qu'un gouvernement sage puisse offrir à ceux que leur âge ou leurs infirmités n'empêchent pas de s'y livrer, décrète ce qui suit :

Art. 1. L'Assemblée nationale accorde, sur les fonds du trésor public, une somme de quinze millions pour être distribuée dans tous les départements, et subvenir aux dépenses des travaux de secours qui y seront établis.

loie, et ensuite, par l'utilité de son produit. C'est se
ailler de l'intelligence et de l'activité humaine, que de
es employer au néant.

Poussez un peu loin ce droit de prélever une dîme sur
e travailleur au profit de l'oisif, et vous allez ruiner tous
es travailleurs. Poussez ce droit d'exiger l'ouverture d'un
atelier public, et vous allez fermer tous les ateliers privés.
Vous voilà, par ces belles institutions, en présence de la
oi agraire, appliquée non à la terre, mais au travail.
Quel parti prendrez-vous sur les salaires ? Les ferez-vous
égaux, ou inégaux ? Les faire égaux, c'est un grand parti.
Salaire égal à un enfant et à un homme fait, à un apprenti et à un ouvrier consommé, au manœuvre, qui ne
sait faire autre chose que tirer la brouette, et à l'ingénieur qui construit une machine hydraulique ! Les faire
inégaux, c'est une illusion. Inégaux aujourd'hui en apparence, égaux en réalité, puisque vous allez prendre la
différence pour rétribuer de nouveaux ouvriers et créer
de nouveaux chantiers. Il ne reste plus, au milieu de
tout cela, de vie privée, d'initiative individuelle, plus de
famille, plus de goût personnel, plus de libre disposition
de sa propre activité. Vous faites la guerre à l'originalité,
au talent, au zèle, en même temps qu'à la propriété et à
l'égoïsme. L'État nous parque, nous commande, nous
utilise, nous nourrit, nous marie. Nous étions des personnes et nous ne sommes plus que des choses. On parlait pourtant de liberté au commencement. Liberté, grand
Dieu ! Et qui donc sera libre ? Il n'y a plus d'hommes dans
vos ateliers.

La liberté, c'est la vie, et par conséquent c'est la lutte.
Le vrai droit de l'homme, c'est de travailler, ce n'est pas
de frapper d'une dîme à son profit le travail de son voisin, pour jouer ensuite à l'ouvrier, comme des enfants
qui se fatiguent pour un travail imaginaire. Entre le droit
de travailler et le droit au travail, il y a toute la distance
qui sépare la liberté du communisme, le droit de la viola-

tion du droit, le respect de la nature humaine, de l'asservissement de l'esprit et du corps à des lois factices,
l'égalité proportionnelle, et par conséquent équitable et
féconde, de l'égalité brutale, numérique, injuste, oppressive, homicide.

En résumé, qu'est-ce que la maîtrise ? C'est le roi absolu, la tradition, la hiérarchie inflexible, la négation du
droit au profit du privilége, la consécration d'inégalités
de hasard, fondées sur la naissance, et qui peuvent être
en sens inverse de l'inégalité réelle, c'est-à-dire de celle
qui est fondée sur le mérite. C'est l'oppression de la liberté individuelle, c'est le communisme aristocratique.

Et qu'est-ce que le droit au travail ? C'est l'oppression
du travail par le nombre, l'égalité des salaires dans l'inégalité de la capacité et du travail, l'initiative privée détruite et remplacée par le pouvoir absolu de la communauté. C'est le droit de travailler aux frais d'autrui contre
la volonté d'autrui. C'est le communisme révolutionnaire
et démagogique.

Il m'importe peu, quand j'ai mon bât sur le dos, de
savoir qui a serré les sangles. Il peut s'appeler Néron ou
Catilina, s'asseoir sur le trône de l'imbécile Claude, ou
sur la chaise curule de Caïus Gracchus. Voilà les Romains
qui voulaient bien être asservis par César sous le nom
d'empereur, et qui l'auraient assassiné s'il avait pris le
même pouvoir sous le nom de roi. D'autres chasseront un
souverain, parce qu'il a acheté le pouvoir en corrompant
les prétoriens ; ils le subiraient, s'il avait corrompu les
électeurs sur le forum. Je l'avoue, je n'ai pas de ces superstitions, et je ne puis voir dans le tyran que la
tyrannie. Appelle-toi comme tu voudras, viens d'ici ou
de là, peu m'importe. Il n'y a que la liberté qui soit bonne.
Je n'aime pas un homme qui rampait sous Louis XV, et
qui s'en va bien vite, sans s'essuyer les genoux, adorer
Marat. La carmagnole aussi est une livrée.

On étale les misères que laisse subsister la liberté,

comme si nous prétendions que la liberté va rendre aussitôt les hommes parfaits et heureux. Il y aura toujours de la misère, et il y aura toujours des fautes. C'est une mauvaise rhétorique que vous faites en exagérant toutes ces plaies que personne ne saurait guérir ; ces déclamations sont à la portée du premier venu. Avez-vous un remède ? Il n'y a que cette question. Si vous en avez un, montrez-le ; si vous n'en avez pas, taisez-vous. Croyez-vous donc apprendre aux pauvres qu'ils souffrent, ou aux riches qu'il y a des pauvres ? Ou vous parlez pour ne rien dire, ou votre but est d'exciter les passions. Et quelles passions, grand Dieu ! Vous ne rêvez que d'ajouter au mal de la pauvreté le mal de la haine. O vous qui ne vous servez pas de la misère comme d'un instrument, et qui n'en parlez que pour la consoler ou pour la guérir, ne la racontez jamais qu'au riche. Mais alors, avant d'ouvrir la bouche, regardez dans les couloirs, assurez-vous bien qu'il n'y a autour de vous que des puissants et des heureux ; prenez garde qu'un indigent ne se soit égaré dans cet auditoire, et qu'en voulant prêcher la charité, vous n'enseigniez, malgré vous, la guerre.

Mais la liberté, dites-vous, crée le mal en créant la concurrence.

Il ne faut pas regarder d'un seul côté. La liberté produit quelque mal et beaucoup de bien. Son premier bienfait est de rendre à l'homme toute sa grandeur, de le mettre dans la condition où Dieu l'a voulu. La responsabilité est la condition de la liberté, et l'immortalité est la conséquence de la responsabilité. On peut sans doute prêcher l'immortalité à des esclaves ; mais des hommes libres n'ont pas besoin qu'on la leur prêche, puisque la liberté est toute pleine de promesses immortelles, et qu'on ne peut être maître de son esprit et de son cœur, sans se reconnaître des droits à l'héritage divin, sans se sentir enfant de Dieu. N'est-ce pas une bénédiction, que la liberté qui élève le cœur et ouvre l'esprit, centuple en même temps la force ? La science économique démontre que le travail de l'esclave est inférieur à celui du serf, et celui du serf à celui de l'ouvrier libre travaillant à la journée[1]; et le travail de l'ouvrier libre travaillant à la journée, inférieur à celui du tâcheron. Ainsi toute entrave est destructive de la force ; et c'est vivre deux fois que de vivre libre.

De quoi s'agit-il après tout ? De faire des riches ? Non ; mais des hommes. Sous la loi préventive, il n'y a que des souffrants et des jouissants : dans la liberté, il y a des lutteurs ; et les déshérités mêmes gardent l'espérance, parce qu'ils se sentent intérieurement de la force.

La liberté ne paraît un péril qu'aux lâches. Ils sont comme le malade qui aime mieux attendre la gangrène, que de subir une opération.

Le mal produit par la concurrence est un fléau passager, qu'il n'est pas permis de nier, qu'il est encore moins permis d'exagérer. Il n'est pas permis de transformer les crises produites par la concurrence, en un mal chronique que la liberté traînerait toujours et sans relâche à sa suite. Il est naturel que de grands besoins fassent naître de grands efforts et de grandes espérances ; mais il est nécessaire qu'après un peu de temps, les besoins et le service s'équilibrent. Je conviens que la crise n'en est pas moins douloureuse pour être passagère. Mais quel remède pour éviter les crises que le communisme ! Détruire pour pacifier, quelle ignorance ! Et quelle barbarie ! Et quelle enfance ! Cette course au clocher dont le lucre est le but, vaut mille fois mieux que la torpeur où tout un peuple languissait sous la loi du privilége, et où l'on voudrait le replonger en ramenant sous d'autres noms

---

1. Quatre journées de corvées équivalent à trois journées de travail salarié, suivant Flotow (*Anleitung zur fertigung der Ertragsanschläge*, I, p. 80.) Chez les anciens on ne comptait que vingt moutons pour un berger, cinquante au plus. Aujourd'hui cinq hommes en gardent dix-huit mille.

au bénéfice d'autres privilégiés, le despotisme des cor-
)rations. Pendant que la concurrence brûle le pavé,
us d'un tombe sanglant sur la route; mais la puissance
: l'esprit humain est doublée, les découvertes se suc-
dent, les arts et l'industrie encombrent les marchés de
oduits utiles, les fortunes s'égalisent, l'or se répand.
lissez, laissez rugir cette fournaise humaine; laissez la
arrue fouiller la terre ; laissez la pioche enfoncer dans
3 terrains stériles les tuyaux de drainage ; laissez la
ience aménager les pentes, préparer un lit aux inonda-
)ns, partager également les eaux fertilisantes ; laissez le
ineur trouer profondément la terre pour jeter à sa sur-
ce le fer et la houille ; laissez les wagons dévorer l'es-
ice, la presse vomir des millions de livres, les lourds
arteaux des usines frapper et polir le fer, la navette
ncée par la vapeur bondir un million de fois et rebondir
icore, tissant le lin, la soie, la laine ; laissez le com-
erce dresser ses comptoirs, transporter ses ballots d'un
)ut du monde à l'autre, solder des millions avec une
gne d'écriture, correspondre à mille lieues en vingt se-
)ndes, abandonner les vaisseaux à voiles au fond des
assins comme des machines gothiques et surannées,
:éer les vaisseaux à roue et les délaisser pour les vais-
:aux à hélice. Ne venez pas, tristes émules des temps
e barbarie et d'ignorance, arrêter ces rouages, frapper
e mort ces machines, ôter du même coup au commerce
on but, à l'intelligence son aiguillon, à l'homme sa li-
erté. L'ouvrier souffre sans doute : souffrira-t-il moins
uand vous aurez fermé la moitié des fabriques? Vous
arlez de l'organisation du travail, et c'est la grève que
ous organisez !

On veut des réformes ; mais où a-t-on jamais vu que
e soit réformer l'homme que de l'abêtir? Demandez aux
conomistes : c'est la liberté qui fait l'ouvrier. Demandez
ux philosophes : de toutes les forces, la première, c'est
e talent, la vraie force motrice ; ne l'étouffez pas ! Le

plus énergique ressort du progrès, le seul peut-être, c'est
la liberté. Rien n'a été créé que par elle, même dans les
siècles d'oppression. Un grand homme brisait ses liens,
et ce jour-là il créait un monde. Eh quoi ! serons-nous
réduits à discuter en matérialistes contre vos doctrines
matérialistes? Vous ruinez l'humanité, vous dis-je, en
l'enchaînant; mais vous faites pis que de la détruire,
vous la dégradez. Quelle est ma première affaire sous le
ciel? C'est d'honorer l'humanité en moi, le grand et sacré caractère de l'humanité, la liberté, qui est le sceau
de Dieu sur mon âme. O cité du travail, cité de la liberté,
cité de Dieu! faut-il que des hommes poussent l'aveuglement jusqu'à chercher le bonheur de l'État, sa gloire,
sa justice, en dehors de la liberté! Faut-il qu'une expérience, qui a duré quatorze siècles, ne les ait pas assez
éclairés sur les effets du pouvoir absolu, ou qu'ils ne reconnaissent plus ce pouvoir quand ils l'ont confié à
d'autres ! Il n'y a qu'une réforme à faire : ce n'est pas
de renoncer à la liberté, c'est de l'achever. Hélas ! jusqu'ici vous ne l'avez qu'entrevue. Vous marchez avec des
corporations, avec des patentes, avec des monopoles, avec
des statuts, avec des privilèges, avec des douanes, avec
des droits prohibitifs, avec des inquisitions. La Constituante a proclamé la théorie de la liberté; il reste à
l'expérimenter dans la pratique. Le communisme tourne
le dos à la vérité. Ils veulent enchaîner le travail : éman-
cipez-le !

TROISIÈME PARTIE

LA SOCIÉTÉ POLITIQUE

ou

L'ÉTAT

CHAPITRE PREMIER.

LA LIBERTÉ CIVILE.

1. But et plan de ce chapitre.

Ordinairement les réformes se font contre le gouvernement, ou contre ceux qui vivent, tant bien que mal, des abus. Ici, c'est tout le contraire. La réforme administrative profiterait à la fois au gouvernement, qui est trop servi, et qui, par conséquent, est compromis et mal servi, aux fonctionnaires qui sont à la fois les citoyens les plus disgraciés et les plus honnêtes, à la fortune publique écrasée sous la charge du budget, au caractère national que tant d'entraves à l'activité personnelle, et tant d'appâts à la sollicitation énervent et dégradent, à la liberté, cela va de source ; car diminuer la prévention et augmenter la liberté, c'est la même chose ; supprimer le fonctionnaire et grandir le citoyen, c'est la même chose. Voilà donc une honnête réforme, une sage, une inoffensive réforme, également morale et urgente, sur laquelle tous les partis peuvent être d'accord. Il n'y aura de liberté en France que quand il y aura des hommes ; il n'y aura d'hommes que quand il y aura des communes ; il n'y aura des communes que quand on aura réellement, efficacement décentralisé. Il faudrait écrire cette maxime de tous les côtés, et la mettre au commencement et à la fin de tous les discours. Il faudrait surtout la mettre dans nos lois et dans nos actions ; c'est le seul moyen d'en finir une bonne fois avec le communisme.

Nous n'aurions aucune liberté si on écoutait les communistes. Ils nous feraient travailler dans un atelier commun, où l'État jugerait de nos forces et de nos aptitudes ; ils nous délivreraient des soucis de la fortune, en se chargeant de fournir à nos besoins et à nos plaisirs, non pas, il est vrai, selon nos vœux, mais selon leurs règlements ; ils gouverneraient nos affections intimes et jusqu'à notre pensée : nous n'aurions plus qu'à nous abandonner à leur direction, comme un moine dans un couvent se soumet à la règle et au supérieur.

Nous n'en sommes pas là, grâce à Dieu. Le communisme, sous sa forme théorique, nous fait horreur. Nous passons notre temps à le poursuivre de nos anathèmes ; et nos tribunaux ne sont occupés qu'à mettre les communistes en prison, et à les charger de grosses amendes. En pratique, il n'est pas certain que nous soyons libres ; mais nous avons la volonté et l'illusion de l'être, et quand nous faisons du communisme, c'est sans le savoir.

Nous maintenons une grande liberté dans la famille, une liberté à peu près suffisante dans la disposition de nos biens, une liberté restreinte, mais réelle pourtant, dans l'emploi de nos talents et de nos forces ; nous résistons victorieusement aux tentatives de l'intolérance ; impatients de toute domination politique, nous effrayons le monde par la fréquence de nos révolutions : en revanche, nous nous sommes laissé pleinement envahir par e communisme dans la vie civile. Nous avons lutté, non ans quelque succès, contre le prêtre, le voisin et le ontre-maître; nous avons renversé deux républiques et ois monarchies : mais nous n'avons pas eu l'idée de former l'administration. Il nous est plus facile de briser n roi que de toucher à l'autorité du conseil des bâtiments vils. La bureaucratie, fondée par Richelieu, perfectionnée ur Colbert et par Louvois, est arrivée, sous le premier npire, à l'apogée de la perfection et de la puissance. endant que notre politique oscillait de la monarchie nstitutionnelle à la monarchie absolue en passant par . république, les bureaux depuis soixante ans sont demeurés immuables. C'est un pouvoir qui résiste à toutes les scousses, et qui, toujours prêt à servir le maître, quelles u'en soient d'ailleurs l'origine et la nature, est sous les gimes les plus divers, et en changeant au besoin de rapeau et de langage sans jamais changer de principes, obstacle permanent et tout-puissant de la liberté.

Faut-il le reprocher aux hommes ? Les hommes ne font ue leur devoir. Ils ne font qu'obéir avec honnêteté, avec signation, quelquefois avec héroïsme à une consigne vère, impitoyable, plus impitoyable pour eux que pour urs administrés. Faut-il s'en prendre aux gouvernements ? En ce cas, la responsabilité sera bien divisée ; car us les gouvernements l'un après l'autre tirent le même rti de la même administration. Et comment ne le raient-ils pas? Ils trouvent à leur avénement cette force ute prête, toute disponible. Il n'est pas dans la nature umaine qu'ils la laissent se rouiller par l'inaction, ou 'ils relâchent le frein au risque de voir tout ce savant écanisme fonctionner d'abord sans eux, par la force de routine, et ensuite, et très-promptement se retourner

contre eux. Cet excès d'administration est un mal dont
tout le monde souffre, et dont personne n'est responsable.
La centralisation est une méthode; c'est d'une méthode
qu'il s'agit ici : méthode essentiellement oppressive, car
elle est le système préventif appliqué à tout.

L'administration tient tout dans sa main. Il n'est personne en France à qui.elle ne puisse nuire et qu'elle ne
puisse servir : cette force intrinsèque suffit pour expliquer
son immutabilité et ses empiétements. Elle a en outre été
soutenue par ce préjugé des conservateurs, qu'elle était
par excellence la force conservatrice, et par ce préjugé des
révolutionnaires, qu'elle était par excellence la conquête
de la révolution. C'est ainsi que les partis les plus irré-
conciliables ont contribué au développement de la bureaucratie avec une touchante unanimité.

Si l'on entend par opinion conservatrice celle qui veut
le maintien du pouvoir quel qu'il soit, il peut être vrai
que l'administration envahissante et toute-puissante qui
nous régit est une force conservatrice. Mais si, au contraire, il s'agit de cette espèce de conservateurs qui songent plus aux principes sociaux qu'aux formes politiques,
et qui veulent avant tout sauvegarder les droits de la
conscience, de la famille, de la propriété et du travail,
comme leur première préoccupation doit être d'entretenir
et de garantir la liberté, ils ne peuvent que par un malentendu se mettre au service d'une organisation également
prête pour Robespierre ou pour Turgot, et qui nous nuit,
même en nous faisant du bien, parce qu'elle s'impose.
La lumière commence à se faire de ce côté depuis qu'on
s'est aperçu que l'administration, telle qu'elle est constituée en France, supprime toute résistance légale. Peut-être
est-ce précisément pour le même motif qu'un grand
nombre de révolutionnaires s'attachent au contraire à
soutenir notre système d'administration. Ils l'aiment,
non-seulement pour l'origine qu'ils lui attribuent, mais
parce qu'entre eux et le pouvoir ainsi armé, il n'y a de

batte possible que sur les barricades. Je ne parle pas des révolutionnaires communistes qui, comprenant qu'une administration oppressive est sur un point capital la réalisation de leur doctrine, aiment la centralisation pour elle-même, et ne lui demandent pas autre chose que d'achever de tout envahir.

2. Origine de la centralisation administrative.

On a démontré récemment[1] de la façon la plus péremptoire que la centralisation administrative n'est ni l'œuvre de la République ni celle de l'Empire. Je m'étonne que cette démonstration ait été nécessaire. La centralisation administrative existait sous Louis XVI. La Constituante l'a en partie détruite au nom de la liberté; Napoléon l'a rétablie et fortifiée au profit du pouvoir absolu : voilà le vrai. Ce n'est pas l'unité du pouvoir qui est l'œuvre de la Constituante, c'est l'unité du pays. Il n'y a pas un penseur qui puisse croire que l'unité de la France tienne à la destruction de l'initiative et de la liberté des citoyens.

Nous avons vu[2] qu'avant la Révolution, le roi de France était absolu en droit et en fait. L'administration proprement dite avait à sa tête les ministres et le conseil d'État. Les provinces étaient sous la main des intendants et de leurs subdélégués. Les subdélégués dépendaient des intendants, les intendants et les conseillers d'État des ministres, et tous, le principal ministre comme le plus obscur subdélégué, dépendaient du bon plaisir royal. Les échevins des premières villes du royaume tremblaient devant les intendants, dont ils n'étaient guère, malgré un fantôme d'élection, que les commis et les créatures. Il n'y

1. Lisez *l'Ancien régime et la Révolution*, par M. de Tocqueville.
2. Ci-dessus, chap. II et III de l'introduction.

avait ni *habeas corpus*, ni sûreté de la poste [1], ni clôture
de la vie privée [2]. Les ministres de la guerre et de la
marine étaient les chefs de l'armée de terre et de mer,
sans aucune contestation; les plus grands seigneurs, ducs,
maréchaux ou généraux d'armée, pliaient sous la volonté
du ministre, ou faisaient assaut de crédit; mais de résistance proprement dite, il n'y en avait nulle trace depuis
Louis XIV. Le contrôleur général frappait lui-même les
impôts et les répartissait entre les provinces. Il les affer-
mait, pour le recouvrement, à des compagnies : mauvaise
organisation, mais essentiellement centralisatrice. Il était
maître souverain du commerce, qu'il gouvernait à coups
d'ordonnances. Les travaux publics étaient dirigés, sous
l'autorité des intendants, par le corps royal des ponts et
chaussées, qui subsiste encore dans les mêmes conditions
après avoir perdu quelques-unes de ses prérogatives.
L'administration de la justice n'avait pas cette régularité
qu'on admire aujourd'hui; mais toute justice ressortissait
en appel aux parlements, dont le roi était plus maître, en
droit sinon en fait, qu'il ne l'a été depuis des cours d'appel, puisqu'il pouvait évoquer les causes à son conseil,
créer des tribunaux temporaires, des chambres spéciales,
décider souverainement les attributions de juges, juger
lui-même en personne, modifier les sentences, les mettre

1. Le directeur général des postes, « qui avait le secret, » était à
cause de cela presque inamovible. D'Argenson raconte qu'en juillet
1738, une intrigue fit renvoyer les Pajot « qui avaient seuls le secret
de l'État et le gardaient bien, étant accoutumés au secret de père
en fils.... Le secret se promène maintenant entre MM. Orry, Maure-
pas, Amelot et Hérault, qui le disent à quantité d'autres, de sorte
qu'on n'entend parler à l'Opéra par des jeunes gens que d'affaires
qui devraient être gardées dans le plus profond secret. (*Mémoires*
du marquis d'Argenson, t. II, p. 137 sqq.)
2. A l'époque de la déconfiture de Law, il y eut un arrêt du conseil, en date du 26 janvier 1721, pour prescrire « l'examen de tous
les effets et papiers d'un chacun. On entre chez un homme, et on
met le scellé dans toute sa maison; on lui prend ses bijoux, sa vais-
selle d'argent et tout ce qu'il a. » (*Journal* de Barbier, t. I, p. 84.)

à néant, exiler, suspendre ou emprisonner les magistrats. Qui ne reconnaîtrait à ces signes la plus complète centralisation?

Tout change en 1789. Aussitôt que la Constituante s'est mise en possession de ses droits, elle sape la centralisation de toutes parts. Elle commence par le roi lui-même et lui fait sa place, une place subordonnée dans l'ordre des pouvoirs publics. Au lieu de cette volonté souveraine qui, jusque-là, ne connaissait de limites que dans les mœurs, qui disposait de toutes les faveurs, nommait à toutes les places, dirigeait tous les fonctionnaires, faisait la loi, décrétait l'impôt et distribuait la justice, nous voyons apparaître nettement la séparation des trois pouvoirs, le pouvoir législatif, le pouvoir exécutif et le pouvoir judiciaire. Le roi ne fera plus la loi; il ne sera plus chargé de punir ceux qui la violent : la centralisation est brisée dans sa source et dans sa sanction. Tout au plus le roi intervient-il dans la confection des lois par un *veto* suspensif. Tandis qu'autrefois le roi faisait la loi, et la faisait enregistrer, c'est-à-dire promulguer par le parlement, c'est lui désormais qui est chargé de promulguer les lois de l'Assemblée législative. On lui accorde même le droit de remontrance : tant les rôles sont intervertis! Quant à l'administration de la justice qui jusque-là émanait du trône, elle émanera désormais du peuple. Tous les juges seront élus à temps; il en sera de même de l'accusateur public. Les juges ne pourront être suspendus, si ce n'est par une accusation admise, ni destitués, si ce n'est par un jugement de forfaiture. En matière criminelle, la mise en accusation sera prononcée par un jury; un autre jury prononcera sur les faits; les juges ne seront chargés que de l'application de la loi. Le roi n'est plus, à proprement parler, que le chef du pouvoir exécutif. Même dans cette sphère restreinte, son autorité est gênée et limitée de toutes parts. Il ne peut déclarer la guerre, sans que l'Assemblée législative intervienne par

une loi. Chef nominal de l'armée, tous les grades inférieurs et une portion notable des grades élevés échappent
à sa nomination. Il dirige les administrateurs des départements, mais ils sont élus par le peuple, comme les
municipalités. On peut dire, en résumant toute cette
organisation, que la commune et le département s'admi-
nistrent eux-mêmes, avec le concours et sous la direction
du roi ; et que le peuple nomme des représentants pour
faire les lois, et des délégués pour rendre la justice. Ainsi
la centralisation est rompue.

Non, ce n'est pas la centralisation que l'Assemblée
constituante a fondée, mais elle a fondé l'unité de la
France, qu'il ne faut pas confondre avec la centralisation. La royauté absolue tenait dans sa main tous les pouvoirs, mais des pouvoirs divisés entre eux, opposés les
uns aux autres, et que la volonté souveraine elle-même
ne réussissait pas toujours à concilier. Chaque province
avait son langage, ses mœurs, ses prétentions, ses lois,
qui variaient souvent de commune à commune, son budget particulier, son système de poids et mesures, ses
priviléges, ses corporations. Les autorités d'institution
royale luttaient entre elles comme les provinces. Le gouverneur, l'intendant, le parlement, l'évêque, les gouverneurs de places, disputaient sans cesse sur leurs prétentions rivales. A Paris, le parlement, le grand Conseil, la
Chambre des comptes, la Cour des aides avaient chacun
leur jurisprudence à part, et rien n'était plus fréquent et
plus scandaleux que les conflits d'attributions entre ces
cours souveraines. Le grand Conseil cassait les arrêts du
parlement, qui, de son côté, cassait les arrêts du grand
Conseil. Ces édits contradictoires étaient publiés le même
jour, promulgués à son de trompe, et placardés dans les
rues : le public ne savait plus où étaient le droit et la
justice. Pareille anarchie dans l'armée, où les gardes du
corps, les gendarmes, les chevau-légers, les mousque-
taires, les gardes françaises, les Suisses, étaient des

orps privilégiés; où les colonels généraux, le grand maî-
re de l'artillerie, l'amiral, les maréchaux, avaient cha-
un leur autorité et leur juridiction distincte; où les offi-
iers de tout grade étaient en insurrection permanente
ontre les inspecteurs établis par Louvois : véritable ar-
née de privilégiés, où l'autorité du roi et de son minis-
re étaient seules nettement comprises, parce qu'elles
taient sans bornes. Même désordre encore dans les finan-
es, surchargées d'édits contradictoires, inextricables, de
narchés onéreux, de vieilles lois tantôt oubliées et subi-
ement remises en vigueur, d'abus criants ; livrées, pour
e recouvrement, aux grosses fermes, aux fermes locales,
ux fermes spéciales; gouvernées par les Chambres des
omptes, les Cours des aides, les trésoriers de France,
es élections, les greniers à sel. La Constituante, au lieu
l'un pouvoir central absolu régnant sur le chaos, créa
ın pouvoir pondéré, gouvernant, d'après des lois fixes,
ıne société uniforme et régulière. Chaque commune,
haque département élut ses administrateurs, mais aux
nêmes époques, d'après les mêmes bases d'élection, pour
emplir des fonctions identiques. Il n'y eut plus partout
ju'une même loi, une même langue, un même système
le poids et de mesures, une analogie, une uniformité
arfaites. Les finances résultèrent de l'impôt national uni-
ôrmément et équitablement réparti, directement perçu
ar les agents du pouvoir exécutif, et centralisé dans les
aisses du Trésor; et de l'impôt local voté, réparti, perçu,
mployé par les conseils locaux. Une hiérarchie natu-
elle, méthodique, uniforme, enveloppa toutes les auto-
ités et ne laissa subsister que de très-rares occasions de
onflit. La subordination de tous les grades de l'armée
ıt réglée avec précision ; en un mot, la France n'eut plus
u'une loi, une armée, un trésor ; elle fut une politique-
ıent, sans cesser de s'appartenir à elle-même, et sans
bdiquer la direction des affaires intérieures dans les
ıains du roi.

Après le 18 brumaire, le vainqueur de la république
et de la monarchie garda ce que les assemblées républi-
caines avaient fait pour l'unité de la France, et reprit ce
que les anciens rois avaient fait pour l'unité du pouvoir. La
centralisation reparut, plus savante, plus régulière : toute
l'organisation de l'ancien régime sous d'autres noms et
avec une méthode plus parfaite. Les préfets succédèrent
aux intendants après un interrègne de dix années ; tous
les agents de l'autorité, depuis les plus élevés jusqu'aux
plus humbles, furent nommés, dirigés, récompensés,
punis, révoqués par le chef de l'État. Le simple citoyen
n'eut plus qu'à se laisser conduire. La loi violée par un
agent de l'autorité ne donna d'autre droit au citoyen il-
légalement frappé que celui de demander à l'administra-
·tion elle-même l'autorisation de poursuivre un de ses
membres.

**3. Inconvénients d'une centralisation excessive pour le
budget, pour les fonctionnaires, pour les affaires, pour
le caractère national.**

Le communisme administratif développé outre mesure
produit les effets suivants : il charge le budget en augmentant la dette publique; il rend à la longue l'administration vétilleuse et difficile par l'exagération même de
son principe; il altère le caractère des fonctionnaires, en
les accoutumant à la servilité envers leurs chefs, et à une
indifférence très-voisine de la malveillance envers le public ; il dégrade le caractère de la nation, et remplace un
peuple de travailleurs par un peuple de solliciteurs; il
diminue la richesse commune, en diminuant l'énergie
du principal agent de la richesse ; il rend la liberté politique impossible, en faisant dépendre tous les citoyens
du bon plaisir du gouvernement. Telles sont les funestes
conséquences de l'administration française, malgré l'habileté de son organisation et la probité de ses agents.

On semble depuis quelques années se soucier assez
peu des questions de budget; c'est ce que j'ai peine à
comprendre. Je sais qu'il y a deux sortes de dépenses :
les dépenses productives et les dépenses stériles. Peut-
être ne faisait-on pas assez cette distinction autrefois.
L'économie qui consiste à laisser périr ses ressources est
une économie désastreuse. Il vaut peut-être mieux être prodigue que d'être économe de cette façon-là. Quand vous
avez fait un chemin de fer de Paris à Amiens, ce que
vous avez de mieux à faire c'est de le pousser coûte que
coûte jusqu'à Boulogne. Car si le chemin de fer de Paris à
Amiens coûte cent millions, il ne donnera, tant qu'il
sera seul, que l'intérêt de cinquante; et si le chemin de
Paris à la mer coûte deux cents millions, il donnera l'in- .
térêt de trois cents. On avait donc bien tort de s'arrêter,
de faire les choses à demi, de compromettre les meilleures entreprises en les réduisant presque à l'état de ruines
dès le jour de leur mise en activité; et on a raison maintenant de faire de grands travaux qui se relient entre
eux, qui se complètent, qui répandent partout l'activité,
et rendent à l'industrie l'audace dont elle a besoin. Je
suis tenté pour les mêmes motifs d'approuver une tendance que je crois assez générale à augmenter le salaire
et le bien-être des fonctionnaires. Nous avons été longtemps à cet égard injustes et inintelligents; injustes, car
il y a des fonctions difficiles, fatigantes, périlleuses, auxquelles on ne doit pas marchander leur rémunération;
inintelligents, car un fonctionnaire mécontent, misérable, n'a jamais le cœur à la besogne. On aura toujours
des fonctionnaires, n'importe à quel prix; on n'en aura
que trop : il s'agirait d'en avoir de bons. Je prendrai
pour exemple l'enseignement public. Il y a quelques années, les inspecteurs généraux de l'Université, qui sont
au sommet de la hiérarchie, et sur lesquels repose non
pas seulement la surveillance, mais la direction de l'enseignement, avaient un traitement de six mille francs.

Qu'en résultait-il? c'est qu'ils ne pouvaient tenir leur rang, et qu'ils étaient presque tous réduits à vivre à la campagne dans les intervalles de leur service, parce qu'ils n'auraient pu vivre à Paris avec dignité. Confier de tels intérêts à des fonctionnaires, et leur faire une vie si dure, c'est à la fois de l'ingratitude et de l'imprudence. Quelle est, dans des conditions pareilles, la situation du pouvoir chargé de recruter un corps? à qui s'adressera-t-il? A un écrivain de talent, à un savant illustre, qu'on arrachera à des travaux qui rapportent gloire et profit, pour l'accabler à la fois de besogne et de misère? Cet exemple est frappant; j'en pourrais choisir de plus significatifs encore, et dans toutes les carrières. On fait donc très-bien d'augmenter les traitements, et même dans une proportion considérable, à condition qu'on ne crée pas de sinécures, qu'on proportionne les traitements au talent et à la peine, et qu'on ne creuse pas un abîme entre les hauts et les petits fonctionnaires, en prodiguant l'argent aux premiers, en retenant les autres dans le besoin. Les Anglais payent trois et quatre fois plus que nous tous leurs agents, et ils ont raison. Le secret d'être bien servi c'est de bien payer. Le premier petit fabricant venu vous dira cela; il est assez étrange qu'il ait fallu tant de temps et de peine à une grande nation pour arriver à le comprendre.

Qu'on ajoute donc au budget autant d'argent qu'il en faut pour que les fonctionnaires soient à leur aise, et que les éléments de la fortune publique se développent, il ne se peut rien de mieux. Mais il y a un principe tout aussi important que celui-là, et que les peuples sont obligés de respecter comme les citoyens : c'est de ne dépenser que ce qu'on a; c'est un principe d'économie et un principe de probité tout ensemble. Si vos dépenses excèdent vos recettes, vous courez à la banqueroute, et par conséquent à la ruine; et si, faisant cela, vous recourez à l'emprunt quand l'impôt ne suffit plus, vous courez à une banqueroute frauduleuse. Il faut qu'un peuple soit honnête

homme, premièrement parce que c'est la loi, secondement parce que c'est son intérêt.

Il semble qu'il y ait contradiction entre ces deux propositions : augmenter le taux des traitements, réduire le
chiffre du budget; mais il va sans dire que la réduction
doit porter sur le nombre des fonctionnaires, ce qui met
tout d'accord. Cette réduction est-elle possible? Elle n'est
pas seulement possible, elle est nécessaire, indispensable,
urgente. Il y a si longtemps qu'on le dit, qu'on ose à
peine le répéter et le démontrer. Cependant, tout en le
disant, on ne le fait pas, on fait même tout le contraire.

Si nous démontrons plus tard que l'État se charge d'une
foule de besognes qui ne le regardent pas, et qu'il ferait
mieux de laisser à d'autres, il sera évident que le nombre
des fonctionnaires doit être diminué dans une proportion
considérable; mais je dis dès à présent que, sans rien
ôter aux attributions actuelles de l'État, la même besogne
pourrait être faite, et mieux faite, par moitié moins de
fonctionnaires. Voilà la première thèse que je soutiens,
et quiconque voudra étudier de près une administration,
n'importe laquelle, sera convaincu qu'il n'y a rien de
plus véritable.

Est-ce à dire que les fonctionnaires perdent leur temps?
oui, cela est vrai pour un grand nombre d'entre eux,
comme il est vrai aussi que beaucoup d'autres ne suffisent pas à la besogne dont on les écrase. Il y a une foule
de commis de bureau qui dorment sur leurs pupitres,
une foule d'officiers qui passent une moitié de leur vie à
l'estaminet; des magistrats même, dont les audiences
sont trop rares et trop courtes. Les professeurs de la Faculté des sciences de Paris ne professent que six mois
sur douze, et ne font que deux leçons par semaine, ce
qui, en défalquant les congés et les maladies, ne donne
pas plus de quarante ou cinquante leçons par an. On
dira qu'il ne faut pas compter leurs leçons, mais les estimer; et que, s'ils ne parlent au public chaque année que

pendant cinquante ou soixante heures, ils n'ont pas trop
de trois cent soixante-cinq jours pour préparer leurs savantes leçons. A la bonne heure, mais je demanderai
comment faisait Georges Cuvier, qui était à la fois professeur à la Sorbonne et au jardin des plantes, conseiller de l'Université, conseiller d'État, pair de France,
membre assidu de l'Académie; et je demanderai aussi
qu'on ne se serve pas de l'exemple de quelques professeurs illustres pour couvrir la paresse et l'inutilité de
plusieurs milliers d'expéditionnaires. Je n'admets pas
que personne puisse contester sérieusement qu'il y a un
très-grand nombre de bureaux en France où la besogne
de trois ou quatre commis pourrait être faite, et bien
faite, par un seul.

Il y a plus : ce grand personnel nourrit la routine.
Personne n'est intéressé à simplifier la besogne. Au contraire, il faut que chacune de ces plumes se promène
languissamment sur le papier. De là ces écritures, ces
notes, ces paperasseries, qui rendent la moindre recherche presque impossible, et qui ne servent absolument
à rien, qu'à occuper des employés et à remplir des car-
tons. Il y a des colléges de l'État où les professeurs sont
obligés de remplir tous les jours deux feuilles de notes;
les censeurs résument tous les jours soixante feuilles de
notes; les proviseurs de vingt colléges envoient tous les
huit jours au recteur le résumé de toutes les notes de la
semaine; et les seize recteurs transmettent ces remarquables documents au ministre, c'est-à-dire à un expé-
ditionnaire, qui peut vous dire par ce moyen si M. Pierre
ou M. Paul, à Brest ou à Marseille, a bien récité sa leçon
et fait un thème convenable. Des occupations de cette nature prennent inutilement une grande part du temps des
professeurs, et une certaine somme sur le budget de
l'État.

Quelle est la réforme à faire? Supprimer la besogne
inutile et par suite les commis inutiles. Les employés con-

servés travailleront beaucoup plus, feront une besogne plus utile, et seront beaucoup mieux payés. Le budget sera réduit dans une proportion considérable, et l'État sera mieux servi.

Si on doute de cette dernière assertion, il n'y a qu'à réfléchir que les notes inutiles, les correspondances inutiles, les rapports inutiles, prennent le plus clair de leur temps en pure perte aux fonctionnaires, les tracassent, les dégoûtent, leur ôtent toute liberté d'allure; que ces documents insignifiants encombrent toutes les archives, que ces détails surchargent toutes les mémoires, et empêchent les vues d'ensemble; qu'ils rendent la machine administrative si compliquée qu'on ose à peine songer à y introduire des simplifications et des réformes; que le travail de cinq ou six, centralisé par un seul, n'est jamais aussi présent à son esprit que s'il avait lui-même rassemblé ses matériaux; que la responsabilité s'affaiblit en se divisant; qu'on s'affectionne à sa besogne en proportion de la difficulté qu'on y trouve, et de l'importance qu'elle donne; qu'une vie aisée, l'absence de tout embarras domestique, des chances raisonnables d'avancement mettront le fonctionnaire à même de se livrer tout entier aux devoirs de son emploi; que ces avantages permettront aux chefs de faire leur recrutement parmi des sujets plus capables; que le surcroît de considération acquis aux employés par l'importance réelle de leurs attributions et de leur traitement tournera au profit moral de l'administration. Nous avons l'exemple de l'Angleterre, dont les affaires vont aussi bien que les nôtres, avec un personnel vingt fois moindre.

Peu de fonctionnaires, des fonctionnaires utilement occupés et très-bien payés, tel est le principe hors duquel il n'y a pas de salut pour l'administration. Tout le monde, sans exception, le reconnaît. Les ministres de Louis-Philippe le criaient très-haut, aux applaudissements de l'opposition; le gouvernement provisoire l'a dit encore

bien plus haut dès son avénement; M. Hippolyte Passy,
dont la parole fait autorité, l'a répété comme ministre des
finances devant l'Assemblée constituante, et l'un des premiers actes du gouvernement actuel a été la publication
de cette vérité fondamentale dans une circulaire du ministre de l'intérieur.

C'est peut-être la seule réforme sur laquelle tous les
partis soient d'accord, et pourtant tous les partis s'ob-
stinent à s'endetter tous les ans pour ne pas la faire.

Il serait facile de montrer que les budgets vont toujours croissant, et que le nombre des fonctionnaires s'accroît d'année en année comme le budget. Il y avait en
France, en 1831, 138 830 employés civils, dont le traitement s'élevait à 201 421 209 francs[1]. La moyenne des
traitements était de 1448 francs. Dix-sept ans après, à
l'époque de la révolution de février, la France payait
264 807 906 francs à 174 261 employés. La moyenne
des traitements était de 1519 francs. Ainsi le gouvernement de juillet avait créé 35 431 emplois nouveaux. Je
déclare que c'est peu. Le génie de l'administration, telle
qu'elle est constituée, la porte nécessairement à créer des
emplois. Les places à donner ont succédé, comme moyen
de gouvernement, aux pensions et aux abbayes de l'ancien régime. Chaque système a sa lèpre. Aussitôt qu'un
nouveau service est créé, ou qu'un service ancien prend
de l'accroissement, au lieu d'augmenter à la fois les attributions et le salaire d'employés déjà habitués au
travail, qui se trouveraient ainsi récompensés, et qui
feraient mieux la besogne, on appelle un personnel nouveau, inexpérimenté. On regarde d'ailleurs comme un
devoir d'étendre à tous les services le régime préventif;
de diviser les fonctions, d'après le faux principe des
spécialités, et de mettre sans cesse de nouveaux emplois à la disposition des agents supérieurs. Les chefs

---

1. Voy. le rapport de M. Thiers sur le budget de 1831.

croient que le nombre de leurs subordonnés augmente
leur considération. Ils aiment mieux démembrer leurs
attributions, et avoir une place de plus à donner. Tout
cela est à contre-sens. C'est l'autorité directe, l'action
personnelle, qui fait l'importance d'un chef. C'est le petit
nombre des employés qui fait la bonne gestion. C'est la
réduction des salaires inutiles qui permet de rétribuer
convenablement les fonctionnaires, et d'alimenter largement les travaux d'intérêt général.

J'ai cité plus haut deux chiffres extraits d'un rapport
de finances de M. Bineau[1]. Ces chiffres ne peuvent être
qu'approximatifs. Il est très-difficile de connaître exactement le nombre des employés. En 1849, un représentant
demanda que la liste de tous les fonctionnaires et de
tous les pensionnaires de l'État fût dressée par le ministre des finances, imprimée, distribuée à la chambre.
Le ministre, M. Passy, réclama pour ce travail six mois
et un crédit de quatre-vingt mille francs[2]. Un examen
plus attentif fit comprendre que M. Passy avait singulièrement réduit sa demande, et le gouvernement déclara
que si l'on joignait aux pensionnaires de l'État ceux des
départements et des communes, la publication ordonnée
n'exigerait pas moins de cinquante volumes in-4° de six
cents pages, et qu'elle entraînerait, en frais de personnel et de matériel, une dépense de plus de cinq cent
mille francs. Pour comprendre la difficulté, il faut songer à la multitude des chefs de service, à la différence
des règles dans les administrations diverses, aux fonctions temporaires, à celles qui ne sont que de simples
commissions, et dont la rétribution ne pèse qu'indirectement sur le budget. Les rapports détaillés qu'on distribuait autrefois aux chambres n'étaient que des sommaires; il y avait des allocations en bloc de plusieurs

1. Rapport sur le budget de 1848.
2. Séance du 16 mai 1849. Proposition de M. Favand.

millions, qui ne prenaient qu'une seule ligne ; et pourtant les tableaux où ces chiffres étaient alignés prenaient les proportions d'un volume formidable.

Prenons pour exemple la marine. Il y a d'abord l'armée de mer, qui compte un grand nombre d'officiers et de sous-officiers, depuis l'amiral jusqu'au contre-maître et au caporal d'infanterie. Il y a l'état-major des vaisseaux, celui des ports, celui de l'artillerie, celui de l'infanterie. Il y a le commissariat; il y a le contrôle. Il y a le génie maritime, le service de santé. Il y a aussi un corps de gendarmerie spéciale. Il y a ou il y avait la chiourme. Il y a le service des vivres, et des approvisionnements de toutes sortes. Il y a les aumôniers. Il y a les conseils de guerre, les musées ou saintes-barbes, les bibliothèqües. Il y a l'école de marine, les examinateurs de marine, les ingénieurs hydrographes, le dépôt des cartes. Il y a tout ce qui constitue l'arsenal, les maîtres et contre-maîtres d'ouvriers, le gardienage, l'emmagasinage. Il y a les artistes peintres et sculpteurs. Il y a les agents inférieurs du commissariat, tels que les adjoints, les écrivains, les syndics des gens de mer. Il y a des auxiliaires, officiers, sous-officiers, contre-maîtres, médecins, conducteurs de travaux, pilotes, mis en réquisition temporaire. Cet immense personnel prend de nouvelles proportions si l'on y joint les employés des colonies, et c'est ici surtout que le contrôle devient impossible par la latitude laissée aux gouverneurs généraux.

Dans un département tout différent, l'instruction publique, l'énumération n'est ni moins compliquée ni moins embarrassante. On aura compté assez vite les employés des bureaux de l'administration centrale, les fonctionnaires du conseil et de l'inspection, les conservateurs des dépôts et bibliothèques, les directeurs, professeurs, agents comptables, appariteurs des grandes écoles et des facultés, les recteurs d'académie avec leurs inspecteurs et leurs secrétaires, les proviseurs, censeurs, professeurs, répétiteurs des lycées, les fonctionnaires analogues des colléges communaux, les instituteurs primaires à la solde des communes qui constituent à eux seuls, pour l'instruction primaire, un personnel de près de trente mille employés. Mais, à côté de toute cette armée, il y a des fonctionnaires mal définis, qu'on ne sait où classer. Tels sont les commis, autres que le secrétaire, dans les bureaux des académies; les commis, autres que le secrétaire agent comptable, dans les facultés et les écoles; les bibliothécaires directement nommés et payés par les villes; les professeurs de classes d'adultes qui reçoivent seulement une indemnité; les employés de l'économat dans les colléges communaux; certains professeurs de langues ou d'arts d'agrément; des écoles, des salles d'asile qui, sans être précisément communales, reçoivent des indemnités sur les fonds du département ou de la commune, les membres des congrégations enseignantes, un certain nombre d'institutrices libres, mais autorisées et encouragées; tout le personnel des maisons religieuses placées en dehors de l'Université, etc.

Il en est de même pour le ministère de l'intérieur. On sait très-exactement le nombre des employés de l'administration centrale, celui des préfets, des conseillers de préfecture, des sous-préfets, des quatre-vingt mille maires et adjoints qui, bien que non rétribués, sont des agents très-directs et très-fidèles du pouvoir. Mais les employés des préfectures et sous-préfectures, et les agents subalternes des communes forment une armée dont le dénombrement est impossible. Pour nous en donner une idée, énumérons seulement les fonctionnaires d'une commune importante. Il y a d'abord les employés et gens de service de la mairie, puis l'architecte communal, l'architecte-voyer, l'inspecteur de la salubrité, le médecin chargé de la constatation des décès, l'ordonnateur des convois, les porteurs de corps et fos-

soyeurs, les sonneurs de cloches, les bedeaux, les proposés à la perception des droits sur les places et marchés, les appariteurs communaux ou sergents de ville,
les cantonniers, le tambour afficheur, les employés de
l'octroi, quand les communes n'ont pas pris d'abonne-
ment avec l'administration des contributions indirectes;
les gardes champêtres et messiers, le receveur municipal, les divers agents des hospices, les officiers payés de
la garde nationale, les tambours, etc.

Le ministère de la justice qui n'a comparativement
qu'un petit nombre d'employés apporte cependant, outre le personnel des cours et des tribunaux, deux mille
huit cent quarante-sept juges de paix, cinq mille six
cent quatre-vingt-quatorze suppléants, quatre mille deux
cent trente-huit greffiers de différents ordres. Le ministère des cultes compte quarante mille huit cents
prêtres catholiques, employés au service des paroisses.
Les finances ont neuf mille employés pour les contributions directes, trois mille six cents pour l'enregistrement
et le timbre, trois mille quatre cents pour les forêts,
trente mille pour les douanes; les postes, si l'on tient
compte des facteurs ruraux, n'emploient pas moins de
dix-sept à dix-huit mille employés. Cela ne fait pas moins
de quatre-vingts à cent mille employés pour un seul ministère.

Pour nous rendre compte approximativement du nombre d'employés du département de la guerre, décompo-
sons une compagnie de cent hommes. Nous verrons
qu'il y a un capitaine, un lieutenant, un sous-lieutenant,
un sergent-major, un fourrier, deux sergents, huit caporaux, total quinze fonctionnaires sur cent hommes.
Or, il y a de plus, dans un régiment, un colonel, un
lieutenant-colonel, un major, trois chefs de bataillon,
quatre adjudants-majors, quatre adjudants sous-officiers,
un porte-drapeau, un capitaine d'habillement, un officier payeur, trois officiers de santé, cinq ou six sous-offi-

rs d'ouvriers ou vaguemestres, deux chefs de musie, un certain nombre de musiciens gagistes, un nbour-major, deux tambours maîtres. En dehors des ziments, nous avons l'état-major des places, celui des)les, le grand état-major, comprenant les officiers géraux avec leurs aides de camp et leurs officiers d'ornnance; l'administration de l'intendance, celle des rres, les poudres et salpêtres, les arsenaux, les médeis, chirurgiens, pharmaciens, officiers d'administran, caporaux d'infirmerie, gardes du génie, gardiens nsignes, etc. En répartissant tous ces officiers et em)yés dans les compagnies de cent hommes, serait-ce)p de compter de ce chef dix hommes par compagnie, it vingt-cinq employés pour cent hommes, ou cent vingt ille fonctionnaires publics pour un effectif de cinq cent ille hommes ?

Ces énumérations sont bien fastidieuses; il est plus ıe temps de s'arrêter. Je pense qu'en réfléchissant à utes ces fonctions, et en y ajoutant les débitants de bac et de papier timbré, qu'il ne serait pas juste d'oettre, on trouvera que je reste bien au-dessous de la ьrité en ne portant qu'à un demi-million le nombre des nctionnaires publics. Si maintenant de trente-six milons qui forment la population de la France, on défalque ix-huit millions pour les femmes et six millions (c'est op peu de moitié[1]), pour les enfants, les infirmes et les

---

[1]. Lorsque Thouret établit les bases de la représentation nationale après la population, il compta comme citoyens actifs, non pas, mme nous le faisons, le tiers, mais le sixième seulement du)mbre total. Voici ses paroles, prononcées à la tribune le 22 septmbre 1789 : « Le nombre des individus, en France, est d'environ ngt-six millions; mais d'après les calculs qui paraissent les plus rtains, le nombre des citoyens actifs, déduction faite des femmes, ıs mineurs et de tous ceux que d'autres causes légitimes privent ı l'exercice des droits politiques, se réduit au sixième de la poılation totale. On ne doit donc compter en France qu'environ ıatre millions quatre cent mille citoyens en état de voter aux as-

incapables, on trouvera qu'il y a au bas mot un fonctionnaire et un soldat sur douze citoyens actifs. Et tous les
jours on crée des fonctions nouvelles, non - seulement
pour perfectionner les services anciens, mais pour pourvoir à des services nouveaux, tels, par exemple, que les
lignes télégraphiques; et comme on se défie des fonctionnaires, toutes les fois qu'un nouveau service est inventé
on y ajoute un service de contrôle. Cette progression
croissante est menaçante pour la fortune publique; et il
faudrait être aveugle pour ne pas voir l'influence exercée
sur le caractère national par ce nombre immense d'agents
de l'autorité.

Un bon citoyen connaît la loi, la respecte, lui obéit
la défend, compte sur elle : hors de là, il est libre dans
ses opinions et dans ses démarches; il ne dépend de
personne et ne doit obéissance à personne; il est le seul
artisan de son bien-être et de celui de sa famille, il est
le gardien de son honneur. Sa vertu est de juger lui-
même ses aptitudes, d'exercer sans relâche ses facultés
dans la voie qu'il a choisie, de supporter la mauvaise
chance avec courage, le bonheur avec modération, de
prêter aux autres un appui fraternel, et de conduire ainsi
sa vie par ses propres lumières et ses propres forces, à
ses risques et périls, sous l'œil de Dieu. Le premier devoir du fonctionnaire est de distinguer en lui-même ce
qui tient à l'homme et ce qui tient au fonctionnaire
Comme homme, il a sa liberté à exercer et à défendre
comme fonctionnaire, il n'est qu'un rouage dans une
machine; il est l'œil, ou la main, ou la pensée d'un
autre; il doit avant tout se plier à la discipline, accepter
la volonté qui le prend pour agent, et conduire ses facultés dans la voie que cette volonté lui trace. Toute son

semblées primaires de leur canton. » Le nombre des citoyens inscrits
sur les listes électorales n'allait pas à dix millions en 1849; en 1851
(après la loi du 31 mai) il ne dépassait pas six millions.

- originalité, qui ferait le mérite d'un autre citoyen, lui est un obstacle. Le succès, pour lui, c'est de plaire à son chef immédiat; il ne peut avancer que par ce moyen. S'il est attaqué, l'administration le défend; s'il a des besoins, il n'a d'aide à attendre que de l'administration; s'il tombe dans la maladie ou les infirmités, l'administration le recueille; ses enfants ont un droit spécial, fondé non sur la loi, mais sur un usage constant et raisonnable, à entrer à leur tour dans les emplois de l'administration. Quand il essaye de revendiquer sa liberté en tout ce qui ne touche pas son état, il se rend suspect à ses chefs; et comment en serait-il autrement? Comment pourrait-il ne pas compromettre l'administration par sa conduite privée? Il lui appartient, même quand il ne la représente pas. Comment pourrait-il en conscience fronder l'administration, voter contre elle, et la servir? Je comprends une grande indépendance dans un fonctionnaire, mais dans un fonctionnaire important par l'étendue de ses attributions, par sa lourde responsabilité, par une responsabilité directe devant le public et devant la loi, par une possession d'état qui ne puisse lui être arbitrairement enlevée. Celui-là est l'homme de la fonction, et non le représentant et en quelque sorte l'organe d'un chef. Un tel fonctionnaire n'existe pas en France, si nous exceptons quelques juges inamovibles, dont l'influence est restreinte, et la position matérielle déplorablement insuffisante. Nos fonctionnaires sont si nombreux que chacun d'eux a peu d'influence et peut être facilement remplacé; ils sont si malheureux qu'il leur faut une vertu héroïque pour ne pas désirer d'avancement; leur position est si précaire que le soupçon ou la malveillance d'un chef suffisent pour briser leur avenir et les perdre sans ressources. Ils sont tellement enlacés dans les règlements, les circulaires; ils sont dirigés de si près, si minutieusement, qu'il ne reste plus rien, dans leurs actions, de leur caractère personnel. Leur âme porte un uniforme, comme leur corps. L'administration leur fournit des opinions (en matière de service), un langage officiel, et un traitement. Exposés à passer à chaque instant d'un bout de la France à l'autre, et n'ayant par conséquent que l'administration pour patrie, ils se lient entre eux la plupart du temps, et forment ce qu'on appelle dans les villes de province la colonie. Responsables envers leurs chefs, jamais envers le public : tout le secret de la situation des fonctionnaires est dans ces deux mots. Ils ne sont pas écrits dans la loi, mais ils le sont partout dans le mécanisme et dans l'esprit de l'administration. On se rappelle involontairement le passage de la *République* où Platon compare ses guerriers à de bons chiens de garde, doux et affectueux pour leurs maîtres, redoutables aux ennemis de la patrie et de l'ordre.

C'est une bien grande faute que de multiplier les fonctionnaires pour les amoindrir, de les mal payer par une suite nécessaire de leur nombre, de diminuer les attributions de chacun pour que la responsabilité se divise, et de les mettre à la discrétion de leurs chefs, pour que l'autorité qu'ils exercent soit toujours une autorité empruntée. On a fait cela par amour de l'égalité et de la liberté : jamais institution n'alla plus ouvertement contre son but. On est bien plus gouverné, et bien plus mal gouverné par une foule de fonctionnaires passifs et médiocres, que par un petit nombre de magistrats considérables, dont la situation est très-souhaitable, dont la besogne est très-difficile, et qui portent directement devant l'opinion et devant la loi le fardeau de la responsabilité. Aujourd'hui on entre dans la plupart des carrières par la sollicitation et par conséquent par la faveur. Chaque employé y demeure à la merci de son chef, qui peut prononcer ou provoquer sa destitution, et de qui dépend son avancement. Tous les détails de l'administration sont prévus avec une telle minutie qu'un bon employé

-n'est plus autre chose qu'un employé soigneux et possédant à fond la routine. Les traitements sont tellement réduits que presque tous les fonctionnaires sont dans la gêne, ce qui, outre l'injustice criante, a l'inconvénient de ne pas leur laisser la libre disposition de leurs facultés. Faites qu'il y ait des conditions sévères à remplir pour entrer dans l'administration ; aussitôt l'idée de faveur s'éloigne pour faire place à celle de capacité. Que l'emploi une fois acquis ne puisse être perdu que dans des cas déterminés et après l'accomplissement de formalités protectrices, et vous donnerez au titulaire tout à la fois de la sécurité et de la dignité. Ne craignez pas de lui demander beaucoup : plus il aura à faire, et mieux il fera. Les affaires sont l'école des affaires ; rien ne nourrit l'incapacité comme l'indolence. Laissez-lui la liberté de son action pour les détails de son service, car il doit être un homme et non une machine. L'excès de régularité qu'on obtient à force de réglementation n'est qu'un embarras pour les administrés, et un supplice pour le fonctionnaire. Soumettez son avancement à des règles fixes, pour qu'il sache bien qu'il n'a pas de faveur à capter, mais seulement des devoirs à remplir. Ainsi il ne sera pas humilié devant ses chefs, et le seul moyen qu'il aura de travailler à son avancement sera de s'appliquer à ses fonctions. Que sa position matérielle le mette largement au-dessus du besoin, et qu'il n'ait rien à envier sous ce rapport à ceux qui ont fait leur carrière par le travail indépendant. Faites de lui, en un mot, un homme puissant, occupé, utile, soumis à ses chefs sans en dépendre, respecté du public en raison de sa capacité et de son activité, tranquille sur sa position et sur son avenir. Voilà les magistrats qu'il faut à la liberté. Nous n'aurons rien à craindre de l'extension de leur autorité et de leur importance, si chacun de nous peut, sans autorisation préalable, les appeler devant les tribunaux ordinaires du pays pour répondre de leur conduite. Cette garantie obtenue, l'administration cesse d'être à la fois humiliée et oppressive [1].

La liberté a donc trois reproches à faire à l'administration française, telle qu'elle est constituée depuis le commencement du siècle : elle administre trop, par trop d'agents, et par de trop petits agents.

Il est bien certain qu'en France on a un médiocre respect pour les fonctionnaires. On les regarde plutôt comme des surveillants que comme des protecteurs, et plutôt comme des privilégiés que comme des agents utiles, mal rétribués pour un service important. Ils sont souvent, à beaucoup d'égards, étrangers à la population. Leur emploi ne demandant pas un talent exceptionnel, on leur en veut presque de l'avoir obtenu, on les jalouse, on leur reproche de vivre aux dépens du budget, quoiqu'ils vivent maigrement. Ce préjugé est même si fort que, quand plusieurs fonctions peuvent être avec avantage remplies par le même titulaire, le public s'indigne de ce cumul comme d'une sorte de vol fait aux deux ou trois personnes qui auraient végété avec ces deux ou trois traitements. Les fonctionnaires de leur côté, n'ayant à plaire qu'à leurs chefs, et se sentant jalousés, apportent une certaine morgue dans l'exercice de leur petite autorité. Il semble même, et c'est ce qui confirme notre observation, que cette morgue augmente à mesure que l'autorité et le rang du fonctionnaire diminuent. Les vexations secrètes qu'ils éprouvent du côté de leurs chefs, leurs inquiétudes, leurs brigues, la conscience que le public prend leur exactitude en mauvaise part, car personne n'aime la loi en France et ne la subit volontiers, la médiocrité de leur situation matérielle qui les condamne à une misère réelle, pénible contraste avec leur situation extérieure, peut-être aussi

---

1. Voir un article de M. Ed. Laboulaye sur l'enseignement et le noviciat aux fonctions publiques en Allemagne, tome XIV de la *Revue de législation et de jurisprudence*.

nos révolutions, qui tantôt font passer l'autorité d'une fonction de main en main, et tantôt la maintiennent dans la même main sous des régimes opposés à des conditions peu honorables, tout contribue à restreindre chez nous la considération qui, dans d'autres pays, s'attache aux gens en place; et comme ils sont les organes et les représentants de la loi, cette indifférence est évidemment'pour beaucoup dans l'indifférence regrettable que la loi nous inspire.

Cependant, par une inconséquence bizarre, ce pays où l'on dédaigne les fonctionnaires est peut-être celui où on court après les fonctions avec le plus d'avidité. Celui qui n'a pas de place regarde de bonne foi l'uniforme comme une livrée; et il est tout prêt à se croire membre d'une nouvelle noblesse, si un revirement inespéré dans sa condition lui permet à son tour d'étaler un bout de galon sur son habit. Il prend alors les choses d'un autre côté, et se souvient du temps où il fallait être de la noblesse ou de la haute bourgeoisie pour occuper un emploi. On peut voir ce double courant d'idées se manifester très-clairement dans le monde judiciaire, où un grand avocat est très-fier, à juste titre, de sa modeste robe, tandis que, de son côté, le dernier des substituts sait ce qu'il doit penser, dans la haute position qu'il occupe, d'un simple membre du barreau. Il n'y a pas de branche de l'administration publique qui n'ait à sa porte un long troupeau d'enfants de famille, élevés dans l'espoir de forcer les barrières, et de conquérir une place dans la corporation. Les parents s'imposent des privations, les enfants se livrent à un travail effréné, les amis, les simples connaissances se mettent en campagne; on invoque des services chimériques, des sentiments de dévouement au chef de l'État dont on ne s'était pas auparavant avisé; on assiége les gens en crédit; on perd plus de temps, on déploie plus d'activité, on invente plus de ressources qu'il n'en faudrait pour s'enrichir par le travail. Et la fin de tout cela est une place dans les postes ou dans l'enre-

gistrement, qui oblige le nouveau fonctionnaire à un travail insipide, qui le fait vivre dans des villages loin de
toutes les ressources intellectuelles, qui l'enchaîne aux
caprices d'une multitude de chefs, et qui, même en supposant un avancement raisonnable, ne fournit jamais à
ses besoins. Nous disions qu'il y a en France, sur douze
millions de citoyens, un demi-million de fonctionnaires :
il faut encore y joindre deux ou trois millions de solli-
teurs. Et si l'on pense qu'il se donne chaque année au
moins cinquante mille croix demandées, au bas mot, par
cinq cent mille personnes; qu'il y a des bourses gratuites
et des portions de bourses dans toutes les écoles publiques ; que toutes les affaires départementales et toutes les
affaires communales sont soumises à l'approbation du
gouvernement ; qu'il faut une autorisation pour ouvrir
un grand nombre de commerces, une enquête pour fonder une usine, une décision préfectorale ou ministérielle
pour obtenir une prise d'eau, une ordonnance pour
exploiter une mine, un brevet pour faire usage avec quelque sécurité d'une découverte dont on est l'auteur, un
visa de la douane pour exporter ou pour importer une
marchandise, un acquit à caution et un passavant pour
porter son vin de son pressoir à sa cave, un port d'armes
pour avoir un fusil, un permis de chasse pour tuer un
lièvre, un passe-port pour sortir de sa commune, on
verra qu'une des plus grandes occupations du peuple
français est de demander, un de ses plus grands soucis
d'obtenir; qu'il est gouverné, gêné, ou, si l'on veut, administré de tous les côtés et par toutes les mains ; que,
si le fardeau de sa liberté lui pèse, c'est qu'il est vraiment bien déshabitué de la responsabilité et de l'initiative; et que l'idéal des communistes, un couvent ou une
caserne, n'est pas si loin de nous en réalité qu'on le
croirait au premier abord, quand on prend au pied de la
lettre les grands principes de 1789, dont nous remplissons
bien innocemment tous nos discours.

L'habitude de demander, de vivre passivement, de ne pas compter sur soi, est déplorable par elle-même : elle entraîne une foule de conséquences dont je ne signalerai que les deux plus funestes, à savoir l'affaiblissement du caractère national et la diminution de la richesse nationale.

Je ne crois pas me tromper en attribuant à cette multitude de places que donne le gouvernement, à ces solliciteurs qui forment un grand tiers de la nation, à cette dépendance où on nous tient pour la direction de nos propres affaires et le développement de nos propres facultés, la tendance presque universelle parmi nous d'amnistier le succès et de juger les choses et les hommes par l'événement. Dans un monde où la liberté individuelle a si peu de part, il se forme une morale de convention qui n'est trop souvent qu'un art de déguiser, sous des phrases acceptées, la violation de la morale. On parle bien de fierté, d'indépendance, de fermeté dans le caractère ; mais on trouve un biais pour faire cadrer ces belles choses avec la souplesse qu'exigent les supérieurs et la versatilité que commandent les circonstances. Il s'élève peu à peu une doctrine relâchée sous des dehors austères, qui enseigne, pour habileté suprême, à faire son chemin sans se mettre en opposition formelle avec la loi. L'inflexibilité dans les opinions passe pour de l'orgueil, quelquefois pour un faux calcul, et l'on décore du nom de sagesse et de modération le talent heureux de faire à propos un sacrifice de conscience. Dieu a fait la loi naturelle et la liberté l'une pour l'autre, et notre punition, quand nous ne savons pas défendre notre liberté, est de perdre en même temps la netteté du sens moral.

4. Inconvénients d'une centralisation excessive pour l'industrie. — De l'État substitué aux compagnies dans l'exécution des travaux publics.

Tous les économistes sont d'accord pour regarder l'asservissement administratif d'un pays comme une cause incessante d'appauvrissement. En effet, la richesse dépend moins du sol que du travail : c'est une vérité d'évidence pour tout praticien. L'homme fait la terre. Un peuple industrieux, que la nature avait fait pauvre, est producteur de richesse. Un peuple comblé de toutes les richesses naturelles, et qui n'aide pas la nature, meurt de faim au milieu de ses plaines fécondes, à côté de ses mines d'or. Le travail à son tour croît et se développe avec la liberté. Un esclave travaille moins qu'un journalier, un journalier moins qu'un tâcheron, un tâcheron moins qu'un fermier, un fermier moins qu'un colon. Pourquoi? c'est la nature humaine. Un grand intérêt, un grand travail. On se donne plus de peine à mesure qu'on a plus de raisons de se donner de la peine. Par le même motif, le degré de liberté civile et politique d'un pays importe à sa production. Un homme libre de sa personne, parce qu'il n'est ni la propriété ni l'engagé d'un particulier, n'est pourtant pas tout à fait libre, si les institutions de son pays ne protégent pas suffisamment sa propriété, et si elles mettent des entraves au développement de son activité. Tout ce qui trouble, compromet ou limite la propriété, ôte au travailleur le désir de déployer sa force; tout ce qui entrave l'activité personnelle ôte au travailleur le moyen de déployer sa force. La richesse est à la force comme l'effet est à la cause. Dans un pays où la force est stimulée par une bonne organisation de la propriété, et développée par un constant et libre exercice, il est nécessaire qu'avec le temps la misère soit vaincue, la richesse produite. Qu'est-ce qu'un peuple riche? c'est

où le travailleur est fort du bras et de la tête.
it-ce qu'un travailleur fort? c'est celui qui est

xcès de l'administration nuit encore à la richesse
pays en faisant exécuter les grands travaux par
, au lieu de les demander à l'industrie privée.
il mieux recourir à l'industrie privée par la voie de
dication, ou confier directement à l'État, aux dé-
nents ou aux communes, selon leur caractère, les
»rises d'intérêt général? C'est une question longue-
débattue chez nous à une autre époque. On avait
l'horreur des compagnies financières, et l'on disait :
rquoi gagneraient-elles des millions sur des tra-
d'utilité générale? Si l'État faisait par lui-même,
iillions seraient économisés, ou employés en aug-
ition et en amélioration du travail. Les compagnies
qu'un intérêt : faire vite et à bon marché, pour
er plus tôt et gagner plus. L'État n'a qu'un intérêt :
bien, solidement, sûrement, avec la noblesse qui
ent à un grand peuple. » Si un accident arrivait
n chemin de fer : « C'est la compagnie qui a éco-
sé sur le personnel et sur le matériel; il en coûte
ante-deux morts, comme au chemin de Versailles,
ive gauche, ou douze morts, comme à Fampoux, ou
rze, comme à Moret; mais les actionnaires n'auront
se plaindre de leur dividende ! » Si une gare avait
ins dégagements, des bureaux commodément dis-
, mais point de colonnades ni de statues : « C'est
imptoir de marchands, fait à la hâte pour les be-
du service. Rien de monumental, rien de digne
grand peuple. » On allait jusqu'à critiquer les ter-
ments, faits à la hâte, disait-on; « un peu de terre
sée, sans perrées ni ravalements : les compagnies
uciaient si peu de la vie des voyageurs ! C'était
iouvelle aristocratie qui se formait, plus dure que
ienne, sans entrailles, irresponsable; n'ayant pas,

comme l'autre, d'anciens services à faire valoir, et d'anciennes traditions à respecter. »

Voilà ce qu'on disait, et dans les partis les plus libéraux, les plus honnêtes, les plus dévoués d'intention aux principes de 1789, dans des partis qui se prétendaient chargés de défendre la liberté contre le pouvoir, et qui croyaient de bonne foi remplir cette noble tâche. On ne voyait aucun inconvénient à charger l'État de creuser des canaux, d'ouvrir des rails-way, de jeter des viaducs sur les vallées et des ponts sur les rivières, de creuser les tunnels, de construire les machines et tout le matériel de traction, d'exploiter par lui-même : « S'il y a bénéfice, tout le monde en profitera : tout sera solide, bien fait, noblement fait, digne de nous, et les financiers ne régneront plus. » Les mêmes hommes qui avaient cette confiance illimitée dans l'État pour les travaux publics, qui voulaient lui donner une armée de deux cent mille ouvriers, et un budget extraordinaire de deux milliards, criaient à la tyrannie quand il lui arrivait de créer un ou deux commissaires de police, ou d'ajouter trois ou quatre cents francs aux appointements des juges de première instance.

Se charge qui voudra de défendre l'innocence immaculée de toutes les compagnies; je crois fermement, je l'avoue, qu'à côté des esprits résolus, des cœurs fermes et droits qui veulent doter leur pays d'une industrie et d'une force nouvelles, et en même temps, pourquoi non ? conquérir pour eux-mêmes une fortune considérable, une position influente, à force de talent et d'énergie, il se rencontre des voleurs d'argent et de popularité dont tout le mérite est d'exploiter la crédulité publique. Mais il serait profondément injuste de confondre les hommes dont on voit les œuvres, et dont le livre de compte n'est un secret pour personne, avec ces charlatans qui spéculent sur des entreprises imaginaires et au moyen de capitaux plus imaginaires encore. Le travail sérieux ne doit pas porter

peine du voisinage immonde des agioteurs. Il faut de-
ander à la loi et aux mœurs une répression impi-
yable des manœuvres déloyales, et il faut rendre au
avail, à l'intelligence, à la persévérance l'honneur et la
nfiance qu'ils méritent. L'Angleterre a eu, comme la
rance, des scandales de bourse ; elle n'en a pas moins
it son réseau de chemins de fer par l'industrie privée :
c'est le mieux conçu, le mieux exécuté, le plus com-
ode pour le public, le plus fructueux pour les action-
aires qu'il y ait au monde. Nous nous plaignons des
mpagnies, nous lançons contre elles des réquisitoires
iineux, et nous ne savons pas même leur demander des
mptes quand nous sommes actionnaires, tant nous
ons peu l'habitude d'exercer un droit, et de compter
ir la loi et sur nous-mêmes ! S'il y a tant de compagnies
auduleuses et tant de gaspillage dans les compagnies
rieuses, c'est à nous surtout qu'il faut s'en prendre, à
itre ignorance des affaires, à notre besoin d'être menés,
notre manque d'initiative. Il ne se fait que des affaires
rieuses dans un pays dont tous les citoyens sont des
mmes d'affaires.

Je ne dirai pas que l'État surveillerait les compagnies
ndis que personne ne surveille l'État ; car, je le re-
nnais, sauf les transformations que peut amener l'avenir
que personne ne peut prévoir, l'administration fran-
ise est en général d'une probité exemplaire. Mais voyons
s ressources de l'État en argent et en hommes, voyons
s tendances en matière d'art et d'exécution de travaux
iblics ; voyons si son intervention est conforme à la jus-
:e ; et voyons enfin si l'accaparement des travaux par
itat n'est pas un grand danger moral, un grand danger
ilitique, un grand acheminement vers le commu-
sme.

La meilleure exécution qu'on se promet en confiant les
avaux à l'État ne peut pas tenir à la supériorité de ses
nployés. Le plus grand nombre de nos ingénieurs, dont

personne ne songe à contester la capacité, est employé
surveiller l'entretien des routes. C'est une bonne fortu
pour eux de trouver dans leur service une passerelle
construire. Le service extraordinaire, celui des canau
par exemple, est une meilleure école : on ne peut pas
comparer à celle des chemins de fer. Quand l'État co
struira les chemins, ses ingénieurs auront de la pratiqu
c'est évident, et il est évident qu'aujourd'hui ils n'en o
point. La construction de nos canaux, si dispendieux
qui rendent si peu de services, n'est pas la page la pl
brillante de l'histoire du corps des ponts et chaussée
Dans la construction même des routes, l'administration
résisté longtemps aux améliorations les plus nécessaire
parce que dans une si vaste hiérarchie, il est naturel q
les jeunes obéissent, et que l'impulsion vienne des ing
nieurs consommés, arrivés par la science et le trav
au sommet de la carrière, mais dont l'ardeur s'est r
froidie, dont la pratique a le défaut d'être un peu arriéré
et qui, jugeant tout d'un peu loin et en vertu de règl
générales, ne savent pas se plier aux besoins des localit
et aux transformations de l'industrie. Le système de fai
des routes trop larges et trop dispendieuses remonte ju
qu'à Louis XIV ; et tant qu'il a duré, il a eu pour cons
quence que nous avons eu trop peu de routes [1]. La sup
riorité des ingénieurs de l'État sur ceux des compagni

1. « L'administration des ponts et chaussées était d'abord charg
de l'entretien des routes impériales. Alors autant qu'aujourd'h
l'art avait revêtu pour elle des formes absolues ; la règle était d'ir
ter ce qui s'était fait. Elle fut suivie. Mais, vingt-cinq ans après,
France était tombée au dernier rang des nations de l'Occident d
l'art de construire et d'entretenir les routes. L'administration défe
dait systématiquement et pied à pied l'empierrement à gros blocs
le pavé contre le macadam ; les écoulements d'eau superficiels con
les écoulements couverts ; les larges bas-côtés contre les banquet
à piétons ; les ponts en pierres contre les ponts suspendus, etc. Ri
n'était possible pour l'extension des routes qu'à force d'argent, et
fallait se passer de routes et de chemins parce qu'ils étaient tr

est donc chimérique. Il n'y a d'autre différence entre les
ingénieurs de l'État et ceux des compagnies que ces règles
absolues de l'administration des ponts et chaussées,
qu'elle impose à son personnel; car l'origine des ingénieurs du service public et des ingénieurs des compagnies est la même. Les grandes écoles fournissent des
sujets aux compagnies comme à l'État; et quand les compagnies sont en concurrence avec le corps des ponts et
chaussées, elles attirent à elles les hommes les plus éminents par le double attrait des grands travaux et des
grands traitements. Il y a telle compagnie bien connue
qui a pu donner annuellement à son ingénieur en chef
quatre fois le traitement d'un inspecteur général des
ponts et chaussées. On peut prévoir dès à présent que,
quand la construction ou l'exploitation des voies ferrées
aura passé des compagnies à l'État, le service sera fait
dans des conditions différentes par le même personnel
qu'aujourd'hui.

Il est vrai que les compagnies songent exclusivement à
l'exploitation, tandis que les ingénieurs de l'État pourront se préoccuper de la beauté des ouvrages d'art. Ce
point de vue me touche peu. J'aime mieux, je l'avoue, une
colonnade de moins et un kilomètre de chemin de plus.
Non pas que l'art ne soit pas une grande chose, et qu'il
n'importe pas de faire de grands monuments pour un
grand peuple. Mais la beauté d'un monument est d'être

---

dispendieux. Après plusieurs années de discussion et de patience,
les chambres refusèrent à l'administration des ponts et chaussées
l'initiative et l'exécution des routes départementales et des chemins
vicinaux, qui furent livrés aux départements et aux communes. On
fit alors la route telle que nous la connaissons aujourd'hui, telle que
vingt ans avant on l'établissait en Angleterre, en Allemagne, en
Belgique, etc., d'une exécution économique et d'une parfaite viabi-
lité. L'art avait sombré sous l'étreinte de l'administration, il se re-
créa par la liberté, etc. » (Discours prononcé devant la Société des
ingénieurs civils le 7 janvier 1859, par M. Eugène Flachat, président de la Société.)

parfaitement approprié à sa destination. Qu'une gaı
assez ample pour que les diverses voies se déploien
confusion; qu'elle ait de vastes quais où les voya
circulent à l'aise, des pentes bien aménagées po
colis et les voitures, des magasins bien aérés, bien éc
pour les marchandises, de nombreux escaliers, des
d'attentes chaudes en hiver, fraîches en été, où le ı
ne se trouve pas entassé d'avance comme il le seı
cessairement dans les voitures ; cela suffit à mes
d'art en matière de chemins de fer. Je ne deman
une colonne, ni une statue, ni une simple et mc
feuille d'acanthe. Moins il y aura d'ornements, eı
mon esprit sera frappé. Ce que je veux, c'est quı
donne l'idée d'un grand et pacifique développement
force. Un tunnel, un viaduc seront toujours assez
s'ils sont solides. En restant dans ces limites, vous
vez atteindre au grandiose ; vous êtes perdus, sı
enjolivez. L'État voulut une fois entourer Paris d'un
et percer ce mur d'un certain nombre de barrières.
chitecte se tira bien du mur; en effet, il fit un
Pour les barrières, il voulut se distinguer ; il fit dı
lonnades, des frontons, des rotondes : il épuisa son
ĝination à créer une centaine de palais, qu'il faı
abattre aujourd'hui non-seulement par égard poı
employés de l'octroi, qui sont affreusement logés,
encore, mais surtout par égard pour le bon goûı
choque cette décoration intempestive.

L'État, il faut en convenir, aime assez les ornen
Il protége les beaux-arts; il livre volontiers un pɛ
muraille à la sculpture. Cependant, où est sa bourı
faut des millions, des centaines de millions pour
des chemins de fer, avec ou sans colonnades. Où
prendra-t-il cet argent ? Il est très-pauvre; et la pr
c'est que depuis bien des années tous ses budgets sc
déficit. Il n'importe que par un artifice financier o
rive à équilibrer la recette avec les dépenses ordinaiı

le budget normal est toujours doublé d'un budget extraordinaire qui se résout en additions au grand-livre. Un peuple qui dépense plus d'argent qu'il n'en a, est aussi fou qu'un particulier qui tiendrait la même conduite. Ce sont, dites-vous, des dépenses productives? Soit, j'admets cette réponse; mais alors l'État joue le rôle de l'entrepreneur, et construit aux mêmes conditions.

Après avoir laissé naître des compagnies, et leur avoir, pendant les premiers temps, accordé la liberté de leurs allures pour la construction et pour l'exploitation des chemins, l'État s'est peu à peu chargé de la haute direction de leurs affaires, en imposant des règles absolues à l'exécution de la voie et au matériel de traction, et en réglant lui-même les tarifs. Il a pris en quelque sorte les compagnies en tutelle, et elles n'ont plus eu d'autre mission que d'exécuter les ordres de l'administration. Aussitôt, on a vu se produire cette régularité, cette uniformité que l'administration porte dans ses travaux ordinaires, et dont les inconvénients ont encore été aggravés quand on l'a appliquée à une industrie qui parcourt des pays si différents, et qui est appelée à rendre des services d'une nature si diverse. Le même système de travaux a été employé pour les pays montueux et pour les pays de plaines, pour les chemins dont le rendement était insignifiant, et pour ceux qui devaient enrichir les actionnaires; pour ceux qui transportaient surtout des voyageurs, et pour ceux qui devaient surtout tirer leurs ressources de la messagerie; pour ceux qui remplaçaient des voies de communication faciles, nombreuses et économiques, et pour ceux qui créaient des relations entre des industries capables de rétribuer chèrement un si grand service. La conséquence immédiate fut un écart entre la dépense de construction et d'entretien d'un côté, et la recette de l'autre. Les anciens capitaux employés à l'industrie des chemins de fer, cessèrent de donner les résultats qu'ils avaient droit d'attendre; l'apport de capitaux nouveaux pour l'achèvement des lignes projetées devint impossible. Cependant, la France est très-arriérée pour ses chemins de fer. Quand toutes les lignes décrétées auront été exécutées, elle sera, pour l'étendue des lignes, au troisième rang; par rapport à l'étendue de son territoire, au cinquième; par rapport à sa population, au septième. Pour ne pas décourager le capital, l'État a été obligé de garantir un minimum d'intérêt; c'est-à-dire qu'il a pris à sa charge les conséquences ruineuses du système qu'il a imposé aux compagnies. Cela ne fait pas, tant s'en faut, une situation prospère aux compagnies; et cela impose à l'État une lourde charge sans compensation. Voilà donc les ressources générales de l'impôt employées à guérir, ou plutôt à pallier les misères des compagnies. Il est clair désormais que les compagnies sont seules en position de mesurer la dépense sur la recette, et par conséquent de faire en sorte que l'industrie des chemins de fer se nourrisse elle-même. Plus cette industrie sera livrée à l'État, et plus elle demandera de sacrifices au budget.

En supposant même que l'administration, après s'être emparée des lignes existantes et s'être chargée de l'achèvement du réseau français, sorte de ses habitudes, et en quelque sorte de sa condition, au point de prendre les allures de la liberté et de se modifier suivant les besoins et les circonstances, cette substitution d'une administration publique à une compagnie entraînera forcément une augmentation de dépenses. Je sais bien qu'en définitive, il faut toujours que le pays trouve les millions nécessaires, soit qu'il les prenne dans la caisse de l'État ou dans le portefeuille des actionnaires. Mais il ne suffit pas de regarder d'où l'argent part et où il va; il faut songer aussi au chemin qu'il fait. Plus ce chemin est long, plus il est dispendieux. Toutes les fois que l'argent ne passe pas immédiatement d'un sac dans un autre, il laisse quelque chose aux intermédiaires. La dépense que fait une compagnie est directe : l'actionnaire apporte l'arent ; le conseil convertit cet argent en travaux ; il n'y a as de frais perdus. Au contraire, pour l'argent de l'État,)it qu'il vienne de l'emprunt ou de l'impôt, il y a déjà n prélèvement considérable quand il se trouve dans la aisse à la disposition de l'ingénieur du chemin. S'il ient de l'emprunt, il coûte des primes : si c'est de l'im-ôt, il a laissé une remise dans la main du percepteur, ans celle du receveur particulier, dans celle du receveur énéral. On ne pense pas assez souvent que pour la per-eption du tarif des douanes le ministre des finances ient sur pied, outre le service sédentaire, une armée de ingt-sept mille préposés, ayant sabre et fusil, comme les oldats de son collègue le ministre de la guerre, et tou-hant une haute paye pour protéger, c'est-à-dire pour ançonner le commerce.

Maintenant, est-il bien juste que l'argent de l'impôt u de l'emprunt (mais disons seulement de l'impôt, ruisqu'en définitive c'est toujours l'impôt qui supporte 'emprunt), est-il bien juste que l'argent de l'impôt soit mployé à faire des chemins de fer ? Pendant longtemps ious n'avons eu en France que le chemin de Paris à ïaint-Germain. Qui intéressait-il ? Paris et Saint-Ger-nain. Qui l'aurait payé, s'il avait été construit par l'État ? Foute la France. Qui l'a payé, et qui le paye encore tous es jours à la compagnie qui l'a construit ? Ceux qui s'en iervent. De ces deux modes de payement, l'un qui fait)ayer par tout le monde l'avantage de quelques-uns , et 'autre qui fait payer le service rendu par celui qui en)rofite , quel est le plus juste ?

On dira : mais nous avons des chemins de fer par-out ; de Lille à Marseille, de Rennes à Strasbourg, toute a France est sillonnée. Cela n'est pas, et cela ne sera amais ; et quand le réseau de la France sera complet, il estera toujours de l'inégalité entre les citoyens , selon [u'ils seront ou ne seront pas commerçants, et selon que eurs affaires leur commanderont ou leur interdiront les voyages. En fait de fraternité, tenons-nous-en au fonds commun, dont le maintien est nécessaire, sauf à en réglementer l'emploi, et avec lequel au moins on sait ce qu'on donne, mais faisons payer les travaux publics par ceux qui en tirent bénéfice. On serait trop heureux, si tous les impôts indirects pouvaient être aussi régulièrement et aussi justement établis que celui-là. A mon avis, c'est le seul qu'il faille conserver. Il faut diminuer de moitié le budget de l'État, diminuer de plus de moitié les fonctions de l'État, renoncer aux emprunts qui, sous couleur de servir l'égoïsme des générations, ne servent souvent que l'égoïsme des administrations, et faire comme l'Angleterre à qui ses chemins de fer, la plupart de ses routes ordinaires, de ses ports, de ses docks, de ses bassins, n'ont jamais rien coûté. Des compagnies les ont construits, et ceux qui s'en servent les payent.

Mais quand même il n'y aurait aucun avantage pour la bonne exécution et l'économie à faire exécuter les grands travaux par des compagnies, et quand même la justice ne commanderait pas de préférer ce mode de rémunération à celui qui se fait sur les fonds généraux, un peuple intelligent, qui met l'intérêt moral bien au-dessus de l'intérêt matériel, doit songer à prévenir cet engourdissement de l'esprit, cette passivité qu'entraîne à sa suite la tutelle de l'État étendue à tout. Il n'est personne qui ne soit frappé de l'esprit d'entreprise qui anime les citoyens anglais, américains, et qui a caractérisé si longtemps les Hollandais. Il est visiblement suscité par l'habitude de faire par soi-même. La richesse de ces peuples est venue de cette source, parce que l'État lui-même n'est entreprenant que quand les citoyens ont le goût et le génie des aventures. Chez nous, où l'imagination est vive, on travaillerait, on trouverait, si nous n'étions pas endormis par le sentiment de notre impuissance et de l'inutilité de nos efforts. Les meilleurs esprits dédaignent de chercher. Si quelqu'un a une idée utile, il est réduit à se faire aussitôt solliciteur, et à courir les antichambres pour obtenir l'appui de l'Etat sans lequel on ne peut rien. Nous ressemblons à ces grands enfants, qu'on retient au collége après l'âge de la virilité. Rien ne leur manque, ni l'esprit, ni la force; mais ils ne savent pas la manière de s'en servir. Il y a en eux l'étoffe d'un homme, mais pas d'homme.

5. Inconvénients politiques de la centralisation.

Un autre danger de cette extension immodérée des attributions du pouvoir, c'est l'excès de force qu'on lui donne. Non pas qu'il soit de bonne politique de repousser ce qui rend le pouvoir fort. Le pouvoir doit être fort, par définition; car il ne serait plus le pouvoir. Il doit avoir justement la force nécessaire pour que la loi soit toujours obéie. Mais la force dont il s'agit ici, et qu'il tirerait de l'exécution directe des travaux, n'est pas une force de répression, c'est une force d'action. Les tribunaux n'en seraient pas plus puissants ni plus respectés; mais ses agents administratifs auraient plus de moyens d'agir sur les volontés et les intérêts. Il est bon que le pouvoir puisse refréner les hommes; il est bon même qu'il puisse les récompenser; il n'est pas bon qu'il puisse les acheter. On conçoit l'État gouvernant, dirigeant; mais quand il prend, au milieu des particuliers, l'allure d'un particulier, ayant ses affaires, ses terrains qu'il vend et qu'il achète, ses maisons et ses routes qu'il fait construire, ses manufactures où il lutte contre les autres industriels, il sort évidemment de son rôle et de sa dignité; il devient oppressif, par cette concurrence exercée avec l'argent de tout le monde, et parce que, s'il s'élève une contestation, il est à la fois juge et partie. De protecteur de la liberté qu'il était quand il se bornait à être l'organe et le vengeur de la loi il devient, sous son nouvel aspect, l'ennemi, l'obs-

tacle de la liberté. Il la rend impossible, inutile. Il pour-
suit les citoyens jusque dans leurs affaires, jusque dans
leur intérieur. Il a des marchés avec presque tous. Il
les intéresse à sa stabilité, par les places qu'il leur
donne, par les commandes qu'il leur fait, par les produits qu'il leur livre. S'il prévarique, il a eu soin d'a-
vance de se faire des complices de ceux qui auraient dû
être ses juges. Il a trop de moyens de corruption pour
rester pur.

Enfin, pour résumer toutes mes critiques en un mot,
je n'aime pas à voir fonctionner à côté de moi cette grande
fabrique. Il est clair qu'armée comme elle l'est de toute
l'autorité publique, et nourrie comme elle l'est de tout
l'argent du Trésor, elle peut s'étendre indéfiniment, jusqu'à ce qu'elle ait tout absorbé. Même si elle a la sagesse
de se contenir, et de laisser une place en dehors d'elle à
l'activité libre des citoyens, elle n'en est pas moins le
communisme vivant à la face du soleil, et prenant une
grande part de la société. Tout cela est mauvais et d'un
mauvais exemple. L'État joue un double rôle : ici, de
communiste, absorbant tout dans un grand atelier national ; là, de défenseur de la propriété, poursuivant les
communistes théoriques, c'est-à-dire les philosophes qui
enseignent ce qu'il pratique. Il se trompe sur sa mission, sur sa raison d'être ; de sorte que les citoyens ne le
comprennent plus, et au lieu de l'aimer le subissent. Il
trouve pour la tyrannie et pour la corruption des facilités qu'on n'a jamais impunément dans sa main. Il s'habitue à avoir des intérêts autres que l'intérêt général. Il
dispose de l'impôt comme un citoyen de sa fortune particulière, le portant ici ou là suivant ses goûts et ses idées,
et oubliant que l'impôt est une cotisation, qui doit être
rendue à chaque partie de l'État en services proportion-
nels à son apport. Il substitue partout la langueur d'un
fonctionnaire à l'énergie d'un entrepreneur. Il a moins
que les particuliers le sentiment de l'utilité pratique. Il

éteint, il énerve l'esprit d'initiative. Il fait mal ce qu'il fait; et il empêche les citoyens de faire.

Ce n'est pas seulement en s'emparant des travaux publics, c'est par tout son contexte que l'administration fait obstacle à la liberté politique. Qu'on y pense : tous les citoyens, ou presque tous, désirent des places. Aussitôt les voilà divisés en deux camps : ceux qui ont quelque espérance de lés obtenir, ceux-là sont dévoués quand même au pouvoir existant; ceux qui ont perdu toute espérance, ceux-là ne rêvent que la création d'un pouvoir nouveau. Double obstacle à la liberté politique : d'une part, l'excès de servilisme, et de l'autre l'esprit de révolte, sans autre but que l'espoir du changement et l'intérêt personnel. Ainsi la compétition des places rend la liberté politique impossible. Je ne parle pas des détails, des places demandées, promises, données comme monnaie électorale. Plus les élections seront libres, et plus la multiplicité des places donnera lieu à ce trafic. Si au contraire les élections sont bridées, et qu'il n'y ait plus, dans le gouvernement, même un semblant de liberté, toutes ces places, dont la plupart étant inutiles, peuvent être assimilées pour le moins à des faveurs gratuites, deviennent le patrimoine de la partie de la population qui est dévouée au pouvoir, tandis que tous ceux qui, par honneur ou par patriotisme, se tiennent à l'écart, sont exclus de tous les avantages, quoique soumis à toutes les charges. Enfin, l'esprit public, si nécessaire à la liberté, ne peut pas se fonder dans un pays où, sur douze citoyens, il y a un fonctionnaire, un fils de fonctionnaire, et trois ou quatre aspirants-fonctionnaires. Il y a décidément incompatibilité entre ces deux idées : un peuple de fonctionnaires et un peuple libre.

Voilà ce que produit contre la liberté le désir des places. Mais qui ne voit ce que produisent les places elles-mêmes? Le pouvoir, quel qu'il soit, a une armée d'un million d'hommes, bien enrégimentés, bien façonnés à la discipline, dont les uns, préposés à la perception de l'impôt, tiennent les contribuables par l'avertissement et la saisie; les autres sont maîtres de la grande et petite voierie, des hôpitaux, des écoles, de toute l'administration des secours publics. Le pouvoir a encore les récompenses honorifiques à sa disposition. Il a, pour tenir le pays dans sa dépendance, la force, l'intérêt et la vanité.

Notez que toute cette armée est englobée dans une hiérarchie très-savante et très-complète. Chaque fonctionnaire reçoit la consigne d'un chef immédiat, jamais d'un chef supérieur de deux degrés : rien de plus habile. Quand un général commande une revue, il donne aux troupes à haute voix l'ordre de se mettre en mouvement : tout le monde l'entend; personne ne bouge. Les colonels répètent l'ordre : même immobilité; puis les commandants de bataillon, et enfin les capitaines. A la voix de ces derniers, les compagnies s'ébranlent, et le mouvement s'accomplit. Voilà l'image de l'administration. On a mis hier dans le *Moniteur* que tel canal serait livré demain au public. L'éclusier, qui a lu le *Moniteur* comme tout le monde, va-t-il de son chef ouvrir ses vannes pour le premier bateau qui se présentera? Non, l'article du *Moniteur* est non avenu pour lui. Il attend l'ordre de son conducteur. Et le conducteur donnera-t-il cet ordre? Non, s'il n'a reçu celui de l'ingénieur ordinaire, qui lui-même est mis en demeure par l'ingénieur en chef, l'ingénieur en chef par le préfet, le préfet par le ministre. Qu'en résulte-t-il? C'est que personne ne prend rien sur soi, ne consulte sa propre intelligence, et que si un ordre est donné, quel que soit le degré de l'échelle d'où il est parti, tout ce qui suit obéira aveuglément, machinalement. La tête de ce grand corps est unique; elle est à Paris. Il ne s'agit que d'avoir les deux ou trois têtes de colonnes, et l'on a toutes les colonnes. Pour disposer souverainement d'un million d'hommes, il n'y a à vaincre que deux ou trois hommes, qui tien-

nent tous les autres par des fils [1]. C'est ce qui explique
le rôle de Paris dans les révolutions. La tête de l'administration est à Paris ; la province est obligée d'obéir passivement. Elle a appris, le 25 février au matin, qu'elle
était républicaine. Ce n'était ni la première, ni la dernière
de ses surprises. La république, âgée de quelques heures,
avait son administration complète, à savoir l'administration de la monarchie. Et il n'y a rien à dire aux fonctionnaires pour cela : ils ne sont qu'un mécanisme.
Ils ont leur chef immédiat qui décide pour eux, et de
chef en chef, la décision n'appartient qu'aux chefs suprê-
mes. C'est ce qu'avait compris le général Mallet. Il a échoué
par hasard. Le hasard pouvait le faire réussir. Quand
même il n'eût réussi que pour un quart d'heure, peut-on
fermer les yeux devant de telles chances? Son succès
n'aurait pas été son œuvre, mais celle de la centralisation
exagérée.

Je résume le système préventif en deux mots : c'est un
système de défiance envers le citoyen, et de confiance
absolue envers le gouvernement. Cette défiance envers le
citoyen n'est pas juste, elle est dégradante, elle est démo-
ralisante. Cette confiance envers un gouvernement qui
a souvent un intérêt distinct de l'intérêt général est exces-

---

1. On ne saurait trop méditer les paroles suivantes que nous em-
pruntons à un homme réservé et modéré, à un esprit pénétrant, à
un administrateur consommé dans la théorie et dans la pratique de
nos lois. « Le gouvernement, dit M. Vivien, s'est plu à ne voir dans
les fonctionnaires que les serviles agents de sa volonté, dépourvus
d'indépendance individuelle et privés de libre arbitre ; on a introduit dans les services civils l'obéissance aveugle qui, dans l'armée
même, n'est pas sans limites. Qu'en est-il résulté? La centralisation ainsi comprise a fourni au pouvoir central et à ce que, dans la
polémique des partis, on appelle Paris, le moyen de tenir la France
sous le joug. Un ordre parti du siége du gouvernement n'éprouve,
quelle qu'en soit la source, aucune résistance. Pour entrer en possession de toute la puissance publique, il ne faut que devenir maître
de la capitale, s'emparer des ministères et disposer des télégraphes.»
(*Études administr.*, 2ᵉ éd., t. I, p. 76.)

parfaitement approprié à sa destination. Qu'une gare soit assez ample pour que les diverses voies se déploient sans confusion; qu'elle ait de vastes quais où les voyageurs circulent à l'aise, des pentes bien aménagées pour les colis et les voitures, des magasins bien aérés, bien éclairés pour les marchandises, de nombreux escaliers, des salles d'attentes chaudes en hiver, fraîches en été, où le public ne se trouve pas entassé d'avance comme il le sera nécessairement dans les voitures; cela suffit à mes idées d'art en matière de chemins de fer. Je ne demande ni une colonne, ni une statue, ni une simple et modeste feuille d'acanthe. Moins il y aura d'ornements, et plus mon esprit sera frappé. Ce que je veux, c'est que tout donne l'idée d'un grand et pacifique développement de la force. Un tunnel, un viaduc seront toujours assez beaux s'ils sont solides. En restant dans ces limites, vous pouvez atteindre au grandiose; vous êtes perdus, si vous enjolivez. L'État voulut une fois entourer Paris d'un mur, et percer ce mur d'un certain nombre de barrières. L'architecte se tira bien du mur; en effet, il fit un mur! Pour les barrières, il voulut se distinguer; il fit des colonnades, des frontons, des rotondes : il épuisa son imagination à créer une centaine de palais, qu'il faudrait abattre aujourd'hui non-seulement par égard pour les employés de l'octroi, qui sont affreusement logés, mais encore, mais surtout par égard pour le bon goût, que choque cette décoration intempestive.

L'État, il faut en convenir, aime assez les ornements. Il protége les beaux-arts; il livre volontiers un pan de muraille à la sculpture. Cependant, où est sa bourse? Il faut des millions, des centaines de millions pour faire des chemins de fer, avec ou sans colonnades. Où l'État prendra-t-il cet argent? Il est très-pauvre; et la preuve, c'est que depuis bien des années tous ses budgets sont en déficit. Il n'importe que par un artifice financier on arrive à équilibrer la recette avec les dépenses ordinaires, si le budget normal est toujours doublé d'un budget extraordinaire qui se résout en additions au grand-livre. Un peuple qui dépense plus d'argent qu'il n'en a, est aussi fou qu'un particulier qui tiendrait la même conduite. Ce sont, dites-vous, des dépenses productives? Soit, j'admets cette réponse; mais alors l'État joue le rôle de l'entrepreneur, et construit aux mêmes conditions.

Après avoir laissé naître des compagnies, et leur avoir, pendant les premiers temps, accordé la liberté de leurs allures pour la construction et pour l'exploitation des chemins, l'État s'est peu à peu chargé de la haute direction de leurs affaires, en imposant des règles absolues à l'exécution de la voie et au matériel de traction, et en réglant lui-même les tarifs. Il a pris en quelque sorte les compagnies en tutelle, et elles n'ont plus eu d'autre mission que d'exécuter les ordres de l'administration. Aussitôt, on a vu se produire cette régularité, cette uniformité que l'administration porte dans ses travaux ordinaires, et dont les inconvénients ont encore été aggravés quand on l'a appliquée à une industrie qui parcourt des pays si différents, et qui est appelée à rendre des services d'une nature si diverse. Le même système de travaux a été employé pour les pays montueux et pour les pays de plaines, pour les chemins dont le rendement était insignifiant, et pour ceux qui devaient enrichir les actionnaires; pour ceux qui transportaient surtout des voyageurs, et pour ceux qui devaient surtout tirer leurs ressources de la messagerie; pour ceux qui remplaçaient des voies de communication faciles, nombreuses et économiques, et pour ceux qui créaient des relations entre des industries capables de rétribuer chèrement un si grand service. La conséquence immédiate fut un écart entre la dépense de construction et d'entretien d'un côté, et la recette de l'autre. Les anciens capitaux employés à l'industrie des chemins de fer, cessèrent de donner les résultats qu'ils avaient droit d'attendre; l'apport de capitaux nouveaux

supérieur peut être de mauvaise foi, il peut être ignorant,
il peut être malveillant, il peut être secrètement l'insti-
gateur de la mesure dont on a à se plaindre, il peut être
le complice du fonctionnaire dénoncé. Il peut aussi se
rendre inaccessible, en refusant une audience, et en ne
recevant pas les suppliques. Il peut enfin être trompé par
l'esprit de corps. Il s'agit d'ailleurs très-souvent d'une
réparation qu'il n'est pas en son pouvoir de donner. Dans
beaucoup d'administrations le supérieur ne peut ni destituer, ni suspendre, ni punir son subordonné; dans
aucune, il ne peut lui imposer une réparation civile; il
n'est pas toujours assez fort pour lui commander une
restitution. Il fallait donc recourir à la justice ordinaire,
aux tribunaux ordinaires : c'est ce que l'on a fait. Rien
de plus naturel, de plus protecteur, de plus conforme
aux principes de 1789.

Mais permettra-t-on au premier venu d'entraver par
une poursuite la marche du gouvernement? Si cette poursuite est suspensive, insérera-t-on dans la loi un article
qui met la loi et les organes de la loi à la merci des fraudeurs et des perturbateurs? C'est cette crainte exagérée
qui a donné naissance à la loi du 22 frimaire an VIII
(22 décembre 1799), dont l'article 75 est ainsi conçu :

« Les agents du gouvernement autres que les ministres
ne peuvent être poursuivis pour des faits relatifs à leurs
fonctions, qu'en vertu d'une décision du conseil d'État :
en ce cas, la poursuite a lieu devant les tribunaux ordinaires. »

On a pensé évidemment que le conseil d'État, composé
de fonctionnaires du premier ordre et habitués aux grandes affaires, serait un juge équitable, non pas entre le
fonctionnaire et le plaignant, mais entre l'administration
et le public. Comme il n'a pas d'ordres à donner, et que
ses membres sont parvenus à la plus haute dignité de
leur carrière, il présente en effet des garanties sérieuses
d'impartialité et de capacité. Il n'est pas d'ailleurs chargé

gent ; le conseil convertit cet argent en travaux ; il n'y a pas de frais perdus. Au contraire, pour l'argent de l'État, soit qu'il vienne de l'emprunt ou de l'impôt, il y a déjà un prélèvement considérable quand il se trouve dans la caisse à la disposition de l'ingénieur du chemin. S'il vient de l'emprunt, il coûte des primes : si c'est de l'impôt, il a laissé une remise dans la main du percepteur, dans celle du receveur particulier, dans celle du receveur général. On ne pense pas assez souvent que pour la perception du tarif des douanes le ministre des finances tient sur pied, outre le service sédentaire, une armée de vingt-sept mille préposés, ayant sabre et fusil, comme les soldats de son collègue le ministre de la guerre, et touchant une haute paye pour protéger, c'est-à-dire pour rançonner le commerce.

Maintenant, est-il bien juste que l'argent de l'impôt ou de l'emprunt (mais disons seulement de l'impôt, puisqu'en définitive c'est toujours l'impôt qui supporte l'emprunt), est-il bien juste que l'argent de l'impôt soit employé à faire des chemins de fer ? Pendant longtemps nous n'avons eu en France que le chemin de Paris à Saint-Germain. Qui intéressait-il ? Paris et Saint-Germain. Qui l'aurait payé, s'il avait été construit par l'État ? Toute la France. Qui l'a payé, et qui le paye encore tous les jours à la compagnie qui l'a construit ? Ceux qui s'en servent. De ces deux modes de payement, l'un qui fait payer par tout le monde l'avantage de quelques-uns , et l'autre qui fait payer le service rendu par celui qui en profite , quel est le plus juste ?

On dira : mais nous avons des chemins de fer partout; de Lille à Marseille, de Rennes à Strasbourg, toute la France est sillonnée. Cela n'est pas , et cela ne sera jamais; et quand le réseau de la France sera complet, il restera toujours de l'inégalité entre les citoyens, selon qu'ils seront ou ne seront pas commerçants, et selon que leurs affaires leur commanderont ou leur interdiront les

constance et en beaucoup d'autres, par ce sophisme, à
l'usage de tous les partis : « Le droit que je m'attribue
en ce moment serait excessif et tyrannique, s'il était
exercé par d'autres, mais moi qui représente véritablement le peuple, moi qui suis l'incarnation de la liberté,
je dois rendre mon administration toute-puissante par
respect pour la liberté et pour le peuple. »

Il y avait d'ailleurs une raison toute particulière pour
que l'Assemblée constituante confiât au conseil d'État cette
énorme prérogative. Elle avait rendu le conseil complétement indépendant du pouvoir exécutif. Elle le faisait
nommer pour trois ans par chaque législation nouvelle;
elle lui interdisait tout cumul; elle rendait électives toutes les dignités intérieures de présidents de sections et
de comités. Le conseil ainsi constitué pouvait donc être
considéré à la rigueur comme un corps indépendant, et
comme un équitable intermédiaire entre les administrateurs et les administrés. Mais cette indépendance était
loin d'être entière; le conseil, quelle que fût son origine,
était en majorité composé d'anciens administrateurs;
ses relations continuelles avec les ministres et la nature
même de ses attributions, le rattachaient très-intimement
aux autres fonctionnaires; de sorte que, même alors, la
nécessité de l'autorisation préalable équivalait presque
à un bill d'indemnité pour l'administration. Les législateurs eux-mêmes n'avaient pas une confiance entière dans
l'impartialité de leur conseil d'État, puisqu'ayant à organiser un tribunal des conflits, ils l'avaient composé par
moitié de conseillers à la Cour de cassation chargés de
représenter l'ordre judiciaire, et de conseillers d'État,
chargés de représenter l'ordre administratif.

C'est à tort qu'on se sentirait rassuré par cette pensée
que le conseil d'État ne fait qu'autoriser les poursuites,
et qu'il agit en cette circonstance comme la chambre du
conseil d'un tribunal ordinaire. L'attention du conseil
d'État ne porte pas exclusivement sur les présomptions

de la cause; ce qui le préoccupe, c'est l'intérêt de l'administration, la dignité des corps constitués. Son intervention est éminemment protectrice à l'égard des fonctionnaires attaqués. Elle les protége contre qui? Ce n'est pas contre les tribunaux, qui ne sauraient être suspects; c'est donc contre le public. La décision du conseil est d'ailleurs souveraine. Elle se rend en l'absence du plaignant et à la suite d'une enquête administrative; de sorte que l'injustice la plus criante, commise par un fonctionnaire, resterait impunie, si le conseil d'Etat jugeait à propos d'arrêter la plainte. Il est donc de la dernière évidence que l'administration armée de ce droit de couvrir ses membres, est inviolable, s'il lui plaît de l'être.

Ce serait se laisser tromper par une fausse analogie que d'invoquer l'exemple du Corps législatif et du Sénat qui ont chacun le droit d'accorder ou de refuser l'autorisation de poursuivre leurs membres. Ce droit, à l'égard du député, est limité par la durée de la session. En outre, il est fondé sur l'importance exceptionnelle des fonctions de législateur, et sur l'impossibilité de laisser au premier citoyen venu les moyens de paralyser le résultat d'une élection, ou de modifier une majorité. De pareils motifs n'existent pas dans l'ordre administratif, où les attributions de chaque place sont si bien déterminées que l'absence du fonctionnaire n'interrompt jamais la fonction. Nous avons d'ailleurs l'exemple de tous les pays véritablement libres, où cette solidarité absolue de l'administration n'existe pas. En Angleterre, par exemple, les fonctionnaires dépendent bien moins de leurs chefs, et bien plus du public, qui peut toujours les prendre à partie devant les tribunaux. L'action du gouvernement en est-elle entravée? Je dis qu'il n'en est rien, et que c'est une expérience concluante. La liberté est toujours bonne. Non-seulement l'administration anglaise ne souffre pas de la responsabilité individuelle de ses agents, mais elle y gagne d'avoir des agents plus scrupuleux; et

les agents eux-mêmes, loin d'être diminués par cett
obligation de répondre immédiatement, directement d
leurs actes, en tirent plus de force et de dignité. Ils so
soumis à la loi comme tout le monde, et non pas au ca
price d'un chef.

Nous disons bien haut, en France : agents responsa
bles! mais, grâce à la barrière du conseil d'Etat, barrièr
dont l'administration tient les clefs, sait-on où se trou
en définitive cette responsabilité du pouvoir exécutif
Dans la personne du ministre. Les ministres en eff
pouvaient être mis en accusation sous la charte de 183
et sous la constitution de 1848 par la chambre élective
aujourd'hui, ils peuvent être déférés par le Sénat à l
haute Cour de justice. C'est là, dit-on, pour la liberté pu
blique, une précieuse garantie; car si le conseil d'Éta
s'obstinait à rendre les agents secondaires de l'administration inviolables, on aurait la ressource de poursuivre le
chef du département ministériel, dont la responsabilité
est toujours engagée, parce que rien ne se fait sans se
ordres ou sans son aveu. La facilité avec laquelle certain
esprits admettaient cette fiction sous le régime constitutionnel, est une des plus grandes preuves que l'on puisse
donner de notre malheureuse indifférence et de notre
ignorance sur les conditions les plus essentielles de la liberté. Pendant vingt-sept ans, la responsabilité ministérielle n'a été invoquée que deux fois; une première fois
après la révolution de 1830, une seconde fois après la
révolution de février. Il ne faut pas moins qu'une révolution pour faire de cette grande, de cette suprême garantie autre chose qu'une lettre morte. Même avec une
chambre élective à peu près toute-puissante, avec la sécurité la plus complète pour la liberté individuelle, avec
une presse indépendante et toujours prête pour le scandale, il n'était guère possible à un citoyen de passionner
les membres de l'opposition pour son injure personnelle.
S'il y parvenait, l'opposition, qui ne connaissait que le

ignant et qui n'avait pas les pièces administratives à
disposition, portait l'affaire à la tribune, et fournissait
ministre accusé l'occasion d'achever d'accabler un ad-
saire obscur, et de remporter un triomphe oratoire.
comble, c'est que cette injustice était presque juste.
and une société est organisée de telle sorte que, pour
ager la victime d'un déni de justice ou d'un passe-
oit, il faut déconsidérer le pouvoir, mettre, pour ainsi
re, le gouvernement en interdit, arrêter toutes les affai-
t, bouleverser en un mot le monde politique, peut-on
pérer qu'un grand corps, chargé des intérêts généraux
permanents de la nation, va ainsi prendre fait et cause
ur une injure individuelle, et que la majorité qui sou-
nt un ministère se laissera arrêter dans sa politique
r un obstacle de cette nature ? En vérité, cela n'est ni
isonnable ni possible. La responsabilité ministérielle
est que pour les cas de haute forfaiture. Elle n'a rien à
ûr avec les détails de l'administration. Il n'est pas vrai
l'elle constitue un recours contre la toute-puissance du
nseil d'État en matière de poursuites judiciaires. Cela
était pas vrai même sous le régime constitutionnel. Je
ai pas besoin d'ajouter que la loi qui a remplacé l'action
à la chambre élective par celle du Sénat n'a pas eu pour
fet de désarmer le gouvernement et l'administration.
La responsabilité des fonctionnaires devant le conseil
'État seulement, équivaut, en fait, à l'irresponsabilité ;
est un régime oppressif pour les citoyens, et démorali-
ant pour les fonctionnaires. Le prétexte sur lequel il est
ndé tombe devant ce seul fait, que les collecteurs de
impôt sont soustraits à la protection du conseil d'État,
t peuvent être directement déférés au pouvoir judiciaire
n raison de toute perception illégale. Cette exception sur
e point le plus important peut-être n'a jamais entravé
a marche de l'administration ; de sorte qu'on peut dire
que le droit et le fait condamnent également la nécessité
lu recours au conseil d'Etat. C'est une question jugée. Il

n'y aura de liberté civile en France que le jour où la responsabilité des agents du pouvoir central cessera d'être
une·fiction, le·jour où le citoyen qui se prétend lésé par
l'administration trouvera entre elle et lui un autre juge
qu'elle-même [1].

· Nous pouvons conclure de tout ce qui précède, que l'administration française est ruineuse pour le budget; qu'elle
est dure à l'égard des fonctionnaires, puisqu'elle les retient dans un état de gêne pécuniaire et de subordination
excessive; qu'elle altère le caractère national en substituant dans un très-grand nombre d'esprits l'habitude de
demander à l'habitude de travailler; qu'elle détruit chez
les citoyens cette confiance dans ses droits et dans ses
propres ressources, qui est le principal ressort du génie
industriel et du caractère; qu'en s'étendant à tout, elle
accroît sans mesure et sans prudence sa responsabilité;
qu'au point de vue politique, elle absorbe la France dans
Paris, et met le pays à la merci d'un coup de main; qu'au
point de vue de la liberté civile, elle est éminemment oppressive, par la protection dont elle couvre ses agents de
tous les degrés. L'administration, en France, fait presque tout; elle peut faire tout ce qu'elle veut; et si elle administre justement, il faut en savoir gré à sa modération;
car la loi ne donne aux simples citoyens aucun recours
sérieux contre elle. Pendant qu'elle accroît tous les jours
ses attributions, en restreignant la faible part qui reste à

1. « Il y a, nous ne dirons pas dans telle ou telle des constitutions
qui se sont si malheureusement succédé en France depuis soixante ans,
mais dans les entrailles même de notre droit public, un principe
placé au-dessus de toute contradiction. C'est celui qui assure une
.sanction, une garantie, qui, pour employer la langue du Palais,
ouvre une action à tout citoyen invoquant un droit. Ce principe appartient à tous les temps et à tous les lieux. Il forme une des conditions fondamentales d'un état social régulier, et la base même sur
laquelle la justice repose. Le nier, c'est proclamer le règne de la
force et rétrograder vers la barbarie. » (Vivien, *Études administr.*,
t. I, p. 130.)

la liberté, la division des fortunes affaiblit chez les citoyens les moyens de résistance légale. Il y a peu de familles qui puisent une importance exceptionnelle dans la grandeur de leur héritage; il y en a peu qui soient en mesure d'affronter les chances de ruine qu'un procès, même quand il est bon, traîne presque toujours à sa suite. Ainsi, par la force des choses, tout s'abaisse devant ce pouvoir qui ne cesse de grandir et d'envahir.

6. De la décentralisation.

1° LE DÉPARTEMENT.

Nous avons vu déjà combien il y a de réformes tout à la fois urgentes, faciles, avantageuses pour la bonne administration. Parmi les besognes imposées aux administrateurs, il y en a qui ne servent à rien. On dirait que la place a d'abord été créée, et qu'on a ensuite imaginé des écritures pour que la place ne fût pas absolument sans fonctions. Voilà, en grand nombre, des branches inutiles qu'il faut élaguer. Un directeur habile, couperait, trancherait dans ces formalités. Les commis, débarrassés de leur routine, ne sauraient plus que faire de leur temps. Il faudrait bien se résoudre à en sacrifier un grand nombre; à moins d'avoir dans les bureaux des pensionnaires, des chanoines, entretenus pour leur propre agrément aux frais de l'État. Les fonctionnaires conservés, après cette première élimination, auraient plus de goût à leur ouvrage parce qu'ils en comprendraient l'utilité. C'est un mortel ennui que de travailler avec la pensée qu'on fait un travail perdu pour tout le monde. Quand même on les surchargerait, cela n'en vaudrait que mieux. Loin de nuire aux affaires, ces exigences nouvelles leur seraient profitables par le surcroît d'activité et d'intelligence que les employés y puiseraient. Les affaires sont l'école des fonctionnaires. Ces employés ainsi réduits en nombre et surchargés, tout le monde trouverait juste de les rémunérer à proportion de leur travail. On leur ferait une position au moins équivalente à celle des industriels. Ils n'auraient plus besoin de recourir à des moyens factices pour se donner de l'importance. Leur tâche, devenue difficile, les rendrait considérables, nécessaires à la chose. Ils se sentiraient appuyés, non par un chef ou un protecteur, mais par leur talent. On les dépouillerait dans presque tous les cas de l'humiliante et oppressive protection qui ne les défend contre le public qu'à condition de les livrer sans défense aux caprices de leurs supérieurs : ils y trouveraient un avantage inappréciable, car rien ne les couvre du côté de leurs chefs, tandis que le public n'aurait action sur eux que par les tribunaux et conformément à la loi commune. Cette substitution d'une responsabilité légale à une responsabilité arbitraire serait à la fois un accroissement de dignité pour les fonctionnaires, redevenus citoyens, une émancipation des citoyens, garantis contre les excès ou les erreurs de l'administration, et un véritable débarras pour l'administration qui, à force d'être irresponsable devant la loi, est, à l'excès, responsable devant l'opinion. Les mœurs, du même coup, gagneraient en pureté, en indépendance. La liberté politique deviendrait possible, tandis qu'avec ce demi-million de fonctionnaires, la liberté de la presse, des élections et de la tribune ne suffit pas à rendre la nation maîtresse d'elle-même.

Toutes ces réformes peuvent être accomplies, même en laissant à l'administration, prise dans son tout, les attributions étendues qui lui sont dévolues aujourd'hui. Cependant nous savons qu'un grand nombre de ces attributions sont de trop. Le gouvernement a l'air de nous faire une concession, quand il nous laisse quelque liberté sur un point ; il devrait au contraire se résoudre à regret à empiéter sur la liberté individuelle. Dès qu'on entre

dans cet ordre d'idées, qui est le vrai, le seul conforme
au principe des sociétés, à leur intérêt, à la nature humaine, ce n'est plus seulement le nombre des commis ou
employés d'une administration qu'il faut retrancher, ce
sont des administrations entières qui disparaissent. La
réduction des impôts à une base unique ferait à elle seule
une économie de cent mille fonctionnaires. Je ne cite que
cet exemple, parce que nous avons déjà vu comment l'intervention de l'État gêne le capital et le travail. L'État
peut d'un seul coup s'enrichir, et nous enrichir : il n'a
pour cela qu'à se retirer. C'est en vérité une singulière
illusion des gouvernements de croire qu'on a besoin de
les sentir. C'est le contraire qui est le vrai : on a besoin
de ne pas les sentir ; et ils ont, eux, pour leur stabilité,
le besoin de ne pas être sentis. Sans doute, il vaut mieux
beaucoup de gouvernement que beaucoup de désordre ;
mais c'est faire payer l'ordre bien cher, si on ne peut
l'avoir qu'à force de gouvernement. L'idéal est d'avoir
de l'ordre dans l'État, par l'effet de bonnes lois répressives, sans système préventif et sans une légion de fonctionnaires. En résumé, des besognes actuelles de l'administration beaucoup sont inutiles : elles ressemblent à la
besogne accomplie par les prisonniers anglais qui font
tourner une roue, laquelle ne produit hors d'elle-même
aucun mouvement ; ces besognes supprimées, il y aurait
encore à demander des efforts plus grands à chaque employé, ce qui profiterait à tout le monde et amènerait des
suppressions nouvelles dans le personnel ; enfin, troisième suppression plus importante que les deux autres,
il faudrait détruire presque partout la prévention, et par
conséquent restreindre la compétence et l'armée civile du
gouvernement.

Ce n'est pas tout : il y a lieu de rechercher si toutes
les choses qui doivent être gouvernées doivent l'être à
Paris, et par les agents du pouvoir central. Voilà le
germe d'une quatrième et dernière réforme, aussi fruc-

tueuse pour le budget, aussi satisfaisante pour les citoyens, aussi favorable à la liberté, à la morale, au développement de l'activité intellectuelle. Non-seulement,
sous notre administration compliquée, les individus ne
sont rien; mais les communes et les départements ne
sont pas autre chose que des cercles de l'administration
centrale avec un semblant d'autonomie. C'est là maintenant qu'il faut regarder. Si nous ressuscitons le département et la commune, le Briarée aux cent bras va
prendre enfin des proportions humaines. C'est ici une
des conditions fondamentales, la pierre d'assise de
la liberté. Il y a des communes en Angleterre et en
Belgique. Si jamais nous pouvons faire qu'il y en ait en
France, nous ne tarderons pas à y avoir des citoyens.
Alors la liberté y sera possible sous tous les gouvernements. A présent, sous tous les gouvernements, elle est
impossible.

On a beaucoup accusé les Girondins de fédéralisme.
Je crois même que cette accusation les a tués. Rien n'est
meurtrier comme un mot dans notre pays. Du temps des
Girondins, le souvenir des provinces était récent, il pouvait être ressuscité; la nouvelle division territoriale en
départements d'élection et d'administration était une des
trois ou quatre grandes réformes révolutionnaires que
l'assemblée avait le droit de maintenir et de défendre. Aujourd'hui la Lorraine, la Normandie, la Bretagne, la
Provence sont bien mortes : il n'en reste que leur histoire,
et quelques traits d'originalité dans le caractère; mais
il n'y a plus de trace d'intérêts communs, pouvant nuire
à l'unité nationale. S'il se forme quelque part en France
un centre d'intérêts particuliers, il ne sera plus déterminé par ces anciennes limites provinciales, mais par
quelque cause plus matérielle et, en quelque sorte, plus
effective; ce sera l'intérêt d'un bassin houiller, ou d'une
zone industrielle. Ces centres-là, ces coalitions-là ne sont
·pas des forces qu'on puisse vaincre par une division

géographique; et même, il n'est pas dans tous les cas nécessaire de les vaincre. Laissons donc de côté, comme désormais chimérique, toute préoccupation de la renaissance des provinces. Il y a déjà cinquante ans que cette résurrection est impossible.

Il serait fort absurde de s'inquiéter des départements, et de craindre un fédéralisme de nos quatre-vingt-six conseils généraux. La Bourgogne, la Bretagne, la Normandie étaient de gros morceaux; elles pouvaient faire échec au gouvernement central, dans un temps surtout où l'unité du code judiciaire et l'unité du code administratif n'étaient pas encore entièrement consolidées. Mais il y a loin d'un préfet à un gouverneur, et d'un conseil général à des états provinciaux. Il n'est pas d'ailleurs question de toucher aux trois points cardinaux de la politique : le code, l'armée, le trésor. Mettons à l'abri ces trois instruments de l'unité et de la force de la France. Avec un code unique, une armée régulière, et des ressources financières réunies sous la main du pouvoir central pour être employées par lui conformément à la loi, nous serons toujours un même peuple; et nous pourrons laisser les habitants d'une circonscription départementale répartir leurs impôts, gérer leurs propriétés, faire leurs routes, gouverner en un mot leurs affaires locales, qu'ils connaissent seuls, et auxquelles ils sont le plus directement intéressés.

Que menace la centralisation? La liberté intérieure. Que menace la décentralisation? La prépondérance du pays au dehors. Le problème est d'armer le pouvoir central de tout ce qui est nécessaire au maintien et à l'accroissement de la grandeur du pays, sans lui sacrifier la liberté. Pour faire de bonnes lois et de grandes choses, pour tenir son rang, c'est-à-dire le premier rang en Europe, notre gouvernement n'a pas besoin de nous asservir.

Il s'agit, dans le département des Côtes-du-Nord, d'ou-

vrir une route qui relie directement Loudéac à Quintin,
Guingamp et Lannion, sans passer par Saint-Brieuc,
c'est-à-dire sans faire dix ou douze lieues de trop. Il y a
trois éléments de l'affaire : l'utilité, la dépense, les ressources. Qui faut-il charger de l'enquête et de la décision? Le conseil général du département, ou le ministère
de l'intérieur, résidant à Paris? Voilà dans une question,
toute la question.

Certes, il faut avoir de l'intelligence et de la pratique
pour juger cette affaire en connaissance de cause. De
Loudéac à Lannion, quel est le mouvement d'affaires? Ce
mouvement est-il susceptible d'être accru par la création
d'une voie de communication? Le port de Lannion est-il
un débouché pour les communes du centre? Loudéac
peut-il devenir le centre d'un trafic entre Vannes, Lo-
rient et la côte nord-ouest de Bretagne? L'agriculture
peut-elle se passer des varechs que la presqu'île de Lézar-
drieux et toutes les côtes du Trégorrois lui fourniraient?
Quel est, sur ce parcours, le prix de la terre et de la
main-d'œuvre? La nature du terrain entre Quintin et
Guingamp ne rendra-t-elle pas l'exécution coûteuse ou la
voie pénible et par conséquent inutile? Le département
n'a-t-il pas, vu l'état de son industrie et de ses ressources, des travaux plus urgents à mettre en chantier? Ce
n'est là qu'une partie des questions qu'il faudra résoudre. Personne ne songe à en contester la difficulté et l'importance. Il s'agit seulement de savoir si l'enquête du
conseil général doit être suivie d'une contre-enquête faite
par le gouvernement; et si la décision qu'il émet doit
être considérée comme une décision définitive, ou comme
un simple vœu soumis à l'autorité supérieure.

Il est évident que pour réduire le conseil général à
n'émettre qu'un simple vœu sous le nom abusif de décision, dans une matière qui l'intéresse de si près, pour
restreindre à ce point son autorité et sa liberté, pour le
condamner aux inévitables lenteurs qu'entraîne la con-

centration dans les bureaux d'un ministère de toutes les
affaires communales et départementales, il faut que l'incapacité du conseil général soit flagrante, et que l'administration supérieure soit à même de décider avec
plus de maturité, d'intelligence et de compétence spéciale. Mais, je le demande, en est-il réellement ainsi? Le
conseil général est formé d'un député de chacun des cantons du département, élu, par le suffrage universel, à des
fonctions gratuites et onéreuses, qui intéressent directement la propriété et le bien-être des électeurs. Il faudrait désespérer du système électif, si le conseil ainsi
composé ne réunissait pas une majorité d'hommes éclairés, compétents, très au courant des affaires du pays,
et en mesure de les diriger mieux que personne. Ils ont
d'ailleurs à leur disposition tous les ingénieurs du département; ils ont le concours, ou, si l'on veut, la direction du préfet. Qu'a donc de plus qu'eux l'administration centrale, pour compenser l'éloignement, l'ignorance
des nécessités locales et l'encombrement des affaires?
Est-ce le ministre qui décidera? et reçoit-on la science
infuse en même temps qu'un portefeuille? non : c'est un
bureau, un commis par conséquent, très au courant,
sans doute, de la législation et du train général des affaires, mais qui, décidant rapidement, de loin et à lui
seul, pourra fort bien se laisser guider par les précédents, c'est-à-dire par la routine, et appliquer à la Bretagne et à l'Alsace une règle uniforme. Si ce commis,
avant de faire son rapport, a recours à une contre-enquête, qui la fera? le préfet, ou le corps des ponts et
chaussées. Dans ce cas-là, c'est l'avis d'un agent de
l'administration qui, grâce à la filière hiérarchique,
l'emportera en définitive sur la délibération du conseil
électif : singulier résultat de l'intervention du pouvoir
central, de faire casser par un chef de bureau la décision d'un grand corps! C'est pourtant, quand on y regarde de près, à ces proportions mesquines que se réduit

le contrôle de l'administration supérieure. Comment pourrait-on en douter et savoir le chiffre, vraiment énorme, d'affaires communales et départementales que les bureaux de Paris ont à décider chaque année ?

Le décret sur la décentralisation administrative, du 25 mars 1852, consacre des réformes très-utiles, en soustrayant, pour beaucoup de cas, l'administration départementale à la nécessité d'obtenir l'approbation ou l'autorisation ministérielle : il en résulte pour les préfets une plus grande liberté d'allures, plus de moyens de faire le bien ; il en résulte aussi un retour à la véritable compétence ; à la compétence des gens du pays en matière d'affaires locales, et la suppression de formalités qui étaient quelquefois mortelles pour les affaires. Il est regrettable que cette décentralisation ait profité plutôt aux préfets qu'aux conseils généraux. Les conseils généraux sont des corps électifs, dont les membres, nécessairement choisis dans chacun des cantons du département, auraient pu hériter de quelques-unes des attributions actuellement dévolues aux préfets, sans violer le grand principe de l'administration du pays par lui-même[1]. Mais il est clair que les préfets étant dans la main du pouvoir central, il n'a fait que changer d'agents, en les substituant, pour certains cas, au ministre. Cette apparente décentralisation est plutôt la substitution d'une méthode nouvelle et meilleure, à la méthode ancienne, qu'un véritable changement de système. Le pays ne s'administre pas ; seulement le pouvoir central le fait administrer par des agents qui le voient de plus près et le connaissent mieux.

1. On aurait pu, par exemple, les faire intervenir dans les délibérations des corps municipaux ayant pour objet l'aliénation d'un immeuble, et leur confier en général les attributions conférées par la Constitution belge aux députations permanentes des états provinciaux.

2° LA COMMUNE.

Le décret s'est arrêté au département, et n'a pas poussé ses réformes jusqu'à la commune. La tutelle à laquelle la commune est condamnée dans notre pays, demeure entière, avec cette différence qu'elle sera plus souvent exercée par le préfet, et moins souvent par le ministre. Au fond, la commune importe plus à la liberté que le département. Le département est en quelque sorte un être fictif : on a découpé la carte de France en quatre-vingt-six parts à peu près égales, et cela s'est appelé les quatre-vingt-six départements. L'unité de cet être collectif n'est fondée ni sur la communauté des souvenirs, ni sur des raisons géographiques, ni sur des intérêts spéciaux; elle tient uniquement à l'administration qu'on lui a donnée. Il n'en est pas de même de la commune, centre de rapports très-réels, très-intimes entre les citoyens qui l'habitent. Une ville a son histoire, son orgueil, son patriotisme; elle a ses habitudes particulières, ses mœurs; elle a de graves intérêts à défendre; elle a des propriétés à gérer. Tout le monde s'y connaît, s'y rencontre fréquemment. On n'y est pas seulement concitoyen, on y est voisin. On fait partie de la même garde nationale, on envoie ses enfants à la même école, on y profite dans une proportion égale des chemins, des rues, des places, des cours d'eau, des bibliothèques, des musées. C'est un être collectif reconnu par la loi, mais qui tient à la nature même des choses, à leur essence. La loi politique trouve la commune, elle ne la crée point. Le patriotisme communal est l'école du patriotisme; l'intervention dans les affaires de la commune habitue les citoyens à la vie publique, les initie à la connaissance des affaires; la stabilité, la grandeur des institutions communales est la plus sûre de toutes les garanties de l'ordre dans les commotions politiques. Ce n'est pas

exagérer que de dire qu'une bonne organisation des communes importe plus que toutes les constitutions politiques, à la société et à la liberté.

Maintenant quelle est, en France, la situation des communes? Un seul mot la résume : elles sont en tutelle [1].
On les traite comme des mineurs, des incapables ou des
interdits. C'est ce qu'il sera facile de montrer.

Toute l'autorité est remise au maire et au conseil municipal : voyons dans quelles conditions ils l'exercent.

Le maire est administrateur de sa commune, officier
de l'état civil, officier de police judiciaire, et juge de
police dans les communes qui ne sont pas chefs-lieux de
canton [2]. Comme officier de l'état civil, officier de police
judiciaire et juge de police, il agit sans le concours du
conseil municipal. Comme administrateur, il ne fait guère;
dans la plupart des cas, qu'exécuter les résolutions du
conseil ; mais il en est membre, il le préside, il lui soumet les affaires, il y a voix prépondérante. Cependant, ce
magistrat dont la situation est capitale, et sur qui principalement repose le soin des intérêts communaux, est
nommé par l'empereur ou par le préfet, suivant l'importance de la commune; il peut être pris en dehors du
conseil municipal, et parmi les candidats qui ont échoué,
ce qui ne l'empêche pas d'y avoir, même dans ce cas,
voix délibérante et prépondérante ; il peut être suspendu
pour deux mois par le préfet, pour un an par le ministre
de l'intérieur, et révoqué à volonté par un décret impérial.

De son côté, le conseil municipal, quoique élu par le
suffrage universel des habitants de la commune [3], ne peut
s'assembler que sur la convocation du maire, quatre fois

1. Et depuis longtemps. L'ordonnance qui soumet la comptabilité
des villes à la surveillance de l'État a été rendue sous Colbert. Cf.
M. Pierre Clément, *Histoire de Colbert*, p. 154 sq.
2. Loi du 24 août 1790.
3. Loi du 5 mai 1855, art. 7.

par an, pour une session qui ne peut durer plus de dix jours. Si une session extraordinaire est nécessitée par les besoins urgents du service, elle ne peut avoir lieu qu'avec l'autorisation du préfet, qui en détermine la durée. La plus importante fonction du conseil est de régler le budget de la commune, qui lui est présenté par le maire. Ce budget des recettes prélevées sur les citoyens, et des dépenses faites à leur profit, n'est en réalité qu'un projet soumis à la sanction des préfets pour les communes dont le revenu n'atteint pas cent mille francs, et à celle de l'administration supérieure pour les autres communes. L'administration peut inscrire d'office sur le budget les dépenses obligatoires ; elle peut retrancher ou restreindre les dépenses facultatives. Si la commune ayant de l'argent placé sur l'État a besoin d'en retirer une partie pour faire face à une dépense imprévue, le maire ne peut autoriser par mois que le retrait d'un douzième. Si le retrait d'un second douzième est nécessaire, il faut l'intervention du sous-préfet; il faut celle du préfet pour aller au delà. Créer des foires, des marchés, les supprimer, commencer un travail quel qu'il soit, fût-ce un simple travail de réparation dont la dépense doit dépasser trois cents francs, ouvrir ou redresser un chemin vicinal, en déterminer la largeur, changer la destination d'une propriété communale, telle qu'une halle, une fourrière, une salle de spectacle, créer un abattoir, aborner un cimetière, fixer le tarif du prix des concessions à perpétuité ou temporaires dans les cimetières, le tarif des places pour le stationnement dans les rivières, les rues, les ports, les marchés, traiter avec une compagnie pour l'éclairage de la ville, le curage des rivières, l'enlèvement des boues, régler l'alignement des rues et des places, les droits de parcours, la vaine pâture, toutes ces menues opérations d'administration courante sont soumises à l'approbation du préfet, et quelquefois à celle du ministre. A plus forte raison, la commune est-elle bridée lorsqu'elle veut agir comme personne civile, comme propriétaire. Pour accepter une donation ou un legs, autorisation ; pour poursuivre son droit en justice, ou même pour répondre à une poursuite, autorisation ; pour acquérir un immeuble, une loi ; pour acquérir des meubles, une bibliothèque, une horloge, autorisation du préfet ; pour aliéner un immeuble, une loi. Le conseil ne peut pas même vendre les matériaux d'une maison en démolition, sans s'y faire autoriser par le préfet. Il ne peut, sans une autorisation, ou une loi, suivant les cas, échanger ses immeubles, vendre ses bois, les défricher, les affranchir des droits d'usage par le cantonnement ou à prix d'argent, placer les reliquats de son budget sur des biens ou sur des particuliers. Les placements en rentes sur l'État sont les seuls qu'il puisse faire de son propre mouvement ; on lui accorde cette faveur. Pour s'imposer extraordinairement ou pour contracter un emprunt, les communes dont le revenu excède cent mille francs sont obligées d'obtenir un acte du Corps législatif. Elles ne peuvent même donner à bail leurs immeubles, ou prendre elles-mêmes un immeuble en location, sans recourir au préfet, pour les baux au-dessous de dix-huit ans, et sans se faire autoriser par un décret pour tous les baux d'une plus longue durée. Dans ces deux cas, et toutes les fois qu'un devis ou une estimation est nécessaire, ce n'est ni le maire ni le conseil qui nomme un expert, c'est le sous-préfet. La création d'un octroi municipal est aussi une faveur qu'il faut obtenir du ministre de l'intérieur. Le conseil vote qu'il y aura un octroi ; puis il transmet son vote au sous-préfet, qui le transmet au préfet, qui à son tour le transmet au ministre avec son avis ; et si le ministre juge à propos qu'il y ait un octroi, le vote du conseil est suivi d'effet. En réalité, les conseils municipaux, chargés en apparence, par la loi, de régler, de décider, d'administrer, ne font pas autre chose que d'exprimer des vœux sur les affaires locales : voilà où en est chez nous la commune.

Il va sans dire qu'un conseil municipal ne peut délibérer que sur les affaires qui lui sont soumises par le
maire conformément à la loi ; qu'il ne peut s'adresser à
l'administration supérieure que par la voie hiérarchique,
c'est-à-dire par l'intermédiaire du sous-préfet ; qu'il lui
est formellement interdit de correspondre avec un autre
conseil municipal, ou avec le conseil de son arrondissement ; interdiction incompréhensible, quand il y a tant
d'intérêts communs entre les territoires voisins [1]; qu'il
ne peut envoyer une députation au gouvernement, que
sur l'autorisation formelle du préfet, confirmée par celle
du ministre de l'intérieur ; qu'il a besoin des mêmes autorisations pour offrir à un citoyen un don, un hommage,
un encouragement ; qu'il ne saurait sous aucun prétexte
prendre directement la parole devant le public, par affiche
ou autrement, et publier une opinion, une adresse ;
qu'enfin ses séances sont rigoureusement secrètes, comme
celles du conseil général. Les habitants de la commune
qui veulent savoir si les centimes additionnels ont été
votés, ou si on a fixé le taux de la rétribution scolaire,

---

1. Dans la discussion de 1837, on avait proposé de réunir les
maires tous les ans au chef-lieu de canton pour délibérer sur les intérêts communs du canton. Cette proposition n'eut pas de suite,
parce qu'on regarda cette assemblée de maires comme faisant double
emploi avec le conseil d'arrondissement, et parce qu'en outre, par
un souvenir fort intempestif des fédérations de communes sous la
Convention, l'esprit de la législation française est de repousser les
délibérations en commun de magistrats appartenant à des localités
diverses. Il y aurait au contraire de grands bénéfices à tirer de ces
assises des maires, des juges de paix, des conseils municipaux, et le
même principe pourrait être appliqué avec avantage à des réunions
de préfets et de conseils généraux, toutes les fois par exemple que
plusieurs départements ont des intérêts solidaires, tels que les départements vinicoles, ou les départements manufacturiers, ou encore les départements qui peuvent être inondés par la même rivière.
Il suffirait, pour écarter tout inconvénient, que l'objet des délibérations fût connu et déterminé. Pense-t-on que des conseils municipaux ou des conseils généraux se transformeraient en société secrète ?

peuvent obtenir à la mairie communication du procès-verbal. Ce conseil muet, secret, dont les délibérations sont strictement renfermées dans le cercle des affaires communales, qui ne peut se réunir spontanément, et dont toutes les décisions sont soumises au veto du préfet, du ministre ou de la chambre, est tout ce qui nous reste de la commune du XIV° siècle, et de celle de l'Assemblée constituante. Pourquoi tant de protection et tant d'entraves? On a craint, d'une part, que la commune fût trop puissante, et de l'autre qu'elle fût trop incapable. On la déclare incapable de se gouverner elle-même, et on tremble qu'elle ne veuille gouverner la France.

C'est que nous réunissons sous le même nom de commune les choses du monde les plus différentes, la commune de Rouen, celle de Marseille, et quinze mille sept cent cinquante-sept communes dont la population ne dépasse pas cinq cents âmes. On n'a fait de lois spéciales que pour Paris et Lyon; et, chose remarquable, ces lois spéciales ont un caractère restrictif. Quand on fait une loi qui doit régler une commune dont la population dépasse douze cent mille âmes, qui renferme tous les dépositaires du pouvoir central, qui a, à elle seule, autant de ressources que plusieurs départements, et plus de pouvoir que tous les départements ensemble, il est naturel qu'on évoque le fantôme de la commune de Paris, qui faisait trembler la Convention; et quand on dispose la même loi pour qu'elle convienne à une commune de moins de cinq cents âmes, il est naturel qu'on pense à des conseillers municipaux ignorants et incapables, et à un maire qui ne saura pas lire. On prend les grandes communes en tutelle, à cause de l'ignorance des petites, et on accumule les précautions politiques contre les petites et inoffensives communes, à cause du pouvoir exorbitant que quelques communes importantes avaient usurpé dans d'autres temps. C'est une situation, une organisation, une loi équivoques. On a essayé, à plusieurs reprises, et notamment en 1848[1], de remédier à la petitesse des communes par la création du canton. Mais ce nouveau mécanisme n'a jamais pu fonctionner. Ou le canton est la commune agrandie, ou il n'est rien. Il faut faire les communes assez étendues pour n'avoir pas à craindre leur incapacité; et quant à leur influence politique, il faut avoir des lois assez libérales pour n'avoir rien à craindre des aspirations des corps municipaux vers la liberté. On a réellement détruit la commune en France, le jour où l'on a fait de trop petites communes[2].

Quel a pu être, dans ce morcellement, le but du législateur? de rapprocher le maire et le conseil municipal des habitants? de faciliter les élections? Évidemment non. La loi permet d'avoir un adjoint par section de commune, quand, par suite de l'éloignement ou d'un obstacle, les habitants pourraient difficilement se rendre au chef-lieu pour l'accomplissement des actes de l'état civil. Rien n'empêche de diviser aussi le scrutin, quoique cela soit certainement moins nécessaire et moins politique. Il était donc bien simple de donner plus d'importance à la commune en lui donnant plus d'étendue et de population. Mais c'est précisément ce qu'on a voulu éviter. Partant du principe faux de la centralisation, on n'a songé qu'à fortifier le pouvoir central, et on l'a fait de deux façons : en l'armant de tous les pouvoirs répres-

---

1. Constitution de 1848, art. 77. Un projet de loi sur les conseils cantonaux avait été élaboré au conseil d'État et allait être discuté, quand arriva la révolution de 1851.

2. En présence de ce tableau de nos administrations communales, on peut relire les chapitres où M. de Tocqueville démontre que les subdélégués de l'ancien régime étaient les maîtres souverains de l'administration paroissiale. La Cour des aides (remontrances du 6 mai 1775) se plaint qu'on en soit venu « à cet excès puéril de déclarer nulles les délibérations des habitants d'un village quand elles ne sont pas autorisées par l'intendant, en sorte que si cette communauté a une dépense à faire, quelque légère qu'elle soit, il faut prendre l'attache du subdélégué de l'intendant. »

sifs, et d'une grande masse de pouvoirs préventifs: en énervant, en subordonnant toutes les forces qui n'émanaient pas de lui, et qui auraient pu lui faire obstacle.

En effet, grâce à cette atténuation de la commune, qui la met pour ainsi dire en poussière, grâce à ces lois qui rendent les élections communales illusoires en ôtant aux élus toute autorité réelle, on peut dire qu'il n'existe pas en France d'autre autorité que celle qu'exerce le pouvoir central, ou celle qu'il délègue temporairement pour être exercée par ses agents sous sa surveillance. Il en résulte que les fonctions électives ne sont pas souhaitées, parce qu'elles ne sont pas puissantes; et que les élections municipales se font languissamment, parce que les citoyens sentent bien qu'ils ne seront pas réellement administrés par leurs élus; qu'on ne prend pas l'habitude de se mêler aux affaires, qu'on n'apprend pas à les connaître; que les illusions sur ce qui est possible, utile et juste en matière de gouvernement, se répandent et s'enracinent au détriment du pays et de l'administration elle-même, et qu'on ne connaît pas de milieu entre l'obéissance inerte et l'insurrection.

On pourrait nous objecter que le maire représente à la fois la commune et le gouvernement. Son autorité est mixte, et c'est pour cela que les constitutions antérieures la faisaient dériver à la fois de l'élection et du pouvoir central, en donnant au chef de l'État le droit de choisir les maires, et en l'obligeant à les choisir dans le sein du conseil municipal. Nous devons aussi reconnaître qu'une administration locale pourrait être égoïste, et multiplier à l'excès les travaux pendant son exercice pour laisser une glorieuse trace de son passage, en épuisant les ressources de la commune; ou qu'à force de voter des centimes additionnels, elle pourrait rendre la perception du principal de l'impôt difficile ou impossible. Mais si le gouvernement reste maître de révoquer le maire et de faire appel à l'élection; et si la gestion de la fortune municipale est soumise à des règles fixes et déterminées par la loi, qui remédient à l'imprévoyance et empêchent la dilapidation, pourquoi infliger aux communes la peine de l'interdiction, que les tribunaux prononcent contre les flétris et les prodigues? Cet asservissement détruit l'esprit municipal, et de proche en proche, il énerve le patriotisme.

Le régime de la liberté au contraire est sain, fortifiant, viril. Il forme des citoyens, des hommes, des hommes d'affaire. Il élève les âmes, il éclaire les esprits. Les économistes ont remarqué que quand un laboureur se mêle des élections, quand il intervient par des fonctions municipales dans le gouvernement des intérêts de la commune, il est aussi plus actif dans ses affaires particulières, plus entreprenant, plus sagement entreprenant. C'est une observation vieille comme le monde : on apprend à penser en pensant, à travailler en travaillant, à être libre en usant de la liberté. C'est pourquoi il est absurde de ne songer qu'à la liberté politique, dont le foyer est toujours loin, excepté dans les rares moments des élections, et de négliger la liberté communale, dont le foyer est près de nous. La commune anglaise, la commune belge sont libres. Si l'administrateur temporaire de la commune anglaise ne peut pas arbitrairement aliéner la propriété communale, il est soumis à cet égard, non à la tutelle d'un député-lieutenant ou d'un ministre, mais à celle d'une commission de la chambre élective, qui procède en quelque sorte judiciairement, et devant laquelle il se fait représenter par un avocat. Il y a loin de cette intervention du pouvoir législatif dans un cas grave et rare, à la surveillance de tous les instants exercée par le préfet sur nos municipalités. Je ne mets pas en doute que la forte constitution des communes en Angleterre[1] et en Belgique, n'ait été la principale cause du

---

1. Je ne parle ici que des communes urbaines jouissant des droits de corporation.

salut de ces deux peuples lorsqu'en 1848 toutes les monarchies ont été ébranlées ; et si le peuple anglais se fait
remarquer en général par un grand sens pratique, et par
son patriotisme, c'est incontestablement à la commune
qu'il le doit; c'est en intervenant dans les affaires de la
commune qu'il apprend les conditions d'une bonne gestion et d'une sage liberté.

S'il y a un préjugé enraciné, un préjugé funeste, c'est
celui qui fait de la liberté le synonyme de désordre,
quand il faudrait dire au contraire que la liberté est le
synonyme de l'ordre, et que le meilleur moyen d'intéres-
ser les hommes à l'ordre, c'est de leur apprendre les
affaires. Depuis la Constitution de 93, qui chargeait les
assemblées primaires d'élire les électeurs, les juges, les
jurés, les administrateurs et les conseillers de département, les maires, adjoints et conseillers des communes,
et qui, semblable aux constitutions grecques, faisait du
métier de voter l'unique occupation du citoyen, il est
passé en proverbe qu'un usage immodéré du scrutin
condamne les ateliers au chômage et rend toute industrie impossible. Mais nous sommes en vérité passés d'un
extrême à l'autre. Nous faisions trop de politique dans
ce temps-là ; à présent nous n'en faisons plus du tout. Il
y a un juste milieu à prendre ; et l'on ne voit pas que les
Suisses, les Belges, les Anglais, qui votent souvent, et
qui prennent part au gouvernement de leur pays, n'aient
plus d'ouvriers dans leurs fabriques. On pourrait aller
plus loin qu'eux sans inconvénient. Les hommes ont besoin de se sentir libres ; c'est un des instincts les plus
forts de leur nature. En leur refusant la liberté, on leur
refuse une des conditions du bonheur ; on leur impose
une souffrance. Cela seul est déjà un mal qu'on leur fait.
Quand la privation de la liberté n'entraînerait pas d'autre suite, il faudrait y regarder à deux fois avant de s'y
résigner. Non-seulement ils ont le goût, l'instinct, le besoin de la liberté; mais ils y ont droit. Dès qu'ils ont

quelque culture d'esprit, et qu'ils cherchent à se rendre
raison des choses, ils se demandent d'où vient le com-
mandement qu'on leur fait, et d'où vient la nécessité
de l'obéissance. Il est absurde de supposer qu'une
créature humaine qui a une intelligence même bornée, et des passions, va subir toute sa vie une domination, sans jamais réfléchir à l'origine de l'autorité.
Identifier l'autorité avec la force, porter le peuple à penser que le gouvernement n'a le droit que parce qu'il a la
force, c'est commettre un sacrilége, c'est faire une faute.
Le sacrilége est de troubler la notion de la justice, car la
force doit être au service de la justice, et n'en peut jamais
être le fondement; la faute est de se mettre au hasard de
la première insurrection venue : car si jamais le peuple
s'aperçoit de sa force, il en usera, et se croira légitime
en se voyant puissant, tant on oublie de lui montrer
que la force est autre chose que le droit. Au lieu de la
force, est-ce l'utilité qu'on invoque? Grande besogne de
faire comprendre à la masse qu'il lui est utile d'être gouvernée par un pouvoir unique, absolu, qui s'étend à tout,
à la politique générale, et à la plus petite affaire de cours
d'eau et de vicinalité. L'ignorant ne comprendra pas
cela ; le savant le comprendra encore moins, surtout s'il
est ou se croit plus capable que l'autorité. Reste le
droit.

Et en effet l'autorité ne peut reposer que sur le droit.
Les intérêts feront éternellement varier les hommes sur
l'utile, et la force n'appartiendra jamais au pouvoir contre
le peuple, qu'en apparence ; car le peuple est le nombre.
Mais le droit, cet unique fondement de l'autorité, d'où
vient-il? De la possession? On ne possède pas les
hommes. Comme il n'y a pas de prescription contre le
droit, il n'y en a pas contre la liberté. L'ancienne société
appuyait le droit sur la foi religieuse : c'est par là qu'elle
a vécu. Cette longue alliance entre la royauté et la religion est la seule explication de la longue histoire de la

royauté absolue. Aujourd'hui, l'alliance est rompue :
c'est un fait tellement définitif que ceux mêmes qui le
déplorent, le reconnaissent. A cette force morale qui s'appelait la religion, s'est substituée une autre force morale,
qui s'appelle la raison. Désormais il n'y a plus d'autre
droit public que celui que la raison établit. La religion
elle-même, irrévocablement séparée de l'État, invoque
la raison, pour obtenir sa liberté dans l'État. Or, qu'est-
ce que le droit fondé sur la raison ? C'est le droit
identique à la liberté ; le droit commun à tous, n'appartenant en particulier à personne ; c'est l'égalité. Du
moment que la liberté et l'égalité sont de l'essence du
droit, la seule autorité légitime est l'autorité déléguée,
l'autorité constituée par la volonté de tous. Dans cette
délégation l'unanimité est-elle possible ? Il est clair
qu'elle ne l'est pas. Donc l'autorité absolue est illégitime.
Il faut qu'il reste toujours à la minorité une chance de
démontrer qu'elle a raison, et de faire pacifiquement reconnaître son droit. Si le progrès n'est pas impossible, i
est clair que l'autorité immuable est contre la nature des
choses ; et il faut qu'une génération nouvelle ait toujours
un moyen d'améliorer l'organisation de la société. Pourquoi les hommes, individuellement possesseurs d'une
part égale de liberté, délèguent-ils l'autorité à un
homme ou à un corps ? Déléguer l'autorité, c'est faire une
opération analogue à l'impôt ; car celui qui se soumet à
l'impôt, renonce à la moindre partie de la propriété pour
sauver l'autre ; et celui qui délègue l'autorité renonce à
une partie de sa liberté pour sauver le reste. Donc il est
de l'essence de l'autorité déléguée de ne pas être absolue
car du moment qu'elle est absolue, elle perd sa raison
d'être. Celui qui, dans un incendie, abat une partie de sa
maison pour faire la part du feu, est un homme sage
celui qui raserait sa maison, de peur qu'on n'y mît le feu
serait un fou. Quand les anciens rois disaient : « Je tiens
mon pouvoir de Dieu, donc mon pouvoir est absolu, » il

se trompaient peut-être sur le principe; mais ils étaient dans la logique. Si les rois modernes disaient : « Je tiens mon pouvoir du peuple, donc il est absolu, » ils auraient raison dans leur principe, mais leur conséquence ne serait pas seulement fausse, elle serait contradictoire. Le peuple ne peut retrancher de sa liberté que la portion strictement nécessaire à la conservation du reste. Ce qu'il en retranche de plus, par erreur, ou ce qu'on en retranche par la force, est d'abord une injustice qu'il subit, et qu'il constate tôt ou tard, et c'est ensuite, pour les délégués, un accroissement d'autorité fatal ; car ils auraient été le droit, si la délégation avait été renfermée dans ses justes limites ; et parce qu'elle excède, ils ne sont que la violence.

Le peuple, dit-on, ne raisonne pas. C'est possible; mais, par un moyen ou par un autre, il arrive à la conclusion du raisonnement. Tout ce qui est contraire à la logique est éphémère. Un gouvernement qui fonde son droit sur la délégation reconnaît par là même la liberté. C'est autant son intérêt que son devoir, de n'accepter qu'une délégation strictement limitée par la nécessité sociale. Tout ce qu'il prend au delà est une cause de désordre, une chance de ruine pour lui, et de trouble pour la société. Il se fortifierait en se restreignant[1]. On peut poser en axiome que tout homme aspire à la liberté avec une force d'expansion telle, qu'il renverse infailliblement les barrières factices qu'on lui oppose et qui l'empêchent pour un temps de se rétablir dans son état naturel. C'est pour cela que tout gouvernement absolu est rétrograde. Il s'oppose aux progrès de la raison publique, parce que

1. « Ce n'est pas impunément qu'on se joue des lois constitutionnelles d'un État, et la protection des lois est plus nécessaire encore aux gouvernements qu'à leurs sujets. » (Discours de Boissy d'Anglas à la Chambre des pairs, dans la discussion de la loi de 1814 sur la presse.)

la raison publique ne pourrait pas faire de progrès sans
le renverser.

On parle de l'incapacité du peuple; c'est l'argument
de M. de Bonald. Selon lui, le peuple est incapable de se
gouverner et de choisir son gouvernement; il faut donc
qu'il reçoive comme un bienfait le gouvernement qu'on
lui impose. Ne faisons pas ici de théorie absolue, il ne
nous faut que des faits, et n'étendons pas la question outre
mesure, ne dépassons pas l'horizon de l'administration
communale. De quoi s'agit-il? De conserver et d'améliorer une très-modeste fortune, d'en dépenser les revenus avec intelligence dans l'intérêt commun, de nommer
à quelques emplois locaux, de surveiller quelques fonctionnaires, de fonder et d'administrer une école, un asile,
un hospice, de maintenir la tranquillité dans les rues,
d'ouvrir et d'entretenir un chemin, de faire en un mot
pour une ville ou pour un village ce que fait chez soi le
père de famille. C'est une tâche importante, mais modeste. La question est de savoir si, dans une commune un
peu étendue, telle qu'il serait facile d'en constituer en
France en ne s'astreignant pas à donner à chaque village une municipalité[1], on ne trouvera pas douze hommes
capables de la remplir avec intelligence et probité; et si
les habitants, que ce choix intéresse au plus haut degré,
ne seront pas mieux placés que le préfet ou le ministre
pour découvrir les administrateurs qui leur conviennent.
Quand on réduit la question à ses proportions véritables,
on a presque honte de la voir controversée. Il est clair
que la commune ne manquera ni d'administrateurs capables, ni d'électeurs intelligents; qu'il n'y a pas même
de prétexte pour porter ailleurs le droit de choisir; que
cette violation de la liberté est injuste, vexatoire, inutile,

---

1. Il y a en France trente-six mille huit cent dix-neuf communes,
ce qui ne donnerait pas une moyenne de mille habitants par commune; quinze mille sept cent cinquante-sept communes n'arrivent
pas au chiffre de cinq cents habitants.

dangereuse; et que les administrateurs les plus en état de mettre de l'ordre dans la commune, sont ceux que la commune elle-même a préférés. Grâce à cette autonomie de la commune, les citoyens auront le sentiment de leur importance et de leur dignité, le sentiment de leur droit. Ils grandiront dans leur propre estime, en se mêlant aux affaires publiques. Ils jouiront doublement du bon ordre, qui sera leur œuvre. Ils prêteront main-forte à une administration choisie par eux dans leur propre sein, et qui ne sera que l'expression de leur intérêt et de leur volonté. Ils se tiendront au courant, en leur qualité de surveillants et de futurs électeurs, de toutes les déterminations du pouvoir municipal; ils en sauront les motifs, ils en verront la nécessité; ils seront les premiers à réclamer l'intervention de l'autorité, au lieu qu'à présent ils se laissent mener passivement. Si quelqu'un redoute que les communes émancipées manquent d'économie et se laissent entraîner à des emprunts inconsidérés, il n'y a qu'à voir le chiffre auquel s'élève la dette communale sous le régime de la tutelle administrative. Nos communes, si bien surveillées, ont été ruinées par la loi du 10 juin 1793, par la loi du 24 août 1793, par la loi du 20 mars 1813; elles sont presque toutes surchargées d'emprunts écrasants. L'absence de vie propre décourage les donataires, éteint le zèle des administrateurs. Un des plus sûrs moyens de mal raisonner, c'est de vouloir toujours regarder les maux futurs, et de ne jamais tenir compte des maux présents. Qui a besoin qu'il y ait de l'ordre dans la commune? c'est la commune : personne ne fera la police mieux qu'elle. Qui payera les centimes additionnels rendus nécessaires par l'emprunt ou par le gaspillage? c'est la commune : personne ne la remplacera dans le désir et dans la capacité de faire des économies.

Même pour les matières étrangères à l'administration municipale, le gouvernement deviendra plus facile quand les citoyens, habitués à gouverner une commune, connaîtront les conditions et les difficultés réelles d'une administration. Ils se rendront compte du motif de toutes les mesures, ils verront les objections et les conséquences ; ils sauront supporter une gêne, ils sauront attendre. Ils ne mettront plus comme aujourd'hui la responsabilité du gouvernement partout. A l'heure qu'il est, quand les vignes ont coulé, quand les épis ne rendent pas, on se plaint du gouvernement. C'est insensé, et c'est presque juste. Il succombe également sous le poids des occupations dont il se charge, et sous celui de la responsabilité qu'il assume. C'est mal servir l'ordre, en vérité, que de condamner le pouvoir central à la maladresse ou à l'impopularité.

Tout le monde veut des places et de l'autorité : c'est un résultat de la centralisation ; que de gens entravés, gênés, garrottés, se croient libres, uniquement parce qu'ils ont le pouvoir de gêner les autres, et parce qu'ils ont d'autres affaires que les leurs ! Un second résultat, c'est que le gouvernement seul peut donner des places et de l'autorité. C'est là, dit-on, une grande force pour lui, un grand moyen d'administration. Il n'en est rien. A chaque place qu'il donne, il fait un heureux et vingt mécontents. Il n'est entouré que de mendiants, et servi que par des flatteurs. Il est obligé de créer des places, non parce qu'il y a une fonction, mais pour qu'il y ait un fonctionnaire. Il fait nécessairement de mauvais choix, qui le discréditent. Le nombre immense des mécontents et des disgraciés n'a d'autre espoir que de renverser l'ordre établi, et de faire le lendemain une curée. Toutes ces places sont une ruine permanente pour le budget, une entrave permanente pour les affaires, un appât pour toutes les ambitions. On se dit : « Ayons notre tour ! » Le vrai, c'est d'émanciper les communes, de retrancher cette immense quantité d'agents du pouvoir central qui seraient immédiatement remplacés par les élus du peuple ; d'ouvrir à

une ambition honorable la voie des fonctions municipales; de rendre les citoyens maîtres chez eux pour qu'ils
n'aspirent pas à être maîtres chez les autres; de les accoutumer à préférer le produit du travail au revenu
d'une place. Voilà les conditions, la voie royale de l'ordre, Le gouvernement, partout et toujours, les places
innombrables, les agents imposés, ne sont que de la
compression.

Il y a tant de choses dans un État, tant d'intérêts opposés, tant de révolutions dans les intérêts, qu'on a peine
à comprendre l'utilité d'un agencement qui, en rendant
tout solidaire, ne permet pas aux citoyens d'effectuer
eux-mêmes les menues réformes dont ils sentent le
besoin. Quand il faut ou tout subir ou tout changer, quand
il n'y a pas de moyen terme, la société est sous le coup
d'une perpétuelle menace. Le secret de rendre les révolutions impossibles, c'est d'empêcher qu'elles soient dé-
sirables. Il y a un terrible malentendu entre les hommes,
parce qu'ils confondent l'ordre avec la compression, et la
liberté avec l'anarchie. Le vrai parti de l'ordre, c'est le
parti de la liberté [1].

Il n'est pas bon qu'il y ait dans un pays, le pouvoir
d'un côté, et le simple citoyen de l'autre. Cela n'est bon
ni pour le pouvoir, ni pour le citoyen. Le pouvoir est plus
précaire quand il est unique, et sa chute, si elle arrive,
ne laisse rien subsister. Tout tombe avec ce colosse. La
famille et la propriété se trouvent menacées par une révolution qui n'aurait dû emporter qu'une forme politique.
La liberté communale a ce double effet de rendre les révolutions plus rares et moins complètes. L'histoire permet
d'ajouter que cette liberté est aussi un puissant rempart
contre l'invasion étrangère. Tant que la commune est so-

---

1. « Les progrès du gouvernement consistent surtout dans la substitution graduelle de l'activité de la société à celle de l'administration, et de la police judiciaire à la police administrative. » (M. Dunoyer, ll., t. III, p. 373.)

lide, la société n'est pas compromise dans les agitations purement politiques. Le toit peut être emporté par une tempête, mais les fondements demeurent[1].

3° L'ASSOCIATION VOLONTAIRE.

Les mêmes raisons qui rendent indispensable l'accroissement et la consolidation de la commune, qui est une association nécessaire et naturelle, obligent aussi à considérer l'association volontaire, pourvu qu'elle se fasse au grand jour et n'essaye pas de se soustraire à l'action des lois répressives, comme une des conditions essentielles de la liberté et un des fondements de l'ordre. Dans ces dernières années, sous l'influence des idées saint-simoniennes et de la doctrine fouriériste, l'association était devenue à la mode. On la rêvait partout; on la regardait comme une panacée universelle. Tantôt on prêchait l'association limitée et volontaire, et tantôt on voulait établir une association absolue, embrassant nécessairement tout le monde et toutes choses. Rien, au fond, ne se ressemble moins que l'association volontaire et limitée et l'association universelle. Entre l'une et l'autre, il y a la liberté : c'est tout un monde. L'association universelle n'est rien moins que le communisme; l'association volontaire et limitée est une des grandes forces, une des

1. « Il existe un moyen de diminuer la puissance des gouvernements au profit de la liberté et du bonheur des peuples : il consiste dans l'application de cette maxime énoncée dans la déclaration des droits que je vous ai présentée : « La loi ne peut défendre que ce qui « est nuisible à la société, elle ne peut ordonner que ce qui lui est « utile. » Fuyez la manie ancienne des gouvernements, de vouloir trop gouverner; laissez aux individus, laissez aux familles le droit de faire ce qui ne nuit pas à autrui ; laissez aux communes le droit de régler elles-mêmes leurs propres affaires, en tout ce qui ne tient pas à l'administration générale de la République, rendez à la liberté individuelle tout ce qui n'appartient pas naturellement à l'autorité publique, et vous aurez laissé d'autant moins de prise à l'ambition et à l'arbitraire. » Discours de Robespierre à la Convention, 10 mai 1793.

grandes ressources, une des grandes espérances de la société et de la liberté. Il ne faudrait pas que le juste discrédit où sont tombées les doctrines qui voulaient tout réformer étourdiment, et nous rendre heureux malgré nous par des moyens ou frivoles ou coupables, atteignît le principe même de l'association, qui est fécond et excellent; et il ne faudrait pas non plus désespérer de l'association limitée, à cause des espérances puériles qu'on avait fait naître dans certains esprits. A en croire les enthousiastes, les ouvriers n'avaient qu'à s'associer pour produire mieux, avec plus de bénéfices pour eux, et à meilleur marché pour les acheteurs; et les consommateurs, de leur côté, n'avaient qu'à s'associer, pour obtenir immédiatement de meilleures marchandises à meilleur compte. La raison, disait-on, en était fort simple; l'association des ouvriers supprimait le patron, et l'association des consommateurs supprimait le marchand. On ne songeait pas qu'on supprimait du même coup le crédit et le talent; ou du moins un genre de talent très-nécessaire à l'industrie et à l'humanité, celui de diriger et celui d'échanger.

Mais, sans partager l'exagération des utopistes, sans oublier que la condition de l'association pour les ouvriers est de transformer le salaire fixe en salaire aléatoire, tandis que la dépense reste invariable pour le plus grand nombre parce qu'elle est bornée au nécessaire; sans méconnaître que certaines industries ont besoin d'être nourries par le capital, attachées à une responsabilité nominale, et dirigées par une intelligence spéciale et exceptionnelle; que le commerce de son côté est un art très-compliqué et très-difficile, et qu'un grand marchand qui sait commander à propos, écouler ou emmagasiner à propos, proportionner l'offre aux besoins, répondre immédiatement à la demande, ou la provoquer en créant de nouvelles ressources, rend un immense et indispensable service à la production et à la consom-

mation, il faut bien admettre que les associations entre
capitalistes, entre patrons, entre ouvriers, ou même les
associations mixtes, ouvrent à l'humanité une carrière
toute nouvelle ; et à présent que le temps a fait justice
des folies de l'école saint-simonienne, et que les anciens
Pères ne peuvent plus regarder sans rougir ces fameuses
jaquettes qui ont fait tant de bruit en 1830, il n'est que
juste d'avouer que cette école mêlait à ses bizarreries un
grand fonds d'idées élevées et fécondes, et qu'aucune
doctrine n'a contribué davantage à donner, par l'association, un nouvel essor à l'industrie, au commerce et
aux grands travaux d'utilité publique.

Il y a, dans notre organisation actuelle, deux motifs
de tenir à l'association : l'un, c'est l'extrême division des
fortunes ; l'autre, c'est l'excessive extension des droits de
l'État. En Angleterre, où les fortunes sont considérables,
un particulier peut faire une fondation ; ici, pour fonder
quelque chose, nous avons indispensablement besoin de
nous réunir. Chez nos voisins, où la liberté individuelle
est garantie, et non-seulement la liberté passive, qui
consiste à ne pas être attaqué dans son bien et dans sa
personne, mais la liberté active, qui consiste à pouvoir
user de son talent et de ses capitaux sans être entravé
par la force publique, un simple citoyen peut aller de
l'avant, par ses propres ressources ; il n'en est pas de
même pour nous, qui avons à subir tant de formalités,
à demander tant d'autorisations, à passer par tant de
filières : nous userions nos forces, notre patience, notre
crédit, nos ressources, si nous ne savions pas nous
épauler les uns les autres, et devenir presque forts
en associant nos faiblesses. Il n'y a que les progrès de
l'association qui puissent permettre à l'État de retirer sa
main ; car, avant de cesser d'agir, il faut qu'il soit remplacé. S'il n'y avait pas de compagnies capables de
creuser nos canaux, d'ouvrir et d'exploiter nos voies
ferrées, il est clair que nous serions obligés de demander

ι l'État de s'en charger lui-même : cet exemple est frappant ; la même nécessité s'étend à tout, aux routes, aux hôpitaux, aux écoles, aux bibliothèques, aux institutions le crédit. C'est une association qui a fondé le jardin zoologique d'Anvers : chez nous, si l'Etat rayait de son budget le muséum d'histoire naturelle, il n'y aurait plus, en France, une seule collection.

Les grandes associations financières dépendent plus que toute autre institution de la forme politique du gouvernement. Sous un pouvoir absolu, elles se développent rapidement, et déploient beaucoup d'ardeur et d'audace. En revanche, si elles vont plus loin et plus vite, elles aboutissent plus souvent à des catastrophes. Cette double conséquence tient à une cause unique, l'absence de publicité, ou du moins de publicité indépendante. Le rapide accroissement et l'irrémédiable chute de la banque de Law auraient été impossibles sous un gouvernement moins despotique.

Outre les grandes compagnies qui associent leurs capitaux pour les faire fructifier au bénéfice des déposants, et qui se vouent soit à des opérations de crédit, soit à des travaux industriels, nous avons en France un assez grand nombre d'associations de caractères différents. Il y a d'abord les associations entre ouvriers, qui remontent à 1848. Ces associations ont eu diverses origines et ont été constituées sur divers principes. Les unes ont été fondées sur l'égalité des salaires et à l'exclusion du capital. Il va sans dire qu'elles n'ont pu subsister dans de telles conditions. D'autres n'ont accepté que l'apport des ouvriers associés ; d'autres enfin ont fait appel aux capitaux. Parmi ces dernières on peut citer l'association des maçons, qui est aujourd'hui dans un état de grande prospérité. Des associations de tailleurs, de fabricants de limes, d'ébénistes, de lampistes, de laquistes, de fabricants de lanternes pour les voitures ont produit de bons résultats financiers, et des résultats moraux d'une importance inappréciable. Il y a des associations pour la vie à bon marché, qui fonctionnent avec succès à Lille et à Grenoble. Ces associations, dans lesquelles sont entrés un grand nombre de fondateurs qui ne participent pas aux bénéfices, appartiennent plutôt à l'assistance qu'à l'industrie. Il en est de même des sociétés de secours mutuels, où beaucoup de cotisations proviennent de membres qui n'auront jamais besoin de recourir au fonds commun. Des rapports récemment publiés ont fait connaître les rapides accroissements des sociétés de secours mutuels. Ce qui n'était qu'une exception il y a quelques années est devenu un fait considérable, qui tient désormais une place importante parmi nos institutions. Rien ne prouve mieux la grandeur de nos ressources en tout genre, si nous savions en user. On ne saurait croire combien il y a en France de dévouements disponibles[1]. A Paris et dans quelques villes de département, on a fondé des académies, pacifiques associations ayant pour but et pour effet de développer et de propager la science et les lettres. Il faut compter au premier rang, parmi elles, l'association polytechnique de Paris, qui fait des cours gratuits aux ouvriers, l'Orphéon pour l'enseignement du chant; faibles mais honorables commencements d'une propagande littéraire, scientifique, artistique qui pourrait devenir pour la France une véritable régénération. On a fait par souscription, il y a quelques années, des bibliothèques communales. En général, il y a peu d'associations inspirées par l'esprit patriotique. Nous avons, en revanche, un grand nombre de sociétés de bienfaisance. Ainsi, on agit, il y a un mouvement : mais combien il s'en faut que ce mouvement soit général ! Les compagnies lucratives sont en bonne veine de propagation ; les sociétés de secours

---

1. « On peut se demander avec raison, dit M. Vivien, si ce ne sont pas plutôt les occasions de servir qui manquent au zèle, que le zèle aux occasions de servir. » (*Études administratives*, t. II, p. 45.)

mutuels s'étendent et se multiplient : tout le reste est languissant. Quelques hommes zélés font obscurément un peu de bien, et c'est à peine si leurs concitoyens leur en tiennent compte. Les divers cours publics qui se font à Paris, en dehors des établissements de l'État, n'ont pas réussi à attirer la foule. C'est un vrai malheur pour la liberté. Les professeurs de l'État ne seront jamais absolument indépendants : il est regrettable qu'il ne se fonde pas, à côté de leurs chaires, des institutions libres, comme en Allemagne, en Belgique, en Angleterre[1]. La bienfaisance si active en France, si généreuse, manque presque partout d'organisation. Elle s'épuise et elle produit peu, faute de méthode. Il y a beaucoup à faire de ce côté-là pour tout le monde, et surtout pour les jeunes gens et pour les femmes. Les femmes sont comme la société française : elles sont trop gouvernées. Il en résulte qu'elles ne savent plus agir, et qu'elles n'en ont plus le goût. Assurément je ne désire pas qu'elles fassent des assemblées pour discuter je ne sais quelles puérilités sociales et philosophiques, ou qu'elles se donnent en spectacle comme les blooméristes : je ne suis pas assez platonicien pour cela. Mais quand on a tous les jours sous les yeux le touchant et sublime spectacle des sœurs de la charité, et de ces nouvelles venues qu'on appelle les petites sœurs des pauvres et qui seraient dignes d'être aussi les enfants de saint Vincent de Paul ; quand on voit, dans le monde, tant de nobles femmes sans cesse occupées à soulager des misères, à relever des courages de leur bourse, de leurs soins et de leur cœur, peut-on ne pas souhaiter que les femmes s'emparent avec plus de résolution du gouvernement de la charité privée, et qu'elles centuplent le bien qu'elles font et le régularisent par l'association ? Si ce vœu, que j'exprime ici en passant, mais du fond de

---

1. Voy. ci-après, dans la quatrième partie, le chapitre II intitulé : *La liberté de penser.*

mon cœur, pouvait éveiller quelqu'une de ces vocations qui s'ignorent, je regarderais un tel résultat comme une marque de la bénédiction de Dieu sur ce livre.

Mais pour que les associations se multiplient, s'étendent et prospèrent, il ne faut pas que le gouvernement mette la main sur elles. Il a le droit de les surveiller, il a le devoir de les encourager, de les aider, au besoin de les éclairer : qu'il se garde bien d'aller au delà, et de les transformer en rouages administratifs. Si on venait à faire des associations une annexe de l'administration, on leur ôterait du même coup ce qui fait leur attrait et ce qui fait leur force : mieux vaudrait une nouvelle branche d'administration, cela serait plus franc et plus juste. Je veux bien m'associer librement à des compagnons de mon choix, et pour une œuvre que j'ai à cœur, avec la liberté de modifier mon programme et de me retirer si l'œuvre cesse de me convenir; mais entrer dans une corporation pour y mener la vie passive d'un fonctionnaire, porter mes statuts au visa de l'autorité, faire le bien en vertu d'un diplôme, accepter un supérieur que je n'aurais pas choisi, c'est s'enrôler, cela, ce n'est pas s'associer. Associons-nous, non pour cesser d'être libres, mais pour rendre la liberté inattaquable et féconde. L'association forcée et réglementée est un abandon de la liberté individuelle; l'association volontaire est une extension de la liberté individuelle.

Nous donnerions beau jeu aux communistes, si nous restions dans notre isolement; notre faiblesse les rendrait irréfutables ; ils montreraient trop aisément que nous ne sommes rien, que nous ne pouvons rien, que liberté et stérilité ne font qu'un. Nous avons beau avoir des bras et de l'intelligence, qu'est-ce qu'un homme fera de ses bras, s'il est seul ? Qu'il entreprenne seulement de bâtir sa maison, il mourra avant de l'avoir finie. Et que fera-t-il de sa fortune, même s'il est millionnaire ? Sait-on ce qu'il faut enfouir de millions dans un tunnel ou dans un

viaduc? C'est encore pis pour l'intelligence. Nous admi-
rons Descartes, Newton, Leibnitz. Mais ôtons de leurs
livres tout ce que l'éducation et l'étude leur avaient donné,
que restera-t-il? Ces grands hommes ne sont que des
pygmées, qui dominent la foule parce que la foule les
porte sur ses épaules. Nous commençons une œuvre, et
la mort nous prend : elle nous arrête juste au moment
où nous allions entrevoir ce qu'il y avait à faire. Notre
labeur serait perdu, s'il n'y avait à côté de nous un autre
homme pour prendre la charrue de nos mains défaillantes et continuer le sillon commencé. Nous ne pourrions pas même faire le bien, sans l'association; la misère lasserait notre dévouement, elle renaîtrait derrière
nous à mesure que nous l'aurions secourue, et nous en-
fermerait comme dans un cercle magique. Sans l'association, nous ne serions rien contre l'État. Il pourrait
impunément devenir violent et injuste; la liberté n'aurait pas de sanction. Nous aurions tout sacrifié au désir
d'être libres, et nous ne serions devenus qu'impuissants.
Nous ne pourrions ni user de la liberté ni la défendre.

Pour qu'un homme comprenne et aime la liberté, il
faut qu'il se sente fort. L'égalité en nous séparant nous
affaiblit, et donne occasion de naître au despotisme. Le
remède est dans la Commune et dans l'association volontaire, qui remplacent les grandes situations individuelles
par les grandes situations collectives.

. Certes le communisme se trompe étrangement quand
il identifie sa doctrine avec celle de l'association, et la
nôtre avec celle de l'isolement. Il ne faut pas dire : ici
l'association, là l'isolement; mais bien : ici l'association,
forcée, là l'association volontaire. Voilà la vérité, voilà la
juste part de chaque doctrine. Dans le système de l'association volontaire, nous avons à la fois les bénéfices
de l'association et ceux de la liberté. Nous acquiérons la
grandeur intellectuelle et physique sans rien perdre de
la grandeur morale. Notre association est une associa-

tion de frères, et celle des communistes n'est qu'un accouplement de forçats.

Quand la liberté a commencé à couvrir le monde, ceux qui regrettaient le passé ont prononcé contre elle un anathème terrible : ils l'ont appelée l'égoïsme. La Révolution pourrait répondre qu'en écrivant sur son drapeau liberté, fraternité, elle avait mis le remède à côté du mal. Mais, quand on regarde les faits et non la doctrine, il est incontestable que c'est la liberté qui préoccupait l'Assemblée de 1789, et que la fraternité n'était pour elle qu'une aspiration et une théorie. A une société fondée sur le catholicisme, qui prêche le renoncement, on substituait une société fondée sur la raison, qui proclame la liberté et l'égalité, c'est-à-dire le droit individuel. Le roi de l'ancienne société était à la fois le représentant de Dieu, qui le sacrait, le père de la famille et le symbole de l'honneur national ; tout sujet lui devait obéissance, amour, dévouement; le nouveau roi n'était, sous un vieux nom, qu'un délégué de tous les intérêts, auquel on ne devait obéissance que dans la mesure de la délégation qu'on lui avait faite et du profit qui en résultait pour tous et pour chacun. Autrefois tous les membres d'une même patrie étaient répartis dans des classes diverses, qui, depuis le monarque jusqu'au dernier sujet, exerçaient ou subissaient l'autorité suivant des règles séculaires, avec la condition pour le supérieur de protéger son subordonné, et pour le sujet de servir son seigneur, pour les uns comme pour les autres, de s'aimer et de ne faire qu'une famille. La famille elle-même était organisée comme l'État, sur le principe de l'autorité paternelle, de l'obéissance filiale et d'un dévouement réciproque. Le droit, dès son premier jour, brisait les classes, puisque sa formule est égalité. Il supprimait le dévouement, ou en faisait une vertu surérogatoire. Il pénétrait dans la famille, et traçait la limite des obligations réciproques du père et du fils. L'un et l'autre avaient désormais des

intérêts distincts, et qui pouvaient être en guerre. Un
jour devait fatalement venir où la doctrine du droit,
poussée à son extrême conséquence, s'exprimerait dans
cette barbare formule, chacun pour soi, chacun chez soi.
Voilà par quel côté les ennemis de la Révolution sont
forts. Ce n'est pas être juste envers les de Maistre et les
Bonald, qui sont de grands esprits et de nobles cœurs, que
de les soupçonner d'aimer le privilége pour lui-même;
ce qu'ils aiment dans la société privilégiée, c'est l'amour.

Nous n'avons que trop de quoi leur répondre. Leur
société non plus ne doit pas être jugée par la théorie;
il faut la prendre au fait, à la réalité. Il faut voir si l'a-
mour était autre chose qu'une déclamation. On apprenait
aux jeunes nobles à aimer leurs vassaux; on prêchait
la bienfaisance aux seigneurs dans leurs chapelles. Soit!
toute organisation a sa rhétorique. Le poids du servage
en était-il moins dur? Le partage de l'impôt en était-il
moins inique? Le talent mal né en était-il moins honni?
Le trésor public en était-il moins prodigué aux courtisans? La théorie elle-même, quoique au premier abord
séduisante, qu'est-elle autre chose qu'un sophisme? Le
droit est le droit; coûte que coûte, il faut le subir. Il n'est
au pouvoir ni d'un homme, ni de tous les hommes d'a-
bandonner le droit pour un autre principe, puisque le
droit est l'éternel maître qui gouverne les forces intelli-
gentes, comme le principe de la gravitation règle les
mouvements de la matière. L'amour est brillant; c'est la
poésie. Le droit est solide, c'est la science. A chacun sa
place : fondons la société sur le droit, parce qu'il le faut;
et de toutes nos forces et de tout notre cœur, propageons
à côté de lui l'amour. Ne mettons que le droit dans la
loi, parce que toute loi qui n'est pas l'expression du
droit, est factice, éphémère, sans solidité, sans raison
d'être. Mais, à côté de la loi, créons des institutions qui
fassent naître la fraternité, qui la favorisent, qui ramè-
nent l'amour dans les cœurs et dans la société. Faisons

II   13

en un mot la société sur le modèle de la nature, qui a
donné les passions pour auxiliaires à la raison, et qui
n'a pas voulu qu'elles en fussent jamais les maîtresses.

Il faut distinguer la loi et les institutions. La loi est
contraignante, et par conséquent elle ne peut à aucun
prix s'écarter du droit, coûte que coûte. Les institutions
sont libres : il est du devoir du législateur de les disposer pour corriger ce que la loi absolue a de dur et souvent
terrible. Dans la morale comme dans la politique, la
charité n'a de place qu'après la justice.

Autre chose est la loi humaine, autre chose la loi
divine. Non pas que la loi humaine puisse jamais s'écarter de la loi divine : l'homme ne prescrit qu'après Dieu.
Mais la loi divine va plus loin que la loi humaine. Nous
ne pouvons mettre dans nos codes que la justice : Dieu a
mis dans le sien la justice et la charité. En matière de
propriété, que dit la justice? « Tu ne voleras point. »
Elle ne dit rien de plus. Si la loi humaine ajoute : « tu
donneras ton superflu, » elle va contre elle-même, elle
ouvre la porte à la violation du droit, à l'arbitraire; elle
ne garantit plus la propriété. Elle ôte à la charité sa
grâce et son mérite. La loi divine, au contraire, peut
condamner le mauvais riche. Le prêtre, le philosophe ne
connaissent pas le devoir, quand ils le mesurent judaï-
quement sur le droit. Toutes les richesses que nous pouvons conquérir par le travail et toutes celles que nous
distribue libéralement la Providence, la fortune, le génie,
ne sont que des trésors dont nous sommes dépositaires.
Membres de la famille humaine, irons-nous nous absorber dans notre droit, et vivre pour nous-mêmes, heureux
et inutiles, quand l'humanité souffre, travaille et saigne
à côté de nous? Et ce grand Dieu, voilé mais présent,
qui est à la fois un juge et un père, nous a-t-il faits,
nous, intelligents, sensibles et libres, pour que nous
soyons à nous-mêmes notre propre but, quand le reste
des êtres créés, depuis les soleils jusqu'au grain de

sable, conspirent à l'harmonie et à la beauté universelle?
Malheur à la société qui oublie de mettre la justice au- .
dessus de tout; et malheur à la société qui oublie d'appeler l'amour à son aide par toutes les forces de la persuasion et de l'éducation! Le tort de l'ancien monde
était de ne compter que sur l'amour et d'oublier la justice : le danger du nouveau est de ne compter que sur la
justice, qui devient un dissolvant quand elle est seule,
parce que l'homme est à la fois une raison et un cœur.
La société humaine ne peut ni imposer le dévouement,
ni s'en passer. Inscrivons la justice inflexible sur les
tables de la loi ; et par les mœurs, par la famille, par
l'association volontaire, par la philosophie, par l'éducation publique et privée, par les paroles et les exemples
des magistrats, faisons la propagande de la fraternité
humaine et de la loi divine.

CHAPITRE II.

LA LIBERTÉ PUBLIQUE.

1. De la forme du gouvernement : théories de Platon, d'Aristote et de Montesquieu. — 2. Des éléments de la liberté : exposition et commentaire des principes de 1789. — 3. Des garanties de la liberté : la loi précise et complète; la loi, expression de la volonté générale; la séparation des pouvoirs; la publicité.

1. De la forme du gouvernement : théories de Platon, d'Aristote et de Montesquieu.

Nous entendons professer assez haut, depuis quelque temps, le bizarre principe de l'indifférence en matière de constitution politique. Les uns affirment que la liberté politique n'est qu'un leurre sous toutes les formes de gouvernement ; les autres, sans pousser la théorie aussi loin, croient qu'il n'y a rien de mieux à faire dans la pratique que de s'accommoder aux circonstances, et de défendre l'ordre sous un gouvernement populaire, ou d'arracher à un gouvernement despotique quelques mesures libérales.

Ce scepticisme politique ne saurait étonner personne :

c'est le fruit naturel des révolutions. Quand un pays a changé plusieurs fois de constitutions dans un petit nombre d'années, il se trouve tout rempli d'hommes qui ont à justifier ou à préparer une apostasie. Combien de fois depuis 1789 a-t-on répété, en manière d'apologie, que tel homme avait changé de parti pour rester fidèle à son opinion ? Pour moi, je ne nierai pas que de telles conversions aient pu être sincères ; je regrette seulement qu'elles ne soient pas demeurées secrètes. Il peut arriver à un honnête homme, que des relations d'amitié ou de famille, ou peut-être un enthousiasme irréfléchi avaient entraîné dans un parti, de reconnaître de bonne foi qu'il s'est trompé, qu'il a pris des espérances pour des possibilités ; que la sécurité, la gloire et l'avenir du pays sont sous un autre drapeau. Quand on a le malheur de faire en soi-même une pareille découverte après avoir publiquement donné des gages à la cause qu'on abandonne, la morale veut qu'on le reconnaisse hautement, et qu'après cette confession, on sorte de la politique pour n'y plus rentrer. Il ne faut pas se laisser duper par ce sophisme à l'usage des vaniteux, qu'on est nécessaire. Cela n'est vrai de personne, et surtout cela ne saurait être vrai d'un homme qui, s'étant trompé, de son propre aveu, en une matière grave, a donné par là une preuve médiocre de son intelligence. L'exercice du pouvoir a trop de charmes, et il est accompagné de trop d'avantages pour qu'une conversion ne soit pas suspecte quand elle a pour effet de permettre au nouveau converti de devenir l'associé et le copartageant des adversaires qui l'ont battu. Quand un général célèbre vit ou crut voir qu'en servant Napoléon Iᵉʳ, il ne servait pas la cause de la France, son devoir était d'attendre la paix, et de rentrer dans la vie privée : au lieu de cela, que fit-il ? il porta à l'ennemi un nom déshonoré, et des talents désormais impuissants.

Le seul service que puisse rendre à son pays l'homme qui voit tomber ses illusions politiques, c'est de donner,

en se mettant à l'écart, une preuve de sa loyauté et de
son désintéressement. La France a plus besoin de caractères que de fonctionnaires. Si j'étais au pouvoir, je ne
voudrais pas de ces recrues éclatantes qui me feraient
gagner un serviteur, et feraient perdre un homme à la
patrie. Si j'étais mêlé aux luttes politiques, je me réjoui-
rais, je m'honorerais de ne voir devant moi que des
adversaires fidèles à leur passé et à leurs convictions.

Il n'est pas vrai d'ailleurs que la politique soit si peu
de chose; c'est là un grossier sophisme qui ne peut être
inventé et accueilli que par l'intérêt personnel. Le gouvernement absolu et le gouvernement représentatif diffèrent dans leur but, et dans les moyens qu'ils emploient
pour y parvenir. Un pays ne peut pas, sans un grand
péril pour sa prospérité et son influence, osciller longtemps
de l'un à l'autre. Il ne peut pas garder, sous un régime,
des institutions et des mœurs faites pour un régime
différent. Une constitution n'est puissante dans un pays
que quand elle est conforme à ses vœux, à ses besoins, à
ses mœurs, à ses lois; et réciproquement, il n'y a de
force, de stabilité pour les lois et pour les mœurs d'un
pays que quand tout cela est couronné par une constitution analogue. Le scepticisme est faux, il est malsain. Il
n'a pas plus de raison d'être en politique qu'en morale.
Il dégrade l'âme qui s'y livre, et il aurait bientôt fait de
démoraliser un peuple.

· Il ne saurait être question ici d'examiner quelle est la
meilleure constitution et celle qui convient le mieux à
notre pays. Je n'ai ni la liberté ni le goût de me livrer à
cette recherche : chacun, sur ce point, a une opinion faite,
et je ne sens pour moi ni le besoin de justifier la mienne,
ni le désir de lui gagner des partisans. Qu'il me soit
permis seulement de rechercher s'il y a des principes
communs et supérieurs à toutes les constitutions, principes tellement sacrés et tellement nécessaires, qu'une
constitution ne saurait s'en écarter sans faire reculer la

ation et sans violer la liberté publique. En me
it sur ce terrain, je ne parlerai ni à un parti ni au
d'un parti, je parlerai à tout le monde au nom de
erté et de la morale.

ant à la théorie des formes politiques, que je laisse
tiers de côté, elle est tout entière dans Montesquieu.
léorie n'a pas fait un pas depuis la publication de
it des Lois : ce n'est pas faute d'avoir accumulé les
iences.

l y a, dit Montesquieu, trois espèces de gouverne-
s : le républicain, le monarchique et le despotique.
uvernement républicain est celui où le peuple en
, ou seulement une partie du peuple, a la souve-
puissance; le monarchique, celui où un seul gou-
, mais par des lois fixes et établies; au lieu que
le despotique un seul, sans lois et sans règle,
îne tout par sa volonté et par ses caprices [1]. »

y regardant attentivement, on voit que cette division
omprend pas seulement trois gouvernements, mais
quatre. En effet, ce gouvernement républicain, où
uvoir est exercé par le peuple en corps, ou seule-
par une partie du peuple, constitue la démocratie
le premier cas, et l'aristocratie dans le second :
ce que Montesquieu établit lui-même dans le chapi-
iivant.

urait pu, pour achever sa classification, faire pour
s les formes de gouvernement ce qu'il a fait pour le
rnement d'un seul, qu'il a distingué en gouverne-
monarchique et gouvernement despotique, suivant
e maître obéit aux lois, ou seulement à son intérêt.
est de même dans la démocratie, qui est le gouver-
nt de la foule; et dans l'aristocratie, qui est le gou-
ment du petit nombre. Quand elles abandonnent
stice pour se livrer à la passion, la démocratie

'sprit des Lois, liv. II, chap. I.

dégénère en démagogie, et l'aristocratie dégénère en oligarchie.

Après avoir énuméré les différentes formes de gouvernement possibles, Montesquieu a recherché leur principe, décrit leurs caractères, prévu leurs conséquences avec tant de vérité et de profondeur, que l'histoire ni la philosophie n'ont plus rien à y ajouter. Il appartient à une classe d'esprits qui disparaît tous les jours, et que nous ne savons plus ni apprécier ni comprendre, parce que la pression croissante des faits nous rend incapables et presque indignes de la théorie. C'est un penseur qui, ne manquant à coup sûr ni de décision ni d'originalité, expose et juge avec impartialité les opinions mêmes qu'il repousse. Quoique dévoué à la monarchie constitutionnelle, qui n'était encore dans notre pays qu'une espérance, il sait toute la grandeur de la forme républicaine, et toutes les ressources de la monarchie absolue.

Il est assurément très-remarquable que Montesquieu ait pris toute sa théorie dans le sixième livre de la *Politique* d'Aristote, qui lui-même l'avait empruntée au huitième livre de la *République* de Platon : de sorte que ces deux grands génies se trouvent avoir raconté à l'avance l'histoire de l'humanité.

Aristote est surtout d'une précision parfaite dans la classification des gouvernements : il en reconnaît trois genres, qui se subdivisent chacun en deux espèces, selon que les gouvernants ont pour but l'intérêt général du pays, ou leur intérêt particulier.

Le premier genre est la monarchie, et le gouvernement d'un seul, qui s'appelle royauté quand le prince ne se propose que le bien public, et despotisme, quand il ne songe qu'à maintenir et à développer sa richesse et sa puissance. Le second genre est le gouvernement des minorités, et constitue suivant les cas une aristocratie ou une oligarchie; enfin, le troisième genre, ou gouvernement des majorités, peut être une démocratie, si le peuple use de son pouvoir dans l'intérêt général, ou dégénérer en démagogie, s'il se laisse duper par des flatteurs qui tirent à eux sa puissance et s'engraissent à ses dépens [1].

On peut dire qu'Aristote, au moins égal à Montesquieu dans la classification des formes de gouvernements, lui est peut-être supérieur dans l'analyse, et qu'il a déterminé en philosophe et en homme politique, le but, les causes et les effets de chacune d'elles. Nous ne ferons qu'une remarque : c'est que le démagogue d'Aristote, absorbant en lui-même la démagogie, exerçant par délégation la puissance populaire, est déjà un tyran. Il y a une démagogie où la foule n'abdique pas, où elle fait la guerre à toute suprématie de naissance, de talent et de vertu, où elle érige en droit la supériorité du nombre, confond la liberté avec l'égalité, et ne connaît d'autre égalité que l'égalité numérique.

Platon qui n'avait pas, comme son illustre élève, été le ministre d'un Alexandre, à défaut de l'expérience qui lui manque, tire toute sa politique de la psychologie. C'est dans l'âme humaine qu'il étudie les empires. C'est dans l'étude de nos passions qu'il va chercher et qu'il découvre la loi de toutes les agitations des États.

Il prend d'abord à partie la royauté. Il est difficile d'avoir un bon roi, ou plutôt, il n'y a qu'un moyen d'en avoir un, c'est de conférer la royauté à un philosophe. Si un homme investi du souverain pouvoir n'a pas en partage cette intelligence des besoins du peuple et ce désintéressement personnel que la philosophie seule peut donner, il est à craindre qu'il ne puisse régner longtemps conformément à la loi, et qu'il en vienne à considérer sa magistrature moins comme une charge que comme

_____

1. Voyez tout le livre VI. Aristote pousse beaucoup plus loin les subdivisions, mais nous nous en tenons aux traits généraux. Il distingue jusqu'à cinq espèces de royautés. (Cf. *Polit.*, liv. III, chap. IX et X.

une propriété. La royauté s'est sauvée à Sparte en sau-
vant l'État avec elle[1], mais à la condition de se diviser
d'abord entre deux rois, après Aristodème, puis entre les
rois et un sénat de vingt-huit vieillards, sous la Constitution de Lycurgue, auxquels Théopompe, un siècle plus
tard, adjoignit encore deux magistrats presque égaux aux
rois sous le nom d'éphores. Cette royauté divisée est
déjà une aristocratie. L'aristocratie à son tour a besoin,
pour vivre, que les chefs de la république n'aient ni ambition ni avarice. Si, à force d'user du pouvoir, ils en
viennent à l'aimer pour lui-même et à vouloir à tout
prix s'y perpétuer, ils élèvent une barrière entre eux et
le peuple, pour qu'il n'y ait plus que des semblants d'é-
lection. Cette barrière est le cens. Le cens est en effet le
fond de toute oligarchie ; et le livre d'or de Venise n'aurait été bon qu'à être jeté dans l'Adriatique, si les nobles
n'avaient employé leur pouvoir à accroître leur richesse,
et leur richesse à garantir leur pouvoir. Il faut lire, dans
la *République*, la critique de l'oligarchie[2]. « Quels sont
les vices que nous reprochons à ce gouvernement, demande Glaucon ? — Remarque ce qui arriverait, répond
Socrate, si dans le choix du pilote on avait uniquement
égard au cens, et que le pauvre, fût-il plus capable, ne
pût approcher du gouvernail. Un pareil État par sa nature n'est point un ; il renferme nécessairement deux
États : l'un composé de riches, l'autre de pauvres, qui
habitent le même sol et conspirent sans cesse les uns
contre les autres[3]. »

---

1. Platon, les *Lois*, liv II. Trad. de M. Cousin, t. VII, p. 174.
2. Platon, *la République*, liv. VIII. Trad. de M. Cousin, tome X,
page 141.
3. Voici en quels termes la doctrine que Platon combat dans ce
passage a été introduite deux mille ans plus tard dans la législation
de la France. « Nous devons être gouvernés par les meilleurs; les
meilleurs sont les plus instruits et les plus intéressés au maintien
des lois. Or, à bien peu d'exceptions près, vous ne trouverez de pa-

Qu'arrive-t-il alors? « Lorsque les gouvernants et les gouvernés se trouvent ensemble en voyage, ou dans quelque autre rencontre, dans une théorie, à l'armée sur terre ou sur mer, et qu'ils s'observent mutuellement dans les occasions périlleuses, les riches n'ont certes nul sujet de mépriser les pauvres; au contraire, souvent un pauvre maigre et hâlé, posté dans la mêlée à côté d'un riche élevé à l'ombre et surchargé d'embonpoint, en le voyant out hors d'haleine et embarrassé de sa personne, ne penses-tu pas qu'il se dit à lui-même que ces gens-là ne doivent leurs richesses qu'à la lâcheté des pauvres; et quand ils seront entre eux, ne se diront-ils pas les uns aux autres : En vérité, nos hommes d'importance, c'est bien peu de chose[1]. »

Aussitôt que le peuple en est là, l'oligarchie ne peut plus tenir. Le peuple se compte, et le voilà roi! Combien de temps régnera-t-il, ce roi qui a mille bras pour agir, et mille cœurs pour vouloir? Il régnera, comme tous les rois, jusqu'au moment où il s'enivrera de sa puissance. « Lorsqu'un État démocratique, dévoré de la soif de la liberté, trouve à sa tête de mauvais échansons qui lui versent la liberté toute pure, outre mesure et jusqu'à l'enivrer; alors, si ceux qui gouvernent ne sont pas tout à fait complaisants, et ne donnent pas au peuple de la liberté tant qu'il en veut, celui-ci les accuse ou les châtie comme des traîtres et des partisans de l'oligarchie[2]. »

Le gouvernement, tombé dans cet excès, change encore de caractère; la multitude ne connaît plus aucun frein; elle se laisse mener au hasard, par ses passions, ou plutôt par les passions de ses flatteurs, qui ont l'art de dé-

---

reils hommes que parmi ceux qui possèdent une propriété.... Un pays gouverné par les propriétaires est dans l'ordre social; celui où les non-propriétaires gouvernent est dans l'état de nature. » (Rapport de Boissy d'Anglas, du 5 messidor an III.)

1. Platon, *la République.* Tr. fr., p. 42.
2. Platon, *la République,* p. 166.

guiser leur ambition et leur avarice sous les dehors
d'amis du peuple. La place publique regorge de votants;
une poignée de démagogues se disputent la tribune aux
harangues; les décrets se succèdent comme les éclairs
dans une nuit d'orage. Il n'y a personne aux champs, ni
à la frontière menacée par l'ennemi. Le trésor de l'État
est vide; la justice même est à chaque instant violée,
parce que c'est la colère qui juge. C'est alors que du sein
de ce chaos sort un fléau plus horrible que tous les
autres. « Tout excès amène volontiers l'excès contraire
dans les saisons, dans les végétaux, dans nos corps, et
dans les États comme ailleurs. Ainsi dans un État comme
dans un individu, ce qui succède à l'excès de la liberté,
c'est l'excès de la servitude[1]. » Les démagogues maltrai-
trent le peuple, qui se donne un chef pour leur résister.
Mais par où le protecteur du peuple commence-t-il à en
devenir le tyran? « N'est-ce pas évidemment lorsqu'il
commence à lui arriver quelque chose de semblable à ce
qui se passe, dit-on, dans le temple de Jupiter Lycéen en
Arcadie? On dit que celui qui a goûté des entrailles d'une
créature humaine mêlées à celles des autres victimes, se
change inévitablement en loup. De même, lorsque le
chef du peuple, assuré du dévouement de la multitude,
trempe ses mains dans le sang de ses concitoyens; quand,
sur des accusations injustes, suivant la marche ordinaire, il traîne ses adversaires devant les tribunaux pour
les faire périr odieusement, qu'il abreuve sa langue et sa
bouche impies du sang de ses proches, qu'il exile et
qu'il tue, et montre à la multitude l'image de l'abolition
des dettes et d'un nouveau partage des terres, n'est-ce
pas alors pour cet homme une nécessité et comme une
loi du destin de périr de la main de ses ennemis, ou de
devenir tyran et de se changer en loup[2]? » Ainsi, de
chute en chute, l'État tombe de la royauté ou de l'aristo-

---

1. Platon, *la République*, p. 169. — 2. *Ib.*, p. 174.

cratie dans l'oligarchie, de l'oligarchie dans la démocratie, de la démocratie dans la démagogie, qui aboutit nécessairement à la tyrannie, c'est-à-dire au plus grand de tous les malheurs. « Le véritable tyran est un véritable esclave, un esclave condamné à la plus dure et à la plus basse servitude, et le flatteur des hommes les plus méchants. Loin de pouvoir rassasier ses désirs, il manque presque de tout et il est vraiment pauvre. Pour qui sait voir dans le fond de son âme, il passe sa vie dans une frayeur continuelle, en proie aux chagrins et aux angoisses. Tel est cet homme; et sa condition ressemble à celle de l'État dont il est le maître[1]. »

2. Des éléments de la liberté : exposition et commentaire des principes de 1789.

Ne tirons de cet admirable huitième livre, qu'on est toujours heureux de relire, que cette conclusion : tous les gouvernements tombent par l'envahissement de l'intérêt personnel. Le gouvernement a pour mission de représenter la morale, c'est-à-dire de rendre le peuple juste et heureux par la possession de la liberté. Quand, au lieu de penser au peuple, il pense à lui, à sa durée, à son éclat, à sa richesse, tout ce qu'il prend au delà de la force nécessaire à l'accomplissement des lois, il l'usurpe. Il perd le caractère de guide et de ministre pour prendre celui de maître et d'ennemi; déserteur du droit, il ne peut plus se maintenir que par la force; il faut donc qu'il succombe après s'être inutilement déshonoré.

Voilà le mal : quel sera le remède? Cherchons-le dans ces principes dont nous parlions tout à l'heure, et qui, supérieurs à toutes les constitutions, peuvent seuls leur donner de la légitimité et de la solidité. Étudions, pour ainsi dire, les éléments de la liberté. Dans toute théorie

1. Platon, *la République*, p. 203.

politique, il s'agit toujours de chercher quelle part doit être faite à l'autorité, quelle latitude doit être laissée à la liberté. Quand on a déterminé ce que l'autorité doit retenir, sous peine d'être inefficace, ce que la liberté doit revendiquer, sous peine d'être étouffée, il reste encore à se demander, suivant le génie, l'histoire, la population, la situation géographique et l'industrie particulière des peuples, à quelle forme de gouvernement on confiera la tâche d'exercer cette part de pouvoir sans la dépasser. Quel est le rapport entre cette étude des éléments de la liberté, que nous allons essayer, et celle des formes politiques que nous renvoyons à Montesquieu, ou plutôt, car ce ne serait pas encore assez loin, à Platon et à Aristote? Pour les esprits absolus, ce rapport est celui des prémisses à la conséquence. Pour les hommes qui ne confondent pas la politique avec la géométrie, il faut se contenter de dire que la liberté étant le but commun, et la forme politique la méthode, on peut voir plusieurs chemins pour arriver au même but. Tâchons au moins de nous entendre sur le but, puisque nous ne savons plus et que nous ne pouvons plus discuter avec calme et liberté sur la question de méthode.

Notre tâche, ainsi circonscrite, est encore assez lourde, car il est à peine moins difficile de réformer que de créer[1]. En quoi consiste la liberté publique? Quels sont les éléments de la liberté, « les éléments du citoyen, » disait Hobbes, qui malheureusement confondait le citoyen avec le sujet. Ces principes de toute théorie du pouvoir, nous ne les demanderons ni à la philosophie ni à l'histoire; nous les prendrons, pour ainsi dire, à côté de nous, et des mains mêmes de nos pères. Ce sont les immortels principes de 1789, que tout le monde invoque, et qu'on

---

1. Ὡς ἔστιν οὐκ ἔλαττον ἔργον τὸ ἐπανορθῶσαι πολιτείαν ἢ κατασκευάζειν ἐξ ἀρχῆς. (Aristote, *Polit.*, liv. VI, chap. I, § 4. Trad. fr., t. II, p. 177.)

applique si rarement, faute de savoir ou de vouloir les
entendre. C'est déjà un très-grand fait que cette unanimité, malgré la différence des interprétations. Quand
l'auteur de la charte de 1815 déclare, dans le préambule,
qu'il a dû, à l'exemple des rois ses prédécesseurs, apprécier les effets des progrès toujours croissants des
lumières, les rapports nouveaux que ces progrès ont in-
troduits dans la société, la direction imprimée aux esprits
depuis un demi-siècle et les graves altérations qui en
sont résultées, je suis persuadé qu'il entend reprendre la
monarchie constitutionnelle au lendemain du 4 août ; et
je suis également persuadé que s'il pouvait subsister un
doute à cet égard, les plus intelligents et les plus autorisés parmi les hommes qui représentent la cause vaincue
en 1830, s'empresseraient de proclamer. qu'ils acceptent
les progrès accomplis, les démonstrations faites, qu'ils ne
se croient pas obligés d'amnistier d'anciennes erreurs et
de nous enchaîner à des traditions abolies, que la royauté
telle qu'ils la rêvent est une royauté alliée à la liberté, et
par conséquent franchement appuyée sur les principes de
1789. Ce sont ces mêmes principes que la charte de 1830
a voulu consacrer plus clairement et plus complétement,
et qui ont été rappelés et acceptés depuis par toutes les
constitutions.

Tout le monde est donc d'accord sur la lettre de la loi ;
il ne s'agit plus que de la commenter.

Je crois qu'on peut résumer toutes les conditions de la
liberté politique dans ces trois principes : le premier,
c'est que la loi écrite prenne partout la place de la volonté
arbitraire ; le second, c'est que la loi consacre et respecte
les droits naturels et imprescriptibles de l'homme, et le
troisième, qui se confond presque avec le second, c'est
que le gouvernement ne se regarde jamais comme ayant
un droit et un intérêt propre, mais qu'il agisse en toute
occasion comme le serviteur et le ministre de l'intérêt
général.

Le premier de ces trois principes est une vérité d'évidence. La liberté politique est la condition d'un homme qui ne peut être obligé qu'à ce qui est juste. Or, si je suis soumis à la volonté d'un autre, il arrivera de deux choses l'une : ou ses commandements seront justes, ou ils seront injustes. S'ils sont injustes, il est clair à tous les points de vue que je ne suis pas libre. S'ils sont justes, il reste à se demander s'ils le sont accidentellement, ou s'ils le sont infailliblement. Quand même mon maître ne m'aurait donné, depuis qu'il existe et depuis que j'existe, que des commandements justes, il suffit qu'il puisse demain se tromper sur la justice, ou vouloir ce qui est injuste, pour que dès à présent je ne sois pas libre. Enfin, par impossible, supposons-le infaillible : dès lors mon abdication serait sans danger quant à ses conséquences ; elle n'en serait pas plus légitime en elle-même, puisque la Providence m'a fait libre, et m'a donné pour loi d'exercer ma liberté à mes risques. Donc il n'y a d'homme libre que celui qui obéit exclusivement à la loi.

Qu'est-ce qu'un homme ? C'est un être à la fois raisonnable et passionné. S'il n'a pas de raison, il est en dehors de la vérité et de la justice ; s'il n'a pas de passion, il est en dehors de la nature. Sa raison étant imparfaite ne voit pas toute la vérité ; sa passion étant aveugle lutte le plus souvent contre la justice. La plus grande des victoires est de dompter en soi sa passion. Il est plus facile d'être maître de l'univers que de soi-même. Se donner à un despote, même juste, c'est compter sur une victoire éternelle, et par conséquent impossible de la raison sur la passion. Ὁ μὲν οὖν τὸν νόμον κελεύων ἄρχειν, δοκεῖ κελεύειν ἄρχειν τὸν νοῦν καὶ τοὺς νόμους. Ὁ δ' ἄνθρωπον κελεύων, προστίθησι καὶ θηρίον. « Appeler la loi au gouvernement de la société, c'est y appeler la raison ; appeler un homme, c'est y appeler en même temps la bête [1]. »

_____

1. Arist. *Polit.*, liv. III, chap. XI, § 4. Tr. fr., t. I, p. 315.

Le sophisme du despote est de dire : « Je ne veux que votre bien ; » et le sophisme de l'esclave est de dire : « Nous avons un doux maître. » Il faut répondre au despote : « Vous êtes homme, » et à l'esclave : « Vous êtes né libre. » Vous, despote, vous vous élevez jusqu'à Dieu ; vous, esclave, vous vous dégradez jusqu'à la brute. C'est le délire de l'orgueil, et le délire de l'abjection.

Titus même n'est pas un argument : il eut pour successeur Domitien. Il mourut à quarante et un ans : s'il avait eu un long règne, peut-être serait-il devenu un Domitien lui-même. La possession du pouvoir absolu fait au despote une condition plus dure que celle de l'esclave. Elle le met en dehors de l'humanité : donc elle le dégrade. Nous sommes faits pour nous appuyer les uns sur les autres, pour donner et recevoir tour à tour, pour exercer l'autorité et pour la subir. Nous avons besoin de participer au pouvoir, parce que nous sommes libres et raisonnables, et de sentir un frein, parce que nous sommes imprévoyants et passionnés. Il est impossible qu'un homme ne rencontre ni obstacle à sa volonté, ni mesure à sa passion, et que pourtant il reste juste. Les deux ou trois tyrans dont l'histoire exalte la renommée doivent aux historiens et aux poëtes la meilleure partie de leur gloire. Le plus glorifié, et le plus méprisable des hommes, est Auguste.

Quand il y avait des souverains absolus, des millions d'hommes dépendaient du caractère et de l'intelligence d'un seul homme ; le sort de l'humanité était remis au hasard. Il naissait un esprit impuissant et morose comme Louis XIII, ou un libertin comme Louis XV, et les destinées du pays changeaient avec cette disposition de l'âme du maître. Pendant de longues années le plus grand intérêt politique de la France, réellement le plus grand intérêt, fut de savoir si la marquise de Pompadour trouverait un nouveau moyen d'amuser et de captiver son amant. Il n'y a pas de spectacle plus navrant que de voir dans les Mémoires contemporains avec quelle anxiété on observe les moindres mouvements d'un enfant de cinq ans, qui sera un jour le roi absolu, « la source de tout honneur et de toute justice, » comme dit Saint-Simon. Chaque courtisan épie ses vices pour s'en faire le serviteur; le peuple épie ses vertus pour rêver au moins un répit. Il y eut un moment, un bien court moment, sous le règne de Louis XVI, où l'on crut (à tort) que le roi s'était laissé prendre aux charmes d'une jeune dame : toute la nation en frémit, toute la cour tressaillit d'aise. C'était bien peu d'années avant la Révolution; hommes et choses, tout était déjà prêt pour le monde nouveau. Il semble que le spectre muet de la Révolution contemplait déjà cette cour qui allait périr, et qui se croyait un lendemain.

Pendant les derniers siècles de la monarchie, tout ce qu'il y avait en France d'esprits réfléchis s'attachait à chercher un remède contre l'absolutisme, qui était originairement ou qui était devenu, peu importe, le fond de notre constitution. Les uns regrettaient le temps où la noblesse fournissait à la couronne des conseillers nécessaires; les autres, au moyen de l'enregistrement et des remontrances, voulaient transformer les parlements en corps politiques; d'autres essayaient de donner quelque vie aux assemblées provinciales; les plus hardis rêvaient les états généraux; tout le monde comprenait qu'il n'y a de liberté dans un pays qu'à la condition d'une loi souveraine, que le monarque même ne puisse enfreindre. La liberté d'un pays a précisément la même étendue que la loi. A mesure que la loi se fortifie et s'étend, et que le pouvoir arbitraire recule, la liberté s'établit : elle devient complète le jour où tous les pouvoirs découlent de la loi, lui sont soumis, n'ont plus d'autre mission que de l'appliquer : telle fut la plus grande des réformes accomplies par la Révolution de 1789. L'Assemblée garda un roi, mais elle abolit le bon plaisir. Il fut interdit au roi, sous

peine de déchéance, de modifier la loi et de lui désobéir.
Il devint l'organe de la loi, après avoir été la loi vivante.
La France fut libre.

Quand on dit que la liberté et le pouvoir arbitraire
s'excluent, on dit une vérité d'évidence; et pourtant il
est urgent de la dire, parce qu'en politique comme en
morale l'évidence même trouve des contradicteurs. Le
principe qu'on n'oserait pas combattre sous sa propre
forme, on le met sous les pieds dans les applications les
plus immédiates, les plus nécessaires. On dirait qu'il
suffit du moindre déguisement pour rendre l'arbitraire
méconnaissable. On le confond à plaisir avec le principe
de l'autorité, ce qui est tout aussi raisonnable que de
confondre la liberté avec l'anarchie. Plus l'autorité est
indispensable, plus il faut la rendre forte et tutélaire en
la faisant dériver de la loi, en l'enchaînant strictement
dans les prescriptions légales. C'est l'esprit même, c'est
la lettre de 1789. C'est la grande Assemblée de 1789 qui
a écrit elle-même en tête de notre droit public la souveraineté absolue et inviolable de la loi.

Le second principe, qui est, comme le premier, une
vérité d'évidence, c'est que la loi ne peut être que la
consécration des droits naturels et imprescriptibles de
l'homme. Existe-t-il de tels droits? Oui, évidemment,
pour quiconque croit à Dieu et à la raison. Si ce monde
n'est pas un chaos, comment y aurait-il de si admirables
lois pour les phénomènes physiques, et tous les phénomènes de la volonté seraient-ils livrés au hasard? L'unité
de la création se lit en caractères éclatants dans les es-
paces infinis et dans le cœur de l'homme. Dès que mon
intelligence prend des forces et est capable de se connaître, je vois en moi l'image de l'éternelle justice; ma
conscience en est illuminée, tout mon cœur se porte vers
elle. Je l'invoque, par une impulsion naturelle et invincible, à chaque pas que je fais dans la vie; elle domine
toutes mes relations avec le reste de la nature. Chaque

fois que la volonté d'un autre homme s'oppose à la mienne, et entrave le développement légitime de ma force ou la satisfaction légitime de mes désirs, je sens, je vois, je crie à Dieu qu'une injustice est commise, que le droit est violé en moi. Cela ne me vient pas du dehors; ce n'est pas la société qui me donne cela, ce n'est pas le spectacle de la nature, ce n'est pas même la réflexion; cela sort des profondeurs de mon être, comme l'eau jaillit de sa source. Le jour vient où je me sens capable, non-seulement de penser, mais de gouverner et d'approfondir ma pensée, où je me rends compte de mon rôle ici-bas, et du rôle des créatures qui m'entourent, où je cherche la raison de cette lutte d'intérêts qui constitue la vie humaine, où je rattache le monde à Dieu comme à sa cause toute intelligente et toute-puissante, où j'entrevois la destinée de mon âme immortelle et le but divin vers lequel m'emportent tous mes amours à travers toutes les éphémères tragédies où ma liberté grandit et s'épure; ce jour-là, ce qui n'était en moi qu'une notion souveraine, mais incomplète, s'étend, se développe, se discipline, se relie à son principe, se fortifie par l'intelligence de ses conséquences, et devient une doctrine morale. Il me semble alors que la voix de ma conscience est la voix même de Dieu qui dirige ma liberté sans la détruire, et illumine la route par laquelle je dois marcher pour retourner à lui. Voilà, en dehors de toutes les sociétés humaines et de toutes les conventions humaines, le fondement de mes droits et de mes devoirs. Une société ne vit que par les lois qu'elle s'est données, et chacun de ses membres doit obéissance à ses lois. Mais à quelle condition? A condition que cette morale, écrite dans des codes, reconnaisse l'éternelle morale que Dieu a écrite dans nos cœurs. Si Dioclétien m'ordonne, à moi chrétien, d'encenser la statue de Jupiter, je renverse la statue, et j'embrasse la mort. Si Gessler me condamne à menacer la tête de mon fils, j'obéis à l'éternelle loi en refusant d'obéir au tyran, et en vengeant ma patrie opprimée. Il n'y a pas de droit contre le droit; et la législation d'un peuple ne peut être une insurrection contre la volonté de Dieu.

Ces droits naturels et imprescriptibles de l'homme, quels sont-ils? On pourrait les demander à une analyse approfondie de la raison humaine; mais puisqu'il s'agit ici des grands principes de 1789, contentons-nous de l'énumération incomplète que la Constituante elle-même en a donnée : « Ces droits sont la liberté, la propriété, la sûreté, et la résistance à l'oppression[1]. »

La liberté, d'après la définition de l'Assemblée constituante, consiste à pouvoir faire tout ce qui ne nuit pas à autrui[2], c'est-à-dire tout ce qui ne blesse pas dans autrui le droit naturel. La liberté dont il s'agit ici n'est pas seulement la liberté politique, c'est toute liberté. On pourrait dire aussi qu'elle consiste à n'obéir qu'à la loi, et à une loi juste, c'est-à-dire ayant pour but l'intérêt général, et pour caractère, la consécration des droits naturels.

Il semble qu'entre la liberté et la propriété, l'Assemblée aurait dû écrire la famille. Le droit de vivre en famille et d'y remplir les devoirs attachés à la qualité d'époux, de fils et de père, est certainement au premier rang parmi les droits que la société est tenue de reconnaître et de garantir. La Constitution de 1848 a été, en ce point, plus explicite que celle de 1789[3]. Reconnaissons toutefois qu'elle a ajouté un mot, mais non une idée. La liberté implique tout. Ce n'est pas être libre que de ne pas jouir de la sécurité du foyer. Nos pères n'ont pas cru que cette première base de toutes les relations humaines pût jamais être ébranlée. Ils n'ont pas cru qu'on pût jamais

---

1. Constitution des 3-14 sept. 1791. Art. 2 de la Déclaration des droits.
2. *Ib.* Art. 4. — 3. Préambule, art. 8.

substituer à la liberté naturelle cette liberté contre nature qui consiste à briser, à méconnaître les liens les plus sacrés et les devoirs les plus doux. La liberté qu'ils ont consacrée est la liberté d'être hommes, et non pas la libèrté de cesser de l'être.

En mettant la propriété au nombre des droits naturels, la société s'interdit la faculté de prononcer l'expropriation. En effet, elle ne prescrit jamais qu'un échange ; et même, elle ne le prescrit que quand l'intérêt général l'exige évidemment, c'est-à-dire quand l'exercice du droit de propriété privée ne peut avoir lieu sur un point sans devenir difficile ou impossible sur plusieurs autres.

La sûreté est le droit même que nous avons de vivre en société, le droit qui nous appartient d'employer les forces de nos concitoyens à la garantie de nos droits particuliers. Si la liberté est le fond du droit naturel, la sûreté en est la sanction. La résistance à l'oppression, que l'Assemblée écrivit ensuite, n'est que le développement du droit à la sûreté. On y a vu, à tort, le droit à l'insurrection : ce n'est que le droit d'en appeler à la loi contre la violence. Il y a une raison péremptoire pour que l'Assemblée constituante n'ait pas écrit le droit à l'insurrection parmi les droits de l'homme et du citoyen : c'est qu'elle déclarait dans son article 6 que la loi est l'expression de la volonté générale, et que tous les citoyens ont droit de concourir, personnellement ou par leurs représentants, à sa formation.

Une constitution est, ou doit être, la forme légitime et nécessaire de la société pour laquelle elle est faite. La société, dans son essence, est de droit éternel. Donc une constitution ne peut déclarer la légitimité de l'insurrection sans se déclarer elle-même illégitime. Elle ne le peut pas surtout, quand la société, investie du pouvoir législatif, reste toujours maîtresse de corriger et de développer ses lois, et de faire marcher sa constitution avec le progrès des lumières et celui des mœurs.

A ces deux principes, de la souveraineté inviolable de
a loi, et de la nécessité de consacrer dans la loi les droits
naturéls et imprescriptibles de l'homme, nous ajoutons
encore que la loi doit avoir pour but l'intérêt général,
principe qui ne semble pas moins évident que les deux
premiers. On fait quelquefois des lois qui n'ont pas pour
objet direct la garantie des droits naturels, comme par
exemple, les lois de douane ou les lois sur le service militaire ; alors il suffit que ces lois soient faites dans l'intérêt
général, c'est-à-dire qu'elles aient pour but, non de
remplir la cassette particulière du souverain ou celle de
quelques privilégiés, mais de subvenir aux besoins de
l'État ; non d'aider le souverain à asservir son peuple,
mais de lui donner les moyens de défendre la nation au
dehors et la loi au dedans. La loi, dans la nature, est
l'expression des faits généraux ; la loi, dans le monde
moral, est la direction des forces particulières vers un but
commun. Écrire une loi, la rendre obligatoire pour employer les forces d'un peuple au bonheur d'un homme ou
à celui d'une caste, c'est violer la justice et commettre
un sacrilége, car c'est mettre la violence sous l'invocation
de Dieu, souverain protecteur des lois [1]. Aristote remarque avec raison que tous les gouvernements peuvent sacrifier l'intérêt commun à l'intérêt particulier : le roi qui
ruine le trésor public pour assouvir ses vices, et qui ôte
toute liberté à ses sujets pour accroître et consolider sa
puissance, n'est que trop souvent imité par les aristocraties
et par les démocraties elles-mêmes ; et il n'y a nulle différence entre un prince qui frappe des impôts arbitraires,

1. « Donc évidemment toutes les constitutions qui ont en vue l'intérêt général (τὸ κοινῇ συμφέρον σκοποῦσιν) sont pures et essentiellement justes ; toutes celles qui n'ont en vue que l'intérêt personnel
des gouvernants (ὅσαι δὲ τὸ σφέτερον μόνον τῶν ἀρχόντων), viciées
dans leur base, ne sont que la corruption des bonnes constitutions ;
car elles sont despotiques, et l'État est une association d'hommes
libres (κοινωνία τῶν ἐλευθέρων). » (Arist., Polit., liv. III, chap. IV,
§ 7 ; tr. fr. t. I, p. 245.)

et en jette les deniers dans le sein de ses maîtresses, ou une populace qui s'empare des tables de la loi pour y inscrire en toute hâte le partage des terres.

Une loi juste, c'est-à-dire consacrant tous les droits naturels de l'homme, et ne sacrifiant jamais l'intérêt général à l'intérêt particulier; une magistrature organe et esclave de la loi, toute-puissante pour la faire exécuter, sans force pour la modifier ou pour la trahir, tels sont les principes sur lesquels se fonde la liberté publique.

3. Des garanties de la liberté.

1° LA LOI PRÉCISE ET COMPLÈTE.

Mais il ne suffit pas d'écrire la souveraineté de la loi dans une constitution pour que cette souveraineté soit assurée. Il faut que la constitution elle-même, il faut surtout que les mœurs donnent de l'efficacité à ce principe, et de la théorie le fassent passer dans les faits. Il est fort consolant d'avoir quelque part une charte dans laquelle le gouvernement reconnaît et déclare que la liberté et la propriété des citoyens est inviolable; mais comme il y a dans le Code civil le droit à l'expropriation, et une prison dans toutes les villes, il reste à savoir par quel chemin la société passera pour appliquer l'expropriation sans détruire la propriété, ou pour mettre un citoyen en prison sans attenter à la liberté. Or, je ne me reposerai pas pour cela sur l'intelligence et la probité d'un magistrat. On aura beau le choisir accompli, et, après l'avoir choisi, le bourrer de belles maximes, et lui rappeler, dans tous les discours officiels et dans le préambule de toutes les constitutions, qu'il ne doit être gouverné que par la justice, et qu'il ne peut me prendre ma propriété que dans le cas de nécessité et par voie d'échange, et qu'il doit y regarder de bien près, et bien s'assurer que ma liberté est dangereuse avant de me confiner entre quatre murailles ; dès que je dépends de la vertu incorruptible et du génie d'un de mes semblables, je ne me sens plus du tout rassuré[1]. Ce saint, cet homme parfait peut avoir un moment d'erreur, ou peut-être après tout un caprice. J'ai peut-être un ennemi secret qui l'indispose contre moi, qui le trompe. Je ne puis passer sans trembler ni devant son palais ni devant une prison. En rentrant chez moi, je crains toujours d'y trouver des espions ou des shires. Si l'on sonne à ma porte pendant la nuit, que sais-je si le magistrat n'a pas conçu quelque injuste soupçon contre ma probité ?

Pour que je vive en paix, à la condition d'être honnête, et pour que je me sente un homme, l'égal des autres hommes et du magistrat lui-même, il faut que la loi ait minutieusement décrit dans quelle mesure l'intérêt commun peut armer la société contre mon droit particulier. Je puis consentir à dépendre d'un texte de loi ; bien plus, je désire en dépendre, parce que cette loi, en même temps qu'elle limite mon droit, le garantit. Il y a toujours des surprises dans le gouvernement arbitraire ; il n'y en a jamais dans le gouvernement légal. Donc, il n'y a de sécurité que quand la loi, une loi précise, explique et définit clairement tous les droits de la communauté, et quand je puis dire : « Tout ce qui n'est pas précisément interdit par la loi est permis. » Autre chose est la sécurité, autre chose la tranquillité. Rome pouvait être tranquille sous Néron : il suffisait pour cela de magistrats vigilants, d'une forte garde et de supplices atroces ; mais personne n'avait de sécurité, parce que le pouvoir était arbitraire. Le pouvoir arbitraire est, dans l'ordre moral, ce que serait le hasard dans l'ordre physique. Il

---

1. Τὸν ἄρα νόμον ἄρχειν αἱρετώτερον μᾶλλον ἢ τῶν πολιτῶν ἕνα τινά. « Le gouvernement de la loi vaut mieux que celui d'un homme. » (Arist., *Polit.*, liv. III, chap. xi, § 3. Trad. fr., t. I, p. 313.)

empêche de compter sur la minute qui va suivre. Il fait
de la vie et de l'honneur même un accident. Que la loi
enferme donc le magistrat dans des formules très-préci-
ses, afin que je dépende d'elle et non de lui.

2° LA LOI EXPRESSION DE LA VOLONTÉ GÉNÉRALE.

Il va sans dire que cette loi écrite, promulguée, souveraine, que personne n'ignore et que personne ne viole,
doit être équitable en elle-même, c'est-à-dire qu'elle ne
doit ôter à ma propriété, à ma liberté, que tout juste ce
qu'il est indispensablement nécessaire qu'on lui ôte.
Mais ici, il se présente une difficulté. Le rapport entre
mon droit et le droit commun est-il invariable? Nous
avons vu qu'il ne l'est pas. Ainsi, par exemple, si le législateur crée demain une constitution pour les Turcs, il
fera bien de ne pas leur donner la même mesure de liberté qu'aux Anglais. Il faudra restreindre leur droit
sur quelques points jusqu'à ce qu'ils le connaissent
mieux, et soient plus capables de l'exercer. Donc la loi
écrite n'est pas immuable comme la loi morale dont elle
dérive; donc il faut un législateur permanent pour faire
avancer la loi en même temps que la civilisation, et répandre la liberté avec les lumières. Quel sera ce législateur? Si c'est un homme ou une caste, voilà l'arbitraire qui reparaît et l'intérêt individuel, κελεύει καὶ
θηρίον. Il faut donc que ce soit tout le monde, par représentation. Tout le monde obéira à la loi, mais tout
le monde aura fait la loi. Donc l'État sera libre et la loi
juste.

On fait cette objection, que la multitude est ignorante
du droit et de l'intérêt commun; et que la prédominance
de la raison sur la passion étant le signe de la supériorité intellectuelle et morale, c'est la raison qui domine
dans la volonté des aristocraties et la passion dans la

volonté des foules; donc, en faisant faire la loi par tout
le monde, on sacrifie la raison à la passion, ce qui est
sacrifier le droit éternel. Mais la foule est compétente
pour choisir ses représentants[1]. Chacun de ses membres, pris à part, peut être un esprit médiocre, une
âme faible; elle n'en est pas moins, dans la plupart des
cas, le meilleur et le plus juste des juges. Plus l'eau est
profonde, moins elle est corruptible[2]. A Athènes, à
Rome, où le peuple choisissait ses représentants, on ne
voit pas qu'il ait choisi si mal[3]. Montesquieu, qui ne le
flattait pas, déclare « qu'il est admirable pour choisir
ceux à qui il doit confier quelque partie de son autorité[4]. »
La pratique moderne est d'accord avec l'histoire. Malgré
des erreurs qui ne sont que des accidents, c'est la capacité qui sort de l'élection, quand la loi ne gêne pas la
manifestation du talent, et quand le talent ne fait pas la
faute de s'abandonner lui-même. De sorte que le concours de tous à l'élection exclut le privilége, fonde l'égalité et par conséquent la liberté, tandis que la concentration du pouvoir législatif dans la main des élus, sans
mandat impératif et sans cahiers, assure les droits de la
raison et de la justice. J'en conclus que la participation
au pouvoir législatif est un droit et non une fonction :
institution humaine et, par conséquent, pleine d'inconvénients, mais évidemment juste, salutaire, libérale, conforme à notre dignité, et la seule qui organise le monde
politique sur le modèle de notre nature et des lois con-
stitutives de notre nature.

1. Cf. Arist., *Polit.*, liv. III, chap. vi, § 10. « Une maison, dit-il,
peut être appréciée par celui qui l'a bâtie; mais elle le sera bien
mieux encore par celui qui l'habite.... C'est le convive et non le
cuisinier qui juge le festin. » (Trad. fr., t. I, p. 271.)
2. Ἔτι μᾶλλον ἀδιάφθορον τὸ πολύ, καθάπερ ὕδωρ τὸ πλεῖον, οὕτω
καὶ τὸ πλῆθος τῶν ὀλίγων ἀδιαφθορώτερον. (Arist., *Polit.*, liv. III,
chap. x, § 6. Trad. fr., t. I, p. 305.)
3. Montesquieu, *Esprit des Lois*, liv. II, chap. ii, p. 11.
4. *Id.*, *ib.*, p. 10.

Si je faisais ici un ouvrage de politique, je ne pourrais pas m'en tenir là. Je serais obligé de chercher si l'élection doit être à deux degrés ou directe[1]; si elle doit se faire au département ou à la commune, ou à la section de commune; à quel âge on doit jouir de la capacité électorale; quelles sont les causes d'indignité et d'exclusion; s'il est possible de mettre quelque condition de cens ou de capacité à l'exercice d'un droit inhérent à la qualité de citoyen. Tout est important dans les questions électorales, mais il suffit à mon dessein de toucher, en passant, le principe. Or, le principe des sociétés modernes, c'est la souveraineté du peuple; la conséquence de ce principe, c'est la participation de tous au pouvoir législatif, par représentation. Cela seul est de la philosophie : et la politique, après tout, n'est qu'une méthode.

Ainsi, 1° des lois écrites, pas d'arbitraire; 2° des lois faites et renouvelées, quand il y a lieu, par le peuple, c'est-à-dire par les représentants du peuple. Reste une troisième garantie à réclamer : la garantie de l'application équitable. Voilà des lois rassurantes : il s'agit de faire qu'elles ne soient violées ni par le pouvoir, ni par le peuple; alors la liberté publique sera achevée.

3° LA SÉPARATION DES POUVOIRS.

Or, le pouvoir public a deux fonctions principales : faire les lois, les appliquer, et cette dernière fonction se divise encore en deux branches parfaitement distinctes,

1. Constitution des 3-14 septembre 1791. Titre III, chap. I, section 2, art. 1. « Pour former l'Assemblée nationale législative, les citoyens actifs se réuniront tous les deux ans en assemblée primaire dans les villes et dans les cantons. Art. 6. Les assemblées primaires nommeront des électeurs en proportion du nombre des citoyens actifs domiciliés dans la ville ou dans le canton. Section 3, art. 1. Les électeurs nommés en chaque département se réuniront pour élire le nombre des représentants dont la nomination sera attribuée à leur département. »

selon qu'il s'agit de diriger ou de réprimer. Le pouvoir social se divise donc en trois pouvoirs distincts : le pouvoir législatif, le pouvoir exécutif et le pouvoir judiciaire.

Nous avons vu que le peuple doit retenir le pouvoir législatif, parce que la loi, pour être juste et en même temps pour être forte à notre époque rationaliste, doit être l'expression de la volonté commune. Le peuple fait donc la loi par ses représentants. Il est aussi la source du pouvoir exécutif et du pouvoir judiciaire[1]; mais ici, comme il ne s'agit plus de faire la loi, qui doit suivre dans ses développements successifs les volontés et les intérêts populaires, mais de l'appliquer quelle qu'elle soit avec une régularité uniforme, le peuple confie ses droits, non à des représentants, mais à des délégués. Cette distinction entre les représentants et les délégués du peuple est fondée sur ce que la législation a besoin d'être mobile, tandis que l'administration a besoin d'être stable. Le pouvoir exécutif et le pouvoir judiciaire sont établis par le peuple pour ne dépendre que de la loi; et le pouvoir législatif est établi par le peuple pour exprimer dans la loi, à chaque législature, les volontés et les besoins du peuple.

Le principe de la mobilité progressive de la loi est le principe même de la politique moderne. Il a succédé à la doctrine de la tradition, qui consacrait l'immobilité. Il est clair, pour quiconque réfléchit, que la loi ne peut être identique ni pour tous les peuples, ni pour le même peuple à toutes les époques de son histoire[2]. S'ensuit-il que la société moderne soit emportée, par cette faculté perma-

---

1. Aristote mettait déjà sur le même rang le droit de participer au gouvernement, et celui de participer à la dispensation de la justice. Πολίτης δ' ἁπλῶς οὐδενὶ τῶν ἄλλων ὁρίζεται μᾶλλον ἢ τῷ μετέχειν κρίσεως καὶ ἀρχῆς. « La marque distinctive du citoyen, c'est de participer à l'administration de la justice et au gouvernement. » (*Polit.*, liv. III, chap. I, § 4. Trad. fr., t. I, p. 213.) — Il modifie plus loin cette opinion, en disant que le citoyen est celui qui *peut participer*, etc., (§ 8.)

2. « La constitution d'un peuple doit se rapprocher d'autant plus

nente de législation, dans de continuelles révolutions légales? Ceux qui font ce reproche à l'organisation politi-
tique fondée sur les principes de 1789 n'oublient que
deux choses : la première, c'est que toute législation humaine est subordonnée à la législation divine, toute loi humaine, à la loi naturelle ; la seconde, c'est que le pouvoir
législatif est différent du pouvoir constituant. La loi naturelle fonde l'identité de l'humanité à travers les âges ; la loi
constituante fonde l'identité d'un peuple et la stabilité
de ses institutions ; là loi proprement dite exprime et fa-
cilite tous les progrès : elle est donc réellement l'expression de la volonté générale, tandis que l'administration et
la justice sont des forces chargées d'imposer le joug de
la volonté générale aux volontés particulières.

La division des trois pouvoirs est tellement dans l'esprit de la Révolution de 1789, que la première démar-
che de l'Assemblée constituante fut la constatation de ce
grand et salutaire principe : toutes ses premières lois
eurent pour objet de le consacrer. Il n'y avait pas de
dissentiments sur ce point entre les esprits éclairés, à
quelque parti qu'ils fussent attachés. L'arbitraire est que
celui qui fait la loi l'applique, et que celui qui l'applique
soit directement ou indirectement juge de la légitimité de
l'application.

On est à peu près d'accord sur la nécessité de la division du pouvoir législatif et du pouvoir exécutif. Pour se
convaincre de la nécessité de cette division, il suffit de
remarquer qu'en confiant au même magistrat le pouvoir
de faire la loi et celui de l'exécuter, on revient indirectement au régime du bon plaisir. En effet, il suffira au

des formes démocratiques que ses mœurs sont plus pures et ses lumières politiques plus certaines. Le degré de celles-ci détermine le
degré de sa liberté. Vainement le législateur voudrait contrarier ces
lois de la nature ; il peut donner des convulsions au corps politique,
mais il ne fera pas qu'un enfant ait de la raison. » (*Idées prélimi-
naires de la Constitution de* 1793.)

nagistrat d'exprimer d'abord sa volonté par une loi généɑ-
ale, et de l'appliquer ensuite par une détermination par-
culière. Il ne sera pas même gêné par ses décisions an-
Érieures, parce que la faculté de faire les lois suppose
videmment celle de les abroger. Si l'Assemblée consti-
uante, en remplaçant le régime du bon plaisir par la
ouveraineté de la loi, avait conféré au roi le pouvoir légis-
atif, elle n'aurait fait que lui prescrire une méthode. Il
.urait conservé son omnipotence, à la charge de l'exercer
l'une nouvelle façon. La Révolution aurait avorté.

L'Assemblée, et le peuple même, sentaient si bien
'importance de cette séparation, qu'une des questions
es plus irritantes et les plus longuement discutées fut
:elle de savoir si le roi participerait dans une certaine
nesure à l'exercice du pouvoir législatif. Jouirait-il du
lroit d'initiative concurremment avec l'Assemblée? Pren-
lrait-il part à la discussion par l'intermédiaire de ses
ninistres? Chargé, en sa qualité de chef du pouvoir exé-
:utif, de la promulgation des lois, pourrait-il refuser
:ette promulgation ou la suspendre? La monarchie joua
;on dernier enjeu sur cette question du *veto suspensif* ou
lu *veto absolu.* Il s'agissait pour elle de perdre le dernier attribut de la souveraineté, et de n'être plus que le
ministre des volontés de l'Assemblée. Le *veto* suspensif
l'emporta; de sorte qu'après un très-court délai le roi fut
obligé de sanctionner et de faire exécuter les lois mêmes
qui lui paraissaient injustes ou dangereuses. A partir de
:e moment, le roi fut déchu de toute participation au
pouvoir législatif; il n'eut plus que le droit de pétition
et le droit de remontrance; la souveraineté passa de la
royauté à l'Assemblée, c'est-à-dire au peuple qu'elle re-
présentait.

Ce fut un véritable spectacle que de voir la nation
s'emparer du pouvoir législatif, et n'en pas laisser pour
ainsi dire la moindre parcelle à ce roi qui depuis plusieurs
siècles était la loi vivante, et qui, du temps même des

états généraux, avait toujours eu, dans la formation
des lois, une action si prépondérante. En ce qui concerne l'impôt, on rentrait enfin dans le droit naturel et
dans l'ancienne légalité, qui faisait voter l'impôt par
les imposables, avec cette condition toute nouvelle, que
la vieille maxime du droit français, tombée en désuétude,
recevait par la suppression des priviléges de castes, une.
application franche et entière. L'Assemblée fixa le budget
annuel, et ne laissa au roi que le soin de faire la dépense. Le roi lui-même reçut de l'Assemblée sa liste civile. Un nouveau progrès dans le même sens fut accompli presque de nos jours par le baron Louis, ministre
des finances en 1814, qui le premier posa le principe de
la spécialisation des dépenses, achevant ainsi de déterminer la frontière qui sépare le pouvoir législatif du pouvoir exécutif.

Ce principe tutélaire de la division des deux pouvoirs
dont l'Assemblée constituante s'était montrée jalouse au
point de diminuer peut-être à l'excès l'intervention de la
royauté dans la confection des lois, fut méconnu par la
Convention. L'Assemblée constituante, préoccupée surtout de la nécessité d'en finir avec le bon plaisir, et voulant ôter à la royauté le pouvoir de modifier les lois,
l'avait du même coup rendue impuissante pour les exécuter. Quand la royauté eut passé, comme on devait s'y
attendre, de l'impuissance à l'opposition, de l'opposition
à la révolte, et que ce pouvoir affaibli, qui n'était plus
qu'un souvenir et une protestation, eût été définitivement
brisé par le seul pouvoir vraiment fort, la Convention se
chargea de diriger elle-même l'exécution de ses propres
lois. On crut que, par cette concentration, la Révolution
s'achevait; elle reculait, au contraire : elle revenait au régime du bon plaisir, après avoir traversé la liberté, qui
était le but et la consécration du mouvement révolutionnaire. Le peuple, comme toujours, ne vit que la forme,
le symbole. Il crut que la Révolution consistait à détruire

radicalement la royauté; tandis qu'elle consistait à détruire le régime du bon plaisir, et à substituer le règne le la loi à celui de l'arbitraire. Une des plus grandes erreurs de l'esprit humain, et des plus fréquentes, c'est le s'attacher au signe, et d'en oublier le sens. Sous la Terreur on était revenu au pouvoir absolu ; cependant on écrivait encore sur les drapeaux de la république le mot ' de *liberté*, qui n'était plus qu'un mensonge. Quand la Révolution revint à elle-même, après un court et terrible intervalle, son premier soin fut de créer un pouvoir exécutif en dehors de l'Assemblée. L'Assemblée comprenait que la concentration des pouvoirs entre ses mains l'avait rendue impuissante en fait et en droit. Ses lois n'étaient plus des lois, puisqu'elles pouvaient être décrétées, rapportées et rétablies dans la même séance. Son gouvernement n'était plus qu'un gouvernement de fait, puisqu'à la moindre difficulté, les membres du comité pouvaient demander à l'Assemblée de modifier la loi. La loi avait perdu sa stabilité, c'est-à-dire son essence. Elle était devenue un moyen de gouvernement. Le Corps législatif reconquérait son autorité, il rendait à la loi son efficace, en revenant au grand principe de la Constituante, et en rétablissant de nouveau la séparation des deux pouvoirs. Depuis ce temps, ce principe a été plus d'une fois violé dans l'application, mais il n'a plus été contesté. Il reste, aux yeux de tous les partis, une des conquêtes définitives de 1789. Tout le monde convient qu'il n'y a de liberté que sous la loi, et que la loi n'est souveraine qu'à condition que le pouvoir exécutif soit distinct du pouvoir législatif.

Je ne vois pas, et je le regrette, qu'il y ait la même unanimité quant à la séparation du pouvoir judiciaire. Rien n'est plus opposé d'essence que le pouvoir exécutif, auquel est remis le gouvernement de toutes les forces sociales, et le pouvoir judiciaire, qui n'agit jamais, et qui ne fait que qualifier. Le pouvoir exécutif représente la force progressive de la loi, dont le pouvoir judiciaire est la force conservatrice. Le pouvoir exécutif doit s'inspirer des sentiments de la nation, et le pouvoir judiciaire doit décider avec une impassibilité absolue. De toutes les institutions humaines, il est la moins humaine. Il est la logique indifférente, appliquant la loi telle quelle, sans jamais modifier le principe, et sans faire acception des personnes. Non-seulement il applique la peine aux coupables et décide entre les parties dans les contestations civiles ; mais quand l'État, comme personne, a un intérêt à défendre, c'est le pouvoir judiciaire qui décide entre les particuliers et l'État ; et quand les particuliers sont blessés par l'État ou les agents de l'État dans leurs intérêts privés ou publics, c'est encore le pouvoir judiciaire qui déclare si le serviteur de la loi l'a violée ou dépassée. Ce serait en vérité une étrange forme d'anarchie, et la plus déplorable parce qu'elle serait hypocrite, qu'une loi juste, faite par le peuple, violée par les administrateurs, et des administrateurs absous par les juges.

Au moment où la Constituante entreprit la régénération de la France, la plus grande confusion régnait dans l'ordre judiciaire, à peine échappé aux réformes du chancelier Maupeou. Toutes les charges de judicature, depuis les parlements jusqu'aux plus humbles bailliages, étaient vénales[1]. Douze parlements et trois cours souveraines se partageaient le royaume, et y rendaient la jus-

---

1. P. L'Estoile jugeait ainsi la vénalité des officiers sous Henri III (le mal n'avait fait que s'aggraver de règne en règne jusqu'à Louis XVI): « Tous les estats de France se vendoient au plus offrant et dernier enchérisseur, mais principalement ceux de la justice, contre tout droit et raison, qui étoit la cause qu'on revendoit en détail ce qu'on avoit acheté en gros, et qu'on épiçoit si bien les sentences aux pauvres parties qu'elles n'avoient garde de pourrir ; mais ce qui estoit le plus abominable estoit la cabale des matières bénéficiales, la plupart des bénéfices ecclésiastiques estant tenus et possédés par femmes et gentils hommes mariés, jusqu'aux enfants auxquels lesdits bénéfices se trouvoient le plus souvent affectés estant encore en la matrice de leurs mères. » (P. L'Estoile, *Registre-journal de Henri III*, 1578. Collect. Mich., 2ᵉ série, t. I, Iʳᵉ partie, p. 97.)

tice avec une parfaite indépendance à l'égard les uns des autres, ce qui excluait d'emblée toute unité de la jurisprudence. Les parlements étaient tribunaux d'appel pour les juridictions inférieures, bailliages, sénéchaussées, présidiaux; néanmoins, ils jugeaient directement, et en première instance, un grand nombre d'affaires, sans autre règle que leur volonté arbitraire, et avec faculté d'appel des arrêts de la Tournelle à la grand'chambre, c'est-à-dire, d'une chambre du parlement à une autre. Les chambres assemblées, et la cour suffisamment garnie de pairs, formaient, dans le sein du même corps, des juridictions de natures différentes. Les autres cours souveraines, telles que la Cour des aides, la Chambre des comptes, la Cour des monnaies, prétendaient avoir le droit de juger au criminel dans certaines causes exceptionnelles, et il en résultait de nombreux conflits d'attribution. De son côté le grand conseil, plus rapproché du roi, et plus directement soumis à l'autorité du ministre, mais dont les membres n'avaient ni la consistance, ni l'autorité des membres du parlement, revendiquait un droit de cassation sur tous les parlements du royaume, prérogative très-controversée, et qui contrastait singulièrement avec la supériorité de rang et d'attributions politiques du parlement de Paris [1]. Dans un grand nombre de matières, les tribunaux n'avaient pour se guider que les précédents; quelquefois même, et surtout en matière pénale, ils faisaient, par le même arrêt, la loi et l'application de la loi. Il y a des causes célèbres où les juges délibérèrent aussi longtemps pour dé-

1. La justice, qui quelquefois traînait en longueur (exemple, le procès criminel de Laplanche, déjà cité, qui dura cinq ans), était quelquefois au contraire tellement expéditive qu'elle supprimait la possibilité de l'appel et celle du recours en grâce. En 1588, le 3 mai, un jeune garçon vole la montre d'un gentilhomme à l'entrée de la salle du parlement. On le prend, on l'interroge, il avoue. On le condamne à être pendu, on le pend. Tout cela prit bien une heure entre le vol et la pendaison. (P. L'Estoile, II, p. 246.)

terminer et, en quelque sorte, pour inventer un supplice, que pour constater la culpabilité de l'accusé. De là ces supplices inouïs, compliqués, par lesquels on punissait les criminels de lèse-majesté au premier chef. Chaque juge proposait un nouveau genre de tourments pour manifester, par cette détestable fécondité, l'étendue de son dévouement à la personne royale. Quelques parlements, par exemple celui de Bretagne, étaient en même temps cour des aides dans leur ressort; quelquefois le premier président réunissait à cette qualité celle d'intendant de la province. A Paris, le parlement exerçait directement les fonctions de la haute police. Il rendait des ordonnances ayant force de règlements d'administration publique; il mandait à son audience le lieutenant général de police, le commandant du guet, et d'autres agents très-haut placés du pouvoir exécutif, et leur donnait ses ordres ou leur adressait des admonestations. Au nombre de ses attributions les plus laborieuses était la censure des livres. Un de *messieurs* dénonçait un livre à sa chambre; les gens du roi étaient mandés, donnaient leurs conclusions séance tenante, et la chambre nommait des commissaires ou rendait son arrêt sans désemparer. L'approbation d'un des censeurs nommés par le chancelier, ou par le directeur de la librairie, n'arrêtait pas toujours les sévérités de la cour, et on la vit plus d'une fois envelopper dans la réprobation le censeur avec l'écrivain. Elle intervenait aussi dans les matières ecclésiastiques pour sauvegarder les libertés de l'Église gallicane; elle prit notamment parti pour les jansénistes dans la querelle des billets de confession, et rendit un très-grand nombre d'arrêts pour enjoindre à des curés de Paris d'administrer les sacrements à des mourants malgré la défense formelle de l'archevêque. Les thèses de Sorbonne, les décisions de la Faculté de théologie, celles même de la Faculté de médecine rentraient dans son domaine. Elle avait la haute main sur le guet, sur les prisons, sur les halles et mar-

chés. En un mot, quoique essentiellement cour de justice, elle s'immisçait perpétuellement à la police et à l'administration.

Mais une autre source de discussions beaucoup plus
grave était son ancienne prétention au pouvoir législatif
par les remontrances et les refus d'enregistrement. On
sait combien de désordres naquirent de l'opposition des
parlements. Au dehors les avis étaient partagés. Cette
opposition mal définie était incontestablement une cause
d'anarchie, mais elle était aussi une ressource contre les
excès du pouvoir arbitraire. En somme, lorsque Maupeou
tenta hardiment de débarrasser le roi de la tutelle du
parlement de Paris, le public prit parti pour le parlement. Il oublia tant d'arrêts iniques, un attachement si
aveugle à ses propres prérogatives, et tant de bassesses,
de fautes de conduite, d'usurpations de pouvoir qui
avaient justement diminué l'autorité morale des magistrats; il leur sut gré de faire de l'opposition au pouvoir
absolu, de combattre des édits bursaux devenus intolé-
rables, et de risquer la perte de leurs offices et l'empri-
sonnèment plūtôt que de céder. Les parlements, rentrés
en possession de leurs droits, ne surent pas conserver
cette popularité d'un moment. Ils attaquèrent avec em-
portement les idées nouvelles, et tombèrent promptement
dans le discrédit, malgré la demande des états généraux,
sorte de coup d'État parlementaire contre la royauté.
L'Assemblée constituante ne pouvait leur conserver des
droits politiques qui tendraient désormais à la combattre elle-même au profit de l'autorité royale. En présence d'un pouvoir législatif directement nommé par le
peuple, il eût été contre le bon sens de laisser un droit
de remontrance, un droit d'enregistrement à des corps
judiciaires. La plupart des parlements provoquèrent eux-
mêmes les sévérités de l'Assemblée par des protestations
intempestives et illégales. Il devint évidemment nécessaire de détruire l'ancienne magistrature pour couper

court à des difficultés entretenues par l'esprit de corps et la passion politique, et de créer une magistrature nouvelle dévouée à la Révolution, pénétrée de son esprit, et par conséquent sortie du peuple par l'élection comme les législateurs eux-mêmes. S'il est évident qu'il n'y a pas de loi sans sanction pénale, il ne l'est pas moins qu'il n'y a pas de sanction pénale sans une magistrature fidèle et incorruptible. Une chambre qui fait des lois, et des tribunaux qui refusent de les appliquer, c'est la plus détestable de toutes les anarchies.

Depuis la destruction du pouvoir féodal, on avait en France une maxime de droit public ainsi exprimée : toute justice émane du roi. Cela voulait dire que la propriété était distincte de la souveraineté; que la justice seigneuriale n'était pas autre chose qu'un reste abusif de la féodalité et qu'elle devait être frappée d'appel au profit de la justice nationale, ou du roi, en qui se personnifiaient alors tous les droits de la nation. Cette maxime, qui exprimait et consacrait la destruction de la féodalité, a été invoquée plus tard par un véritable contre-sens, indigne de ceux qui l'ont employé, pour contester le dogme fondamental de la séparation du pouvoir exécutif et du pouvoir judiciaire. L'Assemblée constituante était trop pénétrée du sentiment de la liberté pour permettre aux juges d'empiéter sur le pouvoir législatif par le refus d'enregistrement, ou sur le pouvoir exécutif par les remontrances; et au pouvoir exécutif de dominer la magistrature par les attributions de juges, les commissions, les évocations, les arrêts de committimus. Elle débrouilla avec une netteté parfaite ce mélange confus de tous les pouvoirs si favorable à l'absolutisme, quand seulement l'absolutisme était habile. Les juges ne furent plus que juges; et, comme juges, ils furent souverains.

Mais où les prendrait-on? Il n'y avait qu'un cri dans toutes les consciences contre la vénalité. Si l'Assemblée ou le roi choisissait les juges, il n'y avait plus de séparation réelle. Car; au fond, celui-là juge, qui choisit le juge. On aurait pu penser que le juge, une fois nommé, serait indépendant, même contre son auteur, par la grâce de l'inamovibilité; mais l'inamovibilité n'était pas sans inconvénient. L'esprit de corps, dû principalement à l'inamovibilité, avait fait des. parlements les défenseurs obstinés de la routine. On se demandait si ces juges inamovibles, et seuls inamovibles dans l'État, avec le roi, ne deviendraient pas irresponsables en se soutenant entre eux, et par conséquent maîtres de la loi. L'inamovibilité d'ailleurs ne paraissait pas une institution sérieuse, tant que le juge, qui ne pouvait cesser de l'être, pouvait espérer de monter plus haut; car l'espérance a autant de prise sur les âmes que la crainte. On crut que, dans une société dont la constitution était immuable et la loi mobile, la forme de l'ordre judiciaire devait être stable et les juges temporaires. On les fit donc électifs, temporaires, inamovibles seulement pendant la durée de leurs fonctions, responsables à l'expiration de leur mandat. Ainsi fut consommée l'indépendance du pouvoir judiciaire, et, si on peut le dire, la souveraineté de la loi.

Ce n'est pas ici le lieu d'examiner les détails de l'organisation judiciaire décrétée par la Constituante sur la proposition de Thouret, et qu'on peut résumer ainsi : un seul Code, des attributions de juges invariables, une hiérarchie régulière et fixe, une jurisprudence ramenée à l'unité par l'action du tribunal de cassation. Je crois fermement qu'on peut reprocher à cette puissante organisation d'avoir créé trop de tribunaux, de les avoir remplis de trop de juges, et de trop petits juges, d'avoir mal à propos confié à la même juridiction et réglementé par les mêmes articles de loi les affaires commerciales, les affaires civiles et les affaires politiques. Mais il n'en reste pas moins que l'Assemblée avait établi l'unité de Code, l'unité de hiérarchie, l'unité de jurisprudence, et qu'elle avait assuré autant que la nature humaine le comporte l'infaillibilité des jugements par l'élection des juges et la publicité des débats.

On compte quelquefois parmi les établissements de 1789 l'inamovibilité des juges. C'est une singulière erreur. Sous l'ancien régime, une charge de magistrature était vénale et inamovible. La Constitution de 1791 les rendit gratuites et électives. Plus tard, on est revenu à l'inamovibilité en remplaçant la vénalité par la nomination ministérielle ; telle est la vérité historique, et je soutiens qu'ici encore, 1789 a eu le véritable sens, l'instinct de la liberté.

Il faut bien constater d'abord que, si le pouvoir judiciaire est institué par le pouvoir exécutif, l'inamovibilité des juges est de la nécessité la plus absolue. Ce tribunal, dont tous les membres ont été nommés par le pouvoir exécutif, et peuvent attendre de lui de l'avancement, des décorations, des dignités, sera pourtant appelé, dans certains cas, à le juger lui-même. Il y aura, parmi les tribunaux, un tribunal spécialement affecté à cet emploi ; et même pour les tribunaux ordinaires, même dans les affaires courantes, où l'intérêt de l'État et de ses agents n'est pas directement en cause, le pouvoir exécutif aura souvent des désirs et des intérêts, qu'un tribunal ne doit pas même connaître. Les tribunaux sont établis pour rendre des arrêts, et non des services. L'inamovibilité du magistrat est donc nécessaire au magistrat lui-même, pour le protéger, au client, pour le rassurer ; elle est nécessaire à la dignité du gouvernement, à la sainteté de la loi. Je suis si loin de la regarder comme inutile, que je la regarde au contraire comme insuffisante.

Certes, c'est une grande chose que de se trouver dépositaire du pouvoir social, et d'influer directement sur l'histoire et la destinée d'un peuple ; mais je ne sais si la charge du juge n'est pas encore plus sublime. Il est le seul, en ce monde, que les passions n'atteignent pas, et qui prononce sur tous les intérêts. Pendant que la société est emportée dans d'éternelles révolutions, il demeure impassible et infaillible. Il ne représente ni l'intérêt des particuliers, puisqu'il le contient dans ses limites, ni même celui de l'État, puisqu'il impose à l'État comme au dernier des citoyens le joug de la justice. Cette fonction d'exprimer au milieu des hommes les oracles du droit éternel constitue un véritable sacerdoce; elle a, elle doit avoir un caractère religieux. Les hommes ne pourront jamais l'entourer d'assez de respect. Il semble qu'on élève la moralité publique en élevant la situation personnelle des juges, la solennité de leurs audiences, la force de leurs arrêts. C'est pour cela qu'à la stabilité de la fonction, je préférerais la grandeur de l'origine. Ce n'est pas trop que de donner pour base à cette première des fonctions sociales, le pouvoir même qui, dans le respect des peuples, a succédé au droit divin. L'inamovibilité est d'ailleurs conciliable avec l'élection. Et de même qu'un législateur ne peut être livré que par l'Assemblée législative, un juge ne peut être destitué que par ses pairs.

Il ne faut pas introduire ici la présomption de l'impartialité du pouvoir exécutif, ni songer à tel ou tel gouvernement incapable d'influencer la justice, ni invoquer l'histoire. L'ancien parlement, avec ses charges vénales, a presque toujours été équitable dans ses jugements; il s'est montré plus d'une fois énergique jusqu'à l'héroïsme dans sa résistance au pouvoir absolu. Il n'en est pas moins vrai qu'une constitution est précisément nécessaire pour prévenir les usurpations réciproques. Si l'on introduit la confiance dans les constitutions, il faut les faire en un seul article, qui consacrera le pouvoir patriarcal du prince : après quoi, tout sera dit.

Contre qui importe-t-il surtout de garantir l'indépendance des juges? Est-ce contre le pouvoir, ou contre les accusés? Contre le pouvoir. Il serait vraiment par trop absurde de supposer un corps électoral composé en majorité de futurs criminels ou de futurs fraudeurs, qui

s'arrangeraient d'avance pour ne mettre dans le tribunal que des complaisants ou des complices. La foule
comprend à merveille la nécessité d'un juste juge. J'ai-
merais autant nier le sentiment de la justice que d'avouer
que la totalité des justiciables est suspecte quand il s'agit
d'élire un tribunal. Les justiciables élisant un juge, sont
exactement dans la position des parties élisant un commun arbitre. Pourquoi me laissera-t-on choisir mon
député, si on me prive du droit de choisir mon juge? Il
est mille fois plus facile de choisir un juge, interprète de
la loi écrite, que de choisir un député, chargé d'écrire
la loi. Si on confie au pouvoir exécutif le soin de choisir
les juges, pourquoi l'empêche-t-on de composer une
assemblée législative à sa convenance? Qu'il ·choisisse
ceux qui font la loi, si on le laisse maître de choisir ceux
qui l'interprètent et l'appliquent! Mais si nous tenons à
la liberté, qu'il ne choisisse ni les uns ni les autres, et
que la séparation des trois pouvoirs soit entière.

Non-seulement cette indépendance originelle des juges
est nécessaire à la liberté, mais elle est indispensable à
l'autorité, qui doit être forte et conséquemment respectée,
car sans le respect il n'y a pas de force. C'est une profonde erreur des gouvernements impuissants et malha-
biles de croire qu'ils puissent avoir un autre intérêt dans
l'administration de la justice, que la justice elle-même.
A force de vouloir des juges dévoués, ils n'ont plus que
des agents au lieu de juges. Il n'est pas vrai qu'un tribunal puisse *rendre des services* en jugeant contre la
justice; car cette corruption de la magistrature est la
suppression même de la loi, et la loi est la seule force
durable des gouvernements.

Nous avons heureusement en France une institution
excellente, très-aimée de la bourgeoisie, et même de la
bourgeoisie la plus conservatrice, et qui répond péremptoirement à toutes les objections qu'on pourrait faire contre l'élection des juges : ce sont les tribunaux de com-

merce. Personne assurément ne songe à les supprimer ;
il faudrait les multiplier au contraire, et séparer entièrement la justice commerciale de la justice civile. Je demande aux plus déterminés adversaires de l'élection des
juges s'ils ont quelques doutes sur l'honorabilité, le
dévouement et l'intelligence de la magistrature consu-
laire. Et qu'on le remarque, il ne s'agit pas ici de médiocres intérêts. Par suite du développement de la richesse
mobilière, la compétence des tribunaux de commerce
embrasse la plus grande partie de la fortune du pays.
Ces juges élus décident avec un profond respect de la
justice, avec une entente parfaite des intérêts généraux
du commerce, et dans un esprit évident de conciliation.
Peut-être pourrait-on introduire un jurisconsulte dans
les tribunaux de commerce, pour ajouter la connaissance
des lois à celle des affaires ; je ne dis pas que cette grande
et utile institution ne puisse être perfectionnée ; il me
suffit que l'expérience du principe de l'élection soit faite,
dans d'aussi excellentes conditions, et par une juridiction
de cette importance.

Je pourrais alléguer avec non moins d'avantage les
conseils de prud'hommes. L'exemple serait encore plus
frappant, parce qu'il y a des juges de toutes les conditions. Depuis le rétablissement des prud'hommes,
s'élève-t-il un reproche contre les élus ? et s'ils font ad-
mirablement leur devoir, qui osera se plaindre des électeurs ? et qui osera condamner le système de l'élection ?

Si jamais les juges deviennent électifs, il faudra sans
doute établir des conditions, des catégories, soit pour le
droit électoral, soit pour le droit d'éligibilité ; et ce sera
tant mieux, car cela nous conduira à pousser plus loin
la séparation des juridictions. Aujourd'hui tout est con-
fondu : la juridiction commerciale avec la juridiction
civile dans un grand nombre de siéges, partout la juridiction civile avec la juridiction correctionnelle. On ne
voit vraiment pas pourquoi ; et la confusion de la juridic-

tion correctionnelle avec la juridiction criminelle se comprendrait mieux sans être pourtant convenable. Il n'est pas de bonne règle que les mêmes juges composent alternativement un tribunal civil et un tribunal correctionnel, et qu'ils changent de nom, de caractère et d'attributions suivant la nature des causes. Il est encore plus inexplicable que la loi accorde l'intervention du jury à celui qui est accusé d'un crime, et la refuse au prévenu de la justice correctionnelle, dont l'honneur et la liberté ont au moins autant de prix. Certaines de nos lois qui transfèrent à la police correctionnelle la connaissance des causes autrefois déférées aux cours d'assises, ont été considérées comme des lois d'aggravation et même d'intimidation. Cela seul suffit pour montrer combien les classifications sont mal faites; et elles sont mal faites parce que la division des juridictions est incomplète. Dans l'état actuel, un juge doit être à la fois consommé dans les affaires commerciales et civiles, et bon criminaliste. Les questions de propriété immobilière et de crédit, les crimes et les délits communs, les crimes et les délits politiques sont soumis tour à tour et dans des conditions fort différentes à sa juridiction. Tantôt il juge avec le concours du jury et tantôt il décide par le même jugement sur le fait et sur le droit. En justice de paix, on se contente d'un seul juge; en police correctionnelle et aux cours d'assises, la loi en exige trois; en appel, elle en demande cinq. Une meilleure division des juridictions, une plus grande uniformité dans la composition des divers tribunaux, détruiraient les dernières objections que soulève l'élection des juges, en les réduisant au rôle d'interprètes de la loi, et en permettant d'introduire avec réserve dans les élections le principe des spécialités.

Le jury est une institution excellente et définitivement passée dans les mœurs; pourquoi n'est-elle pas générale? Si l'on regarde l'intérêt des justiciables, il ne saurait être nécessaire pour éveiller la sollicitude du législateur

d'être accusé d'assassinat; et si l'on songe à la société,
puisque le jugement par jury nous rassure suffisamment
quand il s'agit d'un crime, nous n'avons pas le droit de
nous montrer plus difficiles quand il s'agit d'un simple
délit. D'un autre côté, il n'y a pas de raison au monde
qui explique la suppression du jury en matière civile
dans un pays où il existe un jury criminel. L'établissement du jury civil fut demandé à la Constituante avec
beaucoup d'insistance par un conseiller du parlement,
depuis ministre de la justice, Adrien Duport, secondé
dans cette discussion par Barnave et par Robespierre,
dont l'opinion se modifia quelques années plus tard, on
devine sous quelle influence. Lanjuinais et Tronchet,
grandes autorités, esprits éminents, repoussèrent cette
demande, peut-être parce que la langue du droit leur
cachait encore le droit, et qu'ils croyaient en conséquence à la nécessité d'être initiés pour bien juger.
Thouret et Mirabeau parlèrent pour l'ajournement. La
jurisprudence n'était pas, suivant eux, assez simplifiée
pour que la déclaration du fait, seul rôle attribué au jury,
pût être distincte de la détermination du point du droit.
Cette objection, qui pouvait être valable à cette époque,
lorsque le Code n'était pas fait, et quand on sortait à
peine des institutions et des tribunaux de l'ancien régime, est caduque aujourd'hui. S'il en reste quelque
chose, on pourrait presque dire que l'argument s'est re-
tourné, et qu'il est d'autant plus urgent de créer le jury
civil que la jurisprudence proprement dite est toujours
devancée dans ses progrès par le monde économique et
industriel. Les tribunaux de commerce qui ne sont au
fond qu'un démembrement du jury civil, ont été surtout
utiles en s'écartant de la lettre d'une jurisprudence qui,
datant de 1804, paraît être arriérée de plusieurs siècles.
Il est permis de penser avec Royer-Collard que l'inamovibilité des juges, tant qu'elle subsiste, est une raison
péremptoire de séparer la fonction des jurés de celle des

juges; et nous ajouterons que cette distinction est à peine
aussi nécessaire en matière criminelle qu'en matière civile, l'immobilité ne pouvant être la règle des fortunes
au milieu du mouvement et des progrès de l'industrie et
de la science économique [1].

Le jury civil existait à Rome ; les *judices ordinarii*,
les *centumvirs* jugeaient le fait, le préteur appliquait le
droit. Ce grand exemple est peut-être perdu pour nous,
à cause de la profonde différence des habitudes civiles,
mais on n'en peut dire autant de celui de l'Angleterre
et des États-Unis d'Amérique. L'Angleterre spécialement
a une jurisprudence très-formaliste et très-compliquée,
ce qui ne l'empêche pas de déférer au jury des questions
de fait; à plus forte raison pourrions-nous entrer dans
la même voie, nous dont la législation est à la fois plus
méthodique et plus claire. Nous avons conquis la codifi-
cation des lois et la hiérarchie des tribunaux ; c'est un
grand pas de fait, il en reste peut-être un aussi grand à
faire par la spécialisation des juridictions et l'uniformité des procédures. Si l'on ne consulte que le bon sens,
il est incontestable qu'il indique la distinction du jugement de fait par le jury et du jugement de droit par le
juge. Cette réforme aurait le double avantage de faciliter

---

1. « Un juge chargé d'appliquer la loi doit tenir ce langage aux
parties : « Êtes-vous d'accord sur les faits? Je n'ai point de mission
pour juger les faits; si vous n'êtes pas d'accord, je vais assembler
vos amis, vos voisins; ils vous accorderont, et alors je vous dirai ce
que prononce la loi. » Si cette opération préalable n'est pas faite, le
juge pourra déterminer à son gré la question; il ne sera pas forcé
sur l'application de la loi ; il appliquera la loi qui servira ses passions.
Ainsi on n'obéira pas à la loi, mais on obéira au juge. Le peuple n'est
pas libre quand le juge peut substituer sa volonté à celle de la loi :
c'est ainsi que je suis arrivé à la nécessité d'établir des jurés. J'ai
dit encore qu'en jugeant ensemble le fait et le droit, on jugeait à la
minorité, et personne n'a encore répondu à nos calculs.... Séparer le
fait du droit est une chose difficile ; mais juger sans cette séparation,
est une chose impossible. » (Discours de Duport, séance du vendredi
30 avril 1790.)

le progrès économique, et de rendre la fonction de juge
de plus en plus conforme à son essence, et de plus en
plus indifférente aux individus et aux espèces. L'avenir
de la justice est dans ces deux mots : des jurés praticiens
et des juges abstraits.

Il faudrait donc, pour rentrer dans l'esprit de 1789,
que tout tribunal se composât d'un jury spécial présidé
par des juges électifs également spéciaux, et il faudrait
confier à des tribunaux différents la juridiction commerciale, la juridiction civile, la juridiction criminelle et
correctionnelle, et la juridiction politique qui embrasse-
rait aussi les délits de l'enseignement et de la presse.

Quand je parle de jurés et de juges spéciaux, j'entends des juges spécialement nommés pour exercer une
juridiction déterminée; je ne veux pas dire qu'on ferait
juger les délits de presse exclusivement par les journa-
listes. Le principe de la spécialité n'a que des avantages
quant aux attributions de juges, mais il faut l'introduire
avec une extrême prudence dans les élections mêmes,
surtout quand il s'agit de délits communs ou d'affaires
très-générales. La distinction précise des juridictions
entraînera par la force des choses la spécialité des juges.

On sait que ce qui rend, entre autres motifs, la géné-
ralisation de l'institution du jury très-souhaitable, c'est
qu'il est toujours très-important de distinguer dans le
jugement le point de droit et le point de fait. Il faut évidemment dans les deux cas une aptitude différente ; il
faut surtout que l'esprit se concentre soit sur la question
de droit, soit sur la question de fait, et ne soit pas tenté
de modifier le fait en vue de la loi, ou la loi à cause du
fait. Ce n'est pas sans motifs qu'il est défendu aux avocats
plaidant devant une cour d'assises de faire allusion à la
pénalité encourue par le client. Le juge correctionnel, qui
sait son Code, voit clairement la conséquence de son
verdict, et il est impossible qu'il n'en tienne pas compte.
Cet inconvénient, qui n'a été prévu qu'en matière crimi-

nelle, est pourtant plus grave en matière civile et en
matière commerciale. Le Code de commerce a plus de
cinquante ans; il ne s'est pas suffisamment modifié avec
le commerce. La théorie fondamentale de notre jurisprudence qui consiste à apprécier le fait, sans songer à la
pénalité, et à prononcer la peine sur le fait abstrait, n'est
plus toujours applicable. Ces deux prémisses du syllogisme engendrent parfois de telles conséquences, qu'on
est obligé de sauver l'équité en modifiant la majeure ou
la mineure. Il faut donc, pour éviter l'arbitraire, des
Codes spéciaux, des juridictions spéciales, et le jury dans
toutes les juridictions.

Cette réforme n'augmentera pas le nombre des juges,
parce qu'il est très-facile de supprimer d'un côté plus
qu'on n'ajoute de l'autre. On peut d'abord rayer tous les
tribunaux d'arrondissement, qui ont toujours été inutiles,
et qui le sont devenus bien davantage, depuis qu'il y a
des chemins partout, et des chemins de fer presque partout. Il n'est pas absolument nécessaire de mettre les
procès à la portée de tout le monde. Élevons la bienfaisante juridiction des juges de paix, et n'ayons plus de
tribunaux qu'aux chefs-lieux de départements. Tout le
monde y gagnera, et les plaideurs plus que les autres.
Nous supprimerons aussi, dans chaque tribunal, la
chambre de mise en accusation, qui double inutilement
toute la procédure, qui fait une procédure à huis-clos et,
par conséquent, sans garantie : procédure dangereuse,
puisqu'elle est, quoique sommaire, un préjugé nécessaire
et redoutable. Quand nous aurons réduit le nombre des
juges, fait aux juges conservés des positions considérables, élevé la juridiction des juges de paix, distingué avec
soin la justice commerciale, la justice civile, la justice
pénale, séparé complétement de tout le reste ce qui touche
à la politique, généralisé l'institution du jury, restreint
tous les juges à prononcer sur le point de droit comme
la Cour de cassation, rendu les tribunaux absolument

indépendants du pouvoir en les faisant sortir du peuple
par voie de délégation directe, nous aurons une magistrature plus respectée, plus puissante, que ne l'ont jamais
été les anciens parlements. Il ne faut pas croire que le
retour périodique des élections l'amoindrira. Il n'y aura
pas un grand talent ni un grand caractère qui ne soit
perpétué par acclamation dans les fonctions de juge. Le
secret de rendre le fonctionnaire inamovible sans recourir
à l'inamovibilité, c'est partout et toujours de rendre la
place difficile, pour que les services soient éclatants, et
les talents nécessaires.

Je ne veux pas même parler des justices d'exception,
si ce n'est pour dire en un seul mot qu'elles sont la négation même de la justice. Quand Louis XIV fit juger par
des commissaires le surintendant Fouquet, on frémit de
penser que plus d'un juge opina à la mort pour avoir le
droit de mendier un sac d'écus le lendemain à la porte
de Colbert. Vraiment la société ne serait plus qu'une
indigne comédie si la plus petite affaire de police correctionnelle se jugeait publiquement, par trois magistrats,
avec instruction préparatoire, débats contradictoires,
libre défense, faculté d'appel, tandis qu'un commissaire,
au fond d'un bureau, pourrait décider, sans garantie,
sans formalités, sans recours, de la vie, de l'honneur ou
de la liberté d'un homme. Si l'appareil de la justice et
ses formalités ne sont pas nécessaires pour la garantie
de l'innocent, elles n'existent donc que pour fournir une
chance de salut aux coupables? Si, au contraire, elles
sont nécessaires, c'est donc pour pouvoir se tromper impunément qu'on les supprime? On ne s'attachera jamais
avec trop de vénération aux formes de la justice. Il faut
les conserver avec un soin pieux, par respect pour l'innocent qui peut être accusé, par respect pour les juges,
que le soupçon ne doit pas effleurer, par respect pour la
société, qui n'est debout que par le droit, et qui ne peut
prononcer et frapper qu'au grand jour.

Arrivons maintenant à la seconde et à la plus importante condition d'une justice exacte et d'une application
régulière de la loi, je veux dire la publicité. Il ne s'agit
pas ici d'ouvrir à deux battants les portes de la salle
d'audience, et d'y laissér pénétrer quelques oisifs. Il
s'agit de la publicité tout entière, de la vie au grand
jour, de la liberté de la presse, en vue de laquelle tout
l'ordre social a été constitué, sans laquelle la loi sera
mal préparée et mal appliquée ; de cette liberté qui seule
peut créer une solidarité entre les citoyens d'un même
peuple, depuis que les progrès de la raison humaine, en
détruisant pour toujours les corporations et les priviléges,
ont placé les citoyens sans intermédiaire en face de l'État.
Le régime le plus libéral, sans la liberté de la presse,
serait plus absolu que l'ancien régime, parce qu'il y
avait sous l'ancien régime des parlements, des cours souveraines, des états provinciaux, toujours prêts à protester
contre la violation des règles, et un esprit public, formé
des différents esprits de corps, qui créait parfois un
obstacle invincible à la tyrannie. Il n'était pas besoin de
publicité, pour que tout ce qui tenait à la robe fût averti
instantanément de l'injure de Broussel. Aujourd'hui,
dans notre isolement, dès que la presse se tait, tout est
inconnu, et tout le monde est impuissant. Il n'y a plus
que là une information, et un centre. Donc il n'y a plus,
sans la presse, ni esprit public ni liberté. La publicité
libre est la pierre angulaire du système inauguré en 1789.
C'est la plus importante des conquêtes de nos pères. C'est
le Palladium de la société moderne.

4° LA PUBLICITÉ.

Afin de bien constater que la publicité libre est l'essence de ce qu'on appelle la doctrine de 1789, nous
donnerons d'abord la parole à la Constituante. On lit
dans la Déclaration des droits de l'homme : Art. 10 :

« Nul ne doit être inquiété pour ses opinions, même religieuses, pourvu que leur manifestation ne trouble pas l'ordre public établi par la loi. » Art. 11 : « La libre communication des pensées et des opinions est un des droits les plus précieux de l'homme; tout citoyen peut donc parler, écrire, imprimer librement, sauf à répondre de l'abus de cette liberté dans les cas déterminés par la loi. » Constitution. — Titre I. — Dispositions générales : « La Constitution garantit, comme droits naturels et civils, la liberté à tout homme de parler, d'écrire, d'imprimer et publier ses pensées, sans que ses écrits puissent être soumis à aucune censure ni inspection avant leur publication. » Chap. III, § 2, art. 1er : « Les délibérations du Corps législatif seront publiques, et les procès-verbaux de ses séances seront imprimés. » Chapitre V, art. 9 : « En matière criminelle, l'instruction sera publique. » Art. 17 : « Nul homme ne peut être recherché ni poursuivi pour raison des écrits qu'il aura fait imprimer ou publier sur quelque matière que ce soit, si ce n'est qu'il ait provoqué à dessein la désobéissance à la loi, l'avilissement des pouvoirs constitués, la résistance à leurs actes, ou quelques-unes des actions déclarées crimes ou délits par la loi. — La censure sur les actes de pouvoirs constitués est permise : mais les calomnies volontaires contre la probité des fonctionnaires publics et la droiture de leurs intentions dans l'exercice de leurs fonctions, pourront être poursuivies par ceux qui en sont l'objet. » Art. 18 : « Nul ne peut être jugé, soit par la voie civile, soit par la voie criminelle pour faits d'écrits imprimés ou publiés, sans qu'il ait été reconnu et déclaré par un jury, 1° s'il y a délit dans l'écrit dénoncé; 2° si la personne poursuivie est coupable. »

Il résulte de ces différents textes que d'après les principes de 1789 la publicité est de droit étroit. On peut dire que le premier devoir de l'Assemblée qui venait écrire dans la loi les conquêtes de la philosophie, était de consacrer les droits de la pensée humaine. Il y a eu, sans nul doute, des libres penseurs à toutes les époques de l'histoire, et la preuve, c'est qu'il y a toujours eu des persécutions; mais, pendant le moyen âge, la science était moins répandue, les savants vivaient à l'ombre des cloîtres; leur pensée surveillée et enchaînée dès le berceau se traînait dans l'ornière commune ou s'égarait dans quelque hérésie sans portée. Si nous voulons aujourd'hui juger la force de leur esprit et de leur caractère, ne regardons pas leur point d'arrivée, mais leur point de départ; songeons à cette unanimité des hommes d'État et du peuple, à ces préjugés, à cette inquisition, à cet asservissement des cloîtres et des écoles, au peu de secours que fournissait l'érudition, à l'enfance de l'histoire et de toutes les sciences humaines, aux impuissantes et débilitantes méthodes de la scolastique, aux supplices affreux qui attendaient les novateurs. Nous marchons tous vers la vérité en nous poussant les uns les autres, et les plus grands même n'ont pas beaucoup d'avance sur la foule. Il y en a dont toute la vie s'est épuisée à remplacer une erreur par une erreur moins grossière; d'autres sont nés à l'heure même où le monde touchait à la vérité, et ils ont vu les premiers la terre promise. Ni pour les hommes ni pour les siècles on ne doit estimer la force par ses résultats. Cette longue et confuse bataille du moyen âge où la libre pensée a si peu conscience de son droit, de sa force, de son but, a été féconde en héros, sinon en résultats philosophiques; et elle a fini par aboutir à l'explosion du XVIᵉ siècle. Le XVIᵉ siècle est la merveille des âges. Les savants vont chercher les arts et les sciences de la Grèce, et les apportent en triomphe au milieu de nous. Le monde enchanté de Platon s'ouvre aux esprits fatigués des labyrinthes sans issue de la scolastique. On se jette en foule sur cette moisson d'idées, nouvelles à force d'être anciennes. Le génie des artistes répond à l'ardeur des écrivains. La pensée humaine, dont l'horizon s'élargit, rejette les anciennes formules et commence à rêver l'indépendance. Descartes, à l'aurore du xviiᵉ siècle, vient couronner ce mouvement admirable, en fondant la science nouvelle sur la liberté. La période qui suit n'est pas un temps d'arrêt. La règle est partout sous Louis XIV, dans les arts, dans les vers, au théâtre, dans la religion; mais le roi, secondé de quelques hommes de génie, n'a pas trop de toute sa puissance pour combattre la fermentation des idées. Il la discipline, plutôt qu'il ne l'arrête. Le cartésianisme prend possession de l'âme même de Bossuet. Fénelon arrive presque à la liberté par le mysticisme. Bayle se fait pardonner à force d'habileté et d'érudition un scepticisme très-radical au moins en matière religieuse. La résignation obstinée des jansénistes fatigue toutes les forces du roi et de l'Eglise réunies. Les armées et les supplices exterminent les protestants sans venir à bout du protestantisme. Le roi mort, l'esprit d'examen et de conquête si péniblement, si superficiellement contenu, fait explosion de nouveau. Montesquieu, Rousseau, Voltaire, l'*Encyclopédie* cherchent la raison de tout et, pour la première fois depuis des siècles, disent tout haut la vérité, mêlée comme il arrive, à beaucoup d'erreurs. L'Église s'inquiète et s'irrite, les parlements rendent des arrêts, ils condamnent les livres au feu, les libraires à la ruine, et les colporteurs aux galères. Le régent lui-même, un libre penseur, Louis XV, un débauché, font la guerre au nom de la société établie, des lois séculaires, à ces novateurs qui ne savent plus respecter, à ce poëte, à cet historien qui renverse le monde en riant. Voltaire est mis à vingt ans à la Bastille; il est exilé trois fois; il passe trente ans loin de Paris et de la cour, il est obligé de ne pas signer ses livres, de les faire imprimer en Angleterre, en Hollande, en Suisse, de les désavouer, de les condamner. Rousseau est décrété de prise de corps; il se cache, il change de nom, il se déguise; il erre d'exil en exil. L'*Encyclopédie* est deux fois condamnée au feu, trois fois au pilon. On se montre avec effroi dans Paris un grand seigneur espagnol échappé d'un *in pace* où l'inquisition l'avait confiné pour le crime d'avoir traduit Voltaire. Il ne se passe pas de jour sans que le parlement rende un arrêt et fasse lacérer et brûler des livres au bas du grand escalier; les inspecteurs de la librairie, les censeurs, le directeur général, sont sur les dents, les exempts de police s'épuisent à chercher les imprimeries clandestines; les sages-maîtres de la Faculté de théologie, les assemblées du clergé fulminent des anathèmes; le garde des sceaux fait mutiler les ouvrages, ce qui est pire que de les brûler; Beaumarchais lutte trois ans pour faire représenter le *Mariage de Figaro.* Et pourtant ces écrivains embastillés, bâtonnés, proscrits, décrétés, ces livres mutilés, jetés au pilon, brûlés par le bourreau, arrêtés à la frontière, sont les maîtres, les souverains maîtres de la société du xviii° siècle. Ils lui imposent leurs idées, leurs sentiments; ils règnent dans les châteaux et dans les chaumières. Ils s'emparent si complétement des esprits que les défenseurs nés du vieil édifice social se laissent les uns décourager, les autres éblouir. Turgot intronise la philosophie dans le ministère. Voltaire, de retour à Paris, traîne tout Paris à sa suite; celui qui sera un jour Charles X se cache dans une loge grillée du Théâtre-Français pour le mieux voir; les rois et les empereurs qui visitent à l'envi la France, croient avoir perdu leur voyage, s'ils n'ont pas siégé à l'Académie et conversé avec les économistes et les philosophes. Un certain jour, l'économiste Baudeau est attaqué au Châtelet pour avoir pensé et écrit comme Turgot, qui n'est plus ministre : le Châtelet le condamne, quoiqu'à une peine légère; la cour aggrave le jugement (ô justice!) en l'exilant arbitrairement en Auvergne; mais, pendant les trois jours de l'audience, Paris encombre le prétoire; on fait la haie sur le passage de l'accusé, on bat des mains; s'il ne s'y refusait, on le porterait en triomphe.

Le marquis de La Fayette part pour la guerre de l'indépendance, suivi d'une armée de volontaires. On se presse sur les pas de Franklin, cet imprimeur devenu homme d'État, qui vient représenter en France le sens commun et l'Amérique. Les abus sont criblés à jour, la dette est connue, les ministres des finances ont besoin, pour administrer, de faire des comptes rendus à la nation, les arrêts sanguinaires des parlements sont accueillis d'un bout de l'Europe à l'autre par des malédictions; le peuple, la noblesse, les femmes demandent à grands cris la réforme. Le parlement de Paris lui-même, entraîné à son tour, reconnaît la nécessité des états généraux. Quand les députés arrivent, quand ils triomphent des ridicules efforts de la cour, quand ils prêtent le serment du jeu de paume auquel répond l'écroulement de la Bastille, qui ne voit que c'est la philosophie qui s'empare de la loi après s'être emparée des esprits, et qu'en décrétant la liberté de la pensée, elle ne fait que proclamer son propre avénement?

L'homme ne vit pas seulement de pain. Une société qui ne garantirait que les besoins de nos corps, faillirait à la plus noble partie de sa tâche. Nous sommes faits pour la société des esprits, pour mettre en commun nos idées et nos sentiments, pour travailler, pour aimer, pour prier ensemble. La religion chrétienne met ces paroles dans la bouche des petits enfants : « Pourquoi Dieu vous a-t-il créés et mis au monde? — Pour le connaître, l'aimer, le servir.... » Le connaître! C'est en effet notre premier besoin et notre premier devoir. Il y a en nous une inquiétude qui nous pousse, une curiosité, une ardeur que n'assouvit jamais le spectacle des phénomènes du monde. Ce qu'il nous faut, c'est la cause, et de cause en cause, la cause suprême. Nous la cherchons dans l'étude de la nature, dans celle de la société et dans celle du cœur humain. La science ne nous est douce qu'en nous rapprochant de cet éternel objet de la pensée. Toute

vérité nouvelle est comme un échelon que notre âme gra
vit pour arriver jusqu'à Dieu. Nous sentons que le rest
n'est rien et ne nous est rien, si ce n'est par lui, seul fon
dement du vrai, seule et indéfectible source de l'amour.
Il est la consolation et la lumière, notre étoile et notre
espoir. Chacun de nous le cherche dans la crainte et
l'anxiété, et compte ses progrès dans la vraie vie par les
lueurs de l'essence divine que la science lui fait entrevoir.
La société mystique n'est plus, et les gouvernements
n'ont ni mission, ni pouvoir pour nous imposer une foi
donc ils nous doivent la liberté, et ils nous la doiven
entière, pour que l'âme s'élève par ses propres force
jusqu'à l'idéal, sans lequel elle ne peut vivre. Le roi sacr
à Saint-Denis, fils aîné de l'Église, représentant et gar
dien de la vérité révélée, avait au moins une raison pou
m'enchaîner à sa foi ; mais la société moderne, quelle qu
soit son incarnation, monarchie ou république, ne com
mande à l'homme qu'au nom de la raison humaine ; la
foi, la compétence, le droit, tout lui manque pour pres
crire une doctrine religieuse. Elle n'a ni raison ni pré
texte pour se mettre entre Dieu et moi. Si elle a un dieu
c'est le dieu de la religion naturelle, le dieu de la liberté
que je veux, que je dois chercher et adorer en homme
libre.

C'est le plus détestable de tous les sophismes que de
vouloir enfermer ma foi dans mon cœur comme le tréso
que l'avare enfouit. Ni pour chercher, ni pour adorer, j
ne me suffis à moi-même. J'ai besoin de recevoir et d
communiquer des idées et des sentiments. Les âmes s'al
lument l'une à l'autre comme des flambeaux. Où est l
vie de l'humanité, où est sa grandeur ? Dans un champ
parmi les moissons ? dans une fabrique où la vapeur mu-
git pour dompter et transformer les corps ? Non, non
dans une école, dans un livre, dans la parole, partout où
l'esprit se nourrit, partout où s'engendre la pensée, c'es
là que l'humanité travaille à son œuvre, et qu'elle s'a-

ance vers Dieu, qui est sa fin et son tout. Depuis l'humble asile où une femme apprend à des enfants les premières syllabes de la langue et les premières lettres de l'alphabet, jusqu'à la chaire de Sorbonne du haut de laquelle un savant parle à l'Europe lettrée, tout ce qui est école est un sanctuaire; et depuis le petit livre qu'un père de famille écrit en souriant pour donner à la curiosité des enfants une première pâture, jusqu'à ces œuvres solennelles où vient se résumer le travail des siècles, tout ce qui est livre est un enseignement. Le temps n'est plus où trois inquisiteurs veillaient à la porte de Galilée pour arrêter ses découvertes au passage, où Descartes fuyait jusqu'en Suède pour n'avoir pas à craindre la Bastille, où quelque obscur conseiller sans lettres et sans génie, dénonçait les livres de Rousseau à la grand'chambre du parlement, où je ne sais plus quel lieutenant de police menaçait Voltaire de le faire pourrir à la Bastille; où des suppôts de police mutilaient un chef-d'œuvre, le châtraient, le supprimaient, pour plaire à un parti, à un grand, à une favorite. L'humanité est enfin en possession d'elle-même; et la liberté de penser, qui est de droit divin, de droit éternel, est désormais, grâce à Dieu, et grâce à nos pères, écrite aussi dans la loi humaine.

Non-seulement l'Assemblée constituante a consacré comme un droit naturel et imprescriptible la liberté de penser et d'écrire ; mais elle en a fait la garantie et la sauvegarde de toutes les libertés publiques. Le peuple est le souverain : donc il doit assister à la formation et à l'application de la loi. L'Assemblée législative délibère publiquement, les tribunaux jugent publiquement, tous les actes administratifs sont connus, il n'y a plus de secret d'Etat, tout se fait au grand jour devant la nation et devant l'histoire. La publicité, comme un témoin vigilant, rend à jamais l'usurpation impossible.

Supposons un instant la France telle qu'elle venait de

naître des premiers décrets de l'Assemblée, et ôtons-lui
la liberté de la presse. Voilà le Corps législatif, que la
force des idées a investi pour un temps de la dictature;
voilà le roi, désormais subordonné à la chambre, mais
chef encore de l'armée, de l'administration et de la magistrature, tenant dans sa main les finances et entouré
du prestige toujours subsistant de la majesté royale. Un
jour, l'Assemblée rend un décret qui supprime la liberté
de la presse et rétablit la censure : ce seul décret rend la
révolution inutile, la détruit, met le peuple à la merci du
roi ou de la chambre, ou d'une coalition du roi et de la
chambre. Il n'a plus qu'une ressource, ressource suprême et terrible, c'est de courir aux armes, et de jouer
lui, le peuple de France, la partie de la liberté contre
l'armée de la France. Avec la publicité au contraire, la
chambre vit et respire au grand jour, sous l'œil du pays
qui s'associe à son travail par la discussion des journaux
et des livres, par ses jugements sur les discours et sur les
votes. Si une tendance contre-révolutionnaire se manifeste, une clameur s'élève qui montre où le pays veut
aller, qui relève la faiblesse ou décourage la trahison.
Aucun ministre n'est assez grand, aucun agent de département ou de district n'est assez petit pour échapper à ce
contrôle de l'opinion, qui met incessamment les pouvoirs
publics en demeure. Si la liberté est menacée, le peuple
sait par qui; s'il y a une mesure à prendre, il sait laquelle; s'il ne comprend pas le sens et la portée d'une
loi, on lui ouvre les yeux ; s'il a besoin d'un drapeau, on
le lui donne. La publicité est la conscience qu'une nation
a d'elle-même. On ne brave pas sa force, on ne brave
même pas son mépris. Ceux qui dédaignent tout haut la
popularité, vont la mendier par les escaliers dérobés. Ils
espèrent qu'on les louera de leur mépris de la louange.

On dit volontiers qu'une société bien organisée est celle
où l'ordre et la liberté ne s'excluent pas. Sur ce fondement, le parti qui aime l'ordre par-dessus tout, et celui

qui aime la liberté par-dessus tout, se mettent au travail chacun de leur côté, et, comme de raison, ils s'occupent d'abord d'organiser et de garantir leur principe favori. Le parti de l'ordre songe avant tout au gouvernement : il faut que le gouvernement intervienne largement dans la formation des lois ; on lui donnera l'initiative et le veto absolu. Il faut qu'il soit indépendant dans son administration, c'est-à-dire maître de ses méthodes et de ses agents : en conséquence, il fera les règlements d'administration publique, sera maître absolu de tout le personnel, nommera et révoquera les fonctionnaires de tous les degrés. S'il a besoin de déférer un coupable devant les tribunaux, il ne doit rencontrer là ni des juges qui, entre lui et ses ennemis, inclinent pour ses ennemis, ni des lois qui garantissent l'innocence au point d'assurer presque l'impunité à la faute, ou qui prononcent des peines dérisoires à force d'être légères. Enfin, on l'armera d'une police nombreuse et dévouée pour surveiller efficacement, et d'une armée contre laquelle ni l'émeute, ni la révolution, ne puissent prévaloir. Avec ces ressources, et la disposition du Trésor public, l'autorité, ou, disons mieux, le despotisme est complétement organisé.

Alors, on se souvient de la liberté, à laquelle il faut aussi des garanties. La première de toutes, c'est, dit-on, l'intervention directe du peuple dans la formation de la loi. Ce sera, en effet, le peuple qui fera la loi par ses députés ; le pouvoir n'aura que le droit de la préparer et de la proposer, et celui de la refuser. Voilà, certes, une organisation très-libérale ; il me reste un point à éclaircir : les élections seront-elles libres ? Notez que ce point renferme tout, car donner des droits à des députés qu'on aura choisis, c'est une indigne comédie. Une assemblée ainsi faite ne représente pas le pays ; c'est une assemblée de secrétaires que se donne le gouvernement, ou, tout au plus, un conseil d'État supérieur, chargé de reviser le travail de l'autre. Sur ce point encore, nous obtiendrons pleine satisfaction des défenseurs de l'autorité; tout le monde, sans exception, sera éligible; tout le monde sera électeur; le scrutin sera secret et entouré de toutes les garanties qui en constatent la liberté et la sincérité. Il y a pourtant encore une liberté qu'il faut ajouter à toutes ces libertés, si on ne veut pas les rendre illusoires; et c'est la liberté de la presse.

J'aurai beau, en effet, répandre cent mille circulaires, en afficher vingt mille, et distribuer deux cent mille bulletins : pour les quinze ou vingt mille francs que cela me coûtera, je n'aurai donné aux électeurs que du papier. Je leur aurai appris ce que je pense de moi-même. Ce qu'il faut aux électeurs, c'est l'attache d'une opinion, c'est la garantie que donne l'adoption d'une candidature par un journal connu et par l'opinion que ce journal représente. Personne assurément ne sera tenté de dire que sous un régime de suffrage universel, il suffit à chaque électeur, pour se former une opinion indépendante, de recevoir un bulletin et une pancarte. Si les candidatures d'opposition se multiplient, je demande aux hommes de bon sens ce que vont devenir les électeurs de campagne, entre toutes ces éloquences. Disons-le à tous les partis : il n'y a pas d'élections sans discussion libre de toutes les candidatures et sans liberté réelle de la presse.

Regardons maintenant cette administration si bien liée, où tous les fonctionnaires dépendent si étroitement les uns des autres, et ne relèvent que de leurs chefs, sans aucune responsabilité devant le public. On croit donner satisfaction au principe de liberté en disant que le premier fonctionnaire, c'est-à-dire sans doute le chef du département ministériel, répond pour lui et pour les autres. Nous avons vu surabondamment ce qu'il faut penser d'une responsabilité si haut placée. Mais faisons comme tout à l'heure, et au lieu de prendre cette administration à responsabilité unique, supposons une décentralisation réelle, un grand nombre de magistrats électifs, le droit pour chaque citoyen de prendre les fonctionnaires à partie et d'en appeler directement de l'administration à la loi exprimée, appliquée par les tribunaux. Qui avertira le citoyen de son droit? qui surtout l'avertira de son devoir? qui le soutiendra dans la lutte où il s'engage? qui le garantira des négligences, des dénis de justice que l'administration voudrait lui opposer? La presse, et elle seule. Sans la publicité, le courage civil est toujours une exception, presque toujours une impossibilité. Il en est du courage civil comme du courage militaire; c'est surtout sous les yeux de son régiment, animé par le bruit des trompettes et l'odeur de la poudre, qu'un soldat se sent au-dessus du péril. Il ne faut pas en rougir : l'homme a besoin de l'humanité. Pour que l'esprit public se forme et se maintienne, il faut cette grande et puissante voix de la nation qui distribue chaque jour l'éloge et le blâme, qui rappelle sans cesse les intérêts communs, les principes sociaux, et qui met au service du droit de chaque citoyen sa puissance collective. Les abus de la mauvaise presse, l'attaque des vérités essentielles, la publication des fausses nouvelles, la calomnie contre les fonctionnaires ou les citoyens peuvent être réprimées par les tribunaux; mais dans le silence de la presse tout s'éteint. Le patriotisme n'a plus de centre. Les masses ne peuvent plus se former un avis sur les principes et sur les faits, elles sont à la merci du premier démagogue qui voudra les tromper. Elles n'ont aucun moyen de vérification pour résister au mensonge. Les individus blessés dans leurs droits, ou l'ignorent, ou ne savent à quels tribunaux s'adresser, ou succombent dans leurs actions parce que l'administration est trop forte contre eux, quand la presse, par son intervention, ne rétablit pas l'égalité. Quand la société était fondée sur l'autorité, on se passait de la presse, parce qu'il y avait la religion pour la morale, les traditions de caste pour l'honneur et

II   16

le patriotisme, la protection des corporations pour la défense des droits individuels; aujourd'hui, sous un régime de liberté, nous ne pouvons avoir qu'anarchie et
oppression, sans cette liberté de la presse, seul organe
désormais de la vie intellectuelle et morale des nations,
et condition indispensable de toute résistance légale.
Quoi qu'on fasse, il n'y a aucune liberté dans un pays où
la presse n'est pas libre.

Il serait bien facile de démontrer qu'il n'y a pas de
crédit véritable sans publicité. Supprimez par la pensée
le bulletin quotidien de la Bourse, le compte rendu de
quinzaine de la Banque, la discussion du budget à la
chambre et la publicité des rapports officiels du ministre
des finances : est-ce que le crédit de l'État, est-ce que celui des compagnies et des particuliers sera possible!
Avec la publicité, on s'adresse à l'intelligence des capitalistes ; avec le secret, à leurs superstitions et à leurs con-
voitises. Dans un pays d'absolutisme et de silence, le crédit n'est qu'une loterie ; le commerce y est à l'état d'une
commandite où personne n'a le droit de surveiller les
gérants. Law, qui n'a guère été qu'un fripon sous le gouvernement absolu, aurait peut-être été un homme de génie avec la liberté de la presse.

De même dans l'ordre judiciaire, quand même on me
donnerait des juges élus, temporaires, un jury, le droit
de récusation, la libre défense, je ne serais pas assez
protégé sans la publicité. Ouvrez les portes, pour que
mes juges répondent devant leur juge, qui est l'opinion.
Ouvrez les portes, pour que les institutions mêmes de la
liberté ne soient pas employées à la tyrannie. Tout ce qui
est secret est suspect. A qui me plaindrai-je du président qui ôte ma cause du rôle? du juge d'audience qui
violente mes témoins, qui impose silence à mon avocat?
qui introduit des faits nouveaux après la clôture des débats? Me plaindrai-je d'un juge à un autre juge ? d'un
juge secret à un autre juge secret? Quels seront mes té-

moins contre un compte rendu infidèle? Qui me prou-
vera que les juges, ou les jurés eux-mêmes, ne frappent
pas en moi un ennemi politique ou un ennemi personnel? Qu'on n'aille pas chercher dans l'élection des magistrats la réforme judiciaire de 1789 ; elle est surtout,
elle est uniquement dans ces deux mots : libre défense
des accusés, publicité des débats. Il faut que cette publicité soit bien nécessaire, pour que la loi française prononce la nullité contre les jugements rendus à huis clos.
Il faut qu'elle soit bien indispensable pour qu'on permette aux journaux de publier les débats, et de divul-
guer les secrets et les malheurs des familles. La justice
rendue à la clarté du jour est certainement de la justice;
la justice par commissaires, la justice à huis clos, est infailliblement de la tyrannie.

Vous voulez jouir des conquêtes de la liberté? éman-
cipez la presse. Vous voulez perfectionner l'organisation
sociale, préparer par vos lois les progrès futurs, et consacrer les progrès accomplis? c'est encore la liberté de la
presse qui vous y aidera. S'il faut attendre un Montesquieu ou un Turgot, vous pourrez attendre des siècles.
Il est contre la sagesse divine et humaine de se reposer
sur de tels hasards. A défaut du génie d'un grand
homme, convoquez toutes les intelligences comme dans
une sorte d'éternel concile. Qu'il y ait, chaque matin,
place pour la discussion des abus et pour la préparation
de l'avenir. L'humanité pouvait se taire, quand elle s'attachait à la tradition et se glorifiait d'être immobile. Mais
aujourd'hui, qu'ayant conscience de sa, force et de sa
destinée, elle se reconnaît capable d'améliorations et se
croit obligée à marcher en avant, peut-elle ériger le silence en principe? Autant est criminel celui qui, sans
études sérieuses, sans garanties à offrir, prenant des espérances vagues pour des théories utiles et réalisables, se
jette dans la rue, ébranle l'ordre qui subsiste, répand le
sang, conquiert le pouvoir, et ne sait plus s'en servir

quand il l'a dans la main, autant est digne de respect
l'écrivain qui, se mettant lui-même à l'écart, ajournant,
s'il le faut, les réformes, donnant son temps et son intelligence à la cause sacrée du bonheur commun, sonde
les institutions de son pays, en raconte l'origine, en
montre les conséquences, en prouve l'inutilité ou les dangers, discute, avec science et bonne foi les réformes pro-
posées, apporte à son tour son système après l'avoir profondément mûri, dit la vérité aux gouvernants et aux
gouvernés avec courage, également dédaigneux des faveurs que vendent les princes, et de celles que donnent
les peuples, pourvu qu'il ait le témoignage de sa conscience, et qu'il obéisse à la loi de Dieu. Enchaîner l'humanité à la loi écrite, la rendre immobile, c'est l'amoindrir, la condamner, la tuer. Elle ne doit être enchaînée
qu'à la morale. La morale seule, c'est-à-dire, le principe
de la loi, ne change pas, mais la loi change. Dans
l'homme, dans l'humanité, il y a deux éléments : l'un
fixe, c'est la loi naturelle, la morale ; l'autre mobile, pro-
gressif, c'est la liberté. Il faut penser, raisonner, discuter, pour se rapprocher chaque jour, par de meilleures
lois humaines, de la loi divine.

Je sais bien tout ce qu'on peut dire de la mauvaise
presse. Quiconque a touché de près ou de loin à la
publicité pour en exercer ou pour en subir la puissance,
a une expérience faite à cet égard, et nous n'avons plus
rien à nous apprendre les uns aux autres, ni sur les
écrivains de hasard, qui parlent de tout, ne savent
rien, courent après un bon mot, n'ont ni convictions, ni
idées, ni probité ; ni sur ces nomades qui sortent aujour-
d'hui d'un journal de l'opposition pour aller demain, dans
un journal du gouvernement, injurier et dénoncer leurs
anciens amis, affichant ainsi avec leur propre immoralité la profonde dégradation d'un siècle qui souffre de
tels scandales ; ni sur ces apologies et sur ces critiques
de commande, qui ne sont pas même des œuvres de

)arti, mais des œuvres de coterie, et qui sous prétexte
l'impartialité, mais en réalité pour venger quelque in-
ure personnelle, ou pour acheter une place ou un com-
pliment, déchirent les plus grands défenseurs de leur
:ause, et encensent lâchement ses plus grands ennemis.
Il n'y a pas d'abus auxquels ne puisse porter remède
une loi répressive bien faite, appliquée par un jury intelligent et impartial. Il serait aussi absurde de supprimer la presse à cause de la mauvaise presse, que de renoncer aux chemins de fer à cause des déraillements et
des explosions. Au portrait cent fois répété des condot-
tières qui déshonorent le journalisme, il serait trop facile en vérité d'opposer la contre-partie, et de montrer
cette science prête pour toutes les questions, cette énergie prête pour tous les périls, ce labeur de chaque jour,
ces grâces du style, ces profondes pensées, que le lecteur oublie avec la feuille du jour, et que l'écrivain emporté par le torrent oublie lui-même, à mesure qu'il les a
fait jaillir de son esprit et de son cœur.

A présent que j'ai montré quelle est la force de la
presse, et que je me suis efforcé de mettre en lumière
cette vérité fondamentale que tout le système de 1789
repose sur l'hypothèse d'une presse parfaitement libre,
que toutes les créations de la politique moderne sont,
avec le concours de la presse, libérales, fécondes en progrès de toutes sortes, tandis que, sans la presse, elles
peuvent devenir les instruments de la plus formidable
tyrannie, je désire ajouter encore que la presse n'est pas
seulement la garantie de la liberté, mais qu'elle en est
à la fois l'exercice le plus complet, et l'instrument. Penser librement, écrire librement ce qu'on pense, et le dire
aux savants et à la foule, n'est-ce pas là le *summum* de la
liberté? Et n'est-ce pas par l'exercice de ce droit que
l'homme se sent maître de lui-même, et maître d'agir sur
les autres hommes? S'il est vrai que la liberté soit le but
de la société, et que la société ait droit à toute la liberté

dont elle est capable, quelle est donc la dignïté de cette
fonction sociale, qui prépare les esprits, les éclaire, les
fortifie, et du même coup les émancipe? L'ancien régime,
qui prenait les hommes en tutelle, ne savait que les
diriger et les contenir à outrance ; il faisait tout par des
fonctionnaires et des soldats : le régime nouveau, en
substituant la pensée à la force, et en prenant pour idéal
non plus l'autorité, mais au contraire la liberté, fait reculer tous les jours, fait disparaître le fonctionnaire et le
soldat, et remplace cette double force compressive par
l'action bienfaisante de la pensée, par la civilisation, par
la discussion libre et pacifique. Le régime préventif n'é-
vite le désordre qu'à la condition d'amoindrir l'homme
en le subalternisant, et, par conséquent, d'amoindrir,
d'appauvrir l'humanité : le régime libéral, en rendant
l'humanité à elle-même, lui restitue toute sa force, force
de sagesse autant que de conquête, qui remplace l'ordre
imposé par l'ordre voulu, et la mécanique par l'intelligence. Inutile au dedans pour la justice, le soldat n'est
pas même nécessaire à la frontière : un pays qui a des
citoyens, j'entends par citoyens, des hommes libres, ou
si l'on veut, des hommes, un tel pays est invincible ;
cette terre enfante des vengeurs et des héros, comme un
champ fertile qui donne par année deux moissons. Avec
ces armées permanentes, innombrables, qui dévorent le
budget, exténuent l'agriculture, menacent la liberté,
faussent l'esprit public, et qui, en définitive, ne gardent
rien et ne rassurent personne, parce que l'ennemi aligne
autant de bataillons, avec une égale folie, de l'autre côté
de la frontière, on n'aura jamais ni le règne de la paix,
ni celui de la justice. Il est paradoxal de dire que les
gros bataillons assurent la paix en rendant la guerre
facile : *Si vis pacem, para bellum.* Quand on a de si
belles armes, il y a toujours des fous qui brûlent de les
essayer. Quand on met son effort dans les choses de la
guerre, il faut périr en la faisant, ou périr en ne la fai-

sant pas, parce qu'on n'est plus propre à autre chose[1].
La paix, c'est la pensée, c'est la domination de la pensée,
c'est la subalternisation, la défaite de la force brute :
voilà la paix, la liberté, le droit, notre idéal. Que tous les
écrivains, que tous ceux qui en Europe, disposent de la
publicité, divisés sur tant de points, s'accordent au moins
à défendre cette cause de toutes les âmes honnêtes et
fières ; qu'ils combattent pour leurs foyers et leurs autels.
Quelle que soit la couleur de leur drapeau et les idées
particulières qu'il se sont chargés de faire prévaloir, ils
ont en commun cette mission sacrée de défendre en tout
et partout la liberté, le droit, la justice. Quand on voit
un publiciste se tourner contre la pensée, applaudir à la
violation des principes, mettre le sabre, mettre la force
au-dessus de l'esprit, faire appel à la compression, cela
ne ressemble-t-il pas à un sacrilége et en même temps à
un suicide ? N'est-ce pas comme si le monde civilisé
appelait le joug des barbares ? Dans l'histoire des derniers jours du peuple romain, rien n'est plus navrant
que ces·quelques voix éloquentes qui se répondent de
Bordeaux à Alexandrie, et qui déplorent, sans pouvoir
l'empêcher, la ruine de la civilisation. Aujourd'hui, l'intelligence a· la force, si elle sait en user et si elle ne
tourne pas ses armes contre elle-même. Elle a dompté
les éléments, elle domptera bien les bataillons. La presse
française n'a plus l'indépendance et la portée que nous
lui avons connues ; et pourtant, c'est elle qui protége efficacement les victimes de l'intolérance en Suède, et celles
de la barbarie politique à Naples.

1. Τὴν γὰρ βαφὴν ἀφιᾶσιν, ὥσπερ ὁ σίδηρος, εἰρήνην ἄγοντες. « Ils
se rouillent dans la paix, comme le fer. » (Arist., *Polit.*, liv. IV,
chap. XIII, § 15. Trad. fr. T. II, p. 95.)

QUATRIÈME PARTIE

LA SOCIÉTÉ RELIGIEUSE

ou

LA SCIENCE

CHAPITRE PREMIER.

LA LIBERTÉ DES CULTES.

. De l'intolérance religieuse et de l'intolérance civile. — 2. Les Romains ne connaissaient pas l'intolérance religieuse. La persécution du christianisme ne fut, à leurs yeux, que la répression d'une révolte. — 3. L'intolérance religieuse est un caractère particulier à la religion égyptienne, à la religion juive et à la religion chrétienne. L'indépendance de toute nationalité, ou l'esprit de propagande est un caractère particulier au christianisme. — 4. L'intolérance religieuse devrait avoir pour conséquence la tolérance civile. — 5. L'intolérance civile a deux sources : elle peut être théologique ou politique. — 6. L'intolérance théologique met l'État dans l'Église. — 7. L'intolérance politique met l'Église dans l'État. — 8. Système mixte des concordats, à la fois théologique et politique. — 9. Des concordats, er France, jusqu'à l'époque de la Révolution. — 10. Des juifs en France. — 11. Des protestants en France. — 12. De l'unité théologique en France, et de la bulle Unigenitus. — 13. Proscription de la pensée philosophique. — 14. Des instruments de l'intolérance : les croisades, l'inquisition, le bannissement, les lois pénales, la mort civile. La censure. — 15. L'Assemblée constituante brisa le concordat, non pour consommer la séparation du temporel et du spirituel, mais pour subordonner le spirituel au temporel. Constitution civile du clergé. — 16. Intolérance de la Convention nationale. — 17. Retour au régime des concordats. — 18. Accroissements de la liberté religieuse par la suppression de l'intolérance théologique. — 19. Les restrictions subsistantes ont un caractère exclusivement politique. — 20. De la nature et des droits de la liberté religieuse.

1. De l'intolérance religieuse et de l'intolérance civile.

Nous avons vu partout l'humanité débuter par des complications, par des entraves, et arriver lentement à la simplicité et à la liberté. Si cette loi pouvait souffrir une exception, il semble que ce devrait être en faveur de la liberté religieuse; car enfin, il s'agit ici de ce qu'il y a de plus sacré, et aussi de ce qu'il y a de plus intime dans les sentiments humains. Cependant, il s'en faut bien que la liberté des cultes soit facile à conquérir et à établir. On arrive plus tôt et plus sûrement à la liberté civile. Les préjugés sont si anciens et si enracinés qu'il n'est pas facile, même aujourd'hui, de se faire comprendre quand on parle de liberté religieuse.

La liberté religieuse n'est pas le relâchement du dogme et de la discipline dans l'intérieur d'une Église; c'est la séparation absolue du spirituel et du temporel.

On blesse également la liberté de conscience quand, ne faisant pas partie d'une Église, on entreprend de la réformer, ou quand, faisant partie d'une Église, on entreprend de contraindre les dissidents à y entrer.

Tout ce que les prêtres d'une Église décident, dans l'intérieur de cette Église, en matière de dogme et de discipline, est étranger à l'autorité temporelle, qui ne peut intervenir que quand ses propres lois sont violées. Une Église doit être parfaitement libre d'imposer ses conditions à ceux qui demandent sa communion; et comme elle repose, par définition, sur la parole de Dieu qui ne peut se tromper, c'est une inconséquence de lui reprocher l'immutabilité de son dogme et l'inflexibilité de ses lois.

La doctrine de l'Église catholique est exprimée dans Évangile, résumée dans le symbole, commentée par les nciles et par les Pères; les fidèles sont tenus de l'accepter tout entière dans sa forme littérale, sans rien ôuter ni retrancher; ils n'ont pas même le droit d'interprétation, ce droit n'appartenant qu'à l'Église univerlle, dont les décisions doivent être reçues par toute la chrétienté avec une foi d'enfant.

La discipline n'est pas moins immuable que le dogme. lle est fondée, d'une part, sur les commandements de ieu, qui résument la morale universelle, de l'autre sur s commandements de l'Église. La liturgie elle-même st minutieusement réglée, sévèrement imposée. Toute ouveauté dans la foi, toute irrégularité grave dans la iscipline, met le coupable hors de l'Église jusqu'à ce u'il ait obtenu sa réconciliation. Comme par la clarté de l révélation, et par l'autorité toujours présente de l'Élise, aucune erreur involontaire n'est possible, l'Église e tolère ni dissidence dans la foi, ni écart dans la ègle. Cette inflexibilité est la conséquence légitime du ogme de la révélation. L'Église, en l'exerçant, est dans on droit et dans la logique. Je suis libre de ne pas être atholique, et l'Église est libre de dire à quelle condition e pourrais l'être.

Mais si, contractant une alliance avec le pouvoir civil, lle transforme en délit punissable par des peines temporelles, la négation de ses doctrines, la désobéissance à es lois; en un mot, si au lieu de définir les conditions u catholicisme pour ceux qui veulent bien être catholiues, elle impose la profession extérieure du catholiisme à ceux qui rejettent la révélation, alors, loin d'exercer le droit, elle le viole; elle en devient l'ennemie, car lle attente à la liberté humaine. Telle est la différence ntre l'intolérance religieuse et l'intolérance civile, la remière, légitime, la seconde, criminelle.

On peut définir ainsi les deux sortes d'intolérance :

L'intolérance religieuse consiste dans le soin jaloux avec lequel les chefs d'une Église maintiennent dans son sein l'intégrité du dogme et de la discipline. Cette intolérance n'a pas d'autre sanction que l'excommunication prononcée par l'Église elle-même.

L'intolérance civile a pour caractère l'immixtion du pouvoir temporel dans les affaires spirituelles, soit pour contraindre ceux qui ne sont pas dans une Église à y entrer, soit pour contraindre les fidèles à persévérer dans la foi et dans l'obéissance aux commandements ecclésiastiques.

2. Les Romains ne connaissaient pas l'intolérance religieuse. La persécution du christianisme ne fut, à leurs yeux, que la répression d'une révolte.

La religion chez les anciens était surtout une institution politique : le menu peuple était seul à prendre au sérieux l'existence des divinités mythologiques; les classes éclairées en jugeaient comme nous pouvons le faire nous-mêmes[1]. L'État ne laissait pas d'entretenir chèrement les temples et les pontifes, et d'obliger, par des lois, les citoyens à un respect de commande pour les cérémonies du culte. Non-seulement on les considérait comme un moyen de gouvernement[2], mais on attachait

---

1. Cicéron, *De la divination*, 2ᵉ partie, chap. III et IV, trad. de M. J. V. Le Clerc, t. XXVI, p. 169 sq.—Cf. *Id.*, *ib.*, chap. X, p. 185, 187.

2. « Je trouve cette différence entre les législateurs romains et ceux des autres peuples, que les premiers firent la religion pour l'État, et les autres, l'État pour la religion.

« Quand les législateurs romains établirent la religion, ils ne pensèrent point à la réformation des mœurs, ni à donner des principes de morale. Ils n'eurent d'abord qu'une vue générale, qui était d'inspirer à un peuple qui ne craignait rien, la crainte des dieux, et de se servir de cette crainte pour le mener à leur fantaisie. » (Montesquieu, *Dissertation sur la politique des Romains dans la religion*, éd. Lahure. T. II, p. 116.)

à ces fables et à ces cérémonies, dont il ne fallait pas presser le sens littéral, une vague idée de religion et de piété. A Rome, c'était la patrie elle-même, la forme de la civilisation romaine, qu'on honorait sous le nom de Romùlus et de Vesta :

> Di patrii indigetes....

Les Romains portaient dans tout l'univers leurs dieux, leurs lois, leurs mœurs, propagande politique plutôt que religieuse, religieuse en apparence, mais profondément politique en réalité; ils acceptaient à leur tour les dieux des vaincus. Cette alliance entre les dieux n'était que le symbole du rapprochement des peuples. Les Romains se souciaient peu de théologie et de philosophie; toute leur doctrine était dans leurs codes.

8. L'intolérance religieuse est un caractère particulier à la religion juive, à la religion égyptienne et à la religion chrétienne. L'indépendance de toute nationalité, ou l'esprit de propagande est un caractère particulier au christianisme.

Au reste, les anciens n'avaient pas une idée nette de ce que nous appelons aujourd'hui une religion. Ceux qu'ils appelaient pieux croyaient à un dieu très-bon et très-grand, à des peines et à des récompenses futures : c'était là tout le fond de leur théologie. Les récits des poëtes, les temples, les sacrifices, acceptés comme symboles, laissaient l'Olympe toujours ouvert pour toutes les théogonies futures [1]. Le christianisme, entre autres

---

1. « Comme le dogme de l'immortalité de l'âme était presque universellement reçu, et que l'on regardait chaque partie de l'univers comme un membre vivant dans lequel cette âme était répandue, il semblait qu'il était permis d'adorer indifféremment toutes ces parties, et que le culte devait être arbitraire comme était le dogme.

« Voilà d'où était né cet esprit de tolérance et de douceur qui ré-

grandes choses qu'il apporta dans le monde, apporta aussi l'idée d'une religion. Parmi les cultes de l'antiquité, la mythologie n'était qu'un symbole éminemment compréhensif du panthéisme ; le culte juif et le culte égyptien étaient attachés à deux nationalités. Le monde, qui n'avait pas daigné connaître les Juifs, qui connaissait à peine les Égyptiens, reculés au fond des mers, entendit parler pour la première fois d'une vérité religieuse, absolue, indépendante des races et des nationalités, et d'une forme de religion intolérante.

Ce fut cette intolérance qui le frappa. L'unité de Dieu et l'immortalité de l'âme n'étaient pas des nouveautés. Les magistrats romains n'étaient guère en mesure de distinguer, sur ces grandes questions, la doctrine platonicienne de la doctrine chrétienne ; mais ils furent frappés et troublés de la prétention affichée par ces nouveaux venus, de ne croire qu'à leur Dieu, de ne servir que lui, et de mépriser toutes les idoles. Ces sénateurs, indifférents ou incrédules, s'écrièrent : « Ce sont des athées. » En effet, les chrétiens étaient athées, ils ne croyaient pas aux dieux de Rome! Ils se mettaient, par cette intolérance, en dehors de la loi. S'il n'avait été question que de faire place à Jésus-Christ dans le Panthéon, la politique du sénat n'aurait pas refusé une si légère satisfaction à la province de Judée.

---

gnait dans le monde païen. On n'avait garde de se persécuter et de se déchirer les uns les autres : toutes les religions, toutes les théologies y étaient également bonnes ; les hérésies, les guerres et les disputes de religion y étaient inconnues : pourvu qu'on allât adorer au temple, chaque citoyen était grand pontife dans sa famille.

« Il est vrai que la religion égyptienne fut toujours proscrite à Rome : c'est qu'elle était intolérante, qu'elle voulait dominer seule et s'établir sur les débris des autres ; de manière que l'esprit de douceur et de paix qui régnait chez les Romains fut la véritable cause de la guerre qu'ils lui firent sans relâche. » (Montesquieu, *Dissertation sur la politique des Romains dans la religion*, édit. Lahure, T. II, p. 12.)

La persécution religieuse, sous Dioclétien, eut pour
ractère d'être exercée contre des croyants par des in-
édules. Ce fut une persécution exclusivement politi-
te. Dioclétien n'entendit réprimer que des rebelles,
ne nouvelle doctrine sociale. Lorsque, dix ans après,
»nstantin se convertit, il apporta l'empire avec lui
uns le christianisme, comme par une conséquence né-
ssaire.

Une fois au pouvoir, le christianisme contracta promp-
ment l'alliance la plus étroite avec la politique. C'est
n fait; ce fait s'explique par des passions humaines, par
ntérêt commun de deux royautés, dont l'une était ab-
lue et l'autre voulait l'être : cependant, rien n'était plus
ntraire à la logique.

L'intolérance religieuse devrait avoir pour conséquence la tolérance civile.

Si la logique gouvernait les hommes, ou du moins,
elle les gouvernait immédiatement, l'intolérance reli-
euse aurait été, dès le premier pas, le fondement de la
lérance civile. Les païens, qui ne comprenaient pas
ntolérance religieuse, c'est-à-dire, l'inflexible détermi-
ntion du dogme, avaient une raison d'être civilement
tolérants contre les chrétiens, en les voyant refuser
adorer les dieux de l'empire; mais les chrétiens, dont
foi, fondée sur une révélation directe, était renfermée
uns des termes précis, et par conséquent exclusifs, de-
tient à leurs sujets la liberté. Où les païens, indiffé-
:nts, incrédules, ne voyaient qu'une rébellion, les chré-
ens, éclairés par le dogme de l'intolérance religieuse,
uraient dû voir une hypocrisie sacrilége. Il n'était pas
ossible aux païens, avec leur religion compréhen-
ive et ouverte, de se faire une idée de l'apostasie :
n eût été digne des chrétiens de préférer, dès le premier

jour, la conversion à l'apostasie, et la persuasion à la violence.

Mais l'Église chrétienne se trompa longtemps sur ce point; elle ne comprit pas qu'il lui appartenait, à elle qui avait donné au monde l'intolérance religieuse, de fonder sur cette base la tolérance civile. Elle ne se contenta pas de prêcher la foi, comme elle l'avait fait glorieusement par les apôtres et par les martyrs; elle voulut l'imposer. Elle entreprit de sauver les homme malgré eux.

5. L'intolérance civile a deux sources : elle peut être théologique ou politique.

L'intolérance civile, exercée par elle, revêtit donc un caractère tout nouveau. Elle avait été politique sous Dioclétien; désormais, sans cesser d'être politique, elle fut surtout théologique. Quand Dioclétien livrait les chrétiens aux bêtes, c'était pour mettre une bonne police dans l'État; quand l'inquisition entassait les juifs sur le bûcher, c'était pour sauver des âmes. Les proconsuls n'envisageaient que ce monde, et les inquisiteurs ne songeaient qu'à l'autre. Ils croyaient sincèrement avoir reçu de Dieu même la mission de faire régner ici-bas son Église pour le salut des hommes et la gloire de Dieu; et, ne voyant dans les dissidents que des ennemis de la foi et des obstacles au salut, ils les immolaient saintement, par piété et par humanité. Il ne faut pas s'étonner que l'Église, en possession d'un dogme religieux dont la profondeur est admirable, douée d'une organisation très-forte et très-savante, simple malgré ses complications, une malgré son étendue, très-civilisée, ou du moins très-intelligente et très-politique dans des siècles barbares, soit parvenue à se servir de la masse de ses protecteurs contre chacun d'eux, et à les dominer ainsi par ses pro-

...esses, par ses menaces, par ses lumières, et par ses ...lliances temporelles. Il y eut un moment de l'histoire ...ù le pape vit tous les rois à ses pieds, où le monde fut ...en silence et en terreur devant les dépositaires de la foi ...universelle. Tel était alors l'ascendant de la pensée chré-...tienne, qu'il ne venait à l'esprit de personne de la met-...tre elle-même en question. Les dissidents ne couraient ... au martyre, que parce qu'ils se croyaient dans la foi ...catholique. Les juges et les victimes différaient sur une ... interprétation. Ils partaient du même principe. Ils ... sentaient avec le même cœur. Le mourant ne reprochait à ses bourreaux qu'une erreur de théologie. Le fana-tisme régnait également sur l'estrade des juges et sur le bûcher.

Quand, avec le progrès des temps, de grands et so-lides établissements politiques furent fondés en Europe, ces nouvelles puissances voulurent compter avec la puis-sance de l'Église. Les petits États restèrent pays d'obé-dience, les grands firent leurs conditions, comme l'em-pire, comme la France. L'accroissement de la culture intellectuelle donnant des forces et de l'audace à la pen-sée, des schismes naquirent, résistèrent aux persécu-tions, devinrent des puissances politiques, et, par ce moyen, des établissements religieux. En un mot, la pen-sée chrétienne fut divisée et diversifiée sans périr. La pensée humaine ne fut pas émancipée, mais la domina-tion devint multiple, de simple qu'elle était d'abord. -

On peut dire que l'intolérance chrétienne affecta deux formes principales, selon qu'elle fut surtout politique ou surtout théologique.

6. L'intolérance théologique met l'État dans l'Église.

Première forme de l'intolérance. Le dépositaire de la vérité révélée, exerçant le ministère spirituel en vertu de l'institution divine, se regarde comme maître *à fortiori* de la société civile, parce que tout intérêt matériel doit être subordonné à l'intérêt spirituel, et y concourir : c'est le gouvernement théocratique.

7. L'intolérance politique met l'Église dans l'État.

Seconde forme de l'intolérance. Le pouvoir politique, chargé de procurer le bonheur commun, et de faire régner l'ordre, exclut de la société tout pouvoir ecclésiastique qui n'émanerait pas de lui-même, et toute opinion nouvelle, qui pourrait engendrer des divisions, ou créer des partis puissants. Ce gouvernement a pour effet de mettre l'Église dans l'État, comme le gouvernement théocratique met l'État dans l'Église. Ils ne diffèrent pas moins dans leur principe que dans leur constitution, puisque,le premier gouvernement, l'État dans l'Église, est fondé sur la vérité absolue, et le second, l'Église dans l'État, sur l'intérêt absolu. Leur ressemblance est dans la proscription radicale de la liberté. A Rome, à Constantinople, le gouvernement est théocratique. En Russie, en Suède, en Angleterre, l'Église nationale a pour chef le souverain temporel. En Russie, en Suède, à Rome, à Constantinople, les religions autres que la religion de l'État sont simplement tolérées. En Angleterre, où il y a une Église établie, officielle, placée sous l'autorité spirituelle du souverain, toutes les religions sont libres.

Il y a donc de grandes différences entre les pays qui ont des religions d'État, suivant l'origine de ces religions, l'autorité qui les gouverne, et la place qu'elles font à la liberté. En principe, et dans une législation régulière, on peut dire que la religion d'Etat et la liberté s'excluent. L'exemple de l'Angleterre n'est pas une objection, parce que la politique de ce pays est de procéder, pour ainsi dire, par voie d'accession, et de créer une li-

ərté nouvelle sans détruire, au moins littéralement, le
rivilége ancien.

**9. Système mixte des concordats, à la fois théologique
et politique.**

Outre le système qui met l'Église dans l'État, et celui
qui met l'État dans l'Église, il s'en produisit un troisième
qui consiste à considérer l'Église et l'État comme deux
forces distinctes dans leur essence, et réunies l'une à
l'autre par un traité. Tel est le régime mixte des concordats. C'est celui sous lequel vécut la France; et nous devons, par ce motif, l'étudier plus attentivement.

Pour comprendre ce que c'est qu'un concordat, il faut
bien se rendre compte, je ne dis pas de la nature de
la foi catholique, mais de la constitution de l'Église catholique.

L'Église de Rome est une monarchie élective qui comprend un souverain, le pape, des princes électeurs,' les
cardinaux, une noblesse, les évêques, des magistrats de
différents ordres, les curés et les autres prêtres, et des
administrés, les fidèles. On discute pour savoir si le
pape peut définir un dogme sans l'assistance d'un con-
ile, s'il est ou n'est pas infaillible, s'il est permis d'en
ppeler au futur concile, etc.; mais en matière d'admi-
iistration et de discipline, le pouvoir absolu du pape ne
eut pas être révoqué en doute. Tout évêque est obligé de
li obéir, et tout prêtre est obligé, par serment, d'obéir
son évêque. Le mot d'ordre parti de Rome est immé-
iatement transmis et fidèlement exécuté dans les deux
iondes. L'histoire récente du dogme de l'Immaculée
onception, et l'introduction en France du Rituel ro-
iain, prouvent assez que la prépondérance de l'autorité
ıpale est loin de décroître. Outre le clergé séculier, il
xiste dans l'Église des communautés très-considérables,

dont quelques-unes sont soustraites à l'autorité de l'ordinaire, et dépendent immédiatement du pape.

Le pape est en même temps souverain temporel d'un royaume peu étendu, qu'il fait gouverner presque exclusivement par des prélats. Il y entretient une cour très-disproportionnée à l'étendue de ses États, mais dont l'importance et l'éclat sont justifiés par sa qualité de souverain spirituel d'une très-grande partie du monde. Cette petite principauté suffit pour assurer son indépendance et celle de son conseil ; elle ne lui donnerait aucun poids dans la politique, sans l'ascendant qu'il doit à son caractère spirituel, et sans la rivalité des puissances catholiques, qui, en le protégeant à l'envi, le rendent fort contre elles-mêmes.

Non-seulement l'Église est une monarchie absolue; elle est, en outre, une aristocratie : les prêtres y sont en respect et en humilité devant leur évêque, dont ils dépendent de la manière la plus complète pour le temporel et pour le spirituel. Dans les États aristocratiques, les évêques sont choisis la plupart du temps parmi la noblesse, ce qui les fait briller d'un double éclat ; mais partout ils sont riches et puissants, très-supérieurs en tout à leurs prêtres, et les égaux, pour le moins, des seigneurs les plus opulents et les plus qualifiés. Au moyen âge, quand la foi était vive et générale, le pape était plus grand que tous les rois ; et quelques hommes de génie, assis sur le trône pontifical, purent rêver la monarchie universelle. Aujourd'hui même cette innombrable et admirable armée du clergé séculier et du clergé régulier, le serment d'obéissance qui lie tous les prêtres à leurs évêques et tous les évêques à leur chef, la sublimité du dogme et de la morale, la grandeur des sacrements, la pompe des cérémonies, l'usage des prédications et de la confession auriculaire, le grand nombre et l'habileté des congrégations enseignantes, l'instinct de prosélytisme qui distingue en général tous les clergés, mais surtout le clergé catholique, donnent à l'Église, et au pape qui la représente, une force qui n'a peut-être pas son égale parmi les institutions humaines : c'est ce qui explique les alarmes des hommes d'État anglais en présence de ce que nos voisins ont appelé l'agression papale. Les rapports avec la cour de Rome sont la plus grande affaire de Naples, de l'Espagne, une des plus grandes affaires de l'Autriche, du Piémont, de la France même, et peut-être, depuis ces dernières années, de l'Angleterre. La question des mariages mixtes a mis le trouble, à plusieurs reprises, dans un État protestant, la Prusse. La même agitation s'est produite en Suisse. On sait toute l'émotion que le clergé a fait naître en France avec la liberté d'enseignement, en Belgique avec l'organisation légale de la charité. Tout récemment, si l'adoption du rite romain s'est faite, pour ainsi dire, à l'insu du public, c'est grâce à notre prétendue sagesse, à notre positivisme, qui nous fait fermer les yeux sur les causes d'agitation dont l'origine est purement morale. Dans tous les pays où existe un clergé puissant, surtout un clergé catholique, les lois sur la propriété et la succession sont obligées d'en tenir compte, parce que le clergé est un corps d'usufruitiers qui ne divise jamais, qui acquiert toujours, qui exerce publiquement la mendicité, et qui assiste l'homme aux époques principales de la vie, la naissance, le mariage et la mort.   .

Nous parlons de la puissance actuelle des prêtres ; mais si nous remontions le cours des siècles, c'est leur toute-puissance qu'il faudrait dire. Nous verrions les papes nommer et déposer des rois, partager des royaumes, jeter toute la chrétienté dans des croisades, établir le tribunal de l'inquisition, transformer les évêchés en baronnies, les évêques en pairs, tout le clergé en puissance politique. Les rois n'étaient plus maîtres de leurs États ni de leurs personnes ; quelques évêques même étaient rois. Les concordats naquirent du besoin qu'eurent les

rois de secouer la domination temporelle des papes, tout
en reconnaissant leur autorité spirituelle, et en se faisant
même un appui de cette autorité pour les luttes du dedans
et celles du dehors.

9. Des concordats, en France, jusqu'à l'époque de la Révolution.

En France, ce fut saint Louis qui fit le premier concordat. C'était pour le temps un grand acte d'indépendance, mais saint Louis est en effet remarquable surtout
par la distinction qu'il sut faire et qu'il maintint avec
fermeté entre les droits du roi et les devoirs du chrétien.
Tandis que d'autres États, tels que la plupart des États
italiens, l'Espagne, etc., se soumettaient à la suprématie pontificale, et recevaient de la cour de Rome le nom de
pays d'obédience, saint Louis avait écrit dans ses *Établissements* que « le roy ne tient de nullui, fors de Dieu
et de lui[1], » ce qui excluait toute idée de subordination
temporelle; et la *Pragmatique*, en garantissant les droits
des collateurs de bénéfices, et ceux des électeurs ecclésiastiques, en annonçant des mesures sévères contre la
simonie, et en soumettant à l'approbation du gouvernement royal toute nouvelle levée d'argent ordonnée sur les
Églises par la cour de Rome, consacrait d'un côté l'indépendance de l'Église gallicane, et de l'autre la franchise
du pouvoir royal et son droit de contrôle sur la fiscalité
ultramontaine. La *Pragmatique de Bourges*, sous Charles VII, en 1348, eut le même caractère. Le roi y stipu-
lait pour l'Église de France la conservation de ses droits
électoraux, il mettait de nouvelles entraves aux entreprises fiscales de la cour de Rome, et enfin, ce qui était nouveau et considérable, en donnant force aux décrets du

1. Liv. I, chap. LXXVIII; liv. III, chap. XIII et XIV.

concile de Bâle, il soumettait la papauté aux conciles en matière de dogme, après l'avoir soumise, en matière de finances, à l'autorité séculière. Léon X profita plus tard de la bienveillance de François I⁰ʳ pour abolir ces deux clauses, dont l'une attaquait le pouvoir spirituel des papes en le subordonnant aux conciles, et l'autre restreignait étrangement leurs finances. En retour, le pape donna au roi de France le droit de nommer aux évêchés et bénéfices ecclésiastiques, de sorte que les deux négociateurs ne songèrent qu'à leurs intérêts et firent passer leur négociation par-dessus la tête du clergé, qui fut dépouillé sans indemnité. Le pape vendit au roi, pour de l'argent, un droit qui n'appartenait pas au pape, et que le clergé pouvait revendiquer en vertu de la pragmatique de saint Louis, confirmée par celle de Charles VII. Cet abandon des droits du clergé est le caractère propre du concordat conclu entre François I⁰ʳ et Léon X, le 18 août 1516.

Dans ces temps où les lois n'avaient ni la clarté ni la force qu'elles ont acquises, il arrivait fréquemment qu'un des deux pouvoirs profitait des circonstances pour empiéter sur les droits accordés à l'autre ; et chaque fois qu'une discussion s'élevait, au lieu de s'arrêter devant le texte formel de la pragmatique ou du concordat, on invoquait les précédents et on aboutissait à un compromis. Pourtant, grâce à l'énergie du parlement dévoué au gallicanisme, il se forma peu à peu une doctrine des libertés de l'Église gallicane, que Pierre Pithou put recueillir et classer, en 1594, dans une espèce de charte.

On y lit entre autres maximes : « que les rois sont indépendants du pape pour le temporel[1]; que le pape n'est pas absolu dans l'ordre spirituel, et que son autorité est subordonnée aux canons des anciens conciles

---

1. *Les libertés de l'Église gallicane*, recueillies et classées par P. Pithou, art. 4.

reçus dans le royaume[1], et aux décisions du concile universel[2]; que les conciles généraux ne sont reçus en France que par la permission du roi, qui la peut refuser[3]; que les bulles du pape ne sont exécutoires que si elles ont été revêtues du *Pareatis* de l'autorité temporelle[4]; que les rois de France ont le droit d'assembler des conciles, et d'y faire des règlements de discipline ecclésiastique[5]; que les légats ne sont que des ambassadeurs sans juridiction[6]; que les évêques ne peuvent sortir du royaume qu'avec la permission du roi[7]; que cette même permission est nécessaire à toute levée de deniers faite en France par le pape, quelle qu'en soit l'occasion ou le prétexte[8]; que les papes ne peuvent ni dispenser les sujets du roi du serment de fidélité[9], ni excommunier ses officiers à raison de leurs charges[10], ou tout autre de leurs sujets pour des causes civiles[11], ni connaître du temporel des familles[12], des successions[13], des legs pieux[14], ni procéder à une arrestation, en vertu d'une sentence de l'inquisition, si ce n'est par l'aide et autorité du bras séculier[15]. »

La déclaration du clergé de France, dans l'Assemblée de 1682, ne fit, pour ainsi dire, que reproduire et résumer l'œuvre de Pierre Pithou. Bossuet y ajouta seulement la reconnaissance formelle des décrets du concile œcuménique de Constance.

C'est donc sous ce régime que vécut la France jusqu'à la Révolution de 1789; c'est-à-dire qu'elle admit pour unique religion de l'État, la religion catholique, apostolique et romaine, mais qu'au lieu de reconnaître pure-

---

1. Art. 5. — 2. Art. 40, 78. — 3. Art. 41.
4. Art. 44, 77, 34. — 5. Art. 10. — 6. Art. 11.
7. Art. 13. — 8. Art. 14, 48, 50.
9. Art. 15. — 10. Art. 16, 31. — 11. Art. 33.
12. Art. 21, 22. — 13. Art. 24.
14. Art. 25, 26, 27, 28, 29, 30.
15. Art. 37.

ment et simplement l'autorité du pape en matière spirituelle et en matière ecclésiastique comme fes pays d'obé-
dience, elle restreignit cette autorité et en gêna l'exercice
par les prescriptions du concordat, et par la revendication des libertés de l'Église gallicane.

Ce régime mixte peut se résumer ainsi, en ne tenant
compte que des points principaux :

1° La religion catholique est la religion de l'État ;

2° Les canons des conciles et les bulles du pape ne
sont admis en France et déclarés exécutoires qu'après
avoir été examinés et acceptés par le gouvernement
royal ;

3° Le roi nomme à tous les bénéfices ecclésiastiques,
et exerce sur le clergé la surveillance administrative et
disciplinaire ;

4° L'autorité ecclésiastique ne peut s'immiscer, même
indirectement, dans les matières purement temporelles,
soit de l'ordre privé, soit de l'ordre public.

Nous avons vu que dans le concordat conclu entre
François Ier et Léon X, les deux parties contractantes
n'avaient songé qu'à se faire de mutuelles concessions au
détriment du clergé[1]. A cette époque, le roi avait subi
l'ascendant du pape ; le contraire devait avoir lieu sous
Louis XIV. La déclaration de 1682 n'ôte rien au pouvoir
que le roi de France exerçait en vertu des concessions
de Léon X, mais elle retire presque complétement les
concessions faites à Léon X par François Ier. En consacrant les droits de l'Église gallicane, elle ne fait, pour
parler net, qu'accroître la part du roi ; car c'est le roi qui
hérite de l'autorité enlevée au pape, et l'Église gallicane

---

1. « Après une telle prouesse, le roi se laissa gagner par le pape
Léon X. Il l'alla trouver au mois de décembre, à·Boulogne, et, par
le conseil de son chancelier, il consentit au concordat, qui donne
aux papes et aux rois de France ce qui ne leur appartient pas ; et il
céda à l'importunité de Léon pour abolir la pragmatique. » (P. L'Estoile, coll. Michaud, 2e série, t. I, Ire part., p. 9.)

n'y gagne aucune liberté. A plus forle raison, n'est-il pas question de liberté de conscience pour les citoyens. Le roi se substitue au pape à certains égards ; mais la religion romaine reste sa religion et celle de l'État[1].

1. *Déclaration du clergé de France dans l'Assemblée de* 1682 : « Nous, archevêques et évêques assemblés à Paris par l'ordre du roi avec les autres ecclésiastiques députés, qui représentons l'Église gallicane, avons jugé convenable, après une mûre délibération, de faire les déclarations et règlements qui suivent :

« 1° Que saint Pierre et ses successeurs vicaires de Jésus-Christ. et que toute l'Église même n'ont reçu de puissance de Dieu que sur les choses spirituelles et qui concernent le salut, et non point sur les choses temporelles et civiles, Jésus-Christ nous apprenant lui-même que « son royaume n'est point de ce monde, » et en un autre endroit « qu'il faut rendre à César ce qui est à César, et à Dieu ce qui est à Dieu; » et qu'ainsi ce précepte de l'apôtre saint Paul ne peut en rien être altéré ou ébranlé : « Que toute personne soit sou-« mise aux puissances supérieures; car il n'y a point de puissance « qui ne vienne de Dieu, et c'est lui qui ordonne celles qui sont sur « la terre : celui donc qui s'oppose aux puissances résiste à l'ordre « de Dieu. »

« Nous déclarons en conséquence que les rois et souverains ne sont soumis à aucune puissance ecclésiastique par l'ordre de Dieu dans les choses temporelles ; qu'ils ne peuvent être déposés directement ni indirectement par l'autorité des chefs de l'Église, que leurs sujets ne peuvent être dispensés de la soumission et de l'obéissance qu'ils leur doivent, ou absous du serment de fidélité, et que cette doctrine, nécessaire pour la tranquillité publique, non moins avantageuse à l'Église qu'à l'État, doit être invariablement suivie comme conforme à la parole de Dieu, à la tradition des saints Pères et aux exemples des saints.

« 2° Que la plénitude de puissance que le saint-siége apostolique, et les successeurs de saint Pierre, vicaires de Jésus-Christ, ont sur les choses spirituelles, est telle que néanmoins les décrets du saint concile œcuménique de Constance, contenus dans les sessions IV et V, approuvés par le saint-siége apostolique, confirmés par la pratique de toute l'Église et des pontifes romains, et observés religieusement dans tous les temps par l'Église gallicane, demeurent dans leur force et vertu, et que l'Église de France n'approuve pas l'opinion de ceux qui donnent atteinte à ces décrets ou qui les affaiblissent en disant que leur autorité n'est pas bien établie, qu'ils ne sont point approuvés, et qu'ils ne regardent que le temps du schisme.

« 3° Qu'ainsi il faut régler l'usage de la puissance apostolique en suivant les canons faits par l'Église de Dieu et consacrés par le res-

10. Des juifs en France.

Il y avait cependant en France des juifs et des protestants; mais ils naissaient et vivaient en France sans être
citoyens français.

Les juifs avaient été bannis plusieurs fois, notamment
sous Philippe le Long, en 1318. Rentrés en France, ils y
furent réduits à la condition de serfs mainmortables, ce
qui explique une ordonnance de Charles VI[1], prononçant
la confiscation de tous les biens des juifs qui se conver-
tissaient : le roi ne voulait pas tout perdre. Pendant les
derniers siècles de la monarchie, la population juive de la
France se divisait en deux parties fort différemment traitées : les juifs portugais et espagnols établis à Bordeaux
et à Bayonne, et les juifs d'Avignon, qui, plus tard, obtinrent les mêmes priviléges, étaient à peu près consi-
dérés comme citoyens; ils pouvaient posséder des terres;
ils payaient leurs impôts sur le même pied que les autres
habitants, et étaient soumis aux mêmes lois et aux mêmes
juges. Ces droits leur avaient été accordés depuis deux
cent quarante ans, par lettres patentes renouvelées de
règne en règne, et dont les dernières datent de 1776[2]. Les

pect général de tout le monde; que les règles, les mœurs et les constitutions reçues dans le royaume et dans l'Église gallicane doivent
y avoir leur force et vertu, et que les usages de nos pères demeurer iné-
branlables; qu'il est même de la grandeur de Sa Sainteté apostolique
que les lois et coutumes établies du consentement de ce siége respectable et des Églises subsistent invariablement.

« 4° Que quoique le pape ait la principale part dans les questions
de foi, et que ses décrets regardent toutes les Églises et chaque
Église en particulier, son jugement n'est pourtant pas irréformable,
à moins que le consentement de l'Église n'intervienne. »

Ces déclarations du clergé devinrent loi de l'État par édit du
23 mars 1682, renouvelé par un arrêt du conseil du 24 mai 1766 et
par un décret impérial du 25 février 1810.

1. 4 avril 1392. Cf. l'*Esprit des Lois*, liv. XXI, chap. xx.
2. « Voulons, dit l'ordonnance, qu'ils soient traités et regardés

juifs d'Alsace, au contraire, ceux de Lorraine, étaient réputés étrangers. Il leur était interdit de posséder des terres ; ils ne payaient pas l'impôt, mais un droit particulier, appelé droit d'habitation, protection et tolérance; ils avaient entre eux des syndics qui jugeaient leurs contestations en premier ressort. Ces syndics étaient ordinairement les rabbins, qui étaient réellement reconnus en qualité de magistrats, puisqu'ils pouvaient constater les mariages et les naissances. Il va sans dire que les priviléges des juifs portugais n'allaient pas jusqu'à leur permettre d'exercer un emploi public. A défaut d'autre raison, le serment de catholicité qu'on exigeait pour entrer en charge, les aurait exclus. Les juifs alsaciens ne pouvant être ni fonctionnaires publics, ni propriétaires, s'étaient tous adonnés à l'usure, ce qui les rendait odieux au peuple, et puissants jusque dans leur abaissement. Telle était à leur égard l'indifférence du pouvoir central, que, le 31 décembre 1716, le roi fit don à M. de Brancas et à Mme de Fontète de quarante livres à percevoir pendant trente ans sur chacune des familles juives établies à Metz. Ce droit fut ensuite indéfiniment prorogé, et c'est l'Assemblée constituante qui l'abolit, non sans opposition[1].

11. Des protestants en France.

On sait que le protestantisme fut persécuté en France aussitôt qu'il y parut. Sauf quelques instants d'hésitation ou de clémence, François Iᵉʳ fit brûler ou pendre les

---

ainsi que nos autres sujets nés en notre royaume, et qu'ils soient réputés tels, tant en jugement que dehors. » On voit cependant que les juifs étrangers ayant été déclarés admissibles aux nouveaux brevets créés en 1767, et dont la création fut enregistrée au parlement le 19 juin de la même année, les six corps de la ville de Paris présentèrent requête au roi en son conseil pour les faire exclure des corporations d'arts et métiers.

1. Le 20 juillet 1790.

premiers partisans de la réforme. Il défendit, sous peine de mort, d'accorder un asile aux luthériens poursuivis, et donna une prime aux dénonciateurs[1]. Son fils Henri II, son petit-fils François II, ne l'imitèrent que trop. Ils prirent des victimes jusque dans le conseil d'État et le parlement[2]. Un édit prononça la peine de mort contre la profession, même secrète, du protestantisme[3]; un autre ordonna de raser les maisons où se seraient tenus des conventicules[4]; un autre prescrivit la signature d'une formule sous peine du feu[5]. La religion réformée prenant chaque jour de nouvelles forces, et ayant à sa tête des seigneurs et des princes, la nation se trouva partagée et en armes. Cela dura, avec des alternatives de paix et de guerre, jusqu'à l'abjuration de Henri IV et à la proclamation de l'édit de Nantes. Cet édit, qui consacrait les droits des protestants[6] et leur accordait en garantie jusqu'à des places de guerre, ne peut être considéré comme une loi de tolérance religieuse : c'est un traité de paix que les souvenirs de la Ligue et de la Saint-Barthélemy devaient empêcher d'être durable; aussi vit-on les hostilités recommencer sous Louis XIII et les persécutions sous Louis XIV[7]. La révocation de l'édit de Nantes,

---

1. 9 janvier 1534. — 2. Berquin. Anne Dubourg. — 3. 15 juillet 1557. — 4. 14 novembre 1559. — 5. Novembre 1560.

6. « Permis de vivre et demeurer dans toutes les villes ou pays de l'obéissance du roi, sans y être molestés ni contraints de faire choses contre leur conscience pour le fait de la religion ; exercice public de leur culte dans les villes, bourgs et villages appartenant à des seigneurs protestants, et seulement avec la permission des seigneurs, dans les terres appartenant à des catholiques. Culte public interdit à la cour, à Paris et dans un rayon de cinq lieues autour de Paris, à l'armée si le roi s'y trouve. Chambres de l'édit (mi-parties de catholiques et de réformés) à Paris, Rennes, Rouen, Toulouse, Grenoble, Aix, Béziers, Agen, Bordeaux. »

7. Janvier 1669, suppression de la Chambre de l'édit à Paris et à Rouen; 28 août 1676, les filles des religionnaires reçues dans les maisons de propagation ne pourront être forcées à voir leurs parents avant l'abjuration prononcée. 18 novembre 1680, un délai de trois

prononcée par Louis XIV aux applaudissements de
l'immense majorité de la nation, mit les protestants,
déjà traqués et persécutés depuis longtemps, dans la
nécessité d'apostasier ou de s'expatrier[1]. On poursuivit
ceux qui restaient comme des bêtes fauves; on les ruina,
on les emprisonna, on les jeta dans les galères, on leur
arracha leurs enfants, on mit à mort leurs ministres,
et enfin, quand le silence se fit après tant d'exécutions,
on put annoncer au roi que l'œuvre était faite et qu'il n'y
avait plus d'autre religion en France que la sienne[2].

Il le crut : il n'en était rien. Il avait à lutter contre
deux passions plus fortes que toutes les tyrannies :
l'amour de la patrie et la foi religieuse. Bientôt il fut évident que les prétendus convertis ne l'étaient qu'en apparence. On se lassa de frapper, mais la loi fut maintenue,
et l'on conserva la fiction légale de l'anéantissement du
protestantisme. En même temps, on multiplia les précautions pour obliger les nouveaux convertis à vivre, au

ans pour payer leurs dettes est accordé aux nouveaux convertis;
même mois, prohibition des mariages mixtes. Avril 1681, ordre
aux syndics et marguilliers de se présenter chez les religionnaires
malades pour les exhorter à se convertir. 17 juin 1681, les enfants
des protestants pourront être convertis, contre le vœu des parents,
dès l'âge de sept ans, etc. La révocation est d'avril 1685.

1. Louis XIV, en révoquant l'édit de Nantes, n'ordonna pas aux
protestants de se faire catholiques; il dit lui-même dans l'édit ré-
vocatoire que l'abjuration ne peut être prescrite par une loi. Il ne
s'attribuait que le droit de défendre l'exercice du culte, de chasser
les ministres et de contraindre les nouveaux convertis à persévérer.
Après quelques années de persécutions pendant lesquelles on obtint,
en grand nombre, de fausses abjurations, les ministres persuadèrent au roi que tous les protestants étaient expatriés ou convertis.
Dès lors la loi contre les relaps fut applicable à tout acte de protestantisme.

2. Une déclaration du 8 mars 1715 apprit à la France, au nom du
roi, que l'hérésie était extirpée. Cf. la déclaration du 14 mai 1724,
où l'on affirme de nouveau qu'il n'y a plus de protestants. Voici
les principales mesures édictées par cette déclaration : les prédi-
cants punis de mort; les enfants baptisés, élevés dans la religion
catholique; les médecins, tenus d'appeler les prêtres.

moins extérieurement, en bons catholiques. Ils auraient pu vendre leurs biens à la faveur de leur conversion prétendue, et quitter ensuite la France avec leur fortune mobilisée : une ordonnance, renouvelée tous les trois ans depuis 1715, pendant une période de soixante ans, leur défendit d'aliéner leurs biens sans permission. Ils auraient pu s'abstenir également des exercices proscrits de leur culte et de la fréquentation des églises : on rendit leur présence aux offices du dimanche obligatoire; on mettait des inspecteurs à la porte des églises pour savoir ceux qui les fréquentaient ou non. Comme les curés étaient alors les seuls officiers de l'état civil[1], quelques anciens religionnaires aimèrent mieux vivre en concubinage aux yeux de la loi et laisser leurs enfants sans fortune et sans nom que de participer à l'un des sacrements de l'Eglise catholique : on ne leur laissa pas cette triste liberté; deux déclarations royales[2] prescrivirent des recherches sur ces unions illicites et contraignirent les époux, au nom de la loi, à commettre un sacrilége. Une ordonnance, rendue avant la révocation de l'édit de Nantes[3], rendait les conversions irrévocables en condamnant les relaps à l'amende honorable, au bannissement perpétuel et à la confiscation. Enfin le despotisme prenait de telles précautions contre les conversions simulées, qu'il attendait sa victime au lit de mort pour lui imposer les sacrements de l'Église. Si, à ce moment suprême, le

---

1. Ils étaient chargés exclusivement de constater les naissances et les décès, de célébrer et de constater les mariages. En outre, les contestations sur la validité des mariages étaient portées devant les tribunaux ecclésiastiques. L'édit de Nantes avait donné les mêmes attributions aux ministres de l'Église réformée, à l'exception de la dernière, qu'ils demandèrent en vain. Les contestations sur les mariages protestants étaient portées devant le juge civil.

2. Déclaration du 15 juin 1697. Art. 13 de la déclaration du 13 décembre 1698. Déclaration du 14 mai 1724.

3. Le 13 mars 1679. Cette loi terrible contre les relaps fut renouvelée et aggravée par l'ordonnance du 17 janvier 1750.

protestant revenait à sa foi et refusait les sacrements, c'est
encore dans ses enfants qu'on le punissait. On faisait le
procès à sa mémoire, et ses biens étaient confisqués [1]. Le
corps était jeté à la voirie.

C'est un douloureux spectacle que de voir un roi commander l'hypocrisie, et le clergé y donner la main [2].
L'Église de France changea de politique dans le siècle
suivant. Après avoir, sous Louis XIV, contraint les protestants à se marier à l'église, contre le cri de leur conscience, elle repoussa, sous Louis XV, ceux qui venaient
d'eux-mêmes au-devant de l'hypocrisie, et ne fit plus de
mariages sans s'être assurée de la réalité et de la solidité des conversions [3]. Ce fut un genre de persécution

1. 29 avril 1686, 8 mars 1715.
2. Fénelon avait horreur de cette politique sacrilége : « Comment
donner Jésus-Christ à ceux qui ne croient point le recevoir ? Cependant je sais que dans les lieux où les missionnaires et les troupes
sont ensemble, les nouveaux convertis vont en foule à la communion. Ces esprits durs, opiniâtres et envenimés contre notre religion,
sont partout lâches et intéressés. Si peu qu'on les presse, on leur
fera faire des sacriléges innombrables ; les voyant communier, on
croira avoir fini l'ouvrage, mais on ne fera que les pousser par les
remords de leur conscience jusqu'au désespoir, ou bien on les jet-
tera dans une impossibilité ou une indifférence de religion qui est le
comble de l'impiété et une semence de scélérats qui se multiplie
dans tout un royaume. Pour nous, monsieur, nous croirions attirer
sur nous une horrible malédiction, si nous nous contentions de faire
à la hâte une œuvre superficielle qui éblouirait de loin. » (Lettre au
marquis de Seignelay, de La Tremblade, 26 février 1686.) « Si on
voulait leur faire abjurer le christianisme, il n'y aurait qu'à leur
montrer des dragons. » (Lettre à Bossuet, 8 mars 1686.)
3. Ce furent les évêques de Languedoc, et à leur tête l'évêque
d'Alais, qui firent prévaloir cette doctrine dans le clergé, malgré
l'opposition du roi et des parlements. En 1751, l'évêque d'Alais traita
de puissance à puissance avec l'intendant, c'est-à-dire avec le roi.
Il offrit d'acquiescer à l'amnistie, c'est-à-dire de relever de la bâtar-
dise les enfants des protestants qui s'étaient mariés hors de l'église
(mariés au désert, comme on disait alors), et d'abréger le temps des
épreuves pour ceux qui demanderaient à contracter un mariage ou
à réhabiliter un mariage ancien : mais il y mit pour conditions que
les ministres qui prêcheraient seraient mis à mort, que les protes-

nouveau : elle condamna les protestants à vivre hors de la loi, après les avoir longtemps condamnés à vivre dans la loi par le sacrilége[1].

12. De l'unité théologique en France, et de la bulle Unigenitus.

Mais la proscription de l'hérésie ne suffisait pas au principe de l'unité religieuse. Le roi de France, qui entreprenait de faire régner l'Église toute seule, se chargeait aussi d'assurer l'orthodoxie dans le sein de l'Église. Non-seulement il fallait être catholique, mais il fallait l'être comme le roi, c'est-à-dire, car le roi n'était pas théologien, comme le confesseur du roi. Le jansénisme était un crime politique, punissable par la confiscation, l'emprisonnement et l'exil. Sous le régent, sous le ministère de Dubois, sous Louis XV, quand les gouvernants ne croyaient à rien et vivaient scandaleusement, il y eut, en France, des persécutions pour la bulle *Unigenitus*[2]. On juge, par cette rigueur sur les détails du dogme, ce que devait être la liberté de conscience en ma-

tants qui assisteraient aux prêches seraient envoyés aux galères ; que les enfants des parents qui n'auraient pas fait réhabiliter leurs mariages seraient déclarés bâtards; que les protestants mariés à l'église seraient obligés toute leur vie, sous peine de la flétrissure, du bannissement et de la confiscation, d'assister aux messes paroissiales, aux offices divins et aux instructions, et qu'enfin les peines seraient appliquées, sans forme ni figure de procès, par le commandant militaire de la province, ou, en son absence, par l'intendant.

1. Quand les parents présentaient aux curés des nouveau-nés, ils étaient soumis à une sorte d'inquisition ayant pour but de constater leur catholicité. Une déclaration du 12 mai 1782, enregistrée le 14 au parlement, enjoignit aux curés et vicaires de recevoir au baptême tous les enfants qui seraient présentés, et d'insérer sur les registres les déclarations des parents, sans y rien ajouter.

2. Saint-Simon raconte une conversation secrète qu'il eut avec le P. Tellier sur les moyens de faire recevoir la bulle en France. « Il me dit tant de choses sur le fond, et sur la violence pour faire re-

tière philosophique. Tout le monde sait le trait de Louis XIV, qui voulait ôter un serviteur à son neveu, le duc d'Orléans, parce qu'il le croyait janséniste, et qui le lui laissa en apprenant qu'il n'était qu'athée. Un pouvoir est indulgent pour ce qui lui semble une utopie, et ne devient ombrageux que pour les dangers prochains. Il ne faudrait pas conclure du mot de Louis XIV, qu'on avait en France la liberté de ne pas croire à Dieu, quand on n'y pouvait pas impunément rejeter la grâce efficace.

13. Proscription de la pensée philosophique.

Il n'est pas nécessaire de remonter au moyen âge pour voir des libres penseurs persécutés[1]. Le supplice de Vanini, condamné à la peine du feu pour crime d'athéisme par le parlement de Toulouse, est du 19 février 1619. Dans

cevoir, si énormes, si atroces, si effroyables, et avec une passion si extrême, que j'en tombai en véritable syncope. » T. II, p. 14, édit. Hachette, in-8.

En 1749, mourut le savant et vertueux Coffin, ancien recteur de l'Université. Il était appelant, l'archevêque lui fit refuser les sacrements à l'agonie, à moins qu'il ne se désistât de son appel. On voulut même l'empêcher d'être enterré en terre sainte. Il y eut plus de dix mille âmes à son convoi. « Il y avait des échafauds au coin des rues. On brava ainsi le gouvernement et la persécution schismatique. » (D'Argenson, t. III, p. 274.)

1. « Le samedi 22 novembre 1586, maître François Lebreton, avocat en parlement, natif de Poitiers, par arrêt de la Cour de parlement de Paris, fut déclaré atteint et convaincu de crime de lèse-majesté, et, comme séditieux et perturbateur du repos public, pendu et étranglé en la cour du palais, devant le mai. Et ce, à raison d'un livre qu'il avait composé et fait imprimer à Paris, auquel il avait inséré plusieurs propos injurieux contre le roi, le chancelier, les présidents et conseillers de la Cour, dont les copies furent prises chez Gilles de Carroy, imprimeur, demeurant en la rue Saint-Jean-de-Beauvais; et lui et son correcteur faits prisonniers, fustigés au cul de la charrette, et bannis pour neuf ans du royaume de France. Lesdits livres brûlés sous la potence, et tous les biens dudit Lebreton, acquis et confisqués au roi. » (P. L'Estoile, *Journal d'Henri III*, coll. Michaud, 2ᵉ série, t. I. Iʳᵉ partie, p. 209.)

Le cours du XVII° et du XVIII° siècle, les parlements se bornèrent presque toujours à faire lacérer et brûler les livres ; mais il y a des exemples de décrets d'ajournement personnel, et même de condamnations flétrissantes prononcées contre les auteurs. L'abbé Raynal fut décrété de prise de corps pour son *Histoire philosophique des Deux-Indes*, et obligé de s'enfuir en abandonnant tous ses biens. L'arrêt du parlement est du 25 mai 1781 [1]. Quelques années auparavant, un écrivain obscur, de l'Isle de Sale, auteur d'un très-médiocre ouvrage, intitulé la *Philosophie de la nature*, fut condamné par le Châtelet au bannissement perpétuel et à la confiscation. Il en appela au parlement, qui le condamna seulement à être admonesté, ce qui était une peine infamante. On ne relira pas, sans une sorte d'effroi, quelques détails de la procédure du Châtelet [2] : « A midi, M. de L'Isle a été conduit à la salle du conseil pour subir son dernier interrogatoire. Il avait préparé un discours pour sa défense : on ne lui a pas permis de le lire.... Voici les chefs d'accusation principaux · 1° Vous avez dit, dans une épître dédicatoire, « qu'il faut toujours finir par adorer Palmyre et par suivre « la nature. » Cela tend au spinozisme ; cela réduit les lecteurs à rejeter toute autre loi que la loi de la nature ; 2° Vous avez avancé qu'il était impossible à l'homme d'avoir des idées claires sur l'essence de Dieu, et qu'il fallait se contenter de l'adorer en silence.... 4° Vous avez dit qu'il y avait des moments de fermentation dans un État où chaque citoyen prenait un caractère et où les rois n'étaient plus que des hommes.... 5° Vous avez osé dire que les quatre vertus cardinales pourraient se réduire à une seule.... L'accusé s'est retiré. On a été aux opinions :

1. On dit que ce fut le roi lui-même qui, ayant lu par hasard un volume de *l'Histoire philosophique des Deux-Indes*, ordonna au parlement de poursuivre. Il se trouva que le chancelier et M. de Vergennes avaient souscrit chacun pour un exemplaire.

2. *Correspondance littéraire* de Grimm, t. IX, p. 312 sqq.

les premières voix ont été pour condamner M. de L'Isle *ad omnia citra mortem :* cette formule désigne le fouet, la marque et les galères perpétuelles. Cet avis a été proposé avec chaleur. Ensuite, on a opiné à ce que l'auteur fût condamné au carcan, à faire amende honorable en chemise et une torche à la main, devant le portail de Notre-Dame, ensuite banni à perpétuité. Cet avis, longtemps discuté, a été sur le point de prévaloir... »

Les libraires étaient encore plus maltraités que les auteurs. Au XVIIe siècle on pendit un libraire pour avoir publié *le Custode du lit de la reine* [1] ; au XVIIIe siècle on condamna un libraire à la détention perpétuelle, comme suspect d'avoir voulu imprimer un mémoire sur « les troubles de France [2] ». Je me borne à ces deux exemples, parce que les exemples sont connus et innombrables. Outre les parlements, dont le pouvoir était à peu près discrétionnaire, les auteurs avaient à craindre encore le lieutenant de police, le ministre de Paris, le directeur général de librairie et le chancelier. Rien n'était plus commun que de mettre un auteur à la Bastille. Le ministre de Paris embastillait un auteur ou l'exilait, avec autant de facilité qu'en mettait le parlement à faire lacérer un livre. Quand Louis XVI fit de son propre mouvement arrêter Beaumarchais pour une très-médiocre chanson contre l'archevêque, il ne lui accorda pas les honneurs de la Bastille il l'envoya dans une maison de correction, à Saint-Lazare, dont le nom même était infamant [3]. On était alors en 1785, et l'auteur du *Mariage de Figaro* n'avait pas moins de cinquante-trois ans. Voltaire fut obligé à plusieurs reprises de quitter la France, et il demanda vainement

---

1. Cf. Alexis Monteil, *Histoire des Français*, etc., 4e édit., t. Ier p. 344.

2. Arrêt du parlement de Bretagne, 3 avril 1768.

3. Beaumarchais fut arrêté au commencement de mars 1785. Le bruit courut que le roi avait voulu le mettre à Bicêtre, et que M. de Breteuil l'en avait détourné.

:ndant de longues années l'autorisation de revenir à
aris. J. J. Rousseau, après la publication de l'*Émile*,
ıt décrété de prise de corps, et réduit à quitter Paris en
ıute hâte. Il erra sous un nom supposé, chassé successi-
ement du territoire de Berne et de celui de Neuchâtel [1].
ıon homonyme, J. B. Rousseau, fut condamné au ban-
ıissement perpétuel, par arrêt du parlement, le 7 avril
ı712, « pour avoir composé et distribué des vers impurs,
ıatiriques et diffamatoires. » C'est en allant au donjon
ıe Vincennes, rendre visite à Diderot prisonnier [2], que
ıean-Jacques avait écrit la prosopopée de Fabricius. Un
ıcrivain, aujourd'hui oublié, très-célèbre au siècle der-
ıier, Linguet, fut mis à la Bastille sous le ministère de
I. de Vergennes [3], et le bruit courut qu'on l'avait pendu
ıans sa prison. Le procédé paraissait violent, mais il ne
paraissait pas complétement invraisemblable [4]. Un auteur,

1. L'arrêt est du 9 juin 1762. Le 18, Rousseau fut condamné à Ge-
nève. En même temps parut un mandement de l'archevêque de Paris
contre l'*Émile*. « L'archevêque répond à Rousseau par des passages
ıe l'Écriture, dit Grimm dans sa *Correspondance*, et l'avocat général (Joly de Fleury), par un décret de prise de corps. L'une et l'autre
ıçon de répondre est également solide, mais celle du prélat est plus
ıonnête. »
2. C'est après la *Lettre sur les aveugles*, imprimée en 1749, que
Diderot avait été mis au donjon de Vincennes « pour quelques traits
ıersonnels, dont Mme Dupré de Saint-Maur et M. de Réaumur furent
ıhoqués. » Cf. J. J. Rousseau, *les Confessions*, partie II, livre VII,
ıusset-Pathay, t. XV, p. 117. Éd. Lahure, t. V, p. 559.
3. Le 26 septembre 1780.
4. On lit dans les *Mémoires secrets* sous la date du 19 décembre
ı780 : « Il court un bruit sinistre, malheureusement trop accrédité,
ıur le compte de M. Linguet. C'est qu'ıl a été pendu au lieu de sa
ıranslation. (On le croyait aux îles Sainte-Marguerite.) Ce supplice,
nfligé sans aucune formalité légale, fait frémir d'indignation, et ne
ıeut se croire sous le règne d'un roi qui vient d'abolir dans ses États
ıes derniers vestiges de la servitude. » Les mêmes Mémoires racon-
ınt, à la date du 22 décembre 1781, que le bruit se répandit qu'un
ıommé Jacquet avait été pendu à la Bastille, comme auteur d'un
ımémoire contre la reine, publié en Angleterre. Il est plus que pro-
ıable que ce bruit était sans fondement; mais, sous un gouverne-

pour le moindre livre, pour une chanson, pour un couplet, appartenait à la police, comme les comédiens et les
filles de joie. Tous les officiers de police, tous les gens
du roi, tous les tribunaux, tous les ministres avaient le
droit de le mander devant eux pour l'admonester, de
l'exiler de Paris ou même de France, de le mettre en
prison, de le faire condamner à l'amende, au carcan, aux
galères, de le faire pendre comme Anne Dubourg, ou
brûler comme Étienne Dolet et Vanini, ou ruiner et dé-
porter comme l'abbé Raynal. Il y avait en outre les lettres
de cachet qui pouvaient être obtenues pour une injure
particulière par un grand seigneur ou par une courtisane.
Peu s'en fallut que la Clairon ne fît mettre Fréron au For-
l'Évêque [1]. Enfin, il y avait les mandements, la censure
cléricale qui aboutissait le plus souvent à quelque sévice
du bras séculier. On écrivait sous le bâton.

**14. Des instruments de l'intolérance : les croisades, l'in-
quisition, le bannissement, les lois pénales, la mort civile. La censure.**

L'intolérance, suivant le souffle du temps et la force
de ses ennemis, employa des instruments différents.
Quand l'hérésie fut locale, et acquit rapidement des accroissements considérables, on la traita comme une invasion des barbares ; on leva contre elle des armées ; on
prêcha des croisades ; on dévasta des provinces. Telle fut,
au XII° siècle, la guerre contre les Albigeois, qui versa
des flots de sang dans la Provence et le Languedoc. L'in-

ment régulier, de pareils bruits ne se répandent pas. Ils sont très-
fréquents dans les mémoires sur l'histoire de France. En voici un,
par exemple, qui se trouve dans Barbier, sous la date du mois de
juin 1749 : « On dit que le bourreau est entré à la Bastille, et l'on
compte que c'est pour le sieur Sigorgne, qui était un homme dangereux. En effet, on ne parle plus de lui, etc. »
1. *Correspondance littéraire* de Grimm, t. IV, p. 201.

juisition prit naissance pendant les horreurs de cette guerre[1]. En 1233, le pape Grégoire IX conféra les fonctions d'inquisiteurs aux dominicains, en leur donnant le pouvoir de diriger contre les hérétiques des procédures régulières, et de livrer les coupables au bras séculier. Ce tribunal s'est maintenu jusqu'à nos jours en Italie; en Espagne, il a été aboli en 1820. Établi en France en 1255, par Alexandre III, sous le règne et avec le consentement de saint Louis, il n'a pu avoir qu'une existence éphémère, à cause de la double prétention des parlements et des officialités diocésaines. Ce n'est pas, comme on l'a dit, parce que la procédure de l'inquisition répugnait au caractère national, encore moins parce que nous jouissions de la liberté de conscience. Mais le parlement repoussait tous les empiétements du clergé, et le clergé tous ceux de la cour de Rome. L'inquisition n'a pu s'établir en France, simplement parce qu'elle y était inutile pour la répression, et parce qu'elle blessait des prétentions rivales. Berquin, Dolet, Anne Dubourg, Vanini et tant d'autres ont été régulièrement condamnés en justice au feu et à la corde, celui-ci pour n'avoir pas cru à la suprématie du pape, celui-là pour avoir nié le dogme de la présence réelle. Les rois, comme souverains juges de leurs peuples, intervinrent directement dans les causes d'hérésie. Henri II fit saisir lui-même, en sa présence, sur les fleurs de lis, le conseiller Anne Dubourg. Henri III fut dans les prisons de Paris argumenter contre deux filles condamnées à mort. Il y resta deux heures à discuter avec elles. Il leur offrit la liberté sur l'heure si elles voulaient

---

1. On trouve déjà des traces de l'inquisition en 1198. Le concile de Toulouse, en 1229, la régularisa. En 1233, Grégoire IX chargea les dominicains des fonctions d'inquisiteurs. Depuis ce temps, il y eut toujours des inquisiteurs dans le midi de la France, jusqu'au xviiie siècle. En 1255, le pape Alexandre III, d'accord avec saint Louis, nomma à Paris deux inquisiteurs, le gardien des cordeliers, et le provincial des dominicains.

seulement promettre d'aller à la messe. Elles refusèrent. Elles furent pendues [1].

Quand l'action régulière des lois et des parlements parut insuffisante, les rois chassèrent en masse leurs sujets hérétiques. Le bannissement des protestants fut la grande œuvre des dernières années de Louis XIV. Ils n'étaient plus Français, puisqu'ils n'étaient pas catholiques. Le chancelier Le Tellier se trouva consolé dans les horreurs de la mort, par la pensée qu'il avait scellé avant de mourir, de ses mains défaillantes, la révocation de l'édit de Nantes. Bossuet applaudit avec toute l'Église de France [2]. Massillon [3], Fléchier [4], ne virent dans le bannissement général qu'une mesure de justice et de piété, digne du nouveau Constantin. Toutes les cours, tous les administrateurs épuisèrent toutes les formules de la louange. Les courtisans furent transportés d'admiration [5]. A Rome, le souverain pontife fit chanter un *Te*

1. P. L'Estoile, *Journal d'Henri III*, coll. Michaud, 2ᵉ série, t. I, Iʳᵉ partie, p. 245.

2. « Touchés de tant de merveilles, épanchons nos cœurs sur la piété de Louis, poussons jusqu'au ciel nos acclamations, et disons à ce nouveau Constantin, à ce nouveau Théodose, à ce nouveau Marcien, à ce nouveau Charlemagne, ce que les six cent trente Pères dirent autrefois dans le concile de Chalcédoine : Vous avez affermi la foi, vous avez exterminé les hérétiques; c'est le digne ouvrage de votre règne, c'en est le propre caractère. Par vous l'hérésie n'est plus. Dieu seul a pu faire cette merveille. Roi du ciel, conservez le roi de la terre : c'est le vœu des Églises, c'est le vœu des évêques. » (Bossuet, *Oraison funèbre de Le Tellier*.)

3. *Oraison funèbre de Louis XIV.*

4. *Oraison funèbre de Le Tellier.*

5. « Vous aurez vu sans doute l'édit par lequel le roi révoque celui de Nantes. Rien n'est si beau que tout ce qu'il contient, et jamais aucun roi n'a fait et ne fera rien de si mémorable. « (*Lettre de* Mme de Sévigné au comte de Bussy, du 28 octobre 1685.) Bussy répond : « J'admire la conduite du roi pour ruiner les huguenots : les guerres qu'on leur a faites autrefois et les Saint-Barthélemy ont donné vigueur à cette secte. Sa Majesté l'a sapée petit à petit, et l'édit qu'elle vient de donner, soutenu des dragons et des Bourda-

Deum d'actions de grâces. L'arrêt frappait de proscription cent cinquante mille Français, coupables d'adorer Dieu suivant leur conscience.

Il fut évident, au bout de quelques années, que la grande émigration des protestants n'avait pas détruit le protestantisme. Alors on porta contre les obstinés et les relaps des lois atroces. Les galères et, dans certains cas, la mort, purent être prononcées sans formalités judiciaires, par des intendants, des commissaires, des capitaines. Cette persécution dura longtemps. Quand elle eut lassé les juges et les bourreaux, il fut enfin permis aux protestants de respirer; mais la loi, jusqu'à la Révolution de 1789, les frappa de mort civile. Ils ne purent ni se marier, ni posséder légalement, ni remplir un emploi. Ils ne furent pas seulement des étrangers dans leur propre pays, mais des parias.

Outre ces mesures répressives, l'intolérance arma le bras séculier d'un certain nombre de lois préventives, dont la plus considérable, parce qu'elle arrêtait à sa naissance l'essor de la pensée humaine, fut la censure des livres.

On sait que les libraires et les imprimeurs étaient organisés eu corporation; c'était un premier degré de censure, car la corporation des imprimeurs était à la fois très-surveillée, ce qui la rendait craintive devant le pouvoir, et très-privilégiée, ce qui la rendait difficile et exigeante pour les auteurs. Il n'y avait en France, en 1686, que trente-six imprimeurs, et, en 1778, il n'y en

---

loue, a été le coup de grâce. » La Fontaine, dans son *Remercîment à l'Académie française* (2 mai 1684), après avoir loué Richelieu d'avoir doublement triomphé de l'hérésie, et par la persuasion et par la force, dit en parlant du roi : « Quand Louis le Grand serait né dans un siècle rude et grossier, il ne laisserait pas d'être vrai qu'il aurait réduit l'hérésie aux derniers abois, accru l'héritage de ses pères, etc. » On pourrait aisément multiplier les citations; mais ce spectacle est trop triste.

avait que soixante-quatre[1], malgré l'énorme quantité de
gazettes, de mémoires, de pamphlets, de romans que
le xviiie siècle ne cessait de produire. La censure avait
été créée et mise au monde, au mois de mars 1515, par
le pape Léon X, « le Père des lettres, » qui décida qu'aucun livre ne serait mis sous la presse sans l'approbation
des supérieurs. Ce règlement fut renouvelé en 1546 par
le concile de Trente. On trouve une décision analogue
dans la dixième session du concile de Latran. Les évêques exercèrent eux-mêmes la censure au commencement, puis le nombre des livres croissant, ils s'en re-
posèrent sur les théologiens ; et c'est ainsi qu'en France
la Sorbonne devint très-promptement une grande commission de censure exerçant au nom de l'épiscopat, et à
laquelle pourtant les évêques se soumirent[2]. En 1542
un arrêt du parlement autorisant la Sorbonne à examiner les livres venus du dehors[3], donna un caractère civil à l'institution de la censure, qui devint définitive par
une ordonnance de Henri II, rendue le 11 novembre
1547 et confirmée le 10 septembre 1572 par Charles IX[4].
Ce privilége accordé par les rois ne tarda pas à gêner
l'autorité royale, qui s'efforça de le retirer ou de le restreindre. En 1623, la Sorbonne se partagea sur la question de l'infaillibilité du pape : aussitôt intervinrent des
lettres patentes du roi, qui désignèrent quatre docteurs
de la maison de Sorbonne pour exercer les fonctions de

1. En 1701, on comptait trente-six imprimeurs et dix-neuf veuves
d'imprimeurs exerçant (les veuves d'imprimeur avaient privilége de
maîtrise; leurs fils aînés n'étaient qu'exemptés du chef-d'œuvre). Il
y avait, à la même époque, cent soixante-dix-huit maîtres libraires
en exercice, trente-cinq non établis et vingt-sept veuves tenant boutiques.
2. En 1534, le cardinal Sadolet, évêque de Carpentras; en 1542
le cardinal Sanguin, évêque d'Orléans.
3. A l'occasion de l'*Institution chrétienne*, de Calvin.
4. Un arrêt de 1561 condamne à être pendu tout libraire qui aura
imprimé un livre quelconque sans permission.

censeurs, à l'exclusion des autres membres de la Faculté. Les docteurs réclamèrent ; et ils l'avaient emporté lorsqu'un nouveau schisme s'éleva entre eux à l'occasion des disputes sur la grâce. Le chancelier Séguier en profita pour faire de la censure une institution uniquement dépendante de la chancellerie. La censure eut dès lors un double caractère : elle garantit l'Église contre les hérésies, et l'État contre les témérités politiques. Les censeurs choisis indifféremment parmi les laïques ou parmi les théologiens, eurent le droit d'exiger des modifications, des retranchements, ou de mettre un auteur dans l'impossibilité de publier son livre en lui refusant purement et simplement l'autorisation. En 1702, les évêques, en possession de faire imprimer sans autorisation leurs mandements, les livres d'églises et les catéchismes de leurs diocèses, voulaient avoir le droit exclusif d'accorder et de refuser l'impression des livres de théologie. La censure serait par là revenue à sa source et aurait cessé d'être politique pour être essentiellement ecclésiastique. Le chancelier Pontchartrain s'opposa à une prétention « aussi nouvelle que monstrueuse[1], » et tout ce qu'obtinrent les évêques (Bossuet, le cardinal de Noailles et l'évêque de Chartres, ami de Mme de Maintenon, étaient du nombre), ce fut d'imprimer sans permission les livres de religion dont ils étaient eux-mêmes les auteurs ; encore cette expression de livres de religion fut-elle restreinte aux missels, rituels et autres ouvrages de pure liturgie. Ainsi, la pensée humaine fut livrée au régime du bon plaisir. Les censeurs n'étant plus que des commissaires nommés par le chancelier et révocables par lui, la cour se passait fort bien de leur ministère quand elle jugeait à propos d'intervenir directement. Un exemple mémorable de ces coups d'autorité, c'est ce qui eut lieu en décembre 1763, lorsque l'archevêque de Paris

1. *Mémoires de Saint-Simon*, t. IV, p. 64 sqq.

voulut protester contre l'expulsion des jésuites. M. de Saint-Florentin se rendit chez lui de la part du roi pour lui défendre avec menaces de publier son mandement, et pour s'en faire remettre le manuscrit et les épreuves. M. de Saint-Florentin était ce qu'on appelait alors le ministre de Paris. On voit que les mandements des évêques ne gagnaient pas grand'chose à être dispensés de l'approbation.

Ajoutons que si l'approbation était nécessaire, elle ne couvrait pas. On ne pouvait paraître sans être approuvé, et on pouvait être condamné quoique approuvé. Le parlement brûlait des livres approuvés par centaines, et souvent il comprenait le censeur dans ses poursuites avec l'auteur, le libraire et l'imprimeur. Le chancelier, de son côté, ne se croyait pas lié le moins du monde par une approbation, et, de même que le parlement, il frappait à bras raccourcis sur les censeurs qui avaient le malheur d'être moins exigeants que lui[1]. L'approbation ne suffi-

---

1. Entre mille exemples que je pourrais citer, en voici un que je choisis, parce qu'il est de 1785, et que la cause de la suppression le rend plus étrange. Avant la Révolution, la loi prononçait contre le vol domestique, quelle qu'en fût l'importance, la peine de mort. Le président Dupaty déterra une lettre du garde des sceaux d'Armenonville écrite en 1724 au conseil souverain de Colmar, et déposée dans les archives de ce tribunal, où en interprétant cette loi, le chef de la justice déclare que l'intention du roi n'a pas pu être de punir également le plus léger vol et le plus grave, surtout quand les circonstances sont en faveur de l'accusé. Le président inséra cette lettre dans la *Gazette*. Aussitôt le procureur général, voyant dans cette publication la censure d'une loi existante, fit supprimer la *Gazette* et interdire le censeur. Ainsi le censeur (Coquelay de Chaussepierre) fut puni, non pas même pour avoir réclamé de son chef contre un abus monstrueux, mais pour avoir publié, avec le concours d'un président au parlement de Bordeaux, une lettre authentique du chef de la magistrature.

En 1786, le *Mercure de France* ayant publié un extrait de la *Diatribe à l'auteur des Éphémérides* (par Voltaire), un arrêt du conseil du 19 août supprima la *Diatribe*, raya le censeur de la liste, et interdit l'éditeur du *Mercure* de la profession de libraire et d'imprimeur.

sait pas pour éditer un livre, il fallait encore un privilége, car, sans cela, grâce à la concurrence étrangère,
nourrie en quelque sorte par les entraves de la législation française, toute opération de librairie aurait été ruineuse. Il arrivait que les auteurs un peu hardis, n'ob-
tenant ni privilége ni approbation, se faisaient imprimer
au dehors : l'édit de 1728 soumit les ballots d'imprimés
à un examen sévère, et, par ce moyen, les ouvrages
qu'ils contenaient passèrent, comme les manuscrits, à la
censure. Toutes les avenues étaient cernées.

Je me représente un auteur écrivant son livre dans un
pays soumis à la censure, et se demandant à chaque mot
s'il ne va pas trop loin, si cette opinion plaira à M. le
chancelier, à Mgr l'archevêque, au procureur général, à
la Sorbonne et au directeur de la librairie[1]. Je me le
représente effaçant une grande vérité, mais trop hardie,
pour ne pas perdre le reste; ou la voilant, pour qu'elle
passe inaperçue; ou achetant par quelque concession,
par une bassesse, le droit de la glisser timidement dans
un coin de son volume. Quand le livre est fait, il le met
en tremblant dans les mains de son censeur. Si Galilée a
dit dans son livre que la terre tourne autour du soleil
contre l'avis de l'inquisition, trouvera-t-il un censeur
assez courageux pour laisser passer cette témérité? Il n'a
tenu peut-être qu'à une police bien faite et à une ligne
de douanes assez serrée, qu'on enseigne encore aujour-
d'hui que la terre est immobile au centre du monde. La

---

1. Voici comment le marquis d'Argenson caractérise, dans ses
Mémoires (éd. Janet, t. I, p. 228) la place de directeur de la librairie : « Il a aujourd'hui (il parle de son frère) la commission de la librairie. Cette place lui procure deux avantages : l'un, de se trouver
à la tête du parti moliniste, inquisiteur et persécuteur; l'autre,
d'être dans la familiarité du cardinal (Fleury), en le berçant d'amu-
settes littéraires. Mais aucun règlement n'est exécuté, tout le monde
se plaint, libraires et autres. Le prohibitif va roide, l'admissif molle-
ment, et cet emploi n'est que celui de premier commis de la tyrannie. »

censure étant devenue une institution politique, soumise, comme de raison, à toutes les vicissitudes de la politique, il se rencontrait, par hasard, des esprits forts parmi les censeurs, ou bien c'était le directeur de la librairie lui-même qui était un esprit fort, comme Malesherbes, fort ami de J. J. Rousseau, et qui voulut se charger en personne de lire les épreuves de l'*Émile* : alors, si le livre avait du bon, au lieu de le défendre brutalement, on argumentait avec l'auteur, on lui demandait des modifications, des retranchements. Passe encore pour Malesherbes, quoique ce fût un étrange précepteur pour J. J. Rousseau : mais l'*Émile* aurait pu tomber entre les mains du syndic Riballier, ou de tout autre cuistre de cette farine. Malesherbes approuva l'*Émile*, non pas cependant sans y rien changer. « Quant aux changements à faire avant la publication, lui écrivait Rousseau, je voudrais bien qu'ils fussent une fois tellement spécifiés, que je fusse assuré qu'on n'en demandera pas d'ultérieurs [1]. » On sait que le livre fut brûlé en dépit d'une autorisation venue de si haut. M. de Malesherbes eut quelque peur : il redemanda ses lettres. Le procureur général Joly de Fleury, et M. Séguier (celui-là était de l'Académie française), et M. Titon de Villotran, et M. d'Épremesnil, et le syndic Riballier, délibérant entre eux pour savoir si l'*Émile* est un bon ouvrage, ou s'il ne conviendrait pas de mettre l'auteur au pilori, c'est un assez beau spectacle, et qui montre bien la compétence, l'utilité et la dignité de la censure. « En France, disait encore Rousseau, vous dédaignez trop les hommes qui savent écrire. Quelque méprisables qu'ils vous paraissent, ce serait toujours plus sagement fait de ne pas les pousser à bout [2]. »

1. J. J. Rousseau. *Lettre* à Malesherbes, du 8 février 1762; édit. Musset-Pathay, t. XIX, p. 267. Éd. Lahure, t. VII, p. 223.

2. J. J. Rousseau, *Lettre* à Malesherbes, du 11 nov. 1764; t. XX, p. 232. Éd. Lahure, t. VII, p. 473.

Les livres entraient cependant, en dépit de toutes les
entraves. L'Angleterre, la Hollande nous inondaient de
livres défendus. Il y avait jusque dans Paris des imprimeries clandestines. Toute cette législation draconienne
était mal appliquée, parce que les magistrats eux-mêmes
en avaient peur et horreur. Ils étaient rigoureux par bou-
tades, et souvent, parce que la punition aurait été atroce,
ils feignaient de ne pas voir, pour n'être pas obligés de
punir.

On a remarqué justement que l'administration d'alors,
et quelquefois la justice comme l'administration, tem-
pérait par mille moyens la rigueur des règlements. On
usait peu de la ligne droite : on avançait, on reculait, on
changeait la signification des mots et la signification des
actes; on mettait, jusque dans un arrêt, une clause secrète, un *retentum*. Il y avait mille procédés dilatoires à
l'usage du ministère, des intendants et des juges. Pendant qu'un arrêt du conseil d'État [1] révoquait les lettres
de privilége accordées à l'*Encyclopédie*, les libraires en
imprimaient un volume, dans Paris, presque publiquement. Les premiers volumes de Voltaire de Kehl étaient
publiés quand on se décida à le défendre. L'arrêt du
conseil fut rendu à midi; à onze heures on fit prévenir
Beaumarchais de mettre en sûreté les exemplaires qu'il
avait en magasin [2]. On avait fréquemment de ces com-
plaisances. Avant de décréter J. J. Rousseau de prise de
corps, le parlement voulut être sûr qu'il était décidé à
partir. On prononça l'arrêt quand on sut qu'il se mettait
en chemin. Il rencontra, en venant à Paris, les huissiers
qui allaient tranquillement chez lui pour l'arrêter [3]. Au
milieu de cette douceur éclataient des affaires comme

1. 8 mars 1759.
2. *Mémoires secrets*, 22 juin 1785.
3. Le parlement agit de même envers l'abbé Raynal, en 1781. Il
était à Courbevoie, chez M. Paulze, fermier général. On l'avertit
qu'il allait être décrété. Il partit le jour même pour Spa.

celle de Delisle de Sales. Cela prouvait que les lois
étaient mal faites, le gouvernement faible, les hommes
modérés. La faiblesse, ou, si l'on veut, la bonté d'un
prince, n'empêche pas la loi d'être tyrannique.

On est très-étonné quand on jette les yeux sur la législation de l'ancien régime et qu'on voit toutes ces forces
liguées contre la pensée, de relire ensuite quelques ouvrages de Voltaire, de Diderot, de Bayle même, de
J. J. Rousseau, et de se dire que ces mêmes livres ne
paraîtraient pas impunément aujourd'hui. L'histoire de
l'ancien régime abonde en contradictions de ce genre,
surtout à l'approche de la Révolution : c'est que la législation restait despotique quand les magistrats se sentaient
dominés et envahis par l'esprit nouveau. Les lois, à force
d'être en désaccord avec le siècle, n'étaient plus que
comminatoires ; les magistrats n'avaient ni la force ni la
volonté de les appliquer. Quelquefois un tribunal, sans
sortir de la légalité, en y rentrant plutôt, prononçait une
sentence atroce, contre laquelle s'élevait, d'un bout de la
France à l'autre, une clameur d'indignation. Tel est le
malheur d'un gouvernement usé et arriéré, qui tantôt ne
gouverne plus, et tantôt a des accès de violence.

15. Constitution civile du clergé.

Si nous n'avions tant d'exemples de la ténacité des
préjugés et des obstacles que la liberté en tout genre est
obligée de surmonter avant de s'établir dans la loi et dans
les esprits, nous aurions peine à comprendre que la Révolution de 1789 n'en ait pas fini irrévocablement avec
la prétention d'imposer aux hommes des croyances et des
méthodes. Le XVIII° siècle avait tant fait, que le scepticisme était partout, chez les gens de lettres et dans une
grande partie du peuple, à la cour et dans la magistrature. Il avait pour rois intellectuels Voltaire et Rousseau.

ssemblée-constituante était toute pleine de leurs par-
ns. Elle se sentait parfaitement dégagée de la tradi-
, puisqu'elle prenait quelquefois des résolutions im-
antes uniquement pour rompre avec le passé, pour
uire des habitudes, pour désarmer ou supprimer des
itutions qui n'auraient pas manqué de ramener la na-
en arrière. Cependant cette Assemblée, même quand
commence à frapper les grands coups, se déclare ca-
ique. Elle écrit dans l'article 18 de la Déclaration des
ts que « nul ne doit être poursuivi pour ses opinions,
ne religieuses, pourvu que leur manifestation ne trou-
point l'ordre public établi par la loi; » et cette res-
tion, que l'on pourrait accepter dans son sens littéral,
il y a, il doit y avoir une police des cultes, dans la
sée du législateur, avait au contraire une portée im-
1se. Elle signifiait que l'exercice des cultes non catho-
ies aurait lieu sans publicité. Un ministre protestant,
)aud de Saint-Étienne, député de Nîmes, demanda
dant la discussion la publicité pour le culte protes-
t; cette demande fut repoussée par une majorité con-
Srable. Le journal de Prudhomme, les *Révolutions*
Paris, journal très-avancé, en rendant compte de la
nce, avoue que « la demande de M. Rabaud de Saint-
enne parut excessive. Il aurait peut-être mieux réussi
eût moins demandé. » Le système bien arrêté de l'As-
iblée était celui-ci : un culte dominant, le culte catho-
ie, et tous les autres cultes tolérés, mais privés de pu-
iité. Au mois de juin 1790 elle assiste en corps à la
cession du saint sacrement dans sa paroisse (à Saint-
main l'Auxerrois). Le 16 et le 17 juin de la même an-
i, elle règle les traitements des ministres du culte,
st-à-dire des évêques et des prêtres catholiques, car il
vint à l'idée de personne de salarier les autres cultes.
nnée suivante (29 octobre 1791), Ramond demanda
i tous les cultes fussent salariés; cette proposition
uïe fut couverte par les murmures de l'Assemblée.

Sous la Convention même, et jusqu'aux décrets qui abolirent le culte, le clergé catholique toucha seul une indemnité du Trésor. On n'était plus, à la vérité, depuis les premiers décrets de la Constituante, sous le régime de la religion d'État. En 1790, une pétition couverte de trois mille cent vingt-sept signatures, auxquelles vinrent se joindre quinze cent soixante adhésions publiques pour réclamer que la religion catholique fût reconnue en qualité de religion de l'État, ayant été envoyée de Nîmes au roi et à l'Assemblée, et suivie d'une proposition formelle, l'Assemblée la repoussa [1]. La minorité en cette occasion, fut de deux cent quatre-vingt-dix-sept membres qui publièrent une protestation contre le vote. Ainsi la doctrine nouvelle d'un culte dominant, qui n'était pas religion de l'État, se trouva consacrée.

« Je n'entends pas ce mot de culte dominant, disait Mirabeau : est-ce un culte oppresseur que l'on veut dire ? » Il est certain que, malgré les termes les plus explicites de la Déclaration des droits de l'homme sur l'égalité de tous les citoyens, les dissidents continuèrent assez lontemps encore à être privés d'une partie des droits politiques. On avait rendu aux protestants l'état civil; c'était une mesure depuis longtemps réclamée par l'opinion [2], et dont le par-

1. L'ordre du jour fut décrété en ces termes, proposés par le duc de La Rochefoucauld : « L'Assemblée nationale, considérant qu'elle n'a et ne peut avoir aucun pouvoir à exercer sur les consciences et sur les matières religieuses; que la majesté de la religion et le respect profond qui lui est dû ne permettent point qu'elle devienne le sujet d'une délibération; considérant que l'attachement de l'Assemblée nationale au culte catholique, apostolique et romain ne saurait être mis en doute au moment même où ce culte va être mis par elle à la première place dans les dépenses publiques et où, par un mouvement unanime de respect, elle a exprimé ses sentiments de la seule manière qui puisse convenir à la dignité de la religion, et au caractère de l'Assemblée nationale, décrète qu'elle ne peut ni ne doit délibérer sur la motion proposée, et qu'elle va reprendre l'ordre du jour concernant les biens ecclésiastiques. » (Séance du 30 avril 1790.)
2. En 1759, sous le ministère du maréchal de Belle-Isle, on créa

lement[1] et Louis XIV [2] avaient pris l'honorable initiative **longtemps** avant la convocation de l'Assemblée. On avait **aussi**, par une loi, rendu aux descendants des réfugiés **la** qualité de Français [3] : protestation bien légitime, hé**las**! et bien tardive, contre la révocation de l'édit de Nan**tes**; mais on ne se décida qu'avec peine à abroger l'article de l'édit de 1787 qui excluait les protestants de toûtes **les** places de municipalités auxquelles étaient attachées **des** fonctions judiciaires. Le 23 décembre 1789, le comte de Clermont-Tonnerre proposa de déclarer que « les pro**testants**, les juifs, les comédiens et les exécuteurs des

en faveur des protestants suisses et alsaciens l'ordre du mérite militaire, qui eut les mêmes priviléges que l'ordre de Saint-Louis.

1. Dès 1778. Le vœu du parlement fut renouvelé à la veille de la première assemblée des notables après un discours prononcé dans la grand'chambre par Robert de Saint-Vincent, le 9 février 1787. Robert de Saint-Vincent termina son discours par ces mots : « Si ma proposition ne paraît pas indiscrète à la compagnie, il sera de sa prudence d'examiner s'il ne serait pas expédient que le parlement prévînt toutes les démarches qui pourraient être faites à ce sujet par l'assemblée des notables. »

2. Voici les termes dans lesquels le garde des sceaux Lamoignon annonça cette résolution à la séance du roi au parlement du 19 novembre 1787.

« Le législateur (le roi) a vu qu'il fallait nécessairement ou proscrire de ses États la portion nombreuse de ses sujets qui ne professent pas la religion catholique, ou lui assurer une existence légale.... Le roi a concilié dans la nouvelle loi les droits de la nature avec les intérêts de son autorité et de la tranquillité publique.... La sage tolérance de leur religion, ainsi restreinte aux droits les plus incontestables de la nature humaine, ne sera point confondue avec une coupable indifférence pour tous les cultes. »

Le garde des sceaux semble préoccupé de rassurer le parlement contre les conséquences de la mesure. On peut en conclure que les démarches faites par le parlement en faveur des protestants étaient plus politiques que sincères; et c'est en effet ce qu'on croyait généralement, et c'est ce que rendit plus évident encore la sourde opposition que le parlement fit à l'édit, par des lenteurs, des chicanes, des ajournements. En 1787, la marquise d'Anglure, fille d'un père protestant et d'une mère catholique, fut déclarée bâtarde par le parlement de Bordeaux.

3. Art. 22 de la loi du 15 décembre 1790.

hautes œuvres » pourraient faire partie des municipalités. Les protestants eurent gain de cause, mais non les
juifs qui furent, on peut le dire, repoussés et injuriés.
Les juifs ne devinrent, en réalité, citoyens français que
par un décret rendu le 28 septembre 1791.

Puisqu'on proclamait la liberté, il était contradictoire
de conserver une religion dominante ; et puisqu'on faisait
partout la guerre aux priviléges, il était impossible de
laisser subsister l'organisation ecclésiastique sans la réformer. De ces deux vérités évidentes, la seconde, qui
était un fait, frappa tous les yeux ; la première, qui était
un principe, échappa aux esprits les plus résolus. Mais
plus on était aveuglé sur la légitimité du principe, plus
la réforme était urgente. On chargea donc le comité ecclésiastique d'y procéder. La réforme qu'il proposa, et qui
devint célèbre sous le nom de constitution civile du
clergé, roulait sur trois points : 1° La division des territoires diocésains et curiaux était entièrement rema-
niée et rendue conforme à la division de la France en
départements et communes[1] ; 2° le droit de nomination
des évêques était enlevé au roi, le droit d'élection rendu
aux fidèles[2]; 3° l'appel en cour de Rome était interdit

---

1. Séances des 6 et 7 juillet 1790. Il y avait alors en France cent
trente-cinq évêques, et trente-trois mille curés. Le nombre des ecclésiastiques, depuis les archevêques jusqu'aux moines mendiants,
était de plus de quatre cent mille.
2. Séance du 9 juin 1790. Art. 2. « Toutes les élections (aux évêchés nouveaux) se feront par la voie du scrutin, et à la pluralité absolue des suffrages. » Art. 3. « L'élection des évêques se fera dans la
forme prescrite, et par le corps électoral indiqué dans le décret du
2 décembre 1789 pour la nomination des membres de l'assemblée de
département. » Art. 6. « Pour être éligible à un évêché, il sera nécessaire d'avoir rempli des fonctions ecclésiastiques dans le diocèse au
moins pendant dix ans en qualité de curé, ou pendant quinze ans
en qualité de vicaire d'une paroisse, ou de vicaire supérieur ou de
directeur dans le séminaire du diocèse. » Art. 7. (Séance du 12.)
« Pour être éligible à une cure, il faudra avoir été cinq ans vicaire,
ou avoir rempli telle autre fonction ecclésiastique que l'assemblée
indiquera. » Art. 19. (Séance du 14 juin.) « Avant que la cérémonie

pour toutes les causes ecclésiastiques, et toutes les affaires devaient se terminer en France.

Treilhard, qui fut chargé le premier de défendre le projet du comité, divisa son argumentation en deux points : la réforme proposée est-elle utile? avez-vous le droit de la faire?

Sur le premier point, il avait trop évidemment raison. Les évêchés, comme les provinces, s'étaient formés au hasard, et présentaient les anomalies les plus bizarres quant à l'étendue du territoire et au chiffre de la population : comparez l'archevêché de Paris avec l'imperceptible diocèse de Bethléem, formé de l'une des paroisses de la petite ville de Clamecy. L'inégalité des revenus était monstrueuse; il y avait des évêchés de quatre cent mille francs et des curés en grand nombre à sept cents francs. Il s'était élevé une foule de dignités ecclésiastiques étrangères au ministère spirituel, sans parler du cardinalat: abbayes, prieurés, collégiales, chapitres métropolitains ou diocésains, qui formaient un état-major immense sans aucune fonction. Conserver ces inégalités profondes, ces richesses excessives, laisser à la disposition du roi des faveurs si disproportionnées avec tout ce qui subsistait

de la consécration commence, l'élu prêtera en présence des officiers municipaux, du peuple et du clergé, le serment solennel de veiller avec soin sur le troupeau qui lui est confié, d'être fidèle à la nation, à la loi et au roi, et de maintenir de tout son pouvoir la constitution décrétée par l'Assemblée nationale, et acceptée par le roi. » Art. 23. (Séance du 15.) « L'élection des curés se fera dans la forme prescrite, et par les électeurs désignés dans le décret du 22 décembre 1789 pour la formation des membres de l'assemblée administrative du district. » Art. 35. « Les curés élus et institués prêteront le même serment que les évêques. Jusque-là, ils ne pourront faire aucune fonction curiale. » Art. 40. « Chaque curé aura le droit de choisir ses vicaires; mais il ne pourra fixer son choix que sur des prêtres ordonnés ou admis dans le diocèse. » Par décrets des 26 décembre 1790, 5 février, 22 mars et 17 avril 1791, l'obligation de prêter le serment exigé par les articles 21 et 38 du titre II, fut étendue à tout ecclésiastique fonctionnaire public, sous peine de destitution immédiate.

dans les autres services publics, c'était rendre toutes les
réformes illusoires et créer au clergé une situation impossible. Enfin, le recours au pape était certainement une
source d'embarras nombreux, par l'influence qu'il donnait à la cour de Rome sur nos affaires intérieures, et par
les moyens qu'il fournissait au clergé d'échapper à l'action de l'autorité civile, en se couvrant des droits et de la
responsabilité d'une puissance étrangère.

Aussi n'y eut-il pas de contestation sérieuse sur l'urgence des réformes. L'archevêque d'Aix, qui était beaucoup trop habile pour heurter de front le sentiment public, et qui, d'ailleurs, appartenait à la classe des prélats
administrateurs, se borna à demander la convocation
d'un concile qui ferait avec compétence ce que l'Assemblée ne pouvait faire que par une violation des droits de
l'Église. L'évêque de Lidda, ne comptant pas autant que
son collègue sur le sens pratique et l'esprit de modération de la majorité du clergé, proposa de faire connaître au roi par un mémoire les désirs de l'assemblée,
et de le charger d'en obtenir la réalisation par les voies
canoniques, c'est-à-dire par l'intervention du pape. Au
fond, l'Assemblée, qui voyait l'urgence des réformes et la
difficulté de les faire faire par le clergé, était très-résolue
à les accomplir elle-même. Mais il fallait justifier de son
droit devant la minorité, devant l'Église, devant l'Europe.
Là était la difficulté.

Treilhard était de ceux qui se disaient catholiques, et
qui voulaient conserver le catholicisme comme religion
dominante. Il entreprit de prouver, à grand renfort de citations, qu'une assemblée laïque élue sans le concours de
l'Église universelle, dans un but exclusivement politique,
comptant des protestants dans son sein et un très-grand
nombre d'incrédules, était compétente pour créer ou supprimer des siéges épiscopaux, pour décider du mode de
nomination des évêques, et pour limiter les droits du
souverain pontife à une simple suprématie d'honneur, et

« à la faculté d'avertir ses collègues. » Camus vint à son secours, et parla en canoniste. Ils soutinrent à l'envi que les apôtres ayant été institués pour toute la chrétienté sans distinction de territoire, il en devait être de même de leurs successeurs ; que la limitation des territoires était une simple affaire de police; que si Charlemagne, après la campagne de Saxe, Carloman, en 742, Louis le Débonnaire, en 834, avaient pu ériger des archevêchés, une Convention nationale ne pouvait manquer de compétence en pareille matière ; que l'élection des évêques était l'ancienne coutume des chrétiens des Gaulés, supprimée par les papes, rétablie par saint Louis, supprimée de nouveau, puis rétablie par l'ordonnance d'Orléans, et enfin abolie en dernier lieu par l'ordonnance de Blois qui avait conféré au roi de France le droit de nommer aux évêchés. Pendant deux longues séances, on entendit invoquer les conciles, citer saint Augustin et saint Jérôme ; on put se croire transporté dans un concile national, ou tout au moins dans une assemblée du clergé.

La droite ne manqua pas d'en faire la remarque : « Vous vous transformez en concile, s'écria le curé de Roanne. Si vous invoquez les canons, il faut rétablir celui qui ordonne aux femmes de ne paraître en public que voilées, celui qui défend de manger le sang des animaux. Si vous faites un triage entre les canons, acceptant ceux-ci, rejetant ceux-là, vous vous constituez juges de la foi, vous faites une œuvre qui n'appartient qu'à l'Église universelle ou au pape qui la représente. L'Église, modifiée par vous dans sa discipline et dans l'administration de ses sacrements, ne sera plus l'Église catholique. Vous commencez un schisme, vous renouvelez l'œuvre de Luther ! »

L'Assemblée répondait par de violents murmures à cette argumentation sans réplique. D'un autre côté, quelques membres du clergé gâtaient la force de cette position par leurs exagérations. Le curé Leclerc prétendait conserver à l'Église une action même temporelle ; il énumé-

rait ainsi les droits qu'on devait lui conserver : « La législation , pour le bien général ; la coaction, pour arrêter
les infractions qui seraient faites à la loi ; la juridiction,
pour punir les coupables, et l'institution, pour instituer
les pasteurs. » C'était jeter de l'huile sur le feu. Cette revendication explicite du droit de coaction arrachait à
Camus ces paroles, où le fond de son âme se dévoilait :
« Nous sommes une Convention nationale, *nous aurions
assurément le droit de changer la religion;* mais nous ne
le ferons pas, ce serait un crime, etc. » Parler ainsi, c'était
traiter le christianisme comme un établissement purement politique, l'accepter par convenance pour l'utilité
qu'on en retirerait, et s'arroger le droit de le modifier
profondément pour l'accommoder aux vues gouvernemen-
tales de l'Assemblée. Sauf ce mot qui lui échappa, et qui
ne fut pas compris, Camus se renferma, comme Treilhard, dans des subtilités de canonistes.

Mais il y avait dans l'Assemblée un homme qui n'avait
rien à ménager, dont la politique était de pousser la logique à l'excès, et de subjuguer les esprits en les mettant
brusquement en face des conséquences les plus dures :
c'était Robespierre, alors assez peu connu, très-peu entouré. Au lieu de prétendre à l'orthodoxie, comme la majorité du comité ecclésiastique, il articula très-nettement
que la religion était un service public, les prêtres des
magistrats, que l'Assemblée avait le droit de réformer la
religion comme tout le reste ; que le peuple devait nommer les prêtres, et les salarier dans la proportion de
leurs services. Il alla même jusqu'à demander le mariage
des prêtres. Ce discours qui allait au fond des choses,
et qui mettait à nu la véritable politique de l'Assemblée,
fut écouté avec impatience, et plus d'une fois couvert par
des murmures qui ne partaient pas tous des rangs de la
droite[1]. Si la détermination de mettre la main sur l'or-

1. Séance du 31 mai 1790.

ganisation du clergé n'avait pas été arrêtée dans les esprits, cet excès de franchise pouvait tout perdre. L'Assemblée, qui sentait le besoin d'une religion, qui la voulait dominante, qui ne pouvait pas en faire une, ne voulait pas s'avouer à elle-même, et ne voulait pas avouer au monde que la France avait cessé d'être catholique. Quand une assemblée a un parti pris dans une question redoutable, il arrive souvent, à notre honte, qu'on la sert mieux en lui fournissant des équivoques et des palliatifs, qu'en déchirant honnêtement et brusquement tous les voiles.

La constitution civile du clergé fut donc adoptée par les motifs de Treilhard et de Camus[1]. L'Assemblée refit au rebours l'œuvre de Boniface VIII; elle assouplit le catholicisme aux besoins de sa politique, et feignit de croire qu'elle n'avait porté aucune atteinte à l'orthodoxie. L'ardente polémique qui accompagna et suivit les débats roula presque tout entière sur ce thème. La question de liberté de conscience ne fut posée ni par le clergé, qui ne parla que des droits de l'Église, ni par la majorité, qui se déclara orthodoxe, ni par Robespierre, qui soutint le principe des religions d'État créées de toutes pièces, comme instruments de gouvernement, par le pouvoir politique. C'était l'esprit de la Convention, qui commençait à poindre. Déjà la Révolution inclinait vers le jacobinisme, après avoir rapidement traversé la liberté; on songeait plus à compléter la transformation sociale qu'à émanciper la liberté humaine. Le mouvement des esprits fut le même dans les questions religieuses et dans les questions de l'ordre civil. La Convention, pour se débarrasser une bonne fois du clergé catholique, prit en main la direction des consciences, et s'attribua successivement le droit de supprimer toutes les religions, et celui d'en créer de nouvelles, ce qui est au fond le même droit.

1. La loi fut proclamée le 12 juillet 1790.

16. Intolérance de la Convention.

Il faut pourtant reconnaître qu'elle parla un jour le langage de la liberté. La Déclaration des droits votée par elle à l'imitation de l'Assemblée constituante contient l'article suivant : « Le droit de manifester sa pensée et ses opinions, soit par la voie de la presse, soit de toute autre manière, le droit de s'assembler paisiblement, le libre exercice des cultes, ne peuvent être interdits[1]. »

Mais la Convention n'était pas, comme la Constituante, une assemblée philosophique, c'était une assemblée militante. La destruction des priviléges était légalement accomplie ; le droit était promulgué : il s'agissait de résister aux efforts de la contre-révolution, et de parer aux nécessités terribles qu'avait suscitées ce grand ébranlement social. Les meneurs laissèrent voir, dès le premier jour, comme une sombre résolution d'en finir coûte que coûte avec le passé. En fait de principes, ils allèrent droit aux conséquences extrêmes ; en fait de moyens, à la compression et à la terreur. Ils réglèrent tout, jusqu'au prix des denrées et aux habitudes de la vie privée; ils traitèrent la liberté individuelle comme un ennemi qui pouvait les gêner dans leur œuvre, et qu'il fallait provisoirement écarter, sauf à décider de lui plus tard. Quelques mois à peine écoulés après la proclamation de la liberté des cultes, ils interdirent toute manifestation religieuse en dehors des églises; bientôt après, ils commencèrent à fermer les églises, à les vendre. Par une contradiction bizarre, pendant que la plupart des représentants envoyés en mission dans les départements interdisaient l'exercice du culte, les prêtres catholiques

---

1. Art. VII de la Déclaration des droits de l'homme et du citoyen, 24 juin 1793.

continuaient à être salariés par l'État[1], c'est-à-dire les
prêtres assermentés, car depuis décembre 1790, ceux qui
avaient refusé le serment n'étaient plus rien. Le 17 brumaire an II, l'archevêque de Paris, Gobel, vint à la
Convention avec ses grands vicaires, abdiquer le christianisme et se coiffer du bonnet rouge. A peine eut-il prononcé son abjuration, qu'on vit la tribune assiégée par
des représentants du peuple empressés de déchirer publiquement leurs lettres de prêtrise. Parmi eux, l'évêque
Lindet, Jullien de Toulouse, ministre protestant, et trois
jours après le plus illustre de tous, l'abbé Sieyes. Les
abjurations arrivèrent en foule de tous les points de la
France, la plupart contenant des déclarations cyniques
contre la religion abandonnée, et finissant par la demande d'une pension. On voyait défiler dans la salle de
l'Assemblée de longues processions d'hommes affublés
de chasubles et d'étoles, et portant pêle-mêle les vases
sacrés arrachés aux églises. Chaumette y vint aussi, avec
sa déesse Raison; et la Convention se levant tout entière,
suivit docilement jusqu'à Notre-Dame le cortége de la
nouvelle déesse. Elle fut obligée, par la pression du
dehors, de transformer expressément cette église en
temple de la Raison[2]. La commune de Paris ordonnait
la spoliation des tombes de Saint-Denis, faisait main
basse sur toutes les statues, même dans l'intérieur des
églises, brûlait les missels et les bréviaires, et, mêlant
à l'odieux le ridicule, abattait les clochers, monuments,
disait-elle, de l'inégalité des cultes[3]. Des décrets pronon-
çaient la déportation à Cayenne contre les prêtres inser-
mentés, ou contre les prêtres assermentés reconnus
coupables d'incivisme[4]. Le serment prêté ne les couvrait

1. L'abolition du salaire ne fut décrétée que le 7 fructidor an II
(24 août 1794).
2. 22 brumaire an II (12 novembre 1793).
3. 20 brumaire an II (10 novembre 1793).
4. 21 et 23 avril 1793.

pas, ne leur donnait pas l'égalité avec les autres citoyens. La qualité de prêtre leur était une marque
d'infamie. Il suffisait d'une dénonciation signée par six
habitants pour les faire expulser du territoire[1] ; s'ils rentraient, la peine de mort ; s'ils essayaient de se soustraire
à la déportation par la fuite, la peine de mort[2] ; contre
les recéleurs, la peine de mort[3]. Enfin, après une longue
période de persécutions et d'hésitations, Robespierre,
fidèle à toutes ses doctrines, fit décréter par l'Assemblée
la création d'un culte national, tout en proclamant par
le même décret la liberté des cultes[4]. On sait ce que
dura « le culte de l'Être suprême. » La Convention, dans
les dernières années de son existence, condamna elle-
même plusieurs des mesures violentes qu'elle avait
prises contre les prêtres ; elle proclama fréquemment la
liberté des cultes : elle ne sut ou ne voulut jamais la
protéger efficacement. Comment l'aurait-elle fait, quand
elle portait des lois draconiennes pour interdire la critique de ses lois et la discussion de son principe? Elle
n'aurait pu être tolérante en matière de culte, que par
indifférence ; mais dans la voie où elle s'était engagée,
l'indifférence ne lui était pas possible. Elle devait régner
à outrance, sur la pensée comme sur les actions, ou
périr. L'exercice de la tyrannie est un état de guerre perpétuel contre la liberté sous toutes ses formes.

Qand on ne sait pas les nécessités que les passions humaines introduisent dans l'histoire, on peut s'étonner
que la réaction contre le despotisme royal ait abouti si
promptement, et après une si courte halte dans la liberté, au despotisme révolutionnaire ; et que la haine des
conventionnels contre l'ancienne religion d'État n'ait

---

1. 21 et 23 avril 1793. Le nombre des témoins exigés fut réduit de
six à deux seulement, par la loi des 29 et 30 vendémiaire an II.
2. Loi des 29 et 30 vendémiaire an II.
3. 22 germinal an II.
4. 18 floréal an II (7 mai 1794).

inspiré à la Convention qu'une religion d'État nouvelle. Ce phénomène mérite de nous arrêter.

La maxime fondamentale de l'ancienne société française était que le pouvoir vient de Dieu[1]. La puissance de la tradition sortait en quelque sorte des entrailles mêmes de cette théorie, puisque l'organisation primitive de la société était divine, et que la longue possession, en prouvant le consentement divin, établissait le droit. Si la tradition était vénérable dans la société spirituelle, dont l'histoire remontait sans interruption aux apôtres, et qui possédait un symbole écrit, elle était bien plus nécessaire dans la société temporelle, qui ne pouvait montrer avec la même évidence ni la transmission, ni la charte originelle du pouvoir, et qui était obligée de fonder le droit sur la continuité du fait. De là l'existence des priviléges de la noblesse, qui était, comme la royauté, un fait historique et divin, divin parce qu'il était historique. Le caractère d'une société ainsi constituée est d'imposer une religion, de fonder le droit sur la tradition, et à défaut de la tradition, sur la volonté royale, d'identifier le droit avec le privilége, et de ne pas accorder de droit politique à la classe infime de la nation. Elle est, en un mot, éminemment conservatrice, puis-

---

1. C'est la politique catholique, dont saint Paul a donné la maxime fondamentale dans ce passage célèbre : « Que tout le monde soit soumis aux puissances supérieures ; car il n'y a point de puissance qui ne vienne de Dieu, et c'est lui qui a établi toutes celles qui sont sur la terre.

« Celui donc qui s'oppose aux puissances, résiste à l'ordre de Dieu ; et ceux qui y résistent attirent la condamnation sur eux-mêmes.

« Car les princes ne sont point à craindre lorsqu'on ne fait que de bonnes actions, mais lorsqu'on en fait de mauvaises. Voulez-vous ne point craindre les puissances ? Faites le bien, et elles vous en loueront.

« Le prince est le ministre de Dieu pour vous favoriser dans le bien. Que si vous faites mal, vous avez raison de craindre, parce que ce n'est pas en vain qu'il porte l'épée. » (*Aux Romains*, xvi, 1, 2, 3, 4.)

qu'elle ne peut s'écarter de ce qui dure, sans s'écarter du droit : conservatrice du dogme religieux, conservatrice des formes de la constitution, conservatrice de l'organisation hiérarchique de la société. Elle fait constamment la guerre aux nouveautés théologiques, aux nouveautés politiques, et aux parvenus. Imposer le droit, maintenir la tradition, s'opposer aux innovations : telle était la tâche que la société morte en 1789 s'était donnée.

Mais comme il n'est pas au pouvoir de la force de supprimer l'idée, mais seulement de la gêner et de la retarder, l'innovation s'introduisait de toutes parts dans ce monde si bien gardé. Ne pouvant modifier les lois, elle saisissait les mœurs, et par les mœurs, elle menaçait les lois. Au xvi° siècle, la réforme; au xvii°, la philosophie; au xviii°, l'*Encyclopédie;* Luther, Descartes, Voltaire : la Révolution arrivait à grands pas. Le droit divin, déjà à l'agonie, accorda, octroya le droit populaire, qui se serait bien passé de la permission. Les élus de la nation s'assemblèrent à Versailles; à peine y étaient-ils, que la Bastille s'écroula d'elle-même. Le tiers état, le troisième ordre, le dernier, appela à lui le clergé et la noblesse : ils résistèrent, il fallut céder : la tradition était morte. Par quel miracle ces plébéiens, ces corvéables, ces conquis mettaient-ils leurs maîtres à leur niveau? Qui battait en brèche d'une façon si triomphante le privilége? Était-ce la force? Non; c'était l'ennemi propre du privilége; c'était le droit. Le jour s'était fait sur la nature des sociétés, sur l'origine du pouvoir, et la nation sentait qu'il y avait contradiction entre les principes du droit naturel et les principes du droit féodal. Elle voulait bien respecter la propriété, si la propriété était légitimement gagnée, et le pouvoir, si le pouvoir était établi par elle-même, et organisé en vue de la justice et de l'intérêt commun; mais elle ne voulait pas être plus longtemps la propriété du roi et des nobles, et la

dupe du privilége. Déjà, toutes les fois qu'il y avait eu
des états généraux, on avait pu constater que le droit
était opposé au privilége, la justice à la tradition, par
quelque ferme esprit sorti de la plèbe. La protestation
troublait les âmes, sans apporter une complète conviction, parce que le préjugé était trop enraciné et trop armé.
Mais à présent, il était tout nu. Voltaire lui avait arraché
son prestige, et le peuple éclairé, voyant enfin les choses
comme elles sont, s'était retiré des priviléges, et leur
avait ôté leurs forces. La rapidité de la révolution n'é-
tonne que parce qu'on oublie qu'elle renverse des fantômes. Le tiers état était le maître, par la force de la
raison, avant de l'être par la soumission du clergé et de
la noblesse. Cette première victoire, qui remettait le peuple à sa place, rendait la nuit du 4 août nécessaire. En
effet, il aurait fallu que le peuple reconstruisît de ses
propres mains les priviléges sous lesquels on l'accablait.
Le roi ne voulait pas sanctionner les décrets du 4 août,
mais pourquoi? Parce qu'il était sous le coup d'une erreur profonde : il se croyait vivant! L'Assemblée, pendant que Louis XVI songeait à employait son *veto*, tenait
le droit de *veto* dans sa main, et s'apprêtait à le broyer.
Le 21 janvier n'a détruit que la personne du roi, l'individu, un homme qui portait le nom de Louis XVI; mais
de roi de France, il n'y en avait plus depuis longtemps.
Et ce n'est pas parce que le roi de France avait perdu
son nom pour s'appeler, de par l'Assemblée, le roi des
Français; ce n'est pas parce qu'il avait été dépouillé du
pouvoir législatif; ce n'est pas parce qu'il avait reçu de
l'Assemblée, à titre de mandat, une portion, un reste de
pouvoir exécutif dont il se croyait l'héritier; ce n'est pas
parce que le peuple de Paris l'avait pris à Versailles, et
transféré à Paris; parce qu'il l'y avait claquemuré et sur-
veillé dans son palais, parce qu'il lui avait mis le bonnet
rouge sur la tête; ce n'est pas parce que l'Assemblée
avait prononcé la déchéance, et emprisonné le petit-fils

de saint Louis , d'Henri IV et de Louis XIV, dans le cachot du temple : non ; c'est parce que l'Assemblée existait;
parce que le charme de la tradition était rompu ; parce
qu'il s'agissait désormais, non du droit dérivant des
coutumes, du fait, de la possession ou de la volonté
royale, mais du droit éternel, écrit dans les âmes par
la main de Dieu. La révolution était si complétement
faite avant la mort du roi, avant le 10 août, avant le
4 août, qu'à partir de la réunion des ordres, on ne parle
plus dans l'Assemblée que le langage de la raison. Le
côté droit n'invoqua plus la tradition , si ce n'est comme
argument oratoire, et propre à faire naître la pitié. Tout
le monde parla de bon ordre, de bonne organisation, de
liberté, d'intérêt commun. Pour comprendre où on en
était, il n'y a qu'à lire les discours de Mirabeau le jeune,
de d'Eprémesnil, de Cazalès, de Maury, ces discours qui
indignaient le gros de la nation, et qui paraissaient si
étrangement réactionnaires : qu'on se figure les mêmes
discours prononcés deux ans auparavant dans le parlement, devant les prélats, les pairs, le grand banc et les
charges de la couronne. Le spectacle de la Révolution est
plus grand dans cette première année qu'il ne le fut jamais durant la tourmente. Le 25 juin 1789 est la journée
de l'histoire.

Quand 1789 eut remplacé le gouvernement imposé par
le gouvernement choisi, ou plutôt (car c'est le droit abstrait qui fut conquis, et l'application resta à débattre),
quand 1789 eut remplacé la nécessité de subir par le
droit de choisir, la nation , qui si longtenps avait
appartenu au droit divin, au privilége, à l'autorité, à
l'immobilité, appartint sans réserve au droit naturel,
à la liberté, au progrès, c'est-à-dire, en un seul mot, à
la science. La Révolution était pour la pensée plus qu'une
émancipation : c'était un avénement. Le vaisseau quitta
son ancrage séculaire pour voguer librement dans la mer
immense.

Il s'en fallait bien que le christianisme fût incompatible avec les idées nouvelles d'émancipation et d'égalité[1]. Il suffit d'ouvrir l'Évangile pour y trouver la charte de la fraternité universelle, et l'histoire de la plus grande et de la plus belle des révolutions sociales. Les réformateurs nouveaux pouvaient vaincre la société féodale avec les mêmes doctrines et les mêmes préceptes qui avaient vaincu le monde romain. Cette grande et sublime religion, qu'on ne peut se lasser d'admirer quand on est capable de la comprendre, suffisait à tous les progrès, à toutes les légitimes aspirations de l'humanité. A la distance où nous sommes de la Révolution, il nous semble très-naturel qu'on pût être à la fois, en 1789, chrétien et libéral. Un seul point rendait cette alliance difficile : le christianisme était imposé, il était une religion d'État; double malheur, d'abord pour la religion, qui pouvait être la vérité[2], et qui descendait à être la force; ensuite, pour la liberté, qui n'est pas possible dans les actes quand elle n'existe pas dans la pensée. Là était le nœud qu'il fallait délier. La justice et la bonne politique étaient de dire : l'État ne demande plus au christianisme son appui; il lui retire le sien; les consciences sont libres. Par ce seul mot, la liberté était assurée, et le christianisme était régénéré, car il remontait d'un coup, et par sa propre force, à la pure et sereine hauteur où son fondateur l'avait placé. Si on avait accompli dès le premier jour

1. En décembre 1798, pendant l'occupation française en Italie, le cardinal Chiaramonte, évêque d'Imola, qui fut, l'année suivante, le pape Pie VII, écrivit, dans un mandement, ces paroles remarquables : « La forme du gouvernement démocratique, adopté parmi vous, ô très-chers frères, ne répugne pas à l'Évangile; elle exige, au contraire, toutes les vertus sublimes qui ne s'apprennent qu'à l'école de Jésus-Christ, et qui, si elles sont religieusement pratiquées par vous, formeront votre félicité, la gloire et l'esprit de votre République. »
2. « Si la force des lois vient de ce qu'on les craint, la force d'une religion vient uniquement de ce qu'on la croit. » (Portalis, *Discours sur l'organisation des cultes*, 15 germinal an x.)

cette séparation de la foi religieuse et de la vie civile, le christianisme serait devenu en effet la religion dominante, non par la vaine déclaration de l'Assemblée, mais par l'ascendant d'une doctrine simple et profonde, d'une morale pure et véritablement humaine. Il est certain que ces droits de la pensée religieuse et des formes diverses de la pensée religieuse furent entrevus dans les premiers jours d'enthousiasme ; ils furent comme le rêve poétique des débuts de la Révolution.

> Dieu du peuple et des rois, des cités, des campagnes,
> De Luther, de Calvin, des enfants d'Israël,
> Dieu que le guèbre honore au pied de ses montagnes,
>   En invoquant l'astre du ciel,
> Ici sont rassemblés, sous ton regard immense,
> De l'empire français les fils et les soutiens,
> Célébrant devant toi leur bonheur qui commence,
>   Égaux à leurs yeux comme aux tiens [1].

Mais comme il est nécessaire de gravir la montagne pour embrasser l'horizon, car pendant qu'on est engagé dans les sentiers on voit à peine à quelques pas devant soi, il faut regarder les événements humains à travers l'histoire pour en comprendre les vrais rapports. Le christianisme, pour nos pères, impatients de tous les jougs et résolus à les briser, ce n'était pas l'Évangile ; c'était le clergé, le premier ordre de l'État, attaché à ses priviléges et à ceux de la noblesse, partisan d'une politique rétrograde, défenseur du droit divin et de toutes ses conséquences, riche à millions, riche à l'excès, ennemi à outrance de la philosophie et de la liberté de penser. Les premiers qui se préoccupèrent des intérêts religieux de la société ne virent que le clergé et non les droits de la conscience. Ils aimèrent mieux réformer la religion que de s'en séparer. Ils auraient cru commettre

---

1. Hymne de la fédération, par J. M. de Chénier (14 juillet 1790).

une impiété en desserrant les antiques liens qui attachaient l'État à l'Église, et ils se persuadèrent qu'il était en leur pouvoir d'accommoder l'Église aux nécessités nouvelles de l'État. Ainsi, d'un côté, ils reculèrent devant la liberté ; de l'autre, ils poussèrent la hardiesse jusqu'à l'oppression, jusqu'à l'hérésie. Ce fut d'ailleurs, en eux, une grande marque de sagesse et de modération de s'arrêter dans leurs réformes à ce qui était indispensable. Mais une fois engagée dans la résolution de considérer la religion comme une partie de la politique et de la plier aux nécessités sociales, la Révolution ne devait pas s'arrêter avant de s'être débarrassée de tout ce qui lui rappelait un passé odieux.

Il est malheureusement dans la nature des hommes de ne sortir d'une servitude que par une proscription, ce qui est au fond tourner dans un cercle vicieux. Il n'y a rien de si puissant dans nos cœurs que le désir de se venger, ou du moins le désir d'avoir son tour. C'est l'écueil des petites révolutions, et ce fut la plaie de la grande. Pendant que la Constituante procédait avec tant de calme et de force à la fondation d'une société nouvelle, le flot de là colère partait d'en bas ; et, toujours grossissant, il finit par envahir les pouvoirs publics. C'est la colère du peuple qui fit la Convention ; et c'est elle qui arma contre la Convention, devenue insuffisante, la Commune de Paris et les jacobins. Les spoliateurs d'églises forçaient à chaque instant les portes de la Convention. Ils déshonoraient la représentation nationale, ils troublaient les séances, ils transformaient la salle de la Convention en un lieu de mascarade. Ces bandes interminables défilaient en poussant des cris, et quelquefois au son des tambours et de la musique, tandis que le public des tribunes applaudissait à outrance, et que les membres de l'Assemblée rougissaient sur leurs bancs et courbaient la tête. Ils se sentaient impuissants devant ces orgies. Les démissions de prêtres, les lettres de prétres annonçant leurs mariages[1] devinrent si nombreuses, que l'Assemblée s'en débarrassa sur les municipalités. Danton ne pouvait pas dissimuler son dégoût. Par un contraste étrange avec ces dédains et cette secrète humiliation de l'Assemblée, les représentants en mission, plus mêlés au peuple et aux passions du peuple, se mettaient à la tête du mouvement anticatholique. Ils présidaient eux-mêmes au pillage, et envoyaient par charretées à leurs collègues les dépouilles des sanctuaires, avec des lettres toutes pleines d'invectives contre la religion et les prêtres. La plupart de ces forcenés croyaient de bonne foi faire œuvre de patriotisme. Ils n'auraient pas compris le langage de la Convention, si la Convention avait osé leur prêcher le calme et la tolérance. L'histoire serait trop simple, et l'humanité serait trop belle si l'on pouvait s'arrêter du premier coup dans la raison.

17. Retour au régime des concordats.

Ceux qui, aux derniers jours du xviii⁰ siècle eurent la prétention de faire le décompte de la Révolution, de laisser tomber ce qui était éphémère, ce qui était né de la lutte, et d'organiser une société durable avec les principes nouveaux, ne trouvèrent pas de place dans leur œuvre pour la liberté des cultes. Ils allèrent tout droit à la restauration du catholicisme comme religion d'État[2]. Ils

1. Les évêques qui s'opposaient au mariage des prêtres, étaient condamnés à la déportation (19 juillet 1793). De quel droit, puisque les prêtres n'étant plus fonctionnaires (décret du 10 décembre 1792), l'autorité épiscopale était purement spirituelle?
2. Concordat conclu entre le pape Pie VII et le premier consul, le 15 juillet 1801, ratifié le 10 septembre de la même année, mis en pratique au mois d'avril 1802. En 1813, l'empereur conclut avec le pape, alors prisonnier à Fontainebleau, un nouveau concordat qui ne put être exécuté à cause des événements politiques. Un dernier concordat, conclu le 11 juillet 1817 entre Pie VII et Louis XVIII, et dont le but principal était de rétablir les évêques dépossédés de leur

étaient trop sensés pour entreprendre, comme Chaumette et Robespierre, de créer un culte, et trop intelligents pour ne pas voir que si on faisait du culte un instrument politique, il n'y en avait ni de plus fort, ni de plus souple, ni de plus fécond en ressources pour la direction, pour la surveillance, pour la discipline sociale que le catholicisme, pourvu que le pouvoir civil fût en état de s'en servir et de n'en pas être dominé[1]. Comme la Convention, ils ne songèrent qu'aux conséquences sociales de la Révolution, qui peuvent se résumer en deux mots : établir l'égalité entre les citoyens, employer toutes les forces de l'État à la prospérité de l'Etat. Quant à l'émancipation politique de la nation, la Convention et les gouvernements qui la suivirent n'en tinrent nul compte, la première par ignorance et par nécessité, les autres par dédain et par une profonde conviction de l'impossibilité de la concilier avec la paix intérieure et avec de grandes vues politiques. Elle tomba donc ; et avec la liberté politique, la liberté de penser qui en est la source. Seulement, la force que la Convention demandait à des procédures atrocement sommaires, à des lois de sang, à la permanence de la guillotine, les gouvernements nouveaux, à la fois plus humains et plus habiles, la demandèrent à une organisation savante et complète du pouvoir. L'ordre résulta de la perfection de la machine gouvernementale. La censure préventive reparut partout; le pilon recommença à fonctionner silencieusement ; la tribune fut supprimée, la presse bridée. La religion catholique eut un budget énorme, non pas comme autrefois des dotations,

siége par l'Assemblée constituante, fut retiré devant l'opposition qu'il rencontra dans le sein du clergé et au dehors.

1. « La religion catholique est celle de la très-grande majorité des Français.

« Abandonner un ressort aussi puissant, c'était avertir le premier ambitieux ou le premier brouillon qui voudrait de nouveau agiter la France, de s'en emparer, et de le diriger contre sa patrie. » (Portalis, ll.)

car il fallait qu'elle fût puissante, mais dépendante. Le nouveau concordat prodigua l'argent et les honneurs, retint l'effectif du pouvoir[1]. On le marqua en France par un grand coup, puisque la publication du traité conclu avec le pape fut accompagnée d'articles organiques qu'on n'avait même pas communiqués à la cour de Rome. Le nouveau concordat eut pour caractère d'augmenter la puissance du pape sur l'Église[2], et celle de l'État sur le pape. Tout ce qui dans la constitution civile du clergé concourait à rendre l'action du pouvoir politique prépondérante, fut maintenu, et notamment la division nouvelle des diocèses imaginée par le comité ecclésiastique de la Constituante. L'acceptation du pape valida l'œuvre de Camus et de Treilhard[3]; ce ne fut pas sans une vive opposition de la part des prélats dépossédés en 1790, et du petit nombre de fidèles qui, sourds à la nécessité des temps et aux grands intérêts du culte catholique, ne voulaient pas humilier devant la puissance civile l'honneur et les règles de l'Église[4]. Pour prix de cette immense concession, le catholicisme fut mis officiellement sous la protection de l'État[5]. A la vérité les autres cultes relégués, comme cultes, au second rang, ne furent frappés

1. « Un État n'a qu'une autorité précaire, quand il a dans son territoire des hommes qui exercent une grande influence sur les esprits et les consciences, sans que ces hommes lui appartiennent, au moins sous quelques rapports. » (Portalis, ll.)

2. Voy. l'écrit de M. Jules Delaborde, intitulé *Liberté religieuse*, in-8. Paris, 1854, p. 199 sqq.

3. Art. 2 et 3 du concordat. L'article 3 fut considéré, par les évêques dissidents, comme un empiétement de l'autorité des papes sur les droits et libertés de l'Église

4. Des cent trente cinq évêques qui composaient le clergé de France en 1789, quatre-vingt-quatre subsistaient; quarante-cinq accédèrent aux propositions du pape, trente-six résistèrent.

5. « Sans doute, la liberté que nous avons conquise et la philosophie qui nous éclaire, ne sauraient se concilier avec l'idée d'une religion dominante en France, et moins encore avec l'idée d'une religion exclusive.

« J'appelle religion exclusive celle dont le culte est autorisé prid'aucune proscription [1]. Plusieurs furent légalement reconnus, et obtinrent un budget. Quoique les cultes fussent inégaux, il n'y eut plus d'inégalité entre les citoyens à raison de leur culte [2].

Sous la Restauration, le clergé catholique se montra envahissant; il voulut se rétablir dans la situation qu'il avait sous l'ancien régime. On le lui a reproché, on a eu tort; il n'a fait que céder à la force des choses. En 1802, il s'agissait, pour l'Église de France, de renaî-

rativement à tout autre culte. Telle était, parmi nous, la religion catholique dans le dernier siècle de la monarchie.

« J'appelle religion dominante celle qui est plus intimement liée à l'État, et qui jouit dans l'ordre politique de certains priviléges qui sont refusés à d'autres cultes dont l'exercice public est pourtant autorisé. Telle était la religion catholique en Pologne, et telle est la religion grecque en Russie.

« Mais on peut protéger une religion sans la rendre exclusive ni dominante. Protéger une religion, c'est la placer sous l'égide des lois; c'est empêcher qu'elle soit troublée.... On peut protéger plusieurs religions, on peut les protéger toutes. » (Portalis, ll.) — « La situation politique de la France ne comporte point ce que Sa Sainteté demande : la religion qui est celle de la famille impériale et de la grande majorité des Français, est dominante de fait, mais on ne pourrait lui donner ce caractère par une loi, sans effaroucher l'opinion, sans troubler l'État et sans compromettre la religion même à laquelle on voudrait donner ce caractère. » (Id., Lettre à l'Empereur, du 21 ventôse an XII, sur les représentations faites par le pape, au sujet des articles organiques.)

1. Cette tolérance fut présentée non-seulement comme juste à l'égard des croyances, mais comme utile à l'égard de l'État, ce qui est un trait de l'esprit politique du temps. « Veut-on bien se convaincre de ce que je dis sur les avantages d'avoir plusieurs religions dans un État? Que l'on jette les yeux sur ce qui se passe dans un pays où il y a déjà une religion dominante, et où il s'en établit une autre à côté : presque toujours l'établissement de cette religion nouvelle est le plus sûr moyen de corriger les abus de l'ancienne. » (Portalis, Discours sur l'organisation des cultes, 15 germinal an X.)

2. C'est cette organisation bâtarde qui prit dès lors, dans le langage officiel, et jusque dans les habitudes de la nation, le nom de liberté des cultes. On ne faisait, du reste, que revenir au système de l'Assemblée constituante : un culte dominant et privilégié, les autres cultes tolérés, et soumis à l'autorisation préalable

tre. Dépouillée d'abord, puis proscrite, puis remplacée,
elle n'était pas, même à cette époque de réaction, désirée
par la majorité des hommes politiques. Le premier consul l'imposa plutôt qu'il ne la rendit. L'armée, le conseil
d'État, le Tribunat, le Corps législatif, le Sénat, se rési-
gnèrent de très-mauvaise grâce. Il fut habile au clergé
de céder beaucoup de son influence politique, et de
renoncer au rétablissement des anciens évêques, pour
ne pas ajouter de difficultés à celles que l'esprit de la
nation lui opposait. Mais quand la cause de la Révolution eut été momentanément vaincue en 1815, et qu'on
se porta de toutes parts à la restauration des anciennes
lois et des anciens usages, le clergé, qui était à la tête de
ce mouvement, et qui en même temps se sentait porté
par lui, dut regretter des concessions qui avaient cessé
de paraître nécessaires, et qui attestaient encore la force
de la Révolution jusque dans sa défaite. La religion catholique était la religion de l'État; ce n'était pas pour
vivre avec les autres religions sur le pied de l'égalité.
Elle avait fait pendant des siècles cause commune avec
le droit divin; il semblait légitime et naturel que, tombés
en même temps, ils se relevassent ensemble. On donnait
à ses évêques des cardinaux pour qu'ils fussent représentés à Rome, un banc à la Chambre des pairs pour
qu'ils eussent une influence directe sur la politique; à
ses cinquante mille prêtres, un budget et des édifices qui
les plaçaient, au moins par leurs chefs, dans l'aristocratie; toute faculté de prêcher, de faire des missions, de
s'assembler, de fonder des communautés et des confréries; on lui livrait l'éducation publique. Pouvait-on s'attendre qu'il s'abstiendrait de faire de la propagande, de
dénoncer les libres penseurs, que la royauté craignait
pour elle-même, de se plaindre très-haut du voisinage
de l'hérésie? Ses efforts, ardemment secondés par la
cour, pour transformer en domination la suprématie
qu'on lui reconnaissait, irritèrent les dissidents, qui

parvinrent, en 1817, à faire rejeter un nouveau concordat où les droits de l'État étaient sacrifiés, et en 1830, à changer le titre de religion d'État en celui de religion de la majorité : singulier et inintelligent compromis, qui n'en marquait pas moins une diminution du catholicisme comme force temporelle. Il perdit son banc des évêques; il eut la douleur de voir l'éducation devenir laïque sans devenir libre. L'égalité entre lui et les autres cultes reconnus, fut admise en droit, et la grande masse des citoyens crut que la victoire était complète.

18. Accroissements de la liberté religieuse par la suppression de l'intolérance théologique.

Il est juste de reconnaître que nous jouissons en France d'une plus grande liberté religieuse que dans la plupart des autres États. La loi et les mœurs sont d'accord pour donner une très-grande latitude à l'expression des doctrines et à l'exercice des cultes.

La loi salarie tous les cultes reconnus, inégalement sans doute, mais proportionnellement à leurs besoins. Elle accorde une protection égale aux ministres des différents cultes. Elle veille, avec une égale sollicitude, sur les églises, les temples, les synagogues, les mosquées, et punit des mêmes peines toute infraction au respect dû aux cérémonies religieuses. Dans les écoles de l'Etat, non-seulement les élèves ont toutes les libertés, mais ils ont toutes les ressources nécessaires. Des protestants et des juifs siègent à côté des évêques dans le conseil de l'instruction publique, et dans les conseils académiques.

La même égalité règne entre les citoyens. Qu'on soit juif, catholique ou protestant, on est également électeur, éligible, juré, admissible à tous les emplois de l'armée, de la magistrature et des différents ordres de l'administration. Cette égalité n'est pas seulement écrite dans

la loi ; elle est pratiquée journellement, depuis si longtemps, et avec une bonne foi si entière, qu'elle ne provoque
plus aucune remarque. Au moment de paraître devant
un tribunal, personne ne s'enquiert de la religion des
juges. C'est à peine si quelques électeurs, dans quelques
provinces reculées, demandent, avant de voter, si leur
candidat est catholique.

La même liberté existe pour la manifestation des opinions religieuses par la voie de l'impression. Les lois
restrictives de la presse ont un caractère essentiellement
politique ; elles n'ont été dictées par aucun fanatisme. En
dehors de la presse quotidienne ou périodique, il n'y a
pas de limite à la liberté d'écrire. On peut écrire tout ce
qui ne blesse pas les lois existantes ; en blessant les lois
existantes, on ne s'expose qu'à un procès régulier devant
la magistrature régulière, inamovible.

Il est satisfaisant de comparer cette situation à celle qui
a pris fin en 1789. Évidemment les progrès sont immenses. On peut les caractériser par un seul mot : « L'État
est devenu réellement laïque. » Il ne se charge plus,
comme autrefois, de l'orthodoxie des citoyens ; il les
laisse maîtres de faire leur salut comme ils l'entendent :
en un mot, l'intolérance théologique n'existe plus ; il n'en
reste aucune trace ni dans la loi ni dans les mœurs. Un
parti dans l'Église voudrait la faire renaître, mais il
n'est pas populaire dans l'Église même.

**19. Les restrictions à la liberté de conscience qui sub-
sistent dans nos lois, ont un caractère exclusivement
politique.**

Voici les principales restrictions à la liberté religieuse
qui subsistent dans l'état actuel de nos lois [1] :

1. Cf. un article de M. Prévost-Paradol, *sur l'état actuel de la législation des cultes en France*, inséré dans la *Revue des Deux Mondes*
du 15 septembre 1858.

L'État accorde un salaire aux ministres des cultes *re-connus*. Il accorde une égale protection aux différents cultes *reconnus*.

Il y a donc des cultes reconnus, et d'autres qui ne le sont pas. Il y a des cultes salariés et protégés, et d'autres qui ne le font pas.

Ce que nous appelons l'égalité des cultes n'est que l'égalité entre les trois ou quatre cultes reconnus. Si un culte étranger ou un culte nouveau voulait s'établir en France, il ne le pourrait qu'après avoir obtenu l'*exequatur* du gouvernement.

L'État exerce à certains égards sur tous les cultes, et même sur les cultes reconnus, un droit de surveillance arbitraire. Les ministres d'un culte ne peuvent se rassembler, pour conférer des affaires de leur Église, sans la permission du gouvernement [1]. Les fidèles ne peuvent élever une église, un temple, un oratoire, qu'en vertu d'un décret impérial, rendu sur l'avis du conseil d'État [2], ni se réunir périodiquement, au nombre de plus de vingt, dans une maison particulière, sans l'autorisation du préfet [3]. S'ils ouvrent une école, elle peut être fermée par le conseil départemental de l'instruction publique [4]. S'ils publient des exhortations ou des prières, leurs publications peuvent être supprimées par une simple décision administrative, lorsqu'elles ne forment pas plus de deux feuilles d'impression. Ces dispositions sont communes à tous les cultes.

Enfin, des entraves particulières sont imposées par les concordats aux cultes reconnus. Ainsi, pour qu'une bulle du pape, ou un autre acte émané, soit de la cour de

1. Articles organiques, titre I, art. 4.
2. Décret du 19 mars 1859, art. 1 et 3.
3. Décret du 19 mars 1859, art. 2.
4. Loi du 14 juin 1854, art. 7. Cf. loi du 15 mars 1850, art. 14 et 28.

Rome[1], soit d'un concile[2], puisse être publié en France, il faut qu'il ait été examiné en conseil d'État, et autorisé par une ordonnance inscrite au *Bulletin des lois*. L'État nomme directement aux évêchés et à toutes les fonctions du ministère ecclésiastique dans les différents cultes reconnus[3]. Aucune congrégation, aucune association pieuse ne peut exister sans son consentement[4]. Les corps religieux ne peuvent posséder ni hériter qu'après avoir obtenu son autorisation[5], etc.

Il est évident que toutes ces restrictions ont un caractère exclusivement politique[6]. L'État veille à sa propre sûreté

1. Article organique, titre I, art. 1. — 2. Ib., art. 4.
3. Concordat, art. 4, 5, 16. Articles organiques des cultes protestants, titre I, art. 12 et 13; titre II, art. 26; titre III, art. 41.
4. Articles organiques, titre II, art. 10, 11, 32, 33, 34; décret du 3 messidor an XII (22 juin 1804). Décret du 19 mars 1859.
5. Articles organiques, titre IV, art. 73, 74.
Les articles organiques vont jusqu'à décider, titre III, art. 39 : « Qu'il n'y aura qu'une liturgie et un catéchisme pour toutes les églises catholiques de France. » Cet article tomba en désuétude après l'empire. La liturgie a été modifiée, pendant ces dernières années, dans la plupart des diocèses, sans aucune intervention du pouvoir civil.
En vertu de l'article 39, Portalis nomma une commission pour rédiger, sous ses yeux, un catéchisme de l'empire, qui fut tiré principalement de celui de Bossuet. Ce catéchisme, où les *devoirs des sujets* étaient particulièrement développés, fut approuvé le 30 mars 1816, par le cardinal Caprara, légat *à latere* du saint-siège.
6. L'intervention du pouvoir civil dans la police des cultes était constante sous l'ancienne monarchie française. Le 2 septembre 1749, le parlement enregistra un édit « qui défend, dit Barbier, toutes nouvelles fondations de chapitres, colléges, séminaires, de toutes maisons ou communautés religieuses, et de tous corps ecclésiastiques, à peine de nullité, sinon par permission expresse, en vertu de lettres patentes; qui déclare nuls tous les établissements faits avant l'année 1666, qui n'ont point été autorisés par des lettres patentes; qui défend à tous de recevoir à l'avenir aucuns fonds de terre, maisons, rentes foncières, même constituées sur particuliers, sans lettres patentes, et cela à quelque titre que ce soit; qui défend toutes dispositions testamentaires à leur profit de biens fonds; qui leur interdit tout droit de retrait féodal ou seigneurial, à peine de nullité. » T. IV, p. 391, sq.

et à la tranquillité des citoyens : à cela se borne son intervention. Il ne décide pas entre les différents cultes, et ne se charge pas d'éclairer les consciences ; mais il empêche de naître des associations qui pourraient lui être hostiles ; il supprime ou contient tout ce qui pourrait devenir occasion de trouble ; il exerce, en un mot, la police des cultes, en laissant d'ailleurs aux consciences toute leur liberté intérieure. Le décret du 19 mars 1859 qui transfère au conseil d'État le droit d'autorisation et de révocation d'autorisation autrefois exercé par les autorités locales, est certainement conçu dans un esprit de bienveillance à l'égard de la liberté religieuse ; et il donne à la liberté des cultes des garanties nouvelles et considérables. Cependant il ne peut être considéré comme un affranchissement ; l'administration ne se dessaisit pas de la moindre portion de son autorité : elle se borne à la faire exercer par des agents d'un ordre plus élevé. Le rapport qui précède le décret avoue en propres termes que, si la liberté de conscience est absolue en France, la liberté des cultes ne l'est pas et ne peut pas l'être [1].

Cet état de choses, qui dure depuis la Révolution, et qui a succédé à un régime véritablement oppressif, est accepté par beaucoup d'esprits éclairés, comme constituant une liberté très-suffisante, la plus grande somme de liberté compatible avec l'ordre. Cela prouve que la liberté de penser dont nous remplissons tous nos discours, est une chose nouvelle chez nous, une chose inconnue, excepté à un petit nombre d'esprits très-ouverts, à qui

1. Ce rapport contient une proposition qui manque de justesse. « L'État, dit le rapporteur, soumet les cultes reconnus à la nécessité de l'autorisation pour la création d'un nouveau lieu de culte : il ne peut donc pas en affranchir les cultes qu'il ne reconnaît pas et qui ne le reconnaissent pas. » Le rapporteur ne prend pas garde qu'un culte reconnu qui crée un nouveau lieu de culte, crée en même temps un fonctionnaire, qui a des droits légaux, et un traitement. C'est la doctrine et l'usage des concordats qui nous cachent partout la liberté des cultes.

leur profond sentiment de l'impartialité donne un mauvais renom de scepticisme. Il n'est pas rare de voir des libéraux faire bon marché de la liberté des cultes, les uns par indifférence, les autres par une crainte exagérée et mal entendue du retour de la domination cléricale. Il est trop évident que sur ce point capital, l'éducation du pays reste à faire. C'est un symptôme tristement significatif. La liberté étant avant tout une question de principes, dès qu'un peuple se contente de peu en matière de liberté religieuse, on peut assurer qu'il n'a pas encore complètement le sens de la liberté, même civile.

20. De la nature et des droits de la liberté religieuse.

La liberté religieuse comprend le droit de croire librement, ou la foi, le droit de prier publiquement, ou le culte, et le droit d'enseigner, ou la propagande.

1° LA FOI.

Il semble, au premier coup d'œil, que la pensée, par sa nature même, échappe à toutes les prises du despotisme.

En effet, il n'y a que mon corps qui dépende des autres hommes. On peut enfermer mon corps, l'enchaîner, le mutiler, le détruire; mais on ne peut attenter à mon âme immortelle. Le prisonnier chargé de fers, réduit à l'immobilité ou à l'impuissance, juge librement son vainqueur. Du fond de cet étroit cachot, sa pensée parcourt et domine le monde. Le pouvoir de la force ne commence contre la pensée qu'au moment où elle se manifeste. Toute manifestation est matérielle, parce qu'un esprit ne commerce avec un autre esprit que par l'intermédiaire des corps. Mais les ailes de l'âme portent la pensée partout où elle veut aller; et ni le temps, ni l'espace, ni la

force ne peuvent rien contre elle. C'est ce qui a fait dire
à l'un des plus opiniâtres défenseurs de l'autorité « qu'il
est un peu plus absurde de réclamer pour l'esprit la liberté de penser, que de réclamer pour le sang la liberté
de circuler dans nos veines[1]. »

Il y a dans cette assertion une double équivoque.

Il est vrai que ma liberté est en même temps un fait et
un droit; il est vrai que je puis défier la force, défier la
torture; résister à la tentation, à l'éloquence, à la preuve;
outre le cri de ma conscience, j'ai pour le démontrer le
sang des martyrs, dont la terre s'est abreuvée. La liberté
est donc; cela suffit pour me rendre responsable, mais
non pour me rendre invincible. Je suis homme, capable
de me tromper et de faillir; il est donc au pouvoir des
autres hommes d'égarer mon esprit et de troubler mon
cœur. Quand les licteurs menaient un chrétien les mains
liées, devant le proconsul, et qu'on lui donnait le choix
entre une magistrature ou la mort, il était libre sans
doute, de cette liberté métaphysique qui ne périt jamais
en nous; s'il montait aux honneurs, il emportait avec lui
le remords; s'il mourait, il laissait la mémoire et l'exemple d'un martyr. Mais le proconsul, en le tuant, ne lui
disait pas : Vous êtes libre; je respecte en vous la liberté
de votre pensée; je n'ai voulu contraindre que vos actions.

Ceux qui déclarent la liberté de penser invincible, ne la
mettent si haut que pour nous la refuser. Quand nous
demandons la liberté de penser, nous demandons qu'on
nous en conserve l'usage. Le tyran et le sophiste, qui
font la même besogne par des moyens différents, ne
nous arrachent ni la liberté, ni la raison : ils les étouffent. Cet homme que la peur a troublé, et qui a consenti à

1. M. de Bonald, *Réflexions philosophiques sur la tolérance des
opinions;* dans *le Mercure* (juin 1806). (Œuvres complètes, t. IV,
p. 133.)

l'apostasie, avait le devoir de résister ; il en avait le pouvoir, s'il eût été un héros. Cet esprit que le sophisme a
aveuglé, aurait débrouillé toutes les ruses, s'il eût été
bien armé pour la lutte par la science et par la nature.
Ce n'est pas respecter la liberté que de l'entourer de terreur et de ténèbres, et de susciter en moi contre moi-
même, par la crainte ou par l'espérance, cet incom-
parable sophiste, que tout homme porte au fond du
cœur.

Quand un fervent catholique sent la foi chanceler en
lui, deux voies lui sont ouvertes; il peut s'adresser à un
théologien, qui résolve la difficulté; il peut recourir à la
prière, au jeûne, aux macérations, aux humiliations. De
ces deux moyens, le second est le plus recommandé et le
plus sûr. Il est la destruction de la liberté. C'est lui-même
que Pascal a caractérisé par un mot profond et terrible.

Nous avons eu, de nos jours, le spectacle d'une persécution savante. Quand le czar voulut venir à bout de la
religion ruthénienne, il pouvait fermer les temples, ban-
nir les prêtres, obliger les fidèles à participer aux offices
et aux sacrements de l'église russe; c'eût été violenter
l'action, et frapper la liberté religieuse dans ses manifestations : il fit plus, il la frappa dans son foyer, il voulut
pénétrer jusque dans l'âme même. Les églises restèrent
ouvertes; mais les prêtres ne purent enseigner qu'un catéchisme prescrit par le synode hérétique. Les séminaires, où le sacerdoce se recrute, eurent des hérétiques
pour professeurs. On enleva aux prêtres leurs enfants, et
on les fit élever aux frais de l'empereur dans des séminaires hérétiques [1].

C'est donc une équivoque, ou plutôt, c'est une dérision,

---

1. *Vicissitudes de l'Église catholique des deux rites, en Pologne et
en Russie*, ouvrage écrit en allemand par le P. Theiner, de la congrégation de l'Oratoire, publié en français et précédé d'un avant-
propos par le comte de Montalembert, 2 vol. in-8. Paris, 1843.

d'opposer la liberté métaphysique à ceux qui réclament la liberté de conscience. Nous sommes maîtres de nos pensées, et par conséquent responsables de nos erreurs; cela est vrai, et il ne l'est pas moins, que la société qui nous menace, qui nous tente ou qui nous trompe, attente à notre liberté.

Une autre équivoque des ennemis de la liberté, c'est de nous confiner dans la liberté intérieure, quand ils savent bien que l'expression de la liberté fait partie de la liberté elle-même, et que nous demandons en même temps, au même titre, le droit de penser librement, et celui d'exprimer librement nos convictions libres.

2° LE CULTE.

C'est en vain qu'on essaye de se réfugier dans une distinction jésuitique, et d'affirmer que nous sommes libres parce que, d'une part, on ne gêne pas notre indépendance intérieure, et que, de l'autre, on ne nous astreint pas à suivre les exercices d'un culte que notre conscience repousse. Il n'est pas permis, il n'est pas honnête de confondre la liberté de n'avoir pas de culte, avec la liberté, que nous demandons, d'en avoir un. C'est un devoir pour l'homme que d'exprimer par des signes extérieurs son respect, sa reconnaissance et sa soumission pour l'Être suprême. Ce n'est pas seulement un devoir, c'est un besoin. Il y a des heures de découragement où le monde ne nous donne plus ni direction, ni consolation, où la religion seule peut nous rendre la paix, l'espérance et la force. Certaines âmes ne pourraient supporter la vie sans consolations spirituelles, ni se purifier et s'élever sans enseignement spirituel. Ceux qui ont étudié la nature humaine savent que les grandes assemblées sont plus dédaigneuses des biens de la terre, plus promptes à l'enthousiasme, plus accessibles aux grands effets de l'art, plus facilement émues par le sentiment religieux.

Les individus s'effacent et s'oublient, et c'est l'humanité
même qui pense et respire dans chacun d'eux. C'est vraiment se rapprocher de Dieu que de s'assembler pour
prier[1]. Quand la philosophie ne démontrerait pas la légitimité et la nécessité du culte, toute compression à cet
égard n'en serait pas moins une négation du droit, un
attentat à la liberté, en vertu de ce double axiome, qu'un
citoyen peut faire tout ce qui n'est pas défendu, et que
la loi ne peut défendre que ce qui est immoral, ou visiblement incompatible avec l'ordre. Autrefois, il n'y a pas
de cela trente ans, l'État regrettait hautement de ne plus
oser ou de ne plus pouvoir imposer un culte : ce regret
était toute une doctrine; et cette doctrine supposait :
1° qu'un homme ne peut se passer de culte; 2° que l'État
était compétent pour choisir et imposer le vrai culte. Le
principe de l'inévidence, et par conséquent de l'indifférence des religions positives, consacré de nouveau en
juillet 1830, a ruiné complétement la compétence de
l'État; mais il n'a donné à l'État ni le droit d'obliger un
homme à se passer de culte, ni le droit de circonscrire
entre deux ou trois cultes privilégiés la liberté des citoyens. La tyrannie qui consiste à imposer ne doit pas
être détruite au profit de la tyrannie qui consiste à em-
· pêcher. Elle doit tomber, comme toutes les tyrannies, au
profit de la liberté.

La liberté des cultes implique donc le droit de choisir
sa religion et de la professer librement.

L'application aux réunions réligieuses de l'article 291
du Code pénal, ou même des dispositions incomparable-
ment plus favorables du décret du 19 mars 1859, paraît
donc incompatible avec la reconnaissance de la liberté
des cultes. Le Code est moins libéral que la Constitution.
La Constitution proclame la liberté des cultes ; le Code en

1. « Là où deux ou trois sont assemblés en mon nom, je suis au
milieu d'eux. » (*Év. selon saint Matthieu*, XVIII, 20.)

soumet l'exercice à l'autorisation préalable, et par conséquent, la détruit.

« Dans l'état actuel de notre législation constitutionnelle, je conçois le droit de l'autorité administrative de surveiller l'exercice des cultes comme toute autre réunion, le droit de constater et de faire punir les délits qui peuvent se rattacher à cet exercice, et pour cela l'utilité d'une déclaration préalable pour appeler la surveillance. Mais je ne puis admettre ni le droit péremptoire de refus, ni le silence équivalent à un refus, comme moyen légitime d'empêcher les citoyens d'exercer leur culte en toute liberté. Cette liberté n'est pas sujette à autorisation préalable ; elle n'est pas subordonnée à une permission facultative, pas plus pour ceux qui ne sont pas catholiques que pour ceux qui le sont[1]. »

« Le gouvernement doit égale protection à chaque culte ; c'est pour lui un devoir absolu. Ce droit et ce devoir sont incompatibles avec l'autorisation préalable exigée par l'article 291[2]. »

Penser et prier, prier publiquement, cé n'est pas encore la liberté entière. Il faut aussi le droit de discuter, le droit d'enseigner.

3° LA PROPAGANDE.

D'abord ma croyance peut être niée, injuriée : c'est un besoin pour moi de la justifier, de la démontrer. Me réduire au silence devant une injure ou seulement devant une dénégation, c'est m'imposer une peine d'autant plus dure, que ma foi sera plus ardente. Je suis père, j'ai la foi ; je la dois à mon fils. Je suis homme, je dois la lumière aux autres hommes. Je suis croyant, je dois à mon

---

1. Discours de M. le procureur général Dupin, à la Cour de cassation, 18 septembre 1830. Affaire des protestants de Levergies.
2. *Id.* Affaire du pasteur Oster, 1836. — Cf. M. Jules Delaborde, *Liberté religieuse*, pages 193 sqq.

Dieu de proclamer et de propager ma croyance. « On n'allume pas une lampe pour la mettre sous le boisseau, mais on la met sur un chandelier, afin qu'elle éclaire tous ceux qui sont dans la maison [1]. »

Faudra-t-il que j'envoie mes enfants puiser à la même source les sciences humaines et l'impiété religieuse ? Que je garde le silence quand ma foi sera calomniée, quand mon Dieu sera blasphémé ? Que j'enfouisse dans mon cœur le plus pur et le plus enflammé de mes sentiments, que je comprime l'élan de mon esprit, que je le contraigne à oublier sa foi ou à la taire ? Que je voie à mes côtés l'erreur triomphante, la morale troublée, les hommes, mes semblables, enfants du même Dieu, privés de leur part d'héritage dans la maison paternelle ? De même que ma propriété serait violée si la loi me permettait d'en jouir et m'interdisait de la répandre, la liberté de ma foi est violée, ma conscience est opprimée si on met le sceau du silence sur mes lèvres, et si on condamne la vérité à mourir étouffée dans mon sein. On ne peut faire la guerre à la propagation de la pensée sans blesser la pensée elle-même. Ce n'est pas seulement le corps de l'homme qui a besoin de la société, c'est l'homme tout entier ; notre cœur, notre pensée ne peuvent supporter la solitude. Nous avons à chaque instant besoin de recevoir, et à chaque instant besoin de donner. L'esprit le plus vigoureux, s'il vit uniquement en lui-même, manque d'un contrôle nécessaire à la rectitude de ses jugements. Il a beau trouver beaucoup, il ne peut suffire à ses besoins intellectuels, parce que les idées que nous apercevons nous sont apportées toutes faites pour la plupart par la société à laquelle nous sommes mêlés. Ce que les plus grands d'entre nous ajoutent à la masse est bien peu de chose ; que sera-ce donc du commun des intelligences ? C'est par le commerce des idées que les idées s'étendent

1. *Év. selon saint Matthieu*, v, 15.

et se rectifient. C'est par l'expression qu'elles acquièrent de la précision et de la netteté. C'est par la formule que de vagues notions deviennent une croyance ferme et invariable. L'idée, de sa nature, est expansive. Tout homme qui aperçoit une idée éprouve naturellement le désir de la fixer et de la transmettre, c'est-à-dire, en un seul mot, de l'exprimer. Plus l'idée est grande, plus ce besoin est impérieux. Quand il s'agit d'une idée féconde en applications utiles, et à plus forte raison quand il s'agit d'une idée religieuse, l'instinct de la propagation est fortifié et accru par le sentiment du devoir. Il n'y a aucune différence entre le savant qui dissipe une erreur, et le riche qui remédie à un besoin, si ce n'est que l'erreur est le plus cruel de tous les ennemis de l'homme. L'échange des idées et des sentiments n'est pas seulement le fondement de la société, il en est la douceur et le charme; il est le plus fort lien de la fraternité humaine. L'obligation du silence en matière de foi religieuse est tellement contre le droit et la nature, qu'elle semble un attentat contre la vérité elle-même. C'est pour flétrir ce genre inouï d'oppression que Jésus-Christ a dit : « Ne craignez pas ceux qui tuent le corps et qui ne peuvent tuer l'âme [1]. »

Pour comprendre et pour sentir combien le droit d'enseigner est essentiel à la liberté religieuse, il faut avoir une foi, et se transporter par la pensée dans un pays où cette foi est proscrite. Si vous êtes chrétien, ouvrez l'histoire de 1793, et voyez le christianisme aboli, les églises profanées, les prêtres traqués, les calvaires abattus, les vases sacrés monnayés, les ornements divins traînés dans la boue; ce spectacle, ces souvenirs vous enseigneront la liberté. Vous suffira-t-il, au sortir de cette oppression, de pouvoir faire le signe de la croix sans craindre l'échafaud? d'avoir le droit d'assister à la messe dans une grange, en fermant toutes les portes, comme des malfai-

---

1. *Év. selon saint Matth.*, x, 28.

teurs qui se cachent pour faire un mauvais coup? d'obte
pour vos enfants la liberté de ne pas assister au prêc
et de se tenir à l'écart comme des excommuniés pend
les cérémonies du culte officiel? Non; ce que vous
manderez avec énergie, avec colère, c'est le droit d'éc
ter, le droit de répondre, le droit de prouver, le dr
d'avoir raison à la face du ciel, le droit enfin d'être
hommes. La liberté religieuse ne se contente pas à moi
Réclamez-la pour vous; donnez-la au monde. Le dr
n'est la propriété de personne. La loi suédoise qui c
damne le missionnaire catholique à la mort civile, et
loi romaine qui condamne à l'emprisonnement un p
de famille coupable d'avoir lu la Bible à ses enfants, so
un égal attentat contre la liberté religieuse.

Nous avons vu que les objections qu'on élève contre l
liberté religieuse sont désormais exclusivement politique
On peut les ranger sous trois chefs.

Si l'État ne surveille pas les églises, il va s'élever u
État dans l'État.

Si les Églises peuvent s'étendre ou s'établir sans auto
risation, on va voir renaître les discordes civiles.

S'il suffit à une doctrine d'affecter un caractère religieux,
pour avoir droit de cité parmi nous, la morale et les lois
vont être publiquement attaquées.

Il serait indigne d'hommes sérieux de se dissimuler
la gravité de la première de ces trois objections. Elle
tire surtout son importance de la constitution propre à
l'Église catholique. Cette Église est immuable; son organisation et son esprit sont ceux de la monarchie absolue; elle impose le joug de l'autorité aux esprits, par son
symbole et par la proscription formelle de toute nouveauté [1], aux actions et aux sentiments par ses commandements et par la confession auriculaire. Elle intervient,

---

1. *I à Tim.*, VI, 20. — *Aux Hébreux*, XIII, 7, 9. — *II ép. de saint
Pierre*, I, 19, 20. — *II ép. de saint Jean*, 10, 11.

...me toute religion, dans les actes les plus importants.
...la vie ; et elle y intervient, ce qui lui est particulier et
...qui est un grand instrument de prépondérance, par
... sacrements. Sa force matérielle, en France, est re-
...sentée par plus de quarante-cinq mille prêtres, aux-
...els il faut ajouter au moins vingt-cinq mille personnes
... deux sexes engagées dans la vie monastique, et un
...mbre égal d'affiliés aux congrégations, tiers ordres, etc.
... richesses sont considérables, puisque, sans compter
... biens de mainmorte, le produit des donations et des
...êtes, le casuel pour baptêmes, mariages, enterrements,
...penses, les honoraires de messes, etc., elle reçoit de
...État un budget de quarante à quarante-cinq millions,
...lus la jouissance d'un nombre considérable d'édifices
...eligieux. Il faut compter encore parmi les moyens d'in-
...uence du catholicisme, l'éclat de ses cérémonies, le
célibat de ses prêtres, qui les oblige de concentrer toutes
...eurs forces au service de la cause commune, la hiérarchie
savante qui attache tous les prêtres aux évêques, et tous
les évêques au pape, chef irresponsable de l'Église, et
souverain d'un État indépendant.

Mais toute cette force du catholicisme ne peut être invoquée que pour le maintien du concordat, et n'a rien à
voir avec les lois sur l'autorisation préalable. Ces dernières lois pourraient être détruites sans augmenter en
rien la prépondérance du catholicisme. Il est même évident que le résultat contraire aurait lieu, si l'abolition des
lois restrictives donnait au protestantisme un accroissement d'influence.

L'argument qu'on peut tirer de la puissance exceptionnelle du catholicisme porte donc sur l'abolition du
concordat, et non sur l'abolition de l'autorisation préalable. Le catholicisme est tellement répandu en France,
qu'il n'y peut pas recevoir de nouveaux accroissements ;
de sorte que nos lois restrictives demeureraient sans application possible à son égard.

Quant au concordat, les catholiques ont à la rigueur le droit de le préférer à la liberté absolue. En fait, je crois qu'on peut dire qu'ils le préfèrent. Il est conforme au principe de la liberté, qu'une Église soit maîtresse de son sort. Selon moi, les catholiques perdent plus qu'ils ne gagnent par le maintien du concordat. Ils y gagnent les ressources du budget; ils y perdent le droit de recevoir directement, et sans l'intermédiaire et le contrôle d'un corps laïque, les décisions du chef de l'Église; le droit d'élire leurs évêques; enfin, le droit de posséder et d'acquérir librement.

L'intérêt des non catholiques dans cette même question (si l'on pouvait se régler par l'intérêt dans les matières de justice), c'est que les catholiques restent soumis au régime du concordat. En effet, s'ils étaient émancipés, libres d'élire leurs évêques, de créer et de gérer une fortune, de se rattacher au pape sans intermédiaire, leur nombre et les ressources dont ils disposent en feraient presque à coup sûr les maîtres de la France. Voilà le fait. Quelque évident qu'il soit à mes yeux, si les catholiques demandaient demain à être affranchis du concordat et du salaire (car l'un ne va pas sans l'autre), et qu'il dépendît de moi de leur accorder leur demande, je la leur accorderais sans hésiter une minute, tant la justice l'emporte sur l'intérêt. J'y mettrais pourtant cette condition : c'est que si la liberté de s'assembler, de s'associer, d'enseigner et de posséder était donnée aux catholiques, elle devrait être donnée en même temps, dans la même mesure, à tous les cultes et à tous les citoyens. Le droit ne peut jamais être exclusif, car alors il se transforme en privilége. La nature nous a donné à tous le droit d'enseigner. Si la loi n'accorde qu'aux seuls catholiques l'exercice de ce droit naturel, elle nous opprime doublement, en nous refusant ce qui nous appartient, et en l'accordant à d'autres à côté de nous ; car elle nous oblige d'entendre, et elle ne nous permet pas de répon-

dre. En même temps qu'elle étouffe le droit chez nous,
elle le dégrade chez les catholiques, car ce qui était un
droit se transforme pour eux en privilége. Pour rendre
cette vérité plus sensible, je ne craindrai pas de recourir
à la comparaison la plus humble. Je demande pour tout
le monde l'abolition des douanes ; mais tant qu'elles subsistent, on ne peut en affranchir une maison ou une
compagnie, sans ruiner et sans opprimer les autres.

Je suis toujours prêt à me fier à la liberté, parce que,
sous l'empire de la liberté, celui qui l'emporte doit sa
victoire à une force qu'il porte en lui-même. Si le catholicisme, sans aucun secours de l'État, par la seule vertu
de la persuasion, triomphe de tous les autres cultes, où
sera le vaincu ? Comme nos ancêtres barbares qui ne
craignaient rien, excepté la chute du ciel, les philosophes ne craignent non plus qu'une seule chose ; et c'est
de se tromper[1].

Si l'objection tirée de la formidable puissance du catholicisme ne nous arrête pas, à plus forte raison nous
ne nous laisserons pas effrayer par les deux autres. Ce
n'est pas que je pense, comme beaucoup d'honnêtes
gens, que le fanatisme religieux soit mort. On se hâte
beaucoup trop de rejeter certaines erreurs grossières dans
le passé, et de proclamer la guérison définitive de l'esprit
humain. Il me semble que le dernier siècle, le siècle de
la philosophie, a eu son Mesmer et son Cagliostro ; que le
siècle même de Louis XIV, ce siècle catholique en toutes
choses, a eu ses miracles jansénistes ; nous-mêmes nous
sommes, à l'heure qu'il est, hantés par je ne sais quels
esprits ; nous avons des voyants qui se glissent dans le
meilleur monde ; nous entendons raconter les miracles
les plus étranges par des hommes dont l'esprit est assurément ouvert à toutes les lumières de l'époque ; nous
voyons des femmes condamnées au bannissement pour

1. *Actes des apôtres*, v, 38, 39.

être allées à la messe, et des hommes condamnés à la réclusion pour n'avoir pas voulu y aller. J'avoue en toute humilité et en toute tristesse ces témoignages persistants de l'extravagance humaine. Cependant, de bonne foi, les guerres de la Ligue ne sont plus possibles, il n'y aura plus de Saint-Barthélemy, on ne recommencera pas les tragédies de Calas et de Labare. Si notre siècle ne produit pas d'aussi grands hommes que les siècles passés, ce que j'ignore, le peuple en masse est devenu plus éclairé et plus humain. Il n'est donc pas raisonnable d'évoquer ici des fantômes et de prendre si fort la liberté de conscience au tragique. Si les querelles religieuses produisent désormais quelque émotion, tout se passera en discussions écrites ; le reste sera tout au plus l'affaire d'un commissaire de police, assisté de deux ou trois appariteurs. Dira-t-on que même la polémique est à redouter, et qu'on ne veut pas d'agitation purement intellectuelle? Pour moi, loin de redouter des discussions animées, des querelles, si l'on veut, je les préfère au calme plat. Je crois que l'esprit humain a besoin de se passionner pour quelque chose ; et que c'est un grand bonheur pour une société, un grand symptôme, une grande promesse, quand il se passionne pour sa foi. Je ne puis me résigner à croire au retour des guerres religieuses, ni à désirer un repos voisin de la mort, ni à étouffer un droit pour des craintes chimériques. Cet amour excessif de la paix, qui va jusqu'à sacrifier la conscience, serait à peine légitime s'il était fondé.

Je n'admets pas davantage les alarmes de ces grands moralistes qui nous demandent si les mormons vont avoir le droit de prêcher la pluralité des femmes. Les mormons n'auront pas plus ce droit que je ne l'ai moi-même. Si je prêchais, dans un livre ou dans une chaire, il n'importe, la pluralité des femmes, ou la communauté des biens, il me semble qu'il y a de par le monde des parquets et un Code pénal, qui viendraient assez aisément à bout de m'imposer silence. Il ne faut pas s'exagérer à ce point l'impuissance des lois répressives et des tribunaux. Quoiqu'il y ait des mormons en Amérique, la proclamation de la liberté absolue des consciences me laisserait, je l'avoue, bien tranquille sur les intérêts de la propriété et de la famille. J'irais même jusqu'à ne pas trembler pour la sécurité des gouvernements, tant il me semble peu probable qu'une conspiration s'organise sous la forme d'un culte public. Et voilà pourtant quelles objections on ne rougit pas de nous faire. Tantôt on nous refuse la liberté de conscience sous prétexte que nous n'en valons pas la peine, et tantôt on assure que si trois ou quatre dissidents s'assemblent pour prier Dieu, toutes portes ouvertes, sous l'inspection des magistrats, ils vont mettre le feu à la cité, et renverser de fond en comble le gouvernement.

Cependant, le croirait-on ? ces trembleurs qui s'imaginent qu'une page d'impression va troubler la tranquillité du monde, qui par amour de la paix embrassent avec empressement la servitude; et ces esprits absolus et incléments qui, de peur que la raison ne se trompe et que la liberté ne fasse fausse route, étouffent la raison et enchaînent la liberté, ne sont pas les plus dangereux ennemis que la philosophie ait à combattre. Après les fanatiques qui regrettent l'inquisition, et les hommes positifs qui ne veulent pas qu'on leur fasse d'affaires, qui à la vérité seraient bien fâchés de voir pendre les philosophes, mais qui ne demandent pas mieux que de les livrer au commissaire de police pour que la Bourse puisse respirer à son aise, la liberté de penser rencontre une autre sorte d'adversaires, moins bruyants, moins hostiles, et pour le moins aussi funestes : ce sont les indifférents, les endormeurs, qui ne veulent jamais croire à l'existence du péril, et ne peuvent être réveillés que par des coups de tonnerre. C'est un immense troupeau d'esprits honnêtes et médiocres, bourrés de bonnes intentions, et sans lesquels, hélas! toute oppression serait impossible. Ils croient la liberté de penser tellement solide, si profondément passée dans les mœurs, si définitivement consacrée dans les lois, qu'au lieu de nous aider à la protéger et de veiller avec nous sur cet héritage sacré de la Révolution et de l'histoire, ils rient de nos alarmes pour un reste de tracasseries, pour quelques dispositions prohibitives oubliées dans le Code, et qui n'aboutissent après tout qu'à des difficultés de détail. A les en croire, la marche de l'idée ne saurait être entravée par des roseaux, puisqu'elle a renversé et broyé des rocs. Les bûchers n'ont pas arrêté la réforme, les dragonades ne l'ont pas tuée, la censure du XVIII° siècle n'a rien pu contre l'*Encyclopédie* : ce n'est pas la peine de se gendarmer contre l'autorisation préalable. Voilà ce qu'ils vont partout répétant avec une apparence de sens pratique qui en impose, et nous nous trouvons ainsi battus chez nous, avec nos propres armes, et par nos propres amis.

J'accorde de grand cœur à ceux qui raisonnent de la sorte qu'il n'est pas au pouvoir des gouvernements d'empêcher le progrès de la civilisation; mais ils peuvent singulièrement le retarder, et cela importe toujours quelque peu aux contemporains. D'ailleurs, les mesures prohibitives ne laissent pas que d'être désagréables en elles-mêmes, indépendamment de leurs conséquences. Quoique la cause pour laquelle Anne du Bourg est mort ait fait un assez beau chemin dans le monde, cela ne prouve pas qu'il ait jamais été bon de pendre Anne du Bourg. La loi de l'humanité est d'aider la Providence, et non de se reposer sur elle. C'est une espèce de désertion que de dire : la défaite d'une bonne cause est impossible, ou : la force est impuissante contre l'idée, ou : cet obstacle est trop peu de chose pour que je le craigne ou que je m'irrite; et de partir de là pour se tenir en paix et laisser les idées se défendre toutes seules. Avec cet excès de sécurité et d'indifférence d'un côté, et un peu d'audace de l'autre,

on voit arriver des événements qui déjouent tristement
toutes les prévisions de la sagesse humaine. Pour moi,
je crois qu'il est du devoir et de la prudence des défenseurs d'un principe de veiller constamment, même quand
leur principe triomphe, et de ne dédaigner aucun ennemi.
Quoique la pensée soit presque libre, tant qu'elle ne le
sera pas complétement, absolument, je réclamerai ce qui
lui manque, et je craindrai pour ce qu'on lui laisse.

Il semble étonnant à beaucoup d'esprits d'entendre dire
que la liberté des cultes a encore des conquêtes à faire,
même chez nous, et qu'il est urgent d'abolir cette censure
préalable en matière religieuse qui oblige un culte à obtenir l'*exequatur* de l'État pour avoir le droit d'exister, et
un culte reconnu à obtenir la permission du préfet et
celle du maire pour avoir le droit d'ouvrir un temple ou
une école. Comme ils n'ont aucun culte à faire reconnaître
et aucune chapelle à ouvrir, ils se trouvent parfaitement
libres et se sentent parfaitement indifférents. Ils ne voient
pas ce qui peut manquer à la liberté religieuse quand tout
citoyen, juif, catholique, musulman, est en droit de prétendre à tous les emplois, et quand on ne force personne
à aller à la messe ; à leur compte, un catholique qui se
trouverait en pays protestant devrait se regarder comme
suffisamment respecté dans sa croyance, si, en lui inter-
disant les actes extérieurs de son culte, on avait toutefois
la condescendance de ne pas le traîner au prêche. En
effet, quel besoin a-t-il d'avoir une église, un prêtre, un
confesseur, d'entendre la messe, de recevoir les sacrements ? On peut vivre sans cela.

Oui, on peut vivre sans prier, sans entrer dans un
temple, sans entendre la voix d'un pasteur, sans trouver
la religion à son chevet dans la maladie ou sur le bord
d'une tombe aimée. Mais si une âme est ainsi faite que
ces secours lui soient nécessaires, et qu'elle préfère à
tous les plaisirs du monde le commerce de Dieu, et l'accomplissement de ce qu'elle croit un devoir, que fait la

société qui lui refuse un pasteur et un temple? Elle l'opprime. Il ne suffit pas de vivre sans Dieu pour avoir le droit de mettre la piété en interdit. Votre infirmité ne saurait être ma règle. Ce que demandent les hommes de bonne foi, c'est le droit d'adorer Dieu selon ce que leur dicte leur conscience; ce qu'on leur concède n'est que le droit de ne pas l'adorer selon la conscience d'autrui. Donner à cette liberté purement négative le nom de liberté des cultes, c'est ajouter à l'oppression la raillerie.

J'avoue que ce mot d'oppression est bien dur. Il n'en faut pas exagérer la portée. Il y a des degrés dans l'oppression. Quand le préfet refuse à des protestants le droit de prier en commun sous la direction d'un ministre, il est certain qu'il les opprime; et quand Louis XIV obligeait les protestants à aller à la messe, et mettait des inspecteurs à la porte des églises pour constater leur présence, il est vrai qu'il les opprimait davantage. Je ne compare pas ces deux genres d'oppression, pas plus que je ne compare l'intolérance théologique, qui est le fanatisme, avec l'intolérance politique, qui n'est que l'exagération des besoins et de la compétence de l'État.

On ne manque pas de dire que nous raisonnons toujours comme s'il s'agissait de cultes sérieux, d'opinions saines et respectables, de matières, en un mot réellement religieuses ou réellement scientifiques, tandis qu'il y a derrière nous une foule d'illuminés et de charlatans, une innombrable quantité de mauvais livres qui n'attendent que l'heure de la liberté pour troubler et pour fatiguer le monde. Le reproche est admirable. S'agit-il de faire une loi de police, ou d'organiser la plus sainte et la plus nécessaire de toutes les libertés? Quand il ne sera question que de police, nous ne refuserons aux lois répressives aucun moyen de protéger efficacement la morale et l'ordre par des condamnations sévères. Mais si l'on fait une législation de la pensée, il faut la faire à la taille de Descartes, de Leibnitz, de Newton, de Laplace, non à celle de Sylvain Maréchal et de Ducray-Duminil. Il importe assez peu que deux mille ballots de platitudes aillent pourrir chez les libraires ; mais il importe infiniment que le *Discours de la Méthode* ne soit pas mis au pilon. Je ne nie pas le danger des mauvais livres. J'avoue qu'il y a de mauvais livres, et de mauvaises passions, et des faussaires, et des voleurs, et des assassins. Et j'avoue aussi qu'il y a des prisons et des tribunaux. Et comme la société est armée du droit de condamner un auteur et de supprimer le livre après la condamnation, aucun esprit sérieux ne croira jamais, ni qu'un auteur coure au-devant du châtiment et de la ruine pour publier aujourd'hui un livre qui pourra être saisi dans la journée, ni qu'une doctrine fausse soit tellement dangereuse, que quelques centaines d'exemplaires qui pourront circuler en dépit de la police vont être plus forts que le gouvernement avec tous ses magistrats et toute son armée. Ces craintes chimériques et, tranchons le mot, ridicules, qui ne justifieraient pas l'interdiction d'un pamphlet, sont le prétexte des gouvernements pour défendre l'*Essai sur les mœurs* et l'*Esprit des Lois*. De même que, par peur des mormons, qui vont convertir la France au communisme s'ils prêchent seulement une demi-heure, on édifie une législation des cultes qui, si elle avait existé chez les Romains, aurait empêché le christianisme de naître.

Je suis forcé de reconnaître que l'état des esprits n'annonce pas la naissance prochaine d'un culte. Mais cela ne prouve pas qu'il n'en puisse pas naître, ni surtout que les religions aujourd'hui reconnues jouissent de toute la liberté dont elles ont besoin. Entre les défenseurs et les adversaires de l'autorisation préalable, il s'agit d'une question de principes qui ne peut pas être tranchée par des applications particulières. Je ne plaide ni pour les mormons, ni pour les quakers, ni pour les templiers, ni pour l'Église française, ni pour la communauté saint-simonienne. Je ne sais pas s'il y a, en ce moment, au ministère de l'intérieur une religion en instance pour obtenir sa place au soleil. Je dis que si la loi française promet la liberté des cultes, il faut qu'elle la donne. Quand l'État avait une religion d'État et qu'il disait: hors de mon Église point de salut, il était tyrannique, mais logique. Aujourd'hui qu'il admet la religion catholique, la religion luthérienne, la religion calviniste, la religion juive, la religion musulmane, quel droit peut-il avoir de nous déclarer qu'en dehors de ces cinq ou six religions il ne peut plus y en avoir de bonne?

Après avoir montré la faiblesse ou plutôt l'inanité des objections qu'on nous oppose, nous ne serions pas embarrassés pour combattre à notre tour l'intervention de l'autorité civile dans les affaires spirituelles. Nous n'avons qu'une chose à faire pour cela; c'est d'invoquer la profonde et incurable incompétence de l'État. On ne commande pas la foi, on ne la gêne pas au nom de l'indifférence. Le représentant d'un État indifférent qui persécute une croyance n'est pas seulement odieux et injuste, il est ridicule. La plus étrange de toutes les anomalies, c'est un magistrat politique chargé de soutenir que le catholicisme, le luthéranisme, le calvinisme et le judaïsme sont quatre religions excellentes, et que l'Église évangélique réformée, qui n'est point salariée par l'État, est une Église détestable. L'intervention de l'autorité civile pour défendre les deux Églises protestantes reconnues contre toute Église protestante nouvelle [1] semblerait une gageure contre le sens commun, si elle n'était pas la preuve manifeste que nos lois traitent les religions comme des étrangers auxquels on ne doit rien, qu'on reçoit par né-

---

1. « En 1844, les deux communions protestantes, pour ne parler que d'elles, seraient, à leur grande surprise, défendues chez nous contre la dissidence, comme le catholicisme était défendu contre la réforme au XVIe siècle. » (Discours de M. Agénor de Gasparin à la Chambre des députés, 20 avril 1844.)

cessité et qu'on soumet à un régime arbitraire, pour n'être pas incommodé par leur présence.

Un discours de M. le duc de Broglie, prononcé à la Chambre des pairs le 11 mai 1843, mais qui pourrait l'avoir été hier[1], caractérise en ces termes, avec la netteté

1. Après la révolution de 1848, quoique la Constitution (art. 7) maintînt la distinction des cultes reconnus et des cultes non recon-nus, on put croire un moment que l'autorisation préalable était sup-primée. M. de Falloux, ministre des cultes, consulté par M. Pilatte, sur les formalités exigées par le pouvoir sous la Constitution nou-velle, pour l'ouverture des conférences religieuses, lui adressa la lettre suivante :

« Paris, le 27 février 1849.

« Monsieur, vous avez appelé mon attention sur les circonstances qui se rattachent aux poursuites dirigées contre vous au sujet de réunions dans lesquelles vous vous seriez livré à la prédication, en qualité de ministre d'une des Églises chrétiennes non reconnues par l'État; en même temps, vous exprimez l'intention d'ouvrir un lieu de culte et vous me demandez des directions sur ce que vous auriez à faire pour éviter des difficultés.

« En assurant à tous les cultes une égale liberté et une égale pro-tection, l'article 7 de la Constitution n'a pas fait, entre ceux qui sont reconnus par la loi et ceux qui ne le sont pas, d'autre distinction que celle relative au salaire de leurs ministres.

« Le droit que vous revendiquez est donc incontestable, et rien ne s'oppose à ce que vous professiez librement votre culte, sauf à l'autorité chargée de la police municipale à exercer sur le lieu dans lequel vous vous réunirez à cet effet, et dans la limite de ses attribu-tions, la surveillance qui lui appartient en pareille matière. Il suffit donc que vous lui fassiez connaître les jours, lieux et heures de vos réunions. '

« Vous savez d'ailleurs que, s'il s'élevait des difficultés à leur su-jet et que leur caractère vînt à être mis en doute, ce serait une question d'appréciation qui rentrerait naturellement dans les attri-butions des tribunaux ordinaires, et vous auriez à faire valoir de-vant eux les considérations de droit et de fait qui militeraient en votre faveur. »

Cette lettre contient une interprétation très-libérale, et en même temps très-juste de l'article 7 de la Constitution Elle est d'accord avec les paroles prononcées par le rapporteur, M. Dufaure, pendant la discussion de cet article, et à l'esprit qui inspira diverses me-sures législatives de la même époque, notamment l'article 19 de la

la plus parfaite, l'état de notre législation et de notre jurisprudence en matière de cultes, et les conséquences qui en découlent.

« La jurisprudence paraît désormais fixée en sens inverse de la pensée des rédacteurs de l'article 5 de la Charte.

« Il suit de là, qu'aujourd'hui, en France, premièrement, aucun culte ne peut exister s'il n'est pas établi par la loi ou autorisé par l'administration, laquelle peut refuser l'autorisation si elle le juge convenable, y mettre telle condition que bon lui semble, et la révoquer quand elle l'a accordée ; et, secondement, que le culte même autorisé par l'administration ne peut être exercé dans une localité quelconque sans la permission de l'autorité municipale, qui peut refuser cette permission et paralyser par là le vœu de la loi, et l'autorisation de l'administration supérieure.

« C'est là l'état des choses.... Je ne vois pas comment il m'est possible de le concilier avec un article de la Charte qui établit la liberté des cultes.

« Je ne crois pas que quand l'article 5 de la Charte a dit que chacun en France professait librement sa religion et obtenait pour son culte une égale protection, on ait entendu dire que chacun professait le culte qu'il lui serait permis de professer.

« Ce n'est pas là une liberté politique ; c'est l'état de choses qui a toujours existé en France, avant comme après la Charte, dans l'ancien régime comme aujourd'hui.

loi du 28 juillet 1848 sur les clubs. Si la doctrine de M. de Falloux avait été adoptée, notre législation des cultes serait revenue à la loi du 7 vendémiaire an IV (29 septembre 1795), loi relativement libérale, si on en retranche les dispositions du titre III. Mais la jurisprudence s'est fixée dans le sens opposé, en maintenant l'application de l'article 291 du Code pénal aux réunions qui ont pour objet l'exercice d'un culte ; et le décret de 1859, en changeant la juridiction, maintient le droit de l'État contre la liberté des cultes. Les paroles de M. de Broglie sont donc aussi vraies aujourd'hui qu'en 1843.

« Je dis qu'en soi les idées de liberté et de prévention sont des idées qui s'excluent mutuellement. On ne peut pas à mon avis considérer comme établissant la liberté les cultes, un régime qui soumet le libre exercice des cultes à deux autorisations préalables.

« Que diriez-vous d'une loi sur les journaux, qui dirait : « La liberté des journaux existe en France, mais « aucun journal ne pourra exister s'il n'est établi par la « loi ou autorisé par l'administration, et de plus, il ne « pourra être distribué dans aucune localité sans la per- « mission de l'autorité municipale ? » Messieurs, nous avons eu autrefois en France une loi ainsi conçue : « Au- « cun journal ne peut paraître sans l'autorisation du gou- « vernement ; » mais le gouvernement qui la proposait ne disait pas que c'était une loi pour établir la liberté des journaux ; il disait que c'était une loi exceptionnelle, une loi suspensive de la liberté des journaux.... »

CHAPITRE II.

LA LIBERTÉ DE PENSER.

1. La liberté religieuse implique la liberté de penser. — 2. Toute liberté implique la liberté de penser. — 3. La science est impossible sans la liberté de penser. — 4. De la liberté de penser en Europe. — 5. Des causes qui entravent la liberté de penser en France. — 6. Toute restriction inutile à la liberté de penser est un attentat à la dignité humaine.

1. La liberté religieuse implique la liberté de penser.

Au premier abord, la liberté des cultes paraît plus respectable que la liberté de penser, parce qu'elle est la liberté de la foi, tandis que la liberté de penser peut n'être que la liberté du scepticisme. Mais ce point de vue est faux; car puisque la liberté des cultes est la liberté de tous les cultes possibles et non pas d'un culte déterminé, elle ne peut être fondée que sur le droit qu'a la conscience humaine de former librement et de professer sans entraves ses opinions. Dès que la loi est indifférente aux formes religieuses, elle regarde les religions comme pouvant être le produit de la science humaine, et chaque forme religieuse comme pouvant être le résultat dogmatique d'une spéculation particulière. Il est impossible que la liberté de conscience ne commence qu'avec la forme religieuse, et que la pensée qui cherche encore ait moins de droits que la pensée qui a trouvé. L'État, qui n'a plus de religion d'État, n'a ni le droit ni le moyen de distinguer entre la science et le résultat de la science. Puisque ma croyance doit être libre, ma méthode est libre : cette conclusion est évidente ; et la liberté religieuse n'est qu'une contradiction sans la liberté philosophique. La liberté de croire n'est entière que quand elle comprend aussi la liberté de ne pas croire. On ne fait pas à la liberté sa part en matière de foi ; il n'y a pas là de terme moyen : il faut qu'une croyance soit imposée, ou qu'elle soit libre.

Beaucoup d'esprits, tolérants par dédain, et faisant l'État à leur image, supposent qu'uniquement préoccupé des intérêts matériels, il laisse vivre en paix toutes les religions, parce qu'il les sait fausses, et parce qu'il se croit sûr de les rendre inoffensives.

Cette doctrine est ce qu'on a appelé l'athéisme de l'État.

L'État ne peut pas être athée. En effet, il a une morale.

Il n'y a pas de Code sans morale. Aucune société humaine ne pourrait subsister, si elle condamnait l'assassin à perdre la vie, le voleur et l'adultère à perdre la liberté, et qu'en même temps elle professât la doctrine que l'assassinat, le vol et l'adultère ne sont des crimes que par la définition de la loi. Si le condamné n'est qu'un maladroit ou une victime, le juge et le législateur ne sont plus que des bourreaux. Punir le vol, c'est la même chose que de déclarer la légitimité de la propriété. Punir l'adultère, c'est reconnaître la sainteté du mariage.

Dès que la loi humaine est fondée sur la justice, et non pas la justice sur la loi humaine, c'est qu'il y a un Dieu. Car pourquoi le droit et l'immuable seraient-ils? Tout, dans la nature, est contingent et mobile.

La vérité est que l'État ne peut pas être athée. Il a une religion, quoiqu'il n'adopte en particulier aucune forme religieuse. Sa forme est la religion naturelle. En d'autres termes, il est indifférent aux religions positives, mais il n'est pas indifférent à la religion.

Pourquoi l'État croit-il à Dieu et à la morale, et ne croit-il pas à la révélation, et à tel ou tel dogme particulier ? Parce que l'existence de Dieu et de la loi morale sont des vérités communes, que tous les esprits confessent, auxquelles nous croyons par une impulsion naturelle, et qui sont nécessaires au règlement de la vie et à l'existence des sociétés ; tandis que chacun des cultes existants s'appuie sur des démonstrations qui sont contestées par tous les autres, et qui ne portent en aucune façon le caractère de l'évidence.

Du moment que l'État a un parti pris sur la religion naturelle et n'en a pas sur les religions positives, il doit la liberté des cultes et la liberté de penser, c'est-à-dire la liberté de la foi et la liberté des méthodes.

Supposons que l'État ait un parti pris sur les religions positives, qu'il en admette une, et que par conséquent il rejette théoriquement les autres : même dans cette hypothèse, il doit la liberté des cultes. Je le prouve par la nature de la religion et par la nature de l'État.

D'abord par la nature de la religion. En effet, appartenir à une religion, ce n'est par la pratiquer extérieurement ; c'est y croire. Il n'y a que la foi qui sauve. J'aurai beau aller à l'église, fléchir les genoux, édifier la congrégation ; si je ne crois pas, toute cette hypocrisie tournera à ma honte dans ce monde, et à ma condamnation dans l'autre.

Je le prouve aussi par la nature de l'État, qui est institué pour me faire jouir de ma liberté, en me protégeant contre la voilence, et non pas pour opprimer ma liberté, pour faire de moi une machine. L'État ne peut jamais demander à ma liberté que le sacrifice strictement nécessaire à la garantie de la liberté qui me reste. Donc les cultes doivent être libres, même sous une religion d'État. Donc la pensée doit être libre sous toutes les constitutions. Car la liberté des cultes est à la liberté de penser, ce qu'une conséquence est à son principe.

9. Toute liberté implique la liberté de penser.

Pourquoi demandons-nous la liberté politique? Parce qu'ayant été créés libres, nous ne voulons pas déchoir, et parceque nous ne pourrions pas déchoir sans souffrir. C'est à la fois une question de droit et une question de bonheur.

Quant au droit, si nous en cherchons la source, il est impossible de ne pas la voir dans notre intelligence. Dieu a fait deux sortes de créatures, les unes pour la liberté, les autres pour la fatalité. A celles qu'il a destinées pour subir les lois de la nature sans leur résister, sans les modifier, il a refusé la conscience; mais à l'homme, il a donné à la fois la pensée et une force libre. Ce sont deux attributs si nécessaires l'un à l'autre, que la pensée serait un supplice sans la liberté, et que la liberté ne se conçoit même pas sans la pensée. Nous ôter la liberté, à nous qui pensons, ou abêtir notre pensée, à nous qui avons été créés libres, c'est le même sacrilège envers nous, le même attentat contre Dieu. Quand, par des circonstances indépendantes de la volonté des hommes, notre intelligence manque de force, notre liberté et notre droit à la liberté sont suspendus. C'est ainsi que l'enfant porte un joug, jusqu'à ce que son intelligence soit formée ; que l'idiot et le fou sont soumis à des tuteurs ; que le sauvage et les peuples dont la civilisation est incomplète ont besoin d'être très-gouvernés. Cet assujettissement devient légitime par l'impuissance intellectuelle de ceux qu'on y soumet ; mais cette impuissance, dans l'enfant, n'est que temporaire ; dans l'adulte, elle est contre nature. La piété envers Dieu et envers les hommes nous oblige à la combattre : comment admettre un seul instant qu'une institution humaine travaille à nous rendre incapables de la liberté, tout exprès pour nous en rendre indignes?

L'État, qui a toujours besoin d'être nécessaire pour être juste, n'a de droit contre moi que quand ma liberté devient oppressive pour la liberté d'autrui ; c'est dans l'intérêt de la liberté commune, qu'il entrave une liberté particulière. Quand il s'agit d'une fonction politique, comme par exemple, de modifier la loi commune, ou d'élire un magistrat, l'État me préside, me trace des règles ; il représente tout ce qui a été reconnu juste, et tout ce qui ne saurait être modifié sans péril par les volontés particulières. Quand j'entre dans le comptoir et dans l'atelier, pour des intérêts dont le caractère est moins général, l'État est moins nécessaire ; il doit donc être moins présent. Dans ma maison, j'échappe complétement à la puissance publique ; elle expire à mon seuil, parce qu'elle n'a plus rien à protéger au delà. De quel droit pénétrerait-elle dans mon âme, elle qui ne peut pas même franchir la porte de ma demeure? Pourquoi se placerait-elle entre moi et mon Dieu? Qui lui a donné la mission d'arrêter ma prière, de troubler ma recherche, d'obscurcir ma raison et ma conscience? Cet attentat contre la liberté du dedans est de tous les attentats le plus grand ; car il est le seul qui touche à mon essence. Voler mes biens, enchaîner mes pas, détruire même mon corps, ce n'est pas me changer, me mutiler dans ce que je suis. Mais c'est violer le dernier sanctuaire, que d'imposer des lois humaines au sentiment et à la pensée.

Il ne faut pas que les esprits positifs qui se glorifient de ne pas sentir les besoins spirituels, viennent ici soutenir que la liberté de penser n'est pas nécessaire au bonheur, qu'il suffit d'être libre dans ses affaires et dans ses plaisirs, et de ne pas être condamné à des manifestations hypocrites. Il est vrai que certains hommes se servent

moins que d'autres de leur esprit, que les besoins et les
jouissances intellectuelles ne sont pas à la portée de tous,
et qu'il faut être, si on l'ose dire, quelqu'un, pour sentir
la joie de chercher librement, d'exposer sans aucune entrave ses idées et ses découvertes, de porter dans d'autres
esprits les nouvelles lumières qu'on a dérobées à la
science, et d'appeler le contrôle d'une intelligence égale
ou supérieure. Quand les chefs du P. André lui prescrivirent de renoncer à Malebranche, il souffrit une douleur
dont tout le monde n'est pas en état de se rendre compte;
et peut-être sa souffrance aurait-elle été plus grande encore, s'il avait été Descartes. L'homme est à la fois une
âme et un corps; quelques hommes sont surtout un corps,
et d'autres sont surtout une âme. Ce ne sont pas ceux
dont les droits et les intérêts sont les moins sacrés.

8. La science est impossible sans la liberté de penser.

L'esprit humain est le plus souple et le plus puissant
des instruments; mais on ne doit jamais le détourner de
sa voie. Un homme vulgaire fait passablement la chose à
laquelle il est propre; un homme de génie fera mal ce
qu'il n'était pas destiné à faire. Il y a dans le monde de
grandes chutes d'eau qui font bouillonner les fleuves dans
les déserts sans aucun profit, et qui mettraient de puissantes machines en mouvement, si l'industrie humaine y
avait pourvu. De même plus d'une grande intelligence se
perd sans se connaître, parce que la culture lui a manqué, ou parce qu'elle n'a pas pu suivre sa vocation. C'est
quelquefois cet excès de puissance qui trouble toutes les
fonctions d'un esprit, en le rendant incapable des petites
choses : on ne sait si on voit un idiot ou un homme de
génie, et, dans le fond, on voit l'un et l'autre, c'est-à-
dire un homme de génie hors de sa place. Ceux qui ont
l'habitude de l'éducation publique savent que tel enfant

qui paraissait stupide dans ses humanités, se réveillait
tout à coup, et devient une capacité exceptionnelle
qu'il a touché aux mathématiques. Un bon maître est c
lui qui devine les aptitudes, et qui, même dans un ord
d'études déterminé, n'enchaîne pas toutes les intelligen
ces aux mêmes méthodes. Il y a des créatures qui ne pa
seront jamais par le même chemin que moi, et qui, pour
tant, toucheront tous les mêmes points, verront tout
les mêmes vérités. Il n'est pas aussi vrai qu'on veut bi
le dire, que les esprits trouvent leur niveau comme le
liquides; et l'observateur le plus médiocre a connu plu
d'une fois en sa vie des esprits qui auraient pu être
grands, et dont la force demeurait ignorée et perdue.

Les mêmes réflexions s'appliquent à l'histoire générale. Quand on regarde en gros le moyen âge, et qu'on
le compare au XVIᵉ siècle, au XVIIᵉ, au XVIIIᵉ, on a peine
à s'expliquer tant de stérilité suivie de tant de fécondité.
L'esprit humain était pourtant le même, et la nature n'é-
tait pas plus avare de grands hommes. Saint Thomas,
pour ne citer que le plus illustre, a dépensé une force
extraordinaire pour aboutir à bien peu de doctrine. Que
leur manquait-il, à ces savants si pleins d'ardeur et de
curiosité, si prévenants, si téméraires, dévoués à la
science jusqu'à la mort? Il leur manquait la liberté. L'o-
riginalité étouffait sous une règle inflexible; elle périssait
sans produire autre chose pour l'humanité que le spectacle de ses efforts surhumains. Ces géants étaient condamnés, comme les convicts d'Angleterre, à tourner la meule
d'un moulin qui n'avait rien à moudre.

On avait renfermé l'esprit humain dans un syllogisme.
Il allait sans cesse de la majeure à la conclusion, sans
pouvoir ni étendre la majeure, ni changer la conclusion,
ni sortir de cette abrutissante méthode. Dès l'école, on
lui enseignait qu'Aristote avait, quatre cents ans avant
notre ère, creusé le sillon que l'humanité devait désespé-
rément parcourir après lui jusqu'à la consommation. On

ui taillait dans Aristote un Aristote orthodoxe, qui était
pour lui tout Aristote, toute la logique, et toute la science.
Il n'était pas même permis de regarder à côté. Les gouvernements trouvaient leur compte à cette unité de mé-
hode, et l'Église encore plus ; car le caractère propre de
a déduction étant de développer indéfiniment le contenu
'un principe, on se croyait suffisamment rassuré contre
outes les nouveautés possibles par cet acharnement de
esprit humain à toujours déduire, et à ne jamais imagi-
er. Il y avait en circulation une petite somme de prin-
ipes acceptés par l'Église et par l'État, et sur lesquels on
'exerçait avec la plus merveilleuse subtilité et la plus
nplacable stérilité. Tout tendait à cette concentration
ans le rien : l'Église, la royauté, le clergé, l'aristocratie.
n criait sur tous les tons à l'humanité de ne regarder
u'en arrière; « car si quelque chose se dérangeait dans
ordre établi, l'humanité périrait : le système du monde
enait à un souffle ! » Nouveauté était synonyme d'impiété.
l n'y avait contre la nouveauté ni assez d'anathèmes ni
ssez de bourreaux. La théologie, la philosophie, la po-
itique, l'histoire, la jurisprudence, tout se résumait dans
e grand mot : « immobilité ! » — Cette immobilité systé-
natique de la pensée laissait la place libre à la passion
t aux égorgements.

Sans doute, il y a une part à faire à la routine. Toute
ducation a l'inconvénient de conduire les esprits par des
hemins déjà fréquentés. Il est indispensable qu'il en soit
insi, à moins de rêver comme J. J. Rousseau un insti-
uteur de génie pour chaque élève. La supériorité de l'é-
lucation moderne, c'est qu'elle enseigne toutes les mé-
hodes, sans en interdire aucune par suite de préoccupations
étrangères à la science, et que, par les humanités, elle
net les esprits en communication directe avec les plus
grands siècles de la pensée. C'est une ornière, il est vrai,
nais une ornière creusée par le génie. Cet apprentissage
n'a pas pour but d'enchaîner les intelligences à une mé-

thode, mais de leur inspirer le goût et de leur fournir les moyens de travailler sans lisières, sur un terrain de leur choix, avec une méthode à leur main.

Ce qui fait précisément la différence de l'écolier et du maître, c'est que l'écolier essaye sa force en suivant l'ornière, et que le maître se sent libre d'en tracer une nouvelle. Quand il a trouvé son but et sa méthode, il s'étonne lui-même de la rapidité de ses progrès, peut-être après de longs désespoirs. S'il foule le premier un sentier inconnu,

Avia Pieridum peragro loca [1];

qui donc pourrait se mêler de sa route? C'est comme si un aveugle conduisait un voyant. Il y a un rapport naturel entre la force intellectuelle et l'objet intelligible; mais c'est seulement par l'effort personnel et libre que ce rapport s'établit.

L'aventure de Galilée est tragique. Elle parle à l'imagination. Ce grand homme qui voit la terre tourner, et que des juges imbéciles condamnent à demander pardon, est un des plus frappants exemples de l'oppression de l'esprit par la force. Mais cet exemple est de tous les jours. Les hommes s'acharnent tous les jours contre l'esprit. Ils font la guerre, une guerre incessante, à l'originalité, à la découverte. S'ils n'ont plus, comme les juges de Galilée, des textes à opposer aux philosophes, ils leur opposent ce qu'il leur plaît d'appeler le sens commun, et ce qui n'est en réalité que le convenu et la routine. Si petit qu'on soit, quand on croit avoir saisi une vérité, on regarde de bien haut les gens qui ne veulent pas que la vérité soit vraie, parce qu'elle gêne leurs combinaisons, ou qu'elle ne se trouve pas dans leurs formules. La science est difficile : tout le monde doit l'aider ; elle est sacrée : tout le monde

1. Lucrèce, l. IV, v. 1.

.oit être en respect devant elle. La religion la plus pro-
>nde, en traçant l'idéal du bonheur parfait, le définit
insi : « Voir Dieu face à face, c'est-à-dire la vérité sans
oile. » Hélas ! notre part de puissance à chacun est bien
etite ; il nous faut bien du temps et bien des secours
>our voir quelque chose. Il est bien dur de mourir sitôt,
juand on commence à trouver sa voie, à disposer de son
nstrument, si la mort ne nous met pas, comme l'espèrent
es catholiques, et comme je l'espère, à même de la vé-
ité. Si les hommes comprenaient la grandeur, et la né-
essité, et les ravissements de la science, au lieu de se
létourner à des niaiseries, au lieu de courir après un
ïtre ou un portefeuille, au lieu de se livrer des batailles
ccharnées pour des intérêts d'un jour, ils conspireraient
ensemble, de toutes leurs forces, et de tous leurs esprits,
>our dissiper les erreurs, pour conquérir un nouveau se-
:ret, pour entrer plus profondement dans les causes et
lans les essences. Voilà ce qui est solide et vivifiant ! ce
jui est humain ! ce qui nous rend dignes d'être les spectateurs et les coopérateurs de Dieu ! Faites des lois pour
aider, pour vivifier, pour récompenser l'intelligence !
N'en faites pas pour l'enchaîner ! N'usez pas la force de
la loi à diminuer la force humaine ! La première de toutes
les libertés, la plus simple, la source des autres, la source
du droit, c'est la liberté de penser. Faut-il que, pour avoir
dévoilé aux hommes les secrets du ciel, les hommes aient
fait mettre Galilée à genoux !

4. De la liberté de penser en Europe.

Nous croyons aujourd'hui que nous sommes libres, au
moins dans notre pensée et dans l'expression de notre
pensée. C'est même dans cet affranchissement de l'intelligence que nous faisons surtout consister le caractère
des temps modernes. Mais souvenons-nous du précepte

de Socrate, que la pire ignorance est celle qui s'ignore
elle-même, et prenons garde qu'on ne puisse dire aussi
de l'état de nos esprits que la pire servitude est celle qui
se prend de bonne foi pour la liberté. Nous disions tout
à l'heure que le moyen âge n'est pas mort dans nos lois et
dans nos mœurs, puisque nous avons encore des corporations, des douanes, des priviléges, tout un arsenal de
lois prohibitives sans nécessité : il nous reste à rechercher
aussi s'il ne reste rien du moyen âge dans nos écoles et en
nous-mêmes ; si le chimiste a tué l'alchimiste, si le médecin
a tué le mire, et si le philosophe, à force d'avoir écouté Descartes, se souvient assez « de ne recevoir jamais aucune chose
pour vraie qu'il ne la connaisse évidemment être telle[1]. »

Un pays libre en matière de philosophie, c'est celui où
la pensée et l'expression de la pensée ne sont entravées ni
par les lois, ni par les mœurs. A ce compte, quelle est en
Europe l'étendue du territoire de la philosophie ? Il en
faut d'abord retrancher la Suède, dont la littérature actuelle ne nous est connue que par quelques romans agréa-
bles, ce qui n'est pas une preuve de fécondité ni par conséquent de liberté, et dont l'intolérance religieuse a si
tristement retenti en Europe dans ces dernières années.
Un pays dans lequel on ne peut pas abandonner la religion de l'État sans être mis hors la loi, est un pays où
on ne connaît pas le premier mot de la liberté intellectuelle. Il est douloureux que de telles lois subsistent, et
qu'au lieu de les laisser dormir comme ces vieux instruments de torture que la rouille dévore au fond des musées, on les applique, à la honte de la civilisation, au milieu du xixe siècle, dans la capitale d'un grand royaume,
en pleine paix intérieure, sans aucun de ces prétextes de
raison d'État qui inspirent aux gouvernements absolus
tant de dédains pour la liberté. Mais le comble, c'est de
voir cet entêtement dans les lois barbares se produire par

---

1. Descartes, éd. Jules Simon, 1844, p. 12.

la volonté des Chambres, et·les représentants librement élusd'un pays refuser à plusieurs reprises une liberté que le roi leur offre. Dans le cours ordinaire des choses, ce sont les députés d'un pays qui défendent la liberté, parce qu'ils en sentent la douceur, et le pouvoir exécutif qui lui résiste, parce qu'il en voit les difficultés.

Nous ne compterons pas non plus sans doute parmi les pays où on peut penser et parler librement, la Russie. La constitution politique de la Russie est l'absolutisme le plus absolu. Nulle garantie, nulle institution de liberté ; tout dépend de la volonté du prince, qui n'est pas même gêné, comme ailleurs, par la tradition. Il y a en Russie assez d'aristocratie pour que le paysan souffre, pas assez pour que le czar rencontre un obstacle. Ces seigneurs, qui peuvent être brisés à chaque instant, sont inutiles pour la liberté publique, et détruisent toute liberté privée. On assure qu'à l'université de Moscou les professeurs ont une grande latitude d'enseignement; c'est donc qu'on les laisse aller par dédain, comme on oublierait un baril de poudre dans une maison toute construite en pierres et en fer. L'histoire de Lermontoff et de Pouschkine, le peu qui nous arrive d'ouvrages écrits en russe par des Russes, le caractère exclusivement littéraire et frivole de leurs productions, les entraves imposées à la presse, l'ensemble du gouvernement et de l'administration prouvent assez que la pensée est enchaînée en Russie, comme les corps. Quand nous ne saurions rien de ce pays, sinon que le servage y subsiste, ce serait assez pour affirmer que la philosophie n'y a pas pénétré. Il est vrai que plusieurs religions ont en quelque sorte droit de cité dans ce vaste empire, qui compte parmi ses sujets des musulmans et des païens ; mais la Russie n'en a pas moins une religion d'État. Le caractère purement politique de cette institution, son origine à la fois récente et suspecte ne préservent pas le peuple du fanatisme, car la complaisance de l'esprit humain est inépuisable, et on le voit tous les jours se pas-

sionner pour des contes qu'on n'oserait pas faire à de petits enfants. Sans cet attachement du peuple à la religion
grecque orthodoxe, on serait tenté de ne voir dans le saint
synode composé en majorité d'aides de camp et de généraux,
qu'un bureau de police. Ce rouage administratif maintient
l'unité dans les croyances quand cela convient à la politique
ou au caprice de l'empereur, comme le conseil de guerre
veille au maintien de la discipline et à la régularité des
manœuvres et des exercices de l'armée.

Passons par-dessus la Turquie pour arriver à l'Autriche. L'Autriche ne représente pas dans le monde le
principe de la liberté d'examen. Elle a autre chose à faire
que d'émanciper la pensée humaine. Le concordat conclu entre l'Autriche et le pape le 18 août 1855 est le contre-
pied exact de ce qu'on appelle en France les libertés de
l'Église gallicane. Ainsi les communications du saint-siége
avec le clergé et le peuple sont déclarées absolument libres[1];
les évêques publient leurs mandements, et gouvernent
leurs diocèses avec une indépendance sans limites[2]; ils cé-
lèbrent des conciles provinciaux et des synodes diocésains,
et en publient les actes, sans aucune participation du pouvoir civil[3]. L'enseignement dans toutes les écoles est conforme à la doctrine catholique[4], et soumis à l'inspection
ecclésiastique[5]. Les évêques ont le droit de censure sur
les livres[6] et sur les fidèles[7]. Les causes relatives au mariage (à l'exception de celles qui ne concernent que les
effets purement civils) sont décidées par le juge ecclésiastique[8] Enfin, l'article 16, qui regarde particulièrement la
liberté de penser, est conçu en ces termes : « L'auguste
empereur ne souffrira pas que l'Église catholique, sa foi,
sa liturgie, ses institutions, soient outragées ni en paroles,
ni par des actes ni par des écrits; il ne souffrira pas non
plus que les évêques et les prêtres soient en aucune ma-

1. Concordat, art. 2.—2. Art 3 et 4. — 3. Art. 4, § 5.—4. Art. 5.
— 5. Art. 8. — 6. Art. 9. — 7. Art. 11.— 8. art. 10.

nière empêchés dans l'exercice de leur charge, surtout en ce qui touche à ce qu'ils auront à faire pour la défense et la conservation de la doctrine, de la foi ou des mœurs. »

Un petit livre a été, au xix⁰ siècle, le plus redoutable ennemi de l'Autriche : on peut le remarquer à l'honneur des lettres, que la cour de Vienne ne reconnaît peut-être pas pour une puissance. C'est une triste destinée pour ce gouvernement et pour ce peuple, de s'être fait de Silvio Pellico un ennemi immortel. L'Europe ignorante hésiterait peut-être dans ses jugements sur la politique de l'Autriche sans ce cachot où a si longtemps souffert le doux et héroïque auteur de *Françoise de Rimini*. Voilà bien le roseau pensant, plus fort que ce qui le tue.

On se consolerait de la Russie, à cause de l'esclavage et de la Sibérie, de l'Autriche à cause du Spielberg, de l'Espagne à cause des souvenirs de l'Inquisition ; mais que la terre nourricière de la république romaine, que le pays de la musique et de la peinture, de la poésie et du soleil, que cette riante et vaillante Italie, reine si longtemps par les armes, et plus tard par la politique et par le génie, vaincue par elle-même, par ses déchirements intérieurs avant d'être subjuguée, et si grande dans son abaissement par la persistance et la vigueur de son patriotisme ; que la patrie de Cicéron, de Dante et de Savonarole ne puisse plus même penser, voilà ce qui crie vengeance contre notre grand siècle de lumières. Une partie de l'Italie est à l'Autriche ; une autre, la plus belle ! au roi de Naples. On ne peut guère attendre la liberté philosophique du gouvernement pontifical. C'est beaucoup qu'il exerce doucement le despotisme. Ce jeune enfant, baptisé par surprise, et enlevé par force à son père et à sa mère, a été un épisode triste et inattendu du gouvernement de Pie IX. Une telle violence faite à la famille en même temps qu'à la conscience n'était plus dans les mœurs de la cour de Rome, mais elle était, à coup sûr, dans la lettre et dans l'esprit de la constitution politique des États de l'Église. A Florence, la lecture de la Bible par un catholique, est un crime puni par l'emprisonnement ou le bannissement. Reste donc, pour toute la péninsule, le Piémont, pays de liberté et de gouvernement représentatif, où le pouvoir civil reste laïque, quoique le premier mot de la constitution consacre l'existence d'une religion d'État. Les livres, les journaux et la parole ont là, au pied des Alpes, entre l'Autriche et Rome, quelques lieues carrées de liberté. Au delà commence le cordon sanitaire de la police, à travers lequel la vérité la plus inoffensive ne saurait passer sans estampille.

Ainsi la liberté philosophique est resserrée dans trois pays de l'Europe : l'Allemagne, moins les pays de domination autrichienne, l'Angleterre et la France, avec la Belgique et la Suisse, deux terres françaises. Voilà tout l'empire de la liberté, il faut voir si elle est entière dans ces bornes étroites.

L'Allemagne est tellement divisée que pour savoir ce qu'il y a dans chaque État de liberté religieuse, de liberté de la presse et de liberté philosophique, il faudrait prendre l'une après l'autre toutes les constitutions. La liberté religieuse n'y est pas entière dans les mœurs : ce qui le prouve, c'est la pétition récente des marchands de Hambourg, demandant qu'il soit défendu aux juifs de faire le commerce. Elle n'y est pas entière dans les lois : je ne citerai pour le prouver, que la persécution de l'irvingianisme, qui ne remonte pas au delà de trois années. En 1855, la Bavière a condamné à l'internement tous les irvingiens (cinq prêtres catholiques et quarante-neuf laïques). En 1857, a été publié un acte du gouvernement bavarois qui menace du bannissement ou de l'internement tous ceux qui à l'avenir se rattacheraient à cette secte « ou seraient suspects de la favoriser [1]. » Je pour-

---

1. Allgemeine Kirchenzeitung de Darmstadt, févr. 1858.

rais multiplier les exemples, mais ceux-là suffiront pour
montrer qu'il reste encore dans les États allemands
beaucoup de liberté religieuse à conquérir. La liberté de
la presse est fort limitée en Prusse, si tant est qu'on
puisse dire qu'elle existe.

Comment peut-il y avoir une très-grande liberté philosophique dans des pays où la liberté de la presse est
restreinte, et la liberté religieuse très-incomplète? Cela
ressemble à une contradiction, et pourtant cela est. On
conçoit à la rigueur qu'un gouvernement veuille être
maître des journaux, qui sont des pamphlets quotidiens,
et laisse aller la librairie en liberté; qu'il surveille les
églises, et ne s'inquiète pas des chaires de haut enseignement; en un mot, qu'il laisse penser, et ne permette
pas d'agiter. Il faudrait le tout; ce serait plus logique,
meilleur pour la pensée, et même pour le pays; mais
c'est déjà une grande chose que l'ample liberté qui existe
dans les régions élevées de la spéculation. Quelle que
puisse être en tout le reste la conduite de la Prusse, je ne
pourrai jamais sentir en moi de malveillance contre un
pays qui ouvre à toutes les doctrines sérieuses les chaires
de Kœnigsberg et d'Heidelberg, et qui a laissé publier et
répandre sans aucune entrave les œuvres de Kant, de
Hegel, de Fichte et de Schelling. Il y a d'ailleurs un
caractère très-frappant et très-honorable de la nation
allemande : c'est son goût pour la liberté dans les recherches philosophiques. Dès qu'on ouvre un philosophe allemand, on s'aperçoit non-seulement que les institutions
de son pays lui laissent   la liberté, mais encore qu'il en
use si naturellement, si instinctivement, qu'il ne lui paraît même pas possible d'être guidé dans ses affirma-
tions ou dans ses négations par autre chose que par la
vérité. C'est ce qui fait lire avec fruit même les écrits
dont on repousse la doctrine générale; car la bonne foi a
une grâce qui attire, et l'absence de toute préoccupation
intéressée produit toujours une certaine originalité. On

s'instruit dans le commerce d'un esprit médiocre qui se montre tel qu'il est, parce qu'après tout, c'est un homme; tandis que ces beaux esprits qui répètent une leçon et qui jouent un rôle, ne nous apportent que des idées et des sentiments que nous savons sur le bout du doigt, et dont tout leur beau style couvre mal la banalité. Kant, Hegel, Fichte, Schelling, pour ne pas parler des morts, ont fait autant pour la splendeur et l'influence de l'Allemagne que Gœthe et Schiller. Ces beaux génies ne seraient pas éclos sans la liberté de penser; et, par un juste retour, leur gloire protége dans leur pays les droits de la philosophie, et rend le retour de l'intolérance impossible.

Nous ne considérons ordinairement que deux choses en Angleterre : la politique et le commerce. Cette constitution libre et savante, cette fabrique inépuisable, ce commerce intelligent, actif, universel, voilà tout ce qui nous préoccupe de nos voisins. Nous allons chez eux pour voir leur parlément et leurs cours de justice, ou pour admirer leurs vaisseaux et leurs machines; c'est à peine si nous pensons à leurs lettrés, à leurs philosophes et à leurs théologiens. Cependant la vie spéculative est aussi ardente en Angleterre que la vie active, quoiqu'elle fasse moins de bruit dans le monde. Nous n'entendons guère parler de ses poëtes depuis Byron, Walter Scott et Thomas Moore, ni de ses philosophes depuis Reid et Dugald Stewart; mais ce qui prouve que le mouvement des esprits y est toujours considérable, c'est la ferveur des disputes théologiques. L'Angleterre est peut-être le pays de l'Europe où il y a le plus de tolérance et le plus de controverse. Ces deux symptômes ne s'excluent pas le moins du monde, et ils sont excellents l'un et l'autre. Notre tolérance à nous, Français, qui ne sommes plus du tout théologiens, et qui sommes à peine philosophes, tient à l'indifférence; mais chez les Anglais, qui se passionnent volontiers pour leurs sectes, c'est le sentiment même de la liberté.

En matière de liberté des cultes, la situation de l'Angleterre diffère totalement de la nôtre. On peut résumer la différence de la législation des deux pays, de la manière suivante : En France, la profession religieuse n'est un obstacle pour aucun citoyen [1], mais les cultes ne sont pas libres. En Angleterre, les cultes sont libres ; mais la profession religieuse a été longtemps un obstacle pour les catholiques, et jusqu'à ces derniers temps un obstacle pour les israélites. Cette différence a une double cause : la plus profonde, c'est que les Anglais sont tolérants par amour de la liberté, et les Français par indifférence; une cause accessoire, c'est l'existence en Angleterre d'une religion d'État. La religion d'État, qu'ils appellent la religion établie, est pour nos voisins une institution politique, et ils l'aiment par patriotisme. Beaucoup d'Anglais qui travaillent à répandre l'Église établie ne font en réalité qu'une propagande politique, sous couleur de propagande religieuse. Dans leur pays, ce qu'ils poursuivent en donnant au culte officiel une prépondérance, c'est la domination de l'élément anglais. Le fanatisme religieux avait peu de part dans le mouvement produit il y a quelques années par l'agression papale. Depuis l'admission de M. Rothschild au parlement, on peut dire que la profession religieuse n'établit plus de différence entre les sujets britanniques. Quant aux cultes,

---

1. Cela est ainsi. Il peut pourtant ne 'pas être sans utilité de rappeler les principes professés par M. de Bonald dans sa théorie de l'*Éducation sociale*, liv. I, chap. VII, éd. de 1854, t. II, p. 373. « La Société, dit-il, admettra dans ses établissements d'éducation tous les enfants sains de corps et d'esprit dont les familles auront l'intention et les moyens de leur faire donner l'éducation sociale.

« La Société admettra-t-elle les enfants des juifs? Non : car les juifs sont hors de toute société politique, parce qu'ils sont hors de toute société religieuse chrétienne.

« Admettra-t-elle les enfants de l'exécuteur des jugements publics, et n'exerce-t-il pas une profession sociale? On ne doit admettre dans les établissements publics d'éducation que les enfants nés dans les professions sociales honorées et honorables, etc. »

malgré un reste d'antipathie contre le papisme, antipthie de plus en plus concentrée dans les basses classe
ils jouissent de la pleine liberté d'enseigner, de co
struire des temples, de réunir les congrégations pour
prière en commun et la prédication. Seulement, c'est l
liberté sans l'égalité, ou du moins sans l'égalité av
l'Église établie, qui reste largement traitée en honneur
dotations, influence politique, et qui a ses évêques et se
pasteurs même dans les provinces irlandaises où le catholicisme est, par le fait, le culte de la majorité et presque de l'unanimité des habitants.

L'ardeur des querelles théologiques s'explique par la
coexistence d'un grand nombre d'églises dont deux ou
trois ont une grande importance, et par les fondations,
publiques ou privées qui attachent à certains égards les
intérêts religieux à des intérêts civils [1]. Les deux universités d'Oxford et de Cambridge sont des corporations
dont le caractère est politique et l'origine religieuse. A
ce double titre, elles font profession d'orthodoxie, et les
chefs des universités et de leurs colléges, principaux,
professeurs ou fellows, ne peuvent cesser d'appartenir à
l'Église officielle sans renoncer à leurs bénéfices. Les
fellows gardent le célibat, tant qu'ils jouissent de leur
prébende, et demeurent dans l'intérieur du collége. Une
partie de leurs obligations consiste à assister régulièrement au service religieux. Ce caractère orthodoxe et clérical des deux anciennes universités anglaises, est la
cause principale de la création moderne d'une université
de Londres, où l'enseignement est étranger à toute préoccupation religieuse. Il convient peut-être d'ajouter que
le mot d'orthodoxie n'a pas parmi les protestants le même
sens que parmi nous, et ce qui le prouve, c'est la quan-

---

1. Cf. les articles de M. de Rémusat sur les *Controverses religieuses en Angleterre*, insérés dans la *Revue des Deux Mondes* du
15 septembre et du 1er octobre 1856, et du 1er janvier 1859.

té de sectes ennemies qui coexistent dans le sein de
Église anglicane. Il suffit d'adhérer extérieurement aux
rente-neuf articles pour ne pas être rangé parmi les
dissenters. Wesley, au XVIII° siècle, remplit longtemps
es devoirs de paroisse après avoir commencé ses prédi-
tations méthodistes, et aujourd'hui même, le docteur
Pusey, après avoir été interdit de la prédication pendant
deux ans, est encore fellow de l'université d'Oxford.

5. Des causes qui entravent la liberté de penser en France.

On dit que noblesse oblige. En France, nous sommes
la patrie de Descartes. Le monde sommeillait quand
Descartes proclama l'absolue indépendance de la pensée.
Un siècle après, toute une génération de penseurs se mit
à l'œuvre pour fronder les préjugés, les routines, les grimaces, et pour dire enfin la vérité dans l'art, la science
et la politique. L'Europe fut à l'école chez nous pendant le XVIII° siècle ; les rois même et les empereurs
prenaient de nos leçons. Tout n'est pas irréprochable,
tant s'en faut, dans les écrits de Voltaire, de Diderot, de
Jean-Jacques ; mais on y sent la plus parfaite indépendance de l'esprit : c'est ce goût de la liberté qui fait leur
nouveauté et leur force. Quand Voltaire nie la grandeur
et la moralité du christianisme ; quand Diderot, pour
rompre avec les trois unités, apporte en plein Théâtre-
Français ses théories vivantes, mais barbares ; quand
d'Holbach et Helvétius insultent l'esprit en haine du
spiritualisme chrétien ; et quand Rousseau prend toute la
société à partie, frondant le bien avec le mal, rendant la
propriété solidaire de la tyrannie, et les arts solidaires
de la corruption, on s'étonne, on s'indigne de ces doctrines, et malgré soi on applaudit à cette irruption fou-
gueuse de la liberté d'examen dans tant de vieux sanc-

tuaires si longtemps et si tristement redoutables : ce n'est
pas parce qu'étant plébéiens, bâtonnés quelquefois par
leurs maîtres, envoyés à l'office, traités en laquais, ils ont
pris le haut du pavé par l'ascendant du génie et du
caractère, ni parce que, écrivant sous le règne des Châ-
teauroux, des Pompadour et des Dubarry, ils ont subi et
bravé tour à tour Vincennes et la Bastille ; c'est parce
qu'au milieu de cette implacable étiquette qui réglait les
mœurs, les pensées et le langage, ils ont voulu·et su être
des hommes. Peu m'importe que Diderot extravague de
temps en temps : ce qu'il me donne dans ses lettres, dans
ses romans, dans ses drames, et jusque dans son
Sénèque, c'est Diderot; ce n'est pas un cent millième
exemplaire du XVIIᵉ siècle. On était déshabitué depuis
cent ans de l'audace ; voilà précisément pourquoi on ne
peut plus se rassasier de Voltaire. Je renferme dans ces
trois mots la génération de l'esprit moderne : Descartes a
fait l'*Encyclopédie*, l'*Encyclopédie* a fait la Révolution, et
la Révolution tient tout entière dans la nuit du 4 août.
A partir de Descartes, la France menait les idées ; à partir
du 4 août, elle fut la maîtresse des législations : c'est par
elle que la justice et la liberté, ces deux sœurs immortelles, reconquirent le monde. Nous, contemporains, nous
voyons encore les échafauds et les guerres injustes ; la
postérité de tous les peuples ne verra que l'égalité des
enfants dans la famille, l'égalité des citoyens dans l'État,
la loi faite par tous, égale et impartiale pour tous, le
budget voté par les imposables, la dépense faite sous leur
contrôle, la conscience humaine éclairée, la philosophie
émancipée. Mais il ne faut pas que nos grandeurs histo-
riques nous cachent nos misères présentes.

. La société humaine est comme cet océan sans cesse
agité par le flux et le reflux. Robespierre a beau dire :
« Qu'y a-t-il de commun entre ce qui fut et ce qui est? »
Quand huit siècles ont passé sur un édifice, on n'en
balaye pas les ruines en trois·années. 93 proscrivit tout

le bien comme le mal. Le bien revint, en grande partie du moins, par la force de la vérité ; il ramena avec lui beaucoup de mal, par la force de l'habitude. Déjà, pendant la Révolution, à chaque pas de fait, on peut voir, après le premier ébranlement, les hommes du passé revenir, avec les doctrines, les lois, les mœurs, s'accommoder à ce nouveau monde, et peu à peu le plier aux anciennes façons. Quand le Comité de salut public sentait cela, il recourait aux grands moyens : le passé avait là un rude jouteur, qui faisait de l'art pour l'art en matière de révolution, et qui voulait être révolutionnaire quand même, partout et toujours. Cela ne lui réussit pas. La mort, après tout, est une mauvaise politique. La révolution à tout prix ne pouvait pas durer longtemps : le lendemain de sa chute, la réaction était établie partout, dans le conseil du gouvernement et dans le dernier directoire de district ; tant elle était restée prête pour tous les événements. De cette fusion entre l'ancienne France et la France révolutionnaire naquit notre société moderne, libérale et mobile à la surface, monarchique et routinière en dessous. On a beaucoup ri, et justement, de ces républicains à carmagnoles, qui, le lendemain de l'établissement de l'Empire, se trouvèrent experts dans l'art des révérences. Ce n'est là que la comédie, la petite pièce ; dans le fond, cette révérence si vite apprise, ou si secrètement retenue, c'est notre histoire à presque tous. Nous parlons la langue de Mirabeau, mais nous vivons de la vie que nous a faite Richelieu. Nous nous jouons des constitutions avec une témérité insensée ; mais nous sommes en respect et en soumission devant les routines administratives. Si Robespierre n'a pas eu de Bastille, c'est uniquement parce qu'il ne faisait pas de prisonniers de guerre.

Beaucoup de personnes disent que cette facilité à changer de formes politiques, et cette absence d'initiative personnelle dans les détails de la vie civile tiennent à

ce que nous avons supprimé toutes les forces intermédiaires entre l'État et le peuple : la noblesse, les parlements. Cela est faux, et cela est vrai. Cela est vrai en
principe ; car si l'individu est tout seul en présence de
l'État, cette situation conduit tout droit à l'excès de la
soumission avec des intervalles de révolte. Cela est faux
en fait : car la noblesse n'était plus une force, mais un
privilége, et le pouvoir des parlements n'a jamais été
qu'une prétention. C'est pourquoi il n'y a pas à restaurer
la noblesse, qui détruisait l'égalité sans donner la liberté ;
mais à créer la vie communale et l'association libre, qui
fondent la liberté et l'égalité à la fois. La liberté politique
sans la liberté civile ne sera jamais qu'une théorie.

Dès qu'on regarde attentivement la société française,
on est très-frappé de ce double fait, qu'elle est essentiellement changeante dans ses sympathies politiques, et
essentiellement routinière dans ses habitudes domestiques. Elle a passé avec une facilité merveilleuse d'un
régime à un autre, mais les socialistes n'ont jamais été
pour la grande masse de la société française qu'un sujet
d'étonnement et d'effroi. On a grand tort, en Europe, de
croire que nous menaçons la famille, la propriété, la religion : nous n'avons jamais menacé que les trônes. Nous
paraissions changés de fond en comble en 93 ; mais le
gros de la nation jouait une comédie, une tragédie pour
mieux dire. Les clubistes les plus forcenés trouvaient que
la pièce durait trop longtemps, et avaient hâte de rentrer
dans la coulisse. On peut en donner pour preuve ce qui
est arrivé à la religion catholique. Pendant deux ou trois
ans, une nuée de pillards s'est précipitée sur les églises
pour les dépouiller et les incendier ; sur les prêtres pour
les exiler, les transporter et les massacrer : on aurait bien
juré, à ne regarder que l'extérieur, qu'il ne restait pas
un seul vestige de la religion dans les âmes. Cependant
quand Bonaparte rouvrit les églises, rappela les prêtres,
conclut un concordat avec le pape, la congrégation ac-

courut partout au premier son de la cloche. Il se trouva
que la France était toujours restée chrétienne, et qu'elle
avait fait la guerre non à la religion comme religion,
mais à la religion comme institution politique. Dans le
fond, si la religion et la politique n'étaient jamais mêlées,
la religion, en France, n'aurait pas à craindre de la
haine, mais seulement de l'indifférence.

C'est qu'en effet, la routine est persévérance et indifférence. Chez nous la bourgeoisie est plutôt hostile aux
prêtres que bienveillante ; elle est, en majorité, incrédule
ou indifférente pour les vérités de la foi, et pourtant elle
se montre passablement assidue aux cérémonies de
l'Église, telle que le baptême, la première communion,
le mariage, les services · funèbres. Passer sa vie dans
l'apathie religieuse la plus profonde, railler le dogme,
attaquer le clergé, et en même temps exiger impérieusement des prières pour un mariage ou pour une tombe,
et crier à l'intolérance si les prêtres refusent d'admettre
dans l'église ceux qui ne sont pas de l'Église : rien n'est
moins sensé, et rien n'est plus commun. Pas de foi, beaucoup de routine, voilà le résumé de notre situation en
religion et dans presque tout le reste. La cause psycho-
logique de cette situation est l'habitude d'être protégé et
gouverné jusque dans les détails de la vie. Quand on
combat pour sa propre main, on a plus de convictions et
moins d'obéissance.

C'est donc encore l'excès de la centralisation qui nous
rend si dédaigneux pour les questions de liberté en matière de cultes et de libre examen. On ne prend pas ces
questions vitales à cœur; on ne voit pas où elles mènent.
Nous que transporte si aisément le moindre pamphlet
politique, il ne nous a fallu rien moins que l'*Essai sur
l'indifférence en matière de religion*, pour nous arracher
un moment à notre torpeur religieuse. Encore nous a-t-il
causé plus d'admiration que d'émotion. Si, n'étant pas
catholique, je me passionne pour la liberté des catho-

liques, ou si, étant ennemi du panthéisme, je me passionne pour la liberté des panthéistes, personne ne me comprend, parce qu'il n'y a que la foi qui enseigne le respect de la foi, et par conséquent le respect de la liberté. La philosophie spiritualiste est permise, elle est la seule permise dans l'enseignement officiel; en même temps elle est menacée par un petit monde ardent et intelligent de novateurs, qui poussent l'originalité et la puissance de création jusqu'à recommencer Helvétius et Condillac après avoir effleuré Spinoza : dans ce péril éphémère, réel pourtant, si l'État voulait protéger les doctrines spiritualistes, qui donc demanderait avec plus d'énergie que nous la liberté du matérialisme? La vérité ne veut être protégée que par la raison, elle ne veut vivre que par la démonstration. C'est une triste condition pour une doctrine que de devoir sa sécurité à la force. Notre pays aurait besoin de voir les défenseurs de toutes les doctrines autorisées demander la liberté pour toutes les doctrines défendues. Ce lui serait un salutaire spectacle. Il apprendrait ainsi que la liberté doit être aimée pour elle-même, au lieu d'être prise et laissée tour à tour, selon qu'elle nous est un instrument ou un obstacle.

On demande pourquoi nous n'avons pas l'entière liberté de penser que comporte l'esprit général de notre législation? C'est parce que nos mœurs nous rendent indifférents à la liberté religieuse et philosophique. Un peuple n'a jamais que les libertés qu'il veut avoir. On nous enseigne, dès l'enfance, à pratiquer un peu, très-peu, et à ne pas croire du tout. Quand un père fait faire à son fils sa première communion, et que le fils voit, à n'en pas douter, que le père ne croit pas ce qu'il l'oblige d'apprendre, c'est comme si on disait à l'enfant : « Suis la routine sans t'inquiéter du reste. Ne t'astreins qu'aux bienséances. La bienséance de ton âge est de pratiquer; celle de l'âge mûr est de s'abstenir. » Une telle leçon n'est ni chrétienne ni philosophique.

Ce que l'absence d'initiative personnelle produit directement dans nos âmes et dans nos mœurs, elle le produit aussi dans nos institutions ; et cette cause et cet effet sont pour ainsi dire palpables dans la plus grande fonction sociale, qui est l'enseignement.

Il y avait sous l'ancien régime plusieurs congrégations enseignantes, sans compter l'Université, et un grand nombre d'institutions fondées. L'enseignement des jésuites n'était pas le même que celui de l'Oratoire ; le collége de Navarre et celui d'Harcourt ou celui du Plessis avaient chacun leurs traditions particulières. L'Université, corporation laïque où dominait l'esprit clérical[1], formait une sorte de petite république, sous l'administration, ou plutôt sous la présidence d'un recteur électif ; elle avait joui longtemps d'importants priviléges[2], et porté le nom fastueux de fille aînée de nos rois. Henri IV avait beau dire que c'était une fille *crottée* : bafouée à la cour, cette fille crottée était consultée par les souverains, et même au besoin par des souverains étrangers ; elle rendait des arrêts qui inquiétaient la cour de Rome ; la place de proviseur de Sorbonne était briguée par des cardinaux ; les licences étaient de véritables solennités où les évêques et toute la cour accouraient, pourvu qu'il fût

1. La Faculté de théologie était composée d'ecclésiastiques séculiers et réguliers, elle excluait les laïques ; la Faculté de décrets n'excluait personne ; la Faculté de médecine excluait les ecclésiastiques ; la Faculté des arts, composée de laïques et d'ecclésiastiques séculiers, excluait les réguliers. Le célibat était imposé aux laïques dans toutes les Facultés. Cependant les membres de la Faculté de médecine obtinrent, en 1452, la permission de se marier. Le recteur était toujours choisi dans la Faculté des arts ; mais toutes les Facultés concouraient également à l'élection, qui était à deux degrés. Certaines branches d'industrie, dont la librairie était la plus importante, étaient placées sous le contrôle absolu de l'Université.

2. Une bulle de Grégoire IX, en 1231, lui accordait le droit de suspendre ses leçons, ses exercices et les sermons, quand ses priviléges étaient violés. Le parlement, dans des cas analogues, cessait de rendre la justice.

question d'un candidat gentilhomme. Il est vrai que sur
la fin, les prérogatives de l'Université lui furent dispu-
tées pied à pied par la centralisation déjà croissante. Le
parlement, qui avait la police des mœurs, et qui augmenta sa compétence théologique par suite de la querelle
des constitutionnaires, en vint à régenter et à dominer
l'Université. Il manda le recteur à la barre, il se fit apporter les livres, il envoya des commissaires pour faire
biffer des délibérations devant eux. L'enseignement subit
donc, comme tout le reste, le despotisme de la cour et
celui de la justice ; mais il n'en fut pas moins puissant,
régulier, d'une grande indépendance intérieure, et surtout divers.

La Révolution, en absorbant les biens du clergé, emporta par la force du même principe toutes les dotations
particulières, et notamment celles des hôpitaux et des
colléges. Non-seulement l'Église disparut pour un temps,
mais quand elle fut rétablie par le concordat, les congrégations demeurèrent abolies ; de sorte qu'il n'y eut plus
ni oratoriens, ni jésuites. On ne pouvait donc attendre
désormais la restauration de l'enseignement que des efforts des particuliers ou de l'action directe de l'État. Les
particuliers, on ne le sait que trop, ne font jamais rien en
France ; ils s'appliquent tout au plus à leurs affaires privées, dont l'administration les soulage tant qu'elle peut ;
mais ils se gardent bien de s'occuper des affaires générales : l'État est chargé de le faire pour eux. Cette disposition malheureuse de nos esprits servait à merveille un
pouvoir nouveau, qui, pour se rendre stable, avait besoin d'attirer à lui toutes les fonctions, et de se rendre
présent partout, et partout nécessaire. Il fit donc deux
choses : l'une admirable, l'autre excessive. Il créa de
nombreuses écoles ; il donna au corps enseignant qu'il fon-
dait le monopole de l'enseignement et lui asservit tous
les instituteurs privés.

Pour ceux qui regardent la centralisation comme la

forme la plus parfaite de gouvernement, l'Université de
France était une création merveilleuse. Trois ordres d'enseignements distincts, appropriés aux besoins des diverses classes de la société, et disposés de telle sorte que
chaque enseignement inférieur pût servir de préparation
à l'enseignement immédiatement supérieur ; tous les établissements de chaque ordre formés sur le même modèle,
soumis aux mêmes règlements, et à des règlements à la
fois très-sages, très-minutieux et très-pratiques ; une
hiérarchie entre les divers établissements et entre les
fonctionnaires, savante et exacte ; des agents administratifs sous le nom de recteurs, assez nombreux pour exercer leur surveillance sur toutes les parties de l'enseignement ; un conseil supérieur, assisté d'inspecteurs généraux,
assez informé par ses inspecteurs, assez plein, par sa
composition, d'autorité et de lumières, armé d'assez de
pouvoir pour maintenir la discipline, et pour inspirer
l'enseignement à tous ses degrés ; enfin, au sommet, un
grand maître, qui ne dépendait que du chef de l'État, et
qui était, à la tête du corps qu'il possédait, comme un général à la tête de son armée, ou plutôt, car il avait
réellement le gouvernement des âmes, comme un pontife
au milieu de son clergé : telle était, en gros, l'organisation de l'Université de France ; et pour que tous les esprits
fussent imbus des mêmes idées, pourvus des mêmes enseignements, accoutumés aux mêmes méthodes, jetés,
en un mot, dans le même moule, les quelques établissements privés que le clergé ou des particuliers créaient en
dehors des écoles officielles, étaient soumis aux mêmes
règlements, surveillés par les mêmes inspecteurs, et
forcés, dans certains cas, d'envoyer leurs élèves aux
cours de l'Université, et dans tous les cas, aux examens
de l'Université. Cet enseignement identique par le fond et
par la forme, donné par un corps de professeurs qui
n'étaient attachés d'une manière définitive ni à une école
ni à un territoire, mais qui restaient comme tous les

fonctionnaires publics à la disposition de l'autorité centrale, devait produire à la longue une unité plus complète que le fameux décret de la Constituante qui avait
brisé les provinces, et créé les départements. Richelieu
avait perfectionné l'unité administrative, Louis XIV l'u-
nité religieuse ; Bonaparte tendait à l'unité intellectuelle.
Ce grand général voulait conduire les esprits comme il
conduisait une armée, c'est-à-dire à la baguette.

On sait assez quels furent les services de l'Université;
la France lui dut de ne pas déchoir en Europe de son
rang intellectuel et moral ; mais il faut dire le mal à côté
du bien ; elle nuisit certainement à la liberté, et par suite
à l'originalité. Elle aggrava le mal dont nous souffrons.
Nous sortîmes de ses mains nourris de bons préceptes,
éclairés par de bons enseignements, mais passifs, accoutumés à recevoir d'en haut la direction de nos idées et de
nos actes.

A mesure que les nécessités d'ordre et de création rapide, qui préocupaient le gouvernement à l'époque de la fondation de l'Université, devinrent moins pressantes, et que
l'esprit de liberté prit quelques faibles accroissements, on
commença à sentir le poids du monopole universitaire.
Le clergé le sentit le premier, pour deux raisons : d'abord,
parce que sa force est dans le gouvernement spirituel,
que l'Université lui prenait ou lui disputait; ensuite,
parce qu'étant un corps, et un très-grand corps, par l'organisation et par le nombre, il avait en lui les moyens de
lutter efficacement contre l'Université. Quelques esprits
turbulents, comme il s'en rencontre partout, voulant
réussir par l'agitation, et n'espérant l'agitation que du
scandale, au lieu d'attaquer le monopole universitaire
comme monopole, ce qui eût été juste et n'eût rencontré
que de l'indifférence, attaquèrent l'Université comme im-
morale, ce qui était d'une injustice et même d'une ingratitude révoltante ; et, par ce moyen, ils produisirent, avec
quelque peine, il est vrai, un mouvement d'opinion. La

lutte parut être entre le catholicisme ultramontain et le corps universitaire ; elle aurait dû être entre l'esprit de monopole et l'esprit de liberté. Mais nous n'aimons pas la liberté, nous ne la comprenons pas, nous n'y songeons pas ; et je n'en veux d'autre preuve que celle-ci : pourquoi les catholiques ont-ils demandé la liberté d'enseignement ? La liberté d'enseignement et la tolérance religieuse ne sont pas des conséquences de l'esprit catholique. Ils ont demandé la liberté d'enseignement comme un pis aller, parce qu'ils n'avaient plus le monopole et n'espéraient pas le reconquérir. On le leur a dit, on a eu raison ; les esprits justes et droits, parmi eux, en sont tombés d'accord. Ce qu'on n'a pas dit, et ce qui était presque aussi vrai, c'est que la liberté en France n'est jamais demandée par personne que dans cette condition. On la demande d'abord, parce que c'est le commencement ; et à peine l'a-t-on obtenue, qu'on s'efforce à son tour de dominer. Quand l'enseignement officiel est entre les mains des philosophes, si un catholique demande la liberté d'enseignement, cela ne prouve pas péremptoirement qu'il soit libéral ; mais si un homme, quel qu'il soit, pouvant enseigner tout ce qu'il veut, demande la même liberté pour ses adversaires, voilà enfin un libéral : nous l'avons trouvé. J'ose dire qu'avant de mettre la main sur cet homme rare, sur cet amant de la liberté pour elle-même, on allumera plus d'une fois la lanterne de Diogène. Dans la querelle de l'Université et du clergé, il fallut assez de temps aux intelligences impartiales pour reconnaître la véritable nature de la question, au milieu des efforts tentés d'un côté pour souffler le fanatisme, de l'autre pour ressusciter le voltairianisme. Les lois, qui se succédèrent assez vite il y a quelques années, excédèrent tantôt dans un sens, tantôt dans un autre ; elles eurent pourtant cette importante conséquence, d'émanciper presque complétement l'enseignement primaire et l'enseignement secondaire. C'est surtout le clergé qui en profite ; mais cela n'empêche pas la li-

berté d'être bonne. Le clergé aime à faire; il sait faire; il
excelle à créer des associations : les laïques devraient
plutôt songer à l'imiter en cela qu'à le gêner.

Je n'ajouterai qu'une remarque sur les débats parle-
mentaires dont la question de l'enseignement a été l'objet
en 1850; c'est que les adversaires de la centralisation
excessive n'avaient songé à la détruire qu'au profit des
départements, tandis qu'il aurait fallu songer surtout à
donner aux écoles un caractère communal; mais nous ne
comprenons pas encore la puissance de la commune, parce
que nous n'avons pas la science de la liberté. La loi du
15 mars 1850 avait créé des recteurs départementaux que
leur situation soumettait à l'influence du préfet et de l'évêque. La loi du 14 juin 1854 en rendant aux académies
un vaste ressort, aux recteurs une grande importance
personnelle et une autorité étendue, a pourtant distrait de
leur compétence, et transporté aux préfets assistés d'un
conseil départemental la direction de l'instruction primaire et les affaires disciplinaires et contentieuses qui
concernent l'instruction secondaire libre. Le recteur n'est
plus chargé, pour ces deux importants services, que d'attributions purement scolaires. Au milieu de ces boulever-
sements d'attributions et de compétences, dont on comprend aisément le caractère politique, il n'y a qu'un point
qui soit demeuré ; c'est la suppression de ce qu'on appelait autrefois le monopole universitaire. Les fonctionnaires
de l'Université sont plus gouvernés que jamais ; mais ils
ne gouvernent plus les écoles libres, ils ne font que les
surveiller. L'émancipation des écoles primaires et des
colléges portera-t-elle des fruits importants dans l'avenir?
Donnera-t-elle aux jeunes générations plus d'accent, plus
de verdeur, plus d'initiative ? Cela dépend maintenant de
nous, puisque la loi ne nous gêne plus. N'oublions pas
cependant, comme symptôme de la situation morale du
pays, que tout le terrain que la liberté a ôté à l'État a été
immédiatement envahi par le clergé catholique.

Pendant qu'on se relâchait de la sévérité des principes centralisateurs en faveur de l'instruction primaire et de l'instruction secondaire, l'enseignement supérieur restait dans le *statu quo*. L'enseignement supérieur est donné en France par les Facultés, et par un certain nombre d'écoles de haut enseignement étrangères à l'Université, quoique soumises au ministre de l'instruction publique. Parmi ces écoles, il n'y a que le Collége de France qui ait, en philosophie et en histoire, une importance réelle. Reste donc, pour répandre, en dehors de l'enseignement des classes, les grandes théories de la science, et pour donner l'impulsion aux esprits, les seules Facultés. On peut, avec l'autorisation du ministre et celle de l'autorité municipale, ouvrir des cours libres, des athénées, faire des lectures; mais c'est à Paris seulement qu'il y a de temps en temps quelque tentative de ce genre; et cela se passe obscurément, sans aucune influence sur le mouvement des idées, et sans aucun profit pour la science. L'usage n'est pas qu'un homme éminent prenne ce moyen pour faire connaître ses idées au public; et, comme cette sorte d'enseignement n'est que tolérée, il est hors de doute qu'un professeur qui s'écarterait trop des idées reçues en religion ou en politique serait immédiatement réduit au silence. Il est donc vrai de dire, malgré quelques rarissimes exceptions, que le seul enseignement public est celui des Facultés.

Or, c'est un enseignement très-savant, très-honnête, distribué par des hommes d'une moralité irréprochable, et dont quelques-uns, à Paris et en province, ont un mérite éclatant. Mais c'est un enseignement officiel. Il n'est pas libre, il ne peut pas, il ne doit pas l'être.

C'est une proposition qui paraîtra bien peu libérale ; peu de mots suffiront pour la justifier. Les professeurs de Facultés sont directement nommés par le ministre; ils sont payés sur le buget de l'État ; l'assiduité à leurs cours pendant deux, trois ou quatre ans, suivant les cas, est exigée par les règlements pour l'obtention des grades; ils sont spécialement et exclusivement chargés d'examiner les candidats, et tiennent ainsi la clef de toutes les carrières. Telle est l'organisation des Facultés ; je n'examine pas si elle est bonne : étant ce qu'elle est, je dis qu'elle a pour conséquence nécessaire et légitime, que les professeurs ne sont pas libres dans leur enseignement.

En effet, supposons un professeur qui enseigne une doctrine monstrueuse, l'athéisme, par exemple. Conçoit-on qu'un professeur d'athéisme soit nommé par le ministre et salarié par le budget ? que les jeunes gens soient obligés de suivre son cours pendant deux ans ? qu'il ait le droit de les examiner et de les juger ? et qu'on ne puisse, sans sa permission, être ni médecin, ni avocat, ni professeur? Je sais bien qu'il n'y aura pas de professeur athée; mais s'il s'en présentait un, l'État devrait le destituer à l'instant. Est-ce seulement l'athéisme qui doit faire exclure un professeur? Que dire d'un professeur matérialiste? ou panthéiste ? ou seulement empirique ? d'un jurisconsulte attaquant les principes du code qu'il est chargé de commenter, et peut-être les actes du pouvoir qui l'a institué et qui le paye? Chacun peut dire jusqu'où, suivant lui, s'étendent la responsabilité de l'État et la liberté du professeur; mais quelle que soit la limite, il est constant qu'elle existe, et qu'un enseignement officiel ne peut ni ne doit être un enseignement libre.

Il serait assurément très-intéressant qu'il y eût à Paris une chaire d'histoire occupée par un protestant, et dans laquelle seraient racontées les origines de la Réforme dans notre pays, ses progrès, ses vicissitudes, les chances qu'elle a pu avoir un moment de remplacer la religion officielle, ou du moins de conquérir l'entière liberté des cultes ; et je voudrais qu'il pût y avoir aussi, à quelques pas de là, une autre chaire où un catholique défendrait la politique suivie par l'Église, et par le roi de France, fils aîné de l'Église, depuis François Iᵉʳ jus-

qu'à la Révolution. C'est une question digne d'être débattue, que celle de savoir laquelle des deux religions
convenait le mieux au caractère français et au'rôle de la
France en Europe. Je suis convaincu que si les protestants avaient le droit de fonder une chaire libre pour
examiner cette question d'histoire et de philosophie politique à leur point de vue, il n'en résulterait aucun
trouble, aucun scandale ; je dirai même que je suis trop
rassuré à cet égard. Je voudrais, de grand cœur, qu'il
y eût, dans cette société, assez d'énergie morale pour
qu'une discussion purement religieuse y pût produire
quelque émotion. Quand on ne s'irrite pas parce qu'on'
ne sent pas, je n'appelle pas cela la paix, mais la mort.
Je regarderais donc cet enseignement comme utile et
innocent, s'il était libre. Mais quel est le professeur protestant, régulièrement arrivé à une chaire de Sorbonne,
qui voudrait le faire dans ce lieu, avec cette attache de
l'État, et ces auditeurs contraints de l'écouter ou de renoncer à leur profession ? Il ne peut user de sa liberté
comme homme, sans blesser dans ses auditeurs la liberté
de conscience.

Cette absence de liberté tient-elle à l'essence de l'enseignement public ? Pas le moins du monde. Ce qui n'est
pas possible avec la nomination ministérielle, le traitement sur le Trésor, l'obligation d'assiduité et les examens, devient très-possible au contraire si tout cela
disparaît, s'il y a plusieurs universités, et si chaque
université vit de son propre fonds, se recrute elle-même,
n'est fréquentée que par des auditeurs libres, et ne répond de son enseignement que devant les tribunaux du
pays.

Maintenant, est-il bon qu'il n'y ait qu'un seul enseignement public, inspiré, dirigé par le ministre ; ou vaut-il
mieux que toutes les doctrines puissent se produire à
leurs risques ? Je n'hésite pas à me prononcer pour le
second parti ; et je le fais avec d'autant plus d'autorité

ce me semble, que si la liberté existait, il est plus que
probable que l'enseignement donné dans les chaires de
l'État ressemblerait bien plus à ma doctrine que l'enseignement qu'on entendrait dans les chaires indépendantes. Je ne gagnerais rien à la liberté, si ce n'est la
liberté elle-même. Mais la liberté dans la science, c'est
la condition de l'autorité, la source de l'originalité et du
progrès.

Je sais, et j'affirme que les hommes d'honneur qui
occupent les chaires du haut enseignement, n'enseignent
que ce qu'ils croient, mais s'ils n'avaient pas précisément cette croyance, on ne les aurait pas choisis pour
la fonction qu'ils occupent. Je sais aussi que quand le
professeur est un homme d'un talent exceptionnel, le
ministre est désarmé contre lui, et ne peut plus user
de son droit ; mais le jour où le professeur s'apercevrait
que ses doctrines sont en désaccord, non pas avec la
politique du gouvernement, la politique n'a rien à voir
dans cette affaire, mais avec les nécessités de sa position, il se condamnerait lui-même au silence. En un
mot, ce n'est pas sans raison que l'enseignement tel qu'il
est constitué chez nous porte le nom d'enseignement de
l'État ; c'est bien réellement l'État qui enseigne par la
bouche des professeurs de Facultés. Une modification
récente dans la condition des professeurs publics les a
en quelque sorte rattachés à leur chef par de nouveaux
liens : ils étaient élus par leurs collègues, et inamovibles ;
ils sont nommés par le ministre, et peuvent être révoqués par ordonnance.

On voit donc que le génie de la centralisation et de
l'administration n'a pas plus épargné les idées que le
reste. Il y a, en France, une administration des idées ;
elle a son siége au ministère de l'instruction publique.
On y choisit les professeurs, et on y règle, chaque année
les programmes. On s'y fait rendre compte de la teneur
de chaque enseignement. La doctrine du professeur y

arrive résumée par lui-même, annotée par l'inspecteur d'Académie, le recteur et l'inspecteur général. On délibère dans les bureaux du ministre pour savoir si elle est orthodoxe, je veux dire officielle. Les délibérants ne sont peut-être pas des académiciens; mais j'avoue de bonne grâce qu'ils pourraient l'être. Je gage qu'on n'a pas moins horreur des nouveautés dans ce cénacle, que dans les assemblées du clergé. Je ne dis pas que cela puisse être autrement ni que cela soit mauvais. Je trouve excellent que cette institution réglée et surveillée existe. Elle rend au pays d'éclatants services. Je voudrais seulement qu'elle n'existât pas seule. En un mot, je suppose que l'auteur de l'*Histoire de la Civilisation* ne soit pas membre de l'Université, et je demande qu'il puisse, sans obtenir une faveur du ministère, enseigner l'histoire dans son pays.

L'objection est que par cette liberté on donnerait carte blanche à toutes les médiocrités et à toutes les perversités. Pour ma part, je n'en crois pas un seul mot. Je sais bien que la liberté est pour tout le monde, et pour toutes les doctrines; mais il y a pourtant des réserves. Elle est pour tout le monde, avec cette restriction qu'on n'a des auditeurs que quand on a du talent; elle est pour toutes les doctrines, avec cette restriction, qu'il n'est pas plus permis de prêcher la désobéissance aux lois, que de désobéir aux lois. L'autorité administrative doit être armée du droit de fermer immédiatement un cours qui lui semble dangereux, sauf à faire juger la question sans aucun délai, par les tribunaux. Il est bien étrange que nous ayons en France si peu d'idées, et tant de peur des idées. Il ne nous naît guère de Spinoza; mais toute notre législation semble faite en vue d'un Spinoza qui pourrait naître. Tous ces règlements et tous ces inspecteurs existent depuis l'origine de l'Université, pour que Spinoza, si jamais il se produit, ne puisse pas parler.

Si je voulais résumer la situation de l'enseignement à tous les degrés en France, je dirais : l'État d'un côté, et de l'autre les individus, sans aucune force ou puissance intermédiaire. Il en est de même pour toutes les branches d'administration, et c'est ce qùi fait que la liberté n'est jamais chez nous que théorique. Je me trompe pourtant en ce qui concerne l'enseignement : outre la force collective de l'État qui, heureusement, est considérable, et celle des individus qui est à peu près nulle, il y a une action collective importante, c'est celle du clergé catholique. Lui seul n'est pas écrasé par l'État, parce qu'il est une association. Je le dis à son honneur, pour que son exemple nous serve de leçon et que nous apprenions enfin qu'en dépit des meilleures intentions et des meilleures lois, il n'y a de liberté pratique nulle part sans de fortes institutions communales, et sans l'habitude de l'association volontaire.

A défaut de l'enseignement oral, nous avons, en France, l'enseignement écrit, qui se fait par les journaux et par les livres. Nous savons assez combien l'administration française prend de précautions contre les journaux. On ne connaît en Angleterre, ni le timbre, ni l'autorisation, ni le gérant agréé, ni le rédacteur en chef agréé, ni les avertissements, ni la suspension, ni la suppression, ni les procès de presse. Tout le monde y peut fonder un journal, même politique, à la seule condition de déposer une certaine somme pour répondre des condamnations civiles, et de courir les chances d'un procès, si quelque personne privée ou publique juge à propos de poursuivre les éditeurs devant les tribunaux. La même liberté existe pour les pamphlets et les gravures. Une loi récente permet de saisir chez les libraires les livres et gravures obscènes exposés en vente. Cette loi, qui était devenue absolument nécessaire, surtout dans certains quartiers, est d'une exécution difficile. Il n'y a, dans les trois royaumes, que le théâtre qui, par une exception assez peu justifiée, soit soumis à des lois préventives [1]. Cepen-

---

1. Aucune pièce ne peut être représentée sans que le manuscrit

dant, le gouvernement de la reine est, si je ne me trompe, assez généralement obéi dans les trois royaumes; et quoique la première religion venue y puisse bâtir un temple sans la permission du maire et l'autorisation du ministre de l'intérieur, les mœurs n'y sont pas plus dépravées que de ce côté-ci de l'eau, et la foi religieuse dans les diverses communions n'y est pas moins vive. Il est juste cependant de dire que si les journaux et même les revues sont surveillés de près chez nous, les livres ne dépendent que des tribunaux. Cette distinction est fondée sur ce que la presse périodique participe à la fois de la nature des livres et de la nature des théâtres. Elle agit par le raisonnement et par la passion. Or, c'est surtout la passion que nos lois ont eue en vue. Elles respectent le raisonnement, quand il est calme et qu'il se produit, non dans une chaire ni dans une brochure, mais dans un volume de juste épaisseur [1].

L'Assemblée constituante avait formulé la liberté de penser en ces termes : « La libre communication des pensées et des opinions est un des droits les plus précieux de l'homme; tout citoyen peut donc parler, écrire, imprimer librement, sauf à répondre de l'abus de cette liberté dans les cas déterminés par la loi [2]. » Ainsi, d'après la définition même de l'Assemblée constituante, la liberté de penser consiste dans la suppression des mesures préventives et se concilie avec la nécessité de répondre de ses opinions devant les tribunaux. On ne

---

ait été déposé chez le lord chambellan, qui peut mettre opposition pendant un délai de quinze jours. Ce droit de censure, qui contraste singulièrement avec les institutions anglaises, n'est que très-rarement exercé, et toujours dans l'intérêt des mœurs.

1. « Les écrits non périodiques traitant de matières politiques ou d'économie sociale, s'ils sont publiés en une ou plusieurs livraisons, ayant moins de dix feuilles d'impression de vingt-cinq à trente-deux décimètres carrés, seront soumis à un droit de timbre de cinq centimes par feuille. » (Décret des 17-28 février 1852, art. 9.)

2. Art. 11 de la Déclaration des droits.

peut affranchir de toute pénalité les crimes écrits. Le
bras exécute, mais la tête conseille. L'écrivain qui fait
l'apologie du crime en est le complice. Sans contester
ces propositions, qui sont évidentes en morale, je ferai
sur l'application quelques observations nécessaires.

Écartons d'abord les provocations directes à un crime
ou à un délit, sur lesquelles il ne peut y avoir aucune
difficulté. Exemple : « Le 5 du mois prochain les ouvriers
en papier peint se rendront à l'endroit qui leur sera dé-
signé par une communication ultérieure, et ils s'empare-
ront de toutes les marchandises qu'ils y trouveront. »
Quel que soit le papier qui porte ces lignes, voilà un
complot formé pour le vol et le pillage. Si les chefs du
complot, au lieu d'imprimer leurs ordres, les avaient
écrits dans une lettre, le seul fait d'avoir écrit cette lettre
constituerait un crime. Il n'est nullement nécessaire que
le complot ait été poussé plus loin ; cet ordre précis et
formel est à lui seul un commencement d'exécution. Il n'y
a donc pas ici de délit de presse proprement dit, il n'y a
qu'un crime ordinaire.

Voici maintenant un second exemple. On lit dans un
journal les lignes suivantes : « Quand les lâches manda-
taires du peuple encouragent au crime par l'impunité,
on ne doit pas trouver mauvais que le peuple, poussé au
désespoir, se fasse lui-même justice. Laissons là les
mesures répressives des lois ; il n'est que trop évident
qu'elles ont toujours été et seront toujours sans effet.
Dans tout pays où les droits du peuple ne sont pas de
vains titres consignés fastueusement dans une simple
Déclaration, le pillage de quelques magasins à la porte
desquels on pendrait les accapareurs, mettrait fin aux
malversations. » Je n'examine pas si ces lignes sont plus
ou moins coupables que celles que je citais tout à l'heure.
Il est clair pour tout le monde qu'elles sont une provocation directe à l'assassinat. S'il y a des magasins pillés
à la suite de cette provocation, des marchands pendus à

leur porte, le tribunal qui instruira de l'émeute, devra
comprendre l'écrivain dans ses poursuites, non à titre
d'écrivain, mais à titre de complice ou de chef de cette
agression sauvage contre la propriété et la vie des
citoyens. Dans ce cas-là encore, il y aura un délit, ou
plutôt un crime abominable commis par la voie de la
presse, mais il n'y aura pas, à proprement parler, un
délit de presse. Si, au contraire, les féroces exhortations
de l'écrivain n'ont été suivies d'aucune tentative d'é-
meute, et que pourtant on le poursuive pour cette provocation non suivie d'effet, alors c'est comme écrivain qu'il
est mis en cause. Voilà le plus légitime procès de presse
que puissent poursuivre la vengeance des lois et l'indignation publique.

J'ai choisi tout exprès un exemple célèbre pour qu'on
ne m'accuse pas d'inventer à plaisir des cas impossibles.
Non-seulement, le crime est affreux, si affreux qu'il n'y
a eu qu'un jour où un pareil crime fût possible, et qu'un
homme qui pût le commettre ; mais il est bien rare que
les crimes commis par la voie de la presse prennent
cette forme précise, explicite, et fournissent à l'accusation
un texte portant l'évidence en lui-même et ne souffrant
pas de commentaire. Dans la presque totalité des cas,
la criminalité résulte ou d'expressions à dessein équivoques, ou d'allusions à demi voilées et qui offrent à la
défense une échappatoire, ou de l'impression générale
que laisse un écrit, dont aucune phrase en particulier
ne peut être regardée comme coupable, ou enfin du rapprochement de plusieurs passages, innocents en eux-
mêmes, mais qui s'expliquent et s'éclairent mutuellement. Souvent l'auteur a eu la résolution d'observer la
loi, mais il ne l'a pas connue ; ou l'ayant connue, il a
cru de bonne foi que sa discussion ne dépassait pas les
limites permises, et qu'en montrant aux législateurs le
vice de la loi, ce qui est le droit et même le devoir de
tout homme éclairé, il n'avait, par aucune de ses pa-

roles, provoqué les citoyens à violer cette même loi,
tant qu'elle existe. Tous ceux qui tiennent une plume
savent combien les esprits les plus lucides ont de peine
à rendre complétement et clairement leur pensée. Il arrive que l'auteur, placé dans un certain courant d'idées,
écrit une phrase très-simple et très-nette pour lui, très-
obscure ou très-équivoque pour le lecteur qui n'est pas
placé au même point de vue, ou qui le lit avec un parti
pris d'opposition. Nous voyons ce phénomène se produire
tous les jours dans la critique. L'auteur s'écrie : « On ne
m'a pas entendu ! » Cela ne prouve pas toujours que le
critique ait été de mauvaise foi, ou que l'auteur ait été
obscur. Quand on relit un chapitre avant de le livrer à
l'impression, on a l'esprit assiégé de mille préoccupations :
est-ce juste? est-ce clair? est-ce utile? Et l'on se demande aussi: est-ce correct, élégant dans la forme, nouveau
pour la pensée? Car enfin, si un livre ne devait ni plaire
ni instruire, il faudrait avoir le courage de le jeter aux
flammes. Pendant qu'on délibère ainsi avec anxiété,
on ne songe ordinairement qu'à ce qu'on a voulu
dire; on reste dans son propre camp : on parle avec ses
propres sentiments et sa propre langue. C'est une bonne
épreuve à s'imposer à soi-même, quand on le peut, de
supposer à ce dernier moment, un adversaire, je dis tel
ou tel, par son nom, lisant à son tour le même chapitre,
et le jugeant à un point de vue tout différent. L'auteur
qui fera cela, découvrira à coup sûr dans ses idées des
lacunes, dans son raisonnement des obscurités, dans
son style des équivoques sur lesquelles, emporté par sa
conviction, il aurait passé à pieds joints. Le même phénomène est bien plus frappant encore pour un orateur,
parce que là l'opposition est réellement présente, présente en personne. Vous préparez à loisir votre harangue
dans votre cabinet : vous êtes plein de votre matière;
vous l'ordonnez dans un bon ordre ; vous prévoyez les
objections, vous arrêtez les principales réponses, et il

vous semble, après avoir passé une dernière fois la revue de vos troupes, que si la parole ne vous trahit pas, cet ensemble, dont vous avez une idée si nette, va frapper tous les esprits avec la même évidence. Cependant, tandis que vous êtes aux prises avec votre auditoire, vous voyez tout à coup qu'une proposition selon vous incontestable, évidente, un axiome, rencontre de l'incrédulité ou de la répulsion. Vous lisez cela dans les yeux, sur la figure, dans l'attitude de ceux qui vous entourent. Et peut-être que, comptant sur l'effet contraire, vous avez joué, en quelque sorte, toute votre démonstration sur ce moyen qui se tourne subitement contre vous. Pendant une heure, si vous suivez votre projet conçu à l'avance, vous allez revenir sur cet ordre d'idées, l'amplifier, l'exagérer, augmenter par conséquent l'abîme qui vous sépare de vos auditeurs. C'est là que l'orateur a besoin de toutes ses ressources : car s'il n'a pas de spontanéité, s'il ne sait pas retourner son plan de bataille sous les yeux de l'ennemi, il est perdu. J'ai pris cet exemple pour montrer qu'il y a des malentendus involontaires, où celui qui parle veut dire une chose, et celui qui écoute en entend une autre; et cela tient à des dispositions, à des origines différentes, quelquefois même à l'excès de la passion et de la conviction. Ce danger est bien plus grand pour la parole écrite. Une fois la phrase moulée par l'impression, il n'y a plus à y revenir. L'auteur a beau se récrier : l'ennemi lui montre implacablement ce passage où il voit, où il y a peut-être ce que l'auteur n'a jamais voulu y mettre. Voilà un livre condamné, et un auteur innocent.

Il faut tenir compte aussi de la passion. Dans l'ardeur qui s'empare d'un esprit, il va quelquefois plus loin qu'il n'avait résolu d'aller. Ce n'est pas seulement à la tribune, c'est dans le cabinet, la plume à la main. La plume entraîne l'écrivain, comme la parole entraîne l'orateur. Il est vrai qu'on peut revenir sur ses pas, recommencer, se juger; cela est surtout facile aux pauvres. Ceux qui

n'ont pas beaucoup d'idées ont peu de difficulté et peu de
mérite à les soumettre à une discipline exacte. On doit
pardonner quelque chose à l'enthousiasme et à l'imagination. Bien peu d'hommes réunissent dans un juste
équilibre ces deux dons qui font le génie : la flamme et
la critique.

Que conclure de tout cela? C'est qu'à bien peu d'exceptions près, tout procès de presse est un procès de tendance. Et qu'en conclure encore? C'est que, la plupart du
temps, l'écrit incriminé est réellement susceptible de
deux interprétations. On entend deux plaidoyers, également éloquents, également démonstratifs, l'un pour l'attaque et l'autre pour la défense. En supposant même
que le délit soit réellement, soit matériellement dans l'ouvrage, il n'est pas sûr qu'il soit dans l'intention de l'é-
crivain. Il y a des organes du ministère public qui sont
des critiques de premier ordre, et qui donnent à l'accusé
à l'audience une véritable leçon de style et de logique,
en lui révélant dans ses propres paroles un sens qu'il
n'y avait jamais vu.

Les plus grands ennemis de la liberté de penser m'accorderont sans doute à présent, qu'excepté dans le cas
où la criminalité est évidente par les lois ordinaires, une
juridiction spéciale sur la presse est très-périlleuse. Il
faut au moins que le tribunal soit consommé, non-seulement dans la connaissance des lois, mais dans toutes
les matières que l'écrivain a traitées, et dans tous les
procédés de l'art de penser et d'écrire. Cette grande compétence technique est indispensable à la compétence judiciaire. On ne peut se dissimuler que la pensée de
commettre un délit à son insu, et de tomber par ignorance, par imprudence sous la vindicte des lois, ne soit
une grande gêne pour le travail du penseur, et par suite
un grand obstacle à la découverte de la vérité. Spinoza,
dont je parlais tout à l'heure, je le choisis exprès, parce
que sa doctrine est l'opposé de la mienne, Spinoza en

écrivant son système, en le publiant, savait à merveille qu'il s'exposait à une condamnation légale; que s'il n'était pas régulièrement mis en cause, le moins qu'il pût lui arriver était de se voir proscrit par tous les gouvernements; que la plupart des écrivains, et parmi eux tous les écrivains puissants et autorisés, loin de prendre sa défense, applaudiraient aux mesures rigoureuses dont il serait l'objet, et ajouteraient par la dureté de leurs attaques aux tristesses de sa vie. Il savait cela, et pourtant, croyant voir la vérité, il l'a exposée de son mieux; et moi, ennemi de sa doctrine, moi qui l'ai combattue de toutes mes forces, je me demande s'il y a un courage au-dessus de celui dont il a fait preuve. Je me sens obligé de l'admirer profondément pour ce courage. Je me demande si beaucoup d'esprits en seraient capables. Je suppose pour un instant une société organisée d'après les principes de Spinoza; et je cherche si Leibnitz, vivant dans cette société, aurait fait pour la vérité ce que Spinoza a fait pour l'erreur. Et cette réflexion m'amène à cette conséquence que, pour pousser un peu loin, je ne dis pas le système préventif, mais le système répressif en matière d'idées, il faut presque se croire infaillible. S'il y avait eu au XIIe siècle une législation répressive efficace, supposition absurde, puisque c'est supposer que la force matérielle soit plus forte que la force intellectuelle, mais enfin, s'il y avait eu ou pu y avoir une telle législation au XIIe siècle, nous serions au XIIe siècle encore aujourd'hui. S'il y en avait eu une au temps de Dioclétien, le christianisme serait étouffé. Il ne faut pas répondre à ces hypothèses, qui sont d'irréfutables démonstrations, en disant que Dioclétien était dans le faux, et que nous sommes dans le vrai; car il est clair que c'est le langage et l'excuse des inquisiteurs de tous les temps. La liberté est nécessairement abstraite; elle l'est par définition, par essence. Si on avait dit sous Louis XIV, après la révocation de l'édit de Nantes : Le culte catholique a seul la liberté en France, et les autres cultes ne l'ont pas, on aurait très-mal parlé. Il fallait dire : Aucun culte n'a la liberté en France ; mais le culte catholique n'en a pas besoin. En effet, le culte protestant n'était pas libre, puisqu'il était proscrit ; et le culte catholique n'était pas libre, puisqu'il était imposé.

Que veut-on protéger ? Les mœurs, les religions ou le pouvoir politique ? car la loi peut avoir ce triple objet. On sent bien qu'il n'y a pas, aux yeux de la morale, de plus grand crime que de pervertir les âmes par des tableaux qui blessent la pudeur, par des apologies qui effacent la différence du bien et du mal, et détruisent tous les bons effets de l'éducation. Mais on peut se demander à ce sujet si la répression est intelligente, si elle peut l'être ; si elle est efficace, si elle peut l'être. A toutes les époques il y a eu des ouvrages condamnés, et à toutes les époques, il a paru impunément à côté d'eux, des ouvrages plus réellement condamnables. Pourquoi cela ? C'est en partie parce que ceux qui sont chargés de la répression ont d'honorables scrupules. Quand ils trouvent des expressions cyniques qui révoltent tous les honnêtes gens, et même, ce qui est assez différent, tous les gens comme il faut, cela les met à l'aise, parce qu'ils ont un corps de délit palpable ; mais le vice ainsi avoué, ainsi étalé, n'est pas dégoûtant, il n'est que dangereux. C'est une obscénité dont on est bien aise d'être débarrassé, pour peu qu'on soit délicat ; mais on n'en a pas peur, on est trop bien armé, par l'éducation la plus ordinaire, contre des appâts de cette nature. Où le péril est réel, c'est quand l'écrivain possède toutes les ressources de l'art ; quand il écrit dans une langue chaste des choses qui ne le sont pas ; quand il condamne en beaux termes le vice qu'il décrit mieux encore ; quand il en remplit l'imagination, quand il le rend aimable, peut-être sans le vouloir. Il se croit quitte à bon marché envers la morale, pour un jugement correct, pour quelques pages de saine philosophie, qu'on oublie aussitôt, tandis qu'on est hanté toute sa vie par les peintures passionnées qui font le succès de l'ouvrage. Comment la répression ira-t-elle chercher un pareil livre? L'auteur parle à l'avance comme le réquisitoire. Combien il me serait aisé de démontrer tout cela, et de justifier tout le monde, si je pouvais prendre des exemples! Il n'y a que le système de la répression qui en souffrirait, et qui paraîtrait peut-être inutile. Mais je ne veux pas nommer les vivants, et on ne connaît plus les morts. Chaque génération a ses scandales qu'elle préfère. Tout auteur qui frappe à cette porte est sûr de la popularité pour un an ou deux, et de l'oubli quand l'accès est passé.

C'est autre chose en religion et en politique. Dans ce cas-là l'inefficacité de la répression est beaucoup plus grande, elle est presque complète. On punit l'auteur sans doute, ce qui n'importe pas le moins du monde à ceux qui le punissent, mais on ne supprime pas le livre. Le feu que le bourreau de Paris allumait très-réellement et très-substantiellement au bas du grand escalier pour exécuter les arrêts de la grand'chambre, n'a jamais été qu'une hypothèse[1]. Si le livre n'a pas de valeur et ne contient pas une vérité, il meurt en dépit du jugement; mais s'il contient une vérité, ne croyez pas qu'aucune force humaine puisse la détruire. Je suppose même un raisonnement faux, mais captieux; ce n'est pas la prison qu'il faut lui opposer, c'est un raisonnement meilleur. Les sénateurs romains sont allés au-devant d'un général après une défaite pour le féliciter de n'avoir pas désespéré de

---

1. Les jésuites, faute d'un écrivain capable de réfuter les *Lettres Provinciales*, qui n'étaient pas irréfutables, les firent brûler par arrêt du parlement de Provence, en date du 9 février 1657. Voilà un fagot bien employé.

Les *Provinciales* ont été condamnées en outre par arrêt du conseil d'État du 23 septembre 1660, et à Rome le 6 septembre 1657. Une traduction italienne a été condamnée à Rome le 27 mars 1762.

la patrie. Eh bien! les partisans du système répressif
désespèrent de la vérité. Ils ont recours au bâton, parce
qu'ils ne savent pas se servir de la raison. Spinoza, j'y
reviens, a été proscrit toute sa vie; qu'est-ce que cela
fait à son système? Est-ce que ceux qui lisent le *Traité
théologico-politique* s'inquiètent de savoir si l'auteur a été
chassé de la synagogue? Spinoza affirme qu'il n'existe
rien hors de Dieu, et qu'on ne peut concevoir aucune
substance hors de Dieu[1]. Je m'inquiète bien en vérité que
les juifs aient prononcé contre lui l'anathème *Scham-
mata*; qu'il ait même failli être assassiné au sortir de la
synagogue ; que ses contemporains l'aient traité d'impie
et d'imposteur, et que, depuis près de trois siècles,
toutes les religions et toutes les écoles s'accordent pour
l'accabler de leurs malédictions. Toute la question est de
savoir si sa proposition est fausse[2].

Il y a parmi les hommes deux courants contre l'erreur.
Dès qu'ils croient la voir poindre : les uns ont recours à
la prison et aux tribunaux, les autres à l'imprimerie et à
la chaire. Ceux-là ne rêvent que d'empêcher, et ceux-ci
n'ont d'autre passion que de répondre. Je crains bien
pour les premiers qu'ils ne fassent une besogne à la fois
odieuse et inutile. Le bien et le mal ne croissent pas sé-
parément dans le champ fécond de la vie; ils germent
l'un à côté de l'autre, et entrelacent leurs branches d'une
manière inextricable[3]. La connaissance de l'un est donc
nécessairement liée à celle de l'autre. Que sera-ce si, par
malheur pour l'humanité, ce que les proscripteurs pren-

---

1. Spinoza, *Éthique*, Ire partie, prop. 15.
2. On lit dans les *Mémoires du marquis d'Argenson*, ce para-
graphe : « Le nommé Diderot a été interrogé dans sa prison à Vincennes. Il a reçu le magistrat (on dit même que c'est le ministre)
avec une hauteur de fanatique. L'interrogateur lui a dit : « Vous êtes
« un insolent, vous resterez longtemps ici. » (*Mém. d'Arg.*, t. III,
p. 262.) La mort change terriblement les rôles entre Diderot et
l'interrogateur. »
3. Mirabeau, *Sur la liberté de la presse*, opusc. de 1788.

nent pour l'erreur est au contraire la vérité elle-même? Il ne suffit pas d'être éclairé et honnête, pour être infaillible. Si l'homme ne sait point aimer la vérité par-dessus tout, qu'il apprenne au moins à se défier de soi. Qu'il lise l'histoire de toutes les doctrines, même des plus glorieuses et des plus saintes. « La lumière luit dans les ténèbres, et les ténèbres ne l'ont point comprise.... Il était de ce monde, et le monde a été fait par lui, et le monde ne l'a point connu. Il est venu chez soi, et les siens ne l'ont point reçu[1]. »

Qui sommes-nous, hommes du XIXᵉ siècle, pour marchander aux hommes la liberté de penser, au nom d'un prétendu intérêt social? Sur quoi reposent toutes nos institutions? Leur origine se cache-t-elle dans la nuit des temps? Elles sont d'hier. Est-ce Dieu qui·nous les a données, comme ces tables de la loi que Moïse recueillit dans un buisson ardent? Elles sont l'œuvre de nos pères; elles sont encore toutes trempées du généreux sang de nos pères. Il n'y a pas un des principes que nous tenons d'eux qui ne soit fondé sur la raison, qui ne soit l'expression du droit naturel. Le monde qu'ils ont justement renversé avait sa grandeur; il reposait sur la tradition, sur l'autorité; c'était son principe, sa force, sa logique; il appuyait tout sur cette base. Il existait par la grâce de Dieu, et par la volonté révélée de Dieu. Il pouvait imposer une croyance, car il était sorti tout entier d'une croyance. Il pouvait poser des limites aux lumières naturelles de la raison, puisqu'il invoquait une révélation surnaturelle. Mais aujourd'hui qui s'armera contre la raison? Qui viendra lui dire où expire son droit et sa force? Ce peuple, ce monde qui s'est livré à la raison, peut tout par elle; mais contre elle il ne peut rien. S'il l'ébranle, tout ce qu'on croyait solide s'écroule en même temps, puisque rien n'est debout autour de nous que ce

1. *Évangile selon saint Jean*, chap. I, v. 5, 10 et 11.

qu'elle a fondé. Je comprends ceux qui veulent effacer la date de 1789, qui adhèrent à la foi imposée et au droit divin, c'est une hypothèse régulière et complète, un système. Mais garder les conséquences de la Révolution, et en renier le principe; vivre de la liberté, et tuer la liberté dans sa source; parler d'égalité, de suffrage universel, de liberté civile, et remettre sous le joug la pensée; remplacer la domination d'une Église sainte, savante et croyante, par une commission de censure et un commissaire de police : ce n'est pas seulement un sacrilége; c'est une folie.

Sous l'ancien régime, l'État, catholique, pouvait s'adresser aux évêques catholiques, aux conciles, au pape, à la Sorbonne, à tous les définiteurs de la foi. Mais chez nous, mais aujourd'hui, avec nos lois, avec les soixante dernières années de notre histoire, avec nos habitudes d'esprit, que sont des magistrats civils devant un dogme? Où peuvent-ils prendre le droit d'imposer ou d'interdire une religion, puisque l'État s'est déclaré indifférent à toutes les formes religieuses? On ne commande pas la foi, on ne la gêne pas, au nom de l'indifférence. En se substituant au pouvoir religieux, le pouvoir civil ne peut pas avoir hérité des conditions et de la nature du pouvoir qu'il remplaçait.

Le pouvoir religieux, là où il existe, a pour caractère l'immobilité, puisque son symbole est complet dès le premier jour : la science a pour essence la recherche indéfinie de la vérité, puisque le champ de la connaissance est infini, comme la curiosité humaine, et que la science humaine sera toujours bornée. Le pouvoir religieux est nécessairement exercé par une autorité établie, puisqu'il s'agit de conserver et de maintenir : le pouvoir scientifique n'appartient à aucun corps ni à aucun homme, il n'appartient qu'à l'idée; et tous les membres de la famille humaine ont le droit égal, le droit absolu de chercher l'idée nouvelle, et, quand ils la possèdent, de l'expo-

ser à tous les yeux et de l'entourer de lumière, pour
qu'elle prenne son rang dans le gouvernement intellectuel. Le pouvoir religieux, qui ne souffrait ni changement
dans la doctrine, ni recherches au delà de la doctrine,
voulait, avec raison, rester maître des méthodes : la
science cherche l'inconnu par tous les chemins ; l'impuissance est, dans le monde de la science, le seul châtiment
de l'erreur. La croyance religieuse est le fruit de l'éducation, de l'habitude ; elle se produit par la démonstration
quelquefois, mais plus souvent par la persuasion ; elle se
prêche plus qu'elle ne s'enseigne ; la beauté des temples et
la splendeur des cérémonies est un de ses arguments ; la
prière pour elle n'est pas seulement la consécration de la foi,
elle en est la source, la source la plus féconde. Pour arriver à croire quand on ne croit pas, ou pour ne pas chanceler dans sa croyance, il est bon d'étudier, il vaut encore mieux prier, pratiquer. La pratique introduit la foi
en disciplinant l'esprit, en l'adoucissant, en le mettant
sous le joug des sentiments affectueux, et quelquefois en
le détournant de la réflexion. La curiosité, dans la religion càtholique, s'appelle une tentation ; ce seul mot
donne le caractère de la foi. Le désir de se rendre compte,
d'approfondir les preuves, est bon en lui-même ; et, pourtant, selon l'Église, il n'est pas licite pour toute nature
d'esprit indifféremment. Il est voisin de l'orgueil ; il peut
être, pour certains, une tentation. Au moyen âge, la lecture des livres saints n'était permise qu'aux forts. On
refusait cette nourriture vivifiante à la foule, on combat-
tait les aspirations trop ambitieuses de la pensée par
une vertu qui est chère, à juste titre, à l'Église catholique, parce qu'elle est le fruit de ses entrailles, et la dernière conséquence de sa morale, l'humilité. Humilité,
confiance, obéissance, foi imposée, tous ces fantômes
d'un monde aboli ne doivent pas être ramenés, ne peuvent pas l'être sans folie, au milieu de notre monde moderne, gouverné par la raison, et de notre politique,

dont le premier et le dernier mot est la souveraineté du peuple.

On veut combattre le scepticisme : rien de mieux; mais il faut le combattre avec les armes qui nous sont propres; ces armes sont celles de la liberté. La tendance de l'esprit humain laissé à lui-même n'est pas le scepticisme; il est né pour la foi et la vérité. Nous ne songeons qu'à le conduire, quand il n'y a plus rien à tenter que de l'émanciper, et nous voulons le conduire avec des instruments qui ne sont plus à notre main, dont nous ne savons plus user; qui blessent à chaque instant ceux qui s'en servent, qui se rapportent à un état de choses aboli, qui supposent des principes auxquels nous avons renoncé, une foi qui n'est plus la nôtre. Je ne parle pas seulement des théoriciens de l'absolutisme qui voudraient effacer la Révolution et le XVIII⁰ siècle, mais de ceux d'entre nous qui se résignent à être de leur temps, qui tiennent aux grands souvenirs de la Révolution, qui en sont fiers, qui croient aimer la liberté, qui croient la connaître. Tous ou presque tous, nous mêlons des instincts de despotisme, des habitudes de compression, de domination, à un désir de liberté sincère, mais inintelligent. On le voit bien à nos lois qui, depuis soixante ans, sont libérales dans leurs préambules, sans réussir à l'être dans leur dispositif.

Si nous n'avons plus de croyances, ce sont ces contradictions qui en sont cause. La foi ne saurait se soutenir au milieu de toutes les contradictions dont se compose ce qu'on appelle aujourd'hui complaisamment le sens commun. Le bon sens ne change pas avec les époques, mais l'opinion des hommes sur le bon sens. Sous Louis XIV, on n'était pas de bon sens, quand on doutait de la religion catholique, et sous Louis XV, on n'était pas de bon sens quand on avait, étant dans le monde, les opinions d'un religieux. Aujourd'hui nous avons fait à notre usage un bon sens qui consiste dans toutes

sortes d'incrédulités, couvertes de toutes sortes de grimaces. Croire une religion, et la pratiquer sérieusement,
en homme droit et intelligent qui ne ruse pas avec Dieu,
c'est exagérer, selon nous, c'est sortir du bon sens; ne
rien croire, et en convenir tout haut, c'est exagérer encore.
La première condition de notre nouvelle sagesse, c'est
de fuir toute originalité et de n'aller jamais au fond des
choses; c'est ce qui nous permet de porter enseigne de
vertu sans qu'il nous en coûte rien, et de sacrifier à tout
moment la justice et la liberté, sous prétexte d'habileté
pratique et d'obéissance aux usages. Nous avons trouvé
un art nouveau de concilier le fanatisme avec le scepticisme. Nous admettons très-difficilement la sincérité
d'une conviction que nous ne partageons pas. Nous
exigeons des prêtres qu'ils soient tolérants, non-seulement en matière civile, ce qui serait trop juste, mais en
matière de dogme, ce qui est absurde; et nous exigeons
des libres penseurs qu'ils soient intolérants, comme si la
tolérance la plus absolue n'était pas la condition essen-
tielle, et comme le fonds même de la philosophie. Il
n'est pas rare d'entendre le même publiciste soutenir que
la loi doit être athée, et que le concordat doit être maintenu. Nous voulons vivre en esprits forts, et être enterrés
en catholiques. Nous demandons bien haut la liberté des
cultes, et nous la limitons à trois religions. Il nous arrive
de prétendre, comme autrefois les inquisiteurs, qu'il y a
des questions qu'il ne faut pas soulever, des opinions
qu'il ne faut pas tolérer, quoique au fond elles ne blessent
aucune loi. Nous vivons de bienséances (c'est le doux mot,
Pascal aurait dit de grimaces); et nous voulons transporter
nos bienséances jusque dans le monde de la pensée, comme
si notre petite diplomatie, nos petites ruses, nos arran-
gements égoïstes avaient quelque chose à démêler avec la
vérité et la science!

**6. Toute restriction inutile à la liberté de penser est un
attentat à la dignité humaine.**

« Un livre n'est point une chose absolument inanimée.
Il est doué d'une vie active comme l'âme qui l'a produit;
il conserve même cette prérogative de l'intelligence vivante qui lui a donné le jour. Je regarde donc les livres
comme des êtres aussi vivants et aussi féconds que les
dents du serpent de la fable, et j'avouerai que semés dans
le monde, le hasard peut faire qu'ils y produisent des
hommes armés. Mais je soutiens que l'existence d'un bon
livre ne doit pas plus être compromise que celle d'un bon
citoyen ; l'une est aussi respectable que l'autre, et l'on doit
également craindre d'y attenter. Tuer un homme, c'est
détruire une créature raisonnable ; mais étouffer un bon
livre, c'est tuer la raison elle-même. Quantité d'hommes
n'ont qu'une vie purement végétative, et pèsent inutilement sur la terre ; mais un livre est l'essence pure et
précieuse d'un esprit supérieur ; c'est une sorte de préparation que le génie donne à son âme, afin qu'elle puisse
lui survivre. La perte de la vie, quoique irréparable, peut
quelquefois n'être pas un grand mal ; mais il est possible
qu'une vérité qu'on aura rejetée ne se représente plus
dans la suite des temps, et que sa perte entraîne les malheurs des nations[1]. »

Je n'étudie que pour obéir à l'instinct le plus impérieux, le plus noble, le plus nécessaire de ma nature;
pour arriver à savoir ce que je suis, où je vais. Le
monde ne m'éclaire que sur le monde. Il me dit ce que
je dois éviter de faire pour échapper au châtiment; il
règle ma propriété, mon travail, il règle mes relations
sociales, et même il règle tout cela à l'excès. Mais si je
crie que tous ces secours et toutes ces lois vont m'aban-

---

1. Passage de l'*Areopagetica* de Milton, traduit par·Mirabeau.

donner à la mort, et que la mort n'est pour le croyant que le commencement de la vie, et, pour les hésitants, qu'un problème, la société civile n'a plus rien à me dire : cette pierre du tombeau arrête la loi humaine, qui n'envisage plus rien au delà. Si je crie que ce monde ne remplit ni mon cœur ni ma pensée, que la science, dès les premiers pas, m'ouvre des horizons où le corps disparaît, et me met en rapport avec ce monde invisible qui est la durable et définitive patrie, la société civile m'abandonne encore, parce qu'elle n'a plus de symbole à m'imposer, et qu'il n'est ni de sa compétence, ni de son droit, ni de son pouvoir de me convaincre. Je lui échappe alors ; j'entre seul dans ces plaines enchantées où le travail est un bonheur, où chaque effort conquiert un secret, où Dieu, dégagé de ses voiles, se fait sentir de plus près, où les préjugés et les vieilles traditions et toutes les chimères humaines s'effacent pour laisser à la pensée toute son indépendance, et, si j'ose le dire, toute sa virginale énergie. Qui viendra me chercher si haut et si loin pour décourager mon essor, pour se placer entre moi et le trésor que mon âme pressent, entre moi et la vérité dont je veux me repaître, entre moi, esprit vivant, déjà presque débarrassé du monde, et le Dieu tout-puissant qui m'appelle et qui m'accueille? Voilà la liberté de la science, voilà la société religieuse.

La foi dans son essence est la complète et tranquille adhésion de l'esprit à une doctrine. Il ne faut pas que l'esprit conserve un doute, car alors il n'a pas la foi : il l'aperçoit devant lui, il la touche; il ne l'atteint pas. Quand le dernier doute s'évanouit, la foi est entière. Cet état heureux de l'âme est souvent produit par la volonté ; mais la volonté peut agir de deux façons : ou bien, aspirant au vrai et ne le connaissant pas, elle force l'esprit à travailler pour le trouver, et à douter jusqu'à ce que l'évidence le terrasse; ou bien, se proposant une foi, et résolue à l'adopter, elle empêche la pensée d'examiner, de douter; elle étouffe sa curiosité, elle la détourne, elle l'occupe ailleurs, elle l'émousse, elle l'éteint. Ces deux procédés, dont l'un glorifie et exalte la puissance humaine, et l'autre l'abat, arrivent à deux résultats différents, quoiqu'ils engendrent l'un et l'autre la croyance; car, dans le premier cas, l'homme s'empare en maître de la vérité, et dans le second, il s'y soumet en esclave. Le procédé de l'abêtissement, que l'on impute à tort au catholicisme comme un fruit de ses entrailles, est connu dans toutes les écoles; le bonze l'emploie comme le fakir; toute doctrine, vraie ou fausse, morale ou dégradante, peut être inculquée par ce moyen. Vue du dehors, une conviction ainsi formée n'est qu'un état passif de l'esprit; elle n'a aucune garantie : si elle est vraie, c'est par hasard. Au fond, elle ne produit la tranquillité dans l'âme qu'en diminuant et en supprimant la vie. L'homme s'humilie et se dompte; et quand il s'est enfin rendu méthodiquement incapable, il est en paix : le doute ne le tourmente plus, parce qu'il a perdu jusqu'à la force de douter. Il y a une autre foi, une foi virile qui résulte, non de la diminution de l'homme, mais au contraire du développement le plus énergique et le plus complet de ses facultés : c'est l'adhésion à une doctrine dont on comprend le sens, dont on connaît la preuve, qu'on a librement cherchée, librement discutée; avec laquelle on a contracté cette sainte et solide alliance qui s'établit après examen entre une proposition vraie et un esprit juste. Cette foi est la vraie foi; cette fonction est la véritable fonction de l'intelligence. On se trompe sur tous les points et de toutes les façons, quand on dit qu'il faut empêcher l'homme d'étudier, de penser; lui ôter la curiosité, et la liberté; le décourager du raisonnement, l'en rendre incapable; tenir son esprit, son cœur et sa volonté en tutelle, l'attacher, en un mot, à la vérité par des procédés qui seraient tout aussi efficaces pour l'attacher à la superstition et à l'erreur. Le Créateur n'a pas si mal fait sa besogne qu'on soit obligé de mutiler l'homme et de le dégrader pour le sauver. Non-seulement la liberté nous est douce, mais elle nous est salutaire. Elle va au bien, c'est-à-dire au vrai, comme toutes les puissances que nous tenons de Dieu. La raison et la vérité ont été faites l'une pour l'autre.

« La religion est dans le cœur de l'homme le sommet des devoirs, des pensées et des affections. Elle est la justice à son plus haut degré, la lumière dans toute sa splendeur, l'amour dans son plus pur et son plus ardent foyer; et, par cela même, elle a besoin, pour vivre, de toute la liberté de notre âme. Quiconque impose à notre âme un joug arbitraire, y affaiblit ou y étouffe la religion, parce qu'il est impossible de dégrader notre nature sans la rendre moins capable de ses élans vers Dieu. Pour aimer Dieu, il faut être doué d'un cœur chaste, généreux, sympathique, emporté facilement dans les sphères de l'invisible, et la servitude, en courbant l'homme sous la loi de la crainte, l'incline ordinairement à la bassesse des vues et des aspirations. Mais restât-il fidèle aux traditions de sa conscience, cherchât-il dans le Dieu de ses pères la consolation de l'esclavage, cette ressource ne lui demeurerait pas assurée. Tôt ou tard la tyrannie, après avoir anéanti le citoyen, s'attaque à l'homme lui-même; elle veut pénétrer dans l'inviolable asile de ses sentiments les plus chers, et lui imposer, au nom d'une souveraineté impie, la religion qui convient à ses maîtres. La liberté de conscience n'a survécu nulle part à la chute des libertés civiles; toutes les servitudes s'appellent l'une l'autre par la logique inhérente à tout, et qui fait que chaque chose se développe inévitablement dans le cycle entier de sa nature. L'esclave espère en vain sauver sa religion et s'y retenir ardemment, comme à une ancre de sainteté et d'élévation; la main qui l'opprime ne saurait lui laisser ce recours intérieur à la majesté de son âme; elle a trop d'intérêt à le corrompre et à l'avilir pour ne pas le poursuivre jusque-là. C'est pourquoi la liberté est nécessaire à la religion[1].... »

Concluons que, dans la société moderne, la liberté de penser doit être absolue. Comme le monde du droit divin, pour être conséquent, avait à sa tête des conciles, il faut que le monde de la science, pour être conséquent, se garde d'attenter à la liberté et à la souveraineté de la science : c'est la science qui l'a fondé, et c'est elle aussi qui le répare, qui l'améliore, qui l'entraîne à sa suite. Le temps de l'immobilité n'est plus : le monde appartient sans retour à la raison, à la liberté, au progrès. On dirait, à entendre les ennemis de la liberté, que l'objet propre de la raison n'est pas la vérité, que la condition fondamentale de la liberté n'est pas la loi naturelle, que rien ne doit être stable dans nos lois, nos institutions et nos mœurs, si on ne s'empresse de déclarer que la société est dès à présent parfaite, et qu'on ne peut, sans imprudence, songer à la modifier. Ils ne voient pas que la raison porte en elle-même ses axiomes, qu'elle se développe suivant des lois inflexibles ; que, dans ses applications aux actions humaines, elle est guidée par les faits et gouvernée par les principes ; que de tous les établissements qui nous entourent, ceux-là seuls ont besoin de stabilité, je dirais presque d'éternité, qui dépendent directement de la loi naturelle, comme la propriété et la famille, la justice et la liberté ; que le progrès qu'on appelle, la liberté qu'on invoque, n'est que pour les méthodes et non pour les principes ; qu'il n'est pas plus possible à une société libre de changer la morale, qu'à la raison de changer les axiomes ; qu'en demandant l'éternité pour des conventions arbitraires ou maladroites, ils commettent la faute d'enchaîner l'homme à de mauvaises lois, et le crime de compromettre les principes sacrés dont ils

1. M. Lacordaire, *Discours sur le droit et le devoir de la propriété.* (Voy. le *Correspondant* du 24 septembre 1858, p. 11.)

confondent la cause avec celle de leurs créations éphémères.

Est-ce qu'on n'a pas opposé l'éternité de la loi à Turgot, quand il abolit les jurandes ; à Malesherbes, quand
il tenta d'abolir les lettres de cachet ; à Louis XVI, quand
il abolit la mainmorte dans ses domaines[1]; à la Constituante, quand elle abolit la noblesse et les parlements;
à Louis-Philippe, quand il abolit la religion d'État, le
double vote, le vote au chef-lieu, les grands colléges, la
pairie héréditaire, les cours prévôtales; au gouvernement de 1848, quand il abolit l'esclavage, et la peine de
mort en matière politique? Le monde avance plus par les
institutions qu'il abandonne, que par celles qu'il édifie,
semblable à un vaisseau qui accroît sa vitesse en jetant
son lest. Il est fort heureux vraiment que la prétention
de faire des lois éternelles ne soit qu'un vain et ridicule
mensonge, et que nous ne soyons pas obligés aujourd'hui
d'obéir aux lois de nos ancêtres barbares. Nous-mêmes,
quand nous jetons les yeux autour de nous, avons-nous
tant sujet de nous applaudir, et de souhaiter l'éternité
pour nos conventions et nos établissements? Sommes-
nous bien ravis de nos sociétés anonymes, de nos actions
à primes, de nos préciputs industriels, de nos jeux de
bourse, de l'argent ôté à l'agriculture languissante et
jeté dans la spéculation; de nos myriades de fonctionnaires, de nos ouvriers mal nourris, mal logés et mal
élevés; de notre luxe sans frein, de nos écoles impuissantes, de nos livrets, de nos lois prohibitives, de nos
tarifs, de nos taxes, de nos mercuriales, de notre stupide admiration pour le sabre, de nos armées d'un demi-
million d'hommes en pleine paix, de nos chemins de fer

---

1. Dans la séance de l'Académie française du 25 août 1782, d'A-
lembert fit connaître au public que l'édit de 1779 par lequel Louis XVI
abolissait la servitude dans ses domaines, n'était pas encore enre-
gistré au parlement de Besançon. -

ruinés avant de naître, de nos diplômes et de nos patentes; de nos passe-ports, de notre concordat, de nos
lois sur la liberté de conscience et sur la presse? Quand
on se dégage de l'éducation et de la routine, est-ce qu'on
ne voit pas dans nos grandeurs de profondes misères,
·dans nos créations des causes de ruine, et des ruines
déjà croulantes; dans nos règlements des entraves gothiques, qui prouvent notre force et causent notre faiblesse, semblables à quelque merveilleux cachot qu'un
architecte aurait construit avec tout son art tout exprès
pour s'y enfermer lui-même? Pour que la loi humaine
fût éternelle, il faudrait que la science ne fût pas la maîtresse de la loi, ou que la science fût stérile. Chaque
forme est un temps d'arrêt, un provisoire. On s'arrête,
on met à part quelques vérités suivant le principe de
Descartes; et, pendant qu'on est ainsi abrité, on cherche
en avant. La mine est féconde, et chaque jour, oui, depuis un siècle, chaque jour on entend les pionniers crier :
« Victoire! » La société aujourd'hui ne se comprend plus
sans un pouvoir législatif constamment à l'œuvre, et sans
les écoles. L'école est la rançon du présent et l'atelier de
l'avenir.

L'humanité est-elle capable de créer des institutions
et des lois parfaites? Non, elle n'en est pas capable; elle
doit donc toujours s'efforcer d'améliorer ses institutions
et ses lois. Les besoins de l'humanité sont-ils les mêmes
à toutes les époques de l'histoire? Non; ils se développent, ils se transforment. Donc le système de l'immobilité est à la fois injuste et contre nature. Donc il faut
permettre à la pensée de travailler aux améliorations nécessaires. Il faut mettre les questions à l'étude, pour que
le progrès se fasse sans secousse et sans tâtonnement,
avec maturité, avec sécurité. Il n'y a pas de milieu : il
sera l'œuvre de la science, ou celle de la passion. Il viendra d'en haut par l'accroissement des lumières, ou d'en
bas, par l'excès du mal et le besoin de vengeance. Les ·

vrais, les intelligents conservateurs doivent se montrer les défenseurs les plus jaloux de la liberté de penser. Aimeriez-vous mieux une révolution [1]?

Est-ce à dire que, parce que nous soutenons la légitimité et la nécessité du progrès, nous jetons l'interdit sur toutes les lois d'application? Au contraire, en faisant dépendre leurs améliorations des progrès de la science, nous leurs donnons la seule immutabilité dont elles soient susceptibles. Les conservateurs aveugles veulent les rendre éternelles dans le mouvement de l'histoire; les révolutionnaires veulent les briser, au hasard d'entraîner de sanglantes catastrophes. Nous disons qu'il faut les respecter et les améliorer. Plus nous voulons de liberté dans l'école, plus nous exigeons de respect pour la loi subsistante, expression de la volonté commune. Ainsi se concilient l'ordre et la liberté, la paix et le progrès. Le respect des lois, qui est le fondement de l'ordre, ne coûte rien à la liberté, parce que la science demeure maîtresse de chercher à rendre les lois meilleures, ou à les rendre inutiles.

Quant aux lois éternelles « que les hommes ne font pas, et qui font les hommes, » la science et l'État doivent s'attacher, d'un commun accord, à les promulguer avec clarté, à les maintenir avec fermeté. Elles sont le phare que Dieu nous accorde pour nous guider au milieu de l'instabilité des choses humaines. Ni le scepticisme, ni les révolutions ne peuvent les entamer. Il sera éternellement vrai qu'il n'y a qu'une seule morale, souveraine de nos consciences et de la conscience des nations; que la liberté de l'homme n'est pas moins sacrée que sa vie; que les lois humaines ne sont légitimes qu'à condition d'être nécessaires, et dans la mesure de leur nécessité; qu'elles ne peuvent ni troubler l'ordre des affections de la

1. *Revendication de la liberté de penser*, discours par J. H. Fichte. (Traduction de M. Jules Barni, p. 6.)

nature, ni créer des priviléges, ni s'opposer au progrès, c'est-à-dire à la science, ni se placer entre l'homme et Dieu, par un attentat sacrilége et inutile.

· Ces lois primordiales sont à la législation ce que les axiomes sont à la science de penser. Elles restent immuables, pendant que nous nous efforçons sans relâche d'améliorer les lois d'application, et de rendre ainsi chaque jour les méthodes plus simples, et la liberté plus entière. En un mot, il n'y a de solide et d'éternel dans la législation, que la morale.

FIN DU DEUXIÈME ET DERNIER VOLUME.

TABLE DES MATIÈRES

DU DEUXIÈME VOLUME.

Lightning Source UK Ltd.
Milton Keynes UK
UKHW012239110219
337137UK00006B/1042/P